Heinrich Christian Rust

Geist Gottes – Quelle des Lebens

AF154422

Für Christiane

Heinrich Christian Rust

Geist Gottes – Quelle des Lebens

Grundlagen einer missionalen Pneumatologie

NEUFELD VERLAG

Die Edition IGW wird herausgegeben vom Institut für gemeindeorientierte Weiterbildung (IGW), das angehende Pastoren und Gemeindeleiter sowie kirchliche und diakonische Mitarbeitende in regionalen Schulungszentren in der Schweiz, Deutschland und in Österreich theologisch ausbildet.

Die Edition IGW macht Forschungsergebnisse von Studierenden und Dozierenden bei IGW einer breiten Leserschaft zugänglich und will damit einen Beitrag leisten, der aktuellen gemeindebaulich-missionarischen Herausforderung in Europa zu begegnen.

IGW, Josefstraße 206, CH-8005 Zürich, www.igw.edu

Dieses Buch ist auch als E-Book erhältlich:
ISBN 978-3-86256-760-7

Die Deutsche Bibliothek verzeichnet diese Publikation in der Deutschen Nationalbibliografie; detaillierte bibliografische Daten sind im Internet über www.dnb.de abrufbar

Bibelzitate, soweit nicht anders angegeben, wurden folgender Übersetzung entnommen: Hoffnung für alle © 1983, 1996, 2002 by International Bible Society. Übersetzt und herausgegeben durch: Brunnen Verlag Basel

Weiter wurden verwendet:
LU: Lutherbibel, revidierter Text 1984, durchgesehene Ausgabe in neuer Rechtschreibung © 1999 Deutsche Bibelgesellschaft, Stuttgart
EB: Revidierte Elberfelder Bibel ©1985/1991/2006 SCM R. Brockhaus Verlag, Witten

Lektorat: Roland Nickel, Altdorf/Böblingen
Umschlaggestaltung: spoon design, Olaf Johannson
Umschlagbilder: Mikhail hoboton Popov/Shutterstock.com
Satz: Neufeld Media, Weißenburg in Bayern
Herstellung: CPI – Clausen & Bosse, Leck

5. Auflage 2023

2., durchgesehene Auflage 2016

© 2013 Neufeld Verlag Neudorf bei Luhe
ISBN 978-3-86256-032-5, Bestell-Nummer 590 032

www.neufeld-verlag.de

Bleiben Sie auf dem Laufenden:
newsletter.neufeld-verlag.de
neufeld-verlag.de/**blog**
youtube.com/@neufeldverlag
facebook.com/NeufeldVerlag

NEUFELD VERLAG

Inhaltsverzeichnis

Vorwort von Peter Zimmerling

Das neue Buch von Heinrich Christian Rust informiert in umfassender Weise über Wesen und Wirken des Geistes Gottes. Man merkt ihm an, dass der Autor von Anfang an, mittlerweile seit mehreren Jahrzehnten, in den charismatischen Bewegungen sowohl in Deutschland als auch weltweit engagiert ist.

Mit einer von dem farbigen Prediger W. J. Seymour (1870–1922) in der Azusa-Street-Mission von Los Angeles ausgelösten Erweckung begann 1906 die klassische Pfingstbewegung, die zum Impulsgeber für eine Fülle von charismatischen Gruppen wurde, die sich seit den 1960er-Jahren in den traditionellen Konfessionen bildeten. Der Autor ist mit den charismatischen Bewegungen in der Betonung der bewussten Erfahrung des Geistes einschließlich der spektakulären Charismen einig. Theorie und Praxis haben sich bei ihm gegenseitig befruchtet: Er setzt sich nicht nur mit den wichtigsten wissenschaftlichen Untersuchungen zum Heiligen Geist aus der jüngsten Vergangenheit auseinander, sondern reflektiert im Gespräch mit ihnen – durchaus selbstkritisch – auch seine eigenen Erfahrungen. Das macht die Veröffentlichung von Rust zu einem Leseabenteuer.

In acht Kapiteln schreitet der Autor das ganze Spektrum der Pneumatologie ab. Ich beschränke mich auf eine Auswahl daraus: Rust beginnt mit einer trinitätstheologischen Grundlegung des Geistes. Dieser handelt immer nur in Gemeinschaft mit dem Vater und dem Sohn. Danach werden verschiedene Zugangsweisen zum Geist Gottes beschrieben. In einem weiteren Kapitel entfaltet der Verfasser die Bedeutung des Heiligen Geistes für Kirche und Gemeinde. Ein besonders wichtiges Kapitel befasst sich mit dem Wirken des Geistes durch die Charismen.

Bis vor etwa vierzig Jahren mahnte man in Arbeiten über den Heiligen Geist die „Geistvergessenheit" der abendländischen Theologie an (Otto A. Dilschneider). Seitdem erfolgte sukzessive eine Wiederentdeckung des Geistes. Im Ökumenischen Rat der Kirchen wurde seit dem Beitritt der orthodoxen Kirchen und verschiedener Pfingstkirchen 1961 verstärkt nach der Bedeutung des Geistes gefragt. Mit der Einberufung des Zweiten Vatikanischen Konzils durch Papst Johannes XXIII. vor 50

Jahren war die Erwartung eines „neuen Pfingsten" und die Betonung der Charismen des Geistes verbunden. Kurze Zeit später bildeten sich innerhalb fast aller Konfessionen charismatische Bewegungen, die sich zwar lehrmäßig von der Anfang des 20. Jh. entstandenen traditionellen Pfingstbewegung abgrenzten, für die aber eine am Geist orientierte Spiritualität und Theologie typisch war. Diese Impulse wurden sowohl von der wissenschaftlichen Theologie als auch von der kirchlichen Praxis aufgegriffen und führten zu einem Paradigmenwechsel.

In der Folgezeit erschien eine Reihe wissenschaftlicher Pneumatologien. Hierbei ragen Entwürfe wie die von Hendrikus Berkhof, Jürgen Moltmann und Michael Welker hervor. Rust entwickelt seine eigenen Überlegungen vor allem im Gespräch mit Moltmann und bringt dabei immer wieder die Perspektive der charismatischen Bewegungen zur Geltung. Als am schnellsten wachsende Frömmigkeitsbewegung der Gegenwart war es nicht zuletzt ihr Verdienst, dass die Pneumatologie im Mainstream-Protestantismus wieder auf die theologische Agenda kam.

Die Wiederentdeckung der neutestamentlichen Charismen stellt einen wesentlichen Beitrag der charismatischen Bewegungen für Theologie und Kirche insgesamt dar. Der Geist steht nach der paulinischen Charismenlehre nicht im Gegensatz zu menschlichen Fähigkeiten, sondern nimmt sie im Charisma in Dienst. Er weckt aber auch ganz neue Begabungen in einem Menschen. Ein den neutestamentlichen Vorstellungen angemessenes Charismenverständnis muss Raum lassen für die Verleihung unspektakulärer und spektakulärer Geistesgaben an begabte und unbegabte Menschen durch den gleichen Geist. Die Gemeinde Jesu Christi stellt eine Gemeinschaft unterschiedlich begabter Menschen dar. Wie der von Gott geschaffene menschliche Leib durch seine unterschiedlichen Glieder konstituiert wird, gehören auch zur Gemeinde, zum Leib Christi, Menschen mit den unterschiedlichsten Charismen.

Rust hebt zu Recht hervor: Indem ein bleibend in sich unterschiedener, dreieiniger Gott Ursprung der Charismen ist, wird die notwendige Vielfalt und Unterschiedlichkeit der Charismen von der Gotteslehre her begründbar. Die Verschiedenartigkeit der Gnadengaben ist nicht zugunsten von Uniformität zu überwinden, etwa dadurch, dass alle die gleichen spektakulären Gaben besitzen, sondern spiegelt die Unterschiedenheit des göttlichen Gebers der Charismen wider. Zur Begeisterung für die Charismen gehört die Pflege ihrer Verschiedenheit. Das Bild von der Gemeinde als dem Leib Jesu Christi weist darauf hin, dass sämtliche Glieder des Leibes der Pflege bedürfen. Würde man sich auf wenige Glieder oder gar nur auf ein Glied konzentrieren, hätte das über kurz oder lang nicht nur den Tod der anderen Glieder, sondern des ganzen Leibes zur Folge.

Positiv hervorheben möchte ich schließlich, dass die Untersuchung von Rust auch für gebildete theologische Laien verständlich ist. Ich wünsche dem Buch viele neugierige Leserinnen und Leser!

Peter Zimmerling
Leipzig

Einführung:
Bewegungen des Geistes und Erstarrungen des Lebens

Eigentlich fing der Tag ganz normal an. Im Sommer wache ich immer sehr zeitig auf. Heute verdecken allerdings dicke Wolken die morgendliche Sonne. So sitze ich in meinem schönen Schreibtischsessel und schaue aus dem Fenster meines Arbeitszimmers auf das Wolkenspiel am Himmel. „Herr, wie viele Wolken verdecken deine Herrlichkeit, dein wunderbares Licht!" Es sind keine klagenden und schon gar nicht anklagende Worte, die da spontan über meine Lippen kommen. Nein, es ist eher eine nüchterne Feststellung, die ich meinem Gott mitteilen will; so, als sei es das Normalste von der Welt.

Dabei denke ich zunächst an mich selbst. Wie oft will ich selbst in einem guten Licht dastehen. Die eigenen Scheinwerfer jedoch verdunkeln wie dicke Wolken das wahre Licht Gottes. Da sind meine eitlen Versuche, es möglichst vielen Menschen recht zu machen; da sind meine Gedanken und Ideen, die allzu oft aus mir herauspurzeln und zu unsortierter Sehnsucht werden. Damit setze ich mich und andere unter Druck und verliere dabei die Freude und die Kraft des Heiligen Geistes. Diese Gedanken des Mangels und der Ohnmacht lassen es an diesem wolkenverhangenen Morgen immer dunkler werden in mir. Vor meinen Augen verschließen die Wolken das Sonnenlicht, die Herrlichkeit. Es ist, als ob sich vor mir ein schwerer, grauer Vorhang schließt.

Wie große, dunkle, dreckige Steine legen sich die Gedanken schwer auf mein Gemüt und meine Seele. Und sie werden noch lästiger, als ich anfange, mir die Situation der Gemeinden in unserem Land vor Augen zu führen – so oft sind sie so ohnmächtig. Da sind die erdrückenden Statistiken über die Mitgliederbewegungen in so vielen Kirchen und Gemeinden unseres Landes. Gleichzeitig sind da die blassen Erfolge einer christlichen Minderheit, die geradezu pausbäckig behauptet, sie sei doch das „Licht der Welt" und das „Salz der Erde". Nun, wie könnte man hier widersprechen, zumal bei diesen Aussagen ja der Herr selbst zitiert wird. Aber wo ist diese Leuchtkraft, diese Salzkraft nur geblieben? Warum diese vielen düsteren Fakten am Gemeindehimmel? Darf ich überhaupt so fragen?

Ich versinke in den Erinnerungen an anscheinend bessere Tage. Diese Erinnerungen machen es in mir nicht heller, sondern sie verstärken die Last und den Schmerz über die gegenwärtige Dunkelheit. Und dennoch gebe ich meinen Gedanken freien Lauf.

Als Jugendlicher stand ich noch mit meiner Gitarre auf der Straße und sang die neuen Jesus-Lieder. Es herrschte Aufbruchsstimmung im Land. So habe ich es jedenfalls damals empfunden. Die Jesus-People-Bewegung[1] hatte damals auch einige Jugendgruppen in Deutschland erfasst. Schon als Teenager war ich in der kleinen baptistischen Gemeinde im niedersächsischen Bückeburg mit der charismatischen Bewegung in Verbindung gekommen. In Gebetskreisen lobten wir den Herrn in Sprachen, die der Geist uns eingab. Wir sangen neue, geistgewirkte Melodien und Lieder. Wir empfingen prophetische Eindrücke. Die ganze Palette der Geistesgaben brach unter uns auf. Zudem war da dieser brennende Hunger und Durst nach Leben, nach einem Leben aus Gott. Schon bald suchten wir den Kontakt zu anderen Jugendlichen, die ähnliche Erfahrungen machten. Ich lernte junge Christen aus anderen Konfessionsfamilien kennen: Lutheraner, Reformierte, Katholiken, Methodisten, Pfingstler und orthodoxe Christen. Sie waren ebenfalls vom Geist Gottes neu ergriffen. Wir verabredeten uns zu missionarisch-evangelistischen Aktionen im In-und Ausland. Damals nannten wir es „Preach-in" oder „Sing & Pray" oder „Outreach". Das klang irgendwie origineller als die Begriffe „Zeugnisversammlung", „Lob-Gottesdienst" oder „Evangelisation". Viele junge Menschen fanden damals Anfang der 70er-Jahre zu einem lebendigen Glauben an Jesus Christus. Ach, diese Tage waren so stark von einem Geist der Kraft und der Vision für eine neue, von Gott geprägte Welt beseelt! Da waren keine dunklen Wolken, die uns bedrückten! Ich erinnere mich, dass ich manchmal vor lauter Freude nicht einschlafen konnte.

---

1   Die Jesus People sind eine christliche Jugendbewegung, die sich in den 1960er- und 1970er-Jahren an der amerikanischen Westküste aus der Hippie-Bewegung herausbildete und sich schließlich auf Europa ausweitete.

Schon bald formierten sich die charismatischen Aufbrüche im Land immer mehr. Seit 1972 war ich regelmäßiger Teilnehmer der Tagungen auf Schloss Craheim,[2] einem ökumenischen Lebenszentrum in Unterfranken. Dort empfingen wir gute Impulse von internationalen charismatischen Leitern wie Rodman Williams, David du Plessis, Graham Pulkingham, Michael Harper oder Peter Hocken. Wir wurden vom „Fisherfolk" aus England in die neue Art der Anbetungsgesänge eingeführt, die sich dann in Deutschland als Chorusse durchsetzten. In meiner Konfessionsfamilie, im Bund Evangelisch-Freikirchlicher Gemeinden in Deutschland, wurde bereits 1975 der Arbeitskreis „Charisma & Gemeinde" gegründet. Von Anfang an war ich im Mitarbeiterkreis dabei und auch später viele Jahre in der Leitung. Wir erlebten wunderbare Tagungen und Konferenzen, zum Teil auch gemeinsam mit den charismatischen Bewegungen aus den anderen Konfessionen[3]. Würde es zu einer wirklichen Erneuerung der Kirchen, Freikirchen und Gemeinschaften im Land kommen?

Die Pfingstbewegung hatte sich in Deutschland nur sehr zögerlich entwickelt, nicht zu vergleichen mit dem rasanten Wachstum in anderen

---

2   Auf Schloss Craheim wurde am 20. August 1968 das *Lebenszentrum für die Einheit der Christen* gegründet. Angeregt durch die Königsteiner Tagungen, die von den Berichten des lutherischen Pfarrers Larry Christenson über die neuen charismatischen Aufbrüche in den verfassten Kirchen in den USA geprägt waren, gehörten der Katholik Eugen Mederlet, die Lutheraner Arnold Bittlinger und Rainer Edel sowie die Baptisten Wilhard Becker und Siegfried Großmann zu den Initiatoren. Seit 1972 fanden hier die ersten europäischen Konferenzen für Verantwortliche der Charismatischen Erneuerung statt.

3   1967 gilt als Gründungsjahr der Charismatischen Gemeindeerneuerung in der römisch-katholischen Kirche. Die Anfänge einer eigenständigen römisch-katholischen Erneuerung in Deutschland werden auf das Jahr 1971 datiert. 1977 bildete sich unter der Leitung von Pfarrer Gottfried Rebner der Borsdorfer Konvent, der sich später zum Arbeitskreis für Geistliche Gemeindeerneuerung in der DDR entwickelte. 1978 wird unter dem Vorsitzenden Pastor Wolfram Kopfermann die Charismatische Gemeindeerneuerung in der Evangelischen Kirche (CHARGE) gegründet, ein Jahr später wird die Geistliche Gemeinde Erneuerung in der EKD (GGE) als Verein gegründet.

Ländern. Die Hoffnung der charismatischen Bewegungen konzentrierte sich zunächst auf die Erneuerung der einzelnen Person. Wir veranstalteten Tagungen zum Thema „Wie empfange ich den Heiligen Geist?" oder zu Fragen der christlichen Nachfolge und besonders auch zu den verschiedenen Charismen. Die Rede von der bevorstehenden Erweckung und einer neuen Ausgießung des Heiligen Geistes beflügelte uns immer wieder neu. Bei ungezählten kleinen Tagungen und größeren Konferenzen erlebten wir das Wirken des Geistes in einem außergewöhnlichen Maß[4]. Menschen wurden spontan von körperlichen und seelischen Nöten geheilt. Wir erfuhren Befreiung und innere Heilung. Das ermutigte uns, Großes von Gott zu erwarten. Es sollte doch wieder so zugehen wie in den Tagen des NT! Jesus Christus hat doch auch heute noch die gleiche Autorität, oder?

Schon sehr bald kam es zu Spannungen in den bestehenden Kirchen und Gemeinden, denn nicht alle Mitchristen konnten sich über diese „Charismatiker" freuen. Sie fragten, ob deren Lehre und Leben denn überhaupt biblisch sei und ob die Gaben des Heiligen Geistes denn heute noch so wirksam sein könnten, da wir im Kanon der von Gottes Geist gegebenen biblischen Schriften ja das Maß aller Dinge hätten. Böse Worte und verhärtete, unbelehrbare Herzen prallten da aufeinander – von beiden Seiten. Hunderte, ja Tausende verließen ihr altes Gemeindeschiff und gründeten neue Christliche Zentren oder unabhängige charismatische Gemeinden, die wie ein schnelles Motorboot auch schon bald viel Fahrt aufnahmen. In den letzten drei Jahrzehnten des 20. Jahrhunderts haben sich in Deutschland nach meiner Einschätzung etwa 850 dieser neuen charismatischen Gruppen und Gemeinden gebildet. Heute sind viele von ihnen im *D-Netz* zu einer Arbeitsgemeinschaft zusammengeschlossen. Die meisten dieser neuen charismatisch geprägten Gemeinden haben allerdings die Grundformen der traditionellen Kirchen und Gemeinden übernommen: Auch sie treffen sich in großen Räumlichkeiten und pflegen eine starke Veranstaltungsorientierung. Sie haben Leitungsstrukturen, die mit ihrer Straffheit teilweise noch das

---

4   Hier sind besonders die Konferenzen mit John Wimber 1987/1989/1992 zu nennen.

Papsttum in den Schatten stellen. Sie geben dem Lobpreis, dem Singen von Anbetungsliedern, in den Veranstaltungen einen großen Raum. Der Musikstil ist vielfach einseitig auf neues Liedgut ausgerichtet. Die Charismen, besonders die Gaben der Offenbarung, werden gefördert; andere Geistesgaben sind zwar erwünscht, prägen aber das Gemeindeleben in der Regel nur geringfügig[5].

Schon bald kam es auch hier zu Erstarrungen und zu notvollen Erfahrungen. Es zogen dunkle Wolken auf. Mitglieder aus den charismatisch geprägten Gemeindegruppen klagten zunehmend über geistlichen Missbrauch. Nicht wenige trennten sich wieder von ihrer neuen geistlichen Heimat. Einige fanden zurück in die „alten" Kirchen und entschieden sich für eine softe Version des Geisteswirkens. Die Offenheit für die Charismen und das Wirken des Heiligen Geistes wurde zwar noch postuliert, aber in kleine Zirkel, Gebetsgruppen oder Sonderveranstaltungen verbannt. Einige nahmen die Sicht des amerikanischen Theologen C. Peter Wagner auf, der von einer „Dritten Welle" der charismatischen Bewegung sprach[6]. In dieser dritten Welle spielt die Redeweise von der „Taufe im Heiligen Geist" oder auch die Bedeutung der Gabe der *Glossolalie* (Sprachenrede) keine herausragende Rolle mehr, ja, sie wird zum Teil sogar aus Rücksichtnahme bewusst gemieden. Ob daraus aber nun wirklich eine „Welle" geworden ist, kann ich nicht beurteilen. Zudem finde ich den „Wellen-Gedanken" auch etwas befremdlich. Muss ich denn davon ausgehen, dass der Geist Gottes immer versucht, in neuen Wellen, mit neuen Akzenten Bewegung in eine erstarrte Christenheit zu bringen?

Die Fragen nach dem, was der Geist Gottes gegenwärtig tut oder bewegen will, trieb mich und andere charismatisch geprägte Leiter in ungezählten Zusammenkünften um. Angeregt durch die Berichte aus der argentinischen Erweckung, nahmen wir die Impulse zu einer „geist-

---

5   Eine ausführliche und sorgfältige Darlegung charismatischer Spiritualität und Gemeindefrömmigkeit zeigt Peter Zimmerling in: Zimmerling 2009: 123–236.

6   Wagner 1988. Wagner 1987.

lichen Kampfführung"[7] auf. Carlos Annacondia oder Ed Miller waren
gern gesehene Gäste bei deutschen charismatisch geprägten Zusammenkünften. Dennoch war das Urteil über diese Art des Betens und inneren
Kämpfens nicht ungeteilt. Wolfram Kopfermann, der langjährige Leiter der Geistlichen Gemeinde-Erneuerung in der Evangelischen Kirche,
distanzierte sich von einer derartigen Machtanmaßung „ohne Auftrag"[8].
Ich selbst habe mich wenige Jahre später dazu ebenfalls differenziert in
meinem Buch „Und wenn die Welt voll Teufel wär …"[9] geäußert. Anfang
der 90er-Jahre schien der Heilige Geist einen neuen Segen für die kämpfende charismatische Bewegung bereit zu halten. Die *Toronto Airport
Christian Fellowship*, eine pfingstlich geprägte Freikirche in der Nähe
des Flughafens der kanadischen Stadt Toronto, erlebte seit 1994 eine
besondere Ausgießung des Heiligen Geistes, die von starken Manifestationen begleitet war. Die ekstatischen Erfahrungen wie etwa das nach
einer Segnung erfolgte Umfallen, auch als „Ruhen im Geist" bezeichnet, euphorisches Lachen, Weinen oder Schreien, Zittern und Schüt-
teln oder außergewöhnliche Laute unterschiedlichster Art wurden als
eine besondere Salbung des Geistes gedeutet und als „Toronto-Segen"[10]
bekannt. Menschen hatten sich offenbar nicht mehr unter Kontrolle. Es
machte mich neugierig, was der Geist Gottes wohl hier für einen neuen
Akzent setzen wollte. Im Herbst 1994 flog ich nach Toronto, um mir dieses Wirken anzuschauen. Ich war ja vieles schon gewohnt, doch was ich
dann dort erlebte, faszinierte mich zum einen und es stieß mich zum
anderen auch irgendwie ab. Ich hatte den Eindruck, dass sich hier zum
Teil auch ganz bewusst angeleitete Prozesse der gemeinsam gewollten
Ekstase vollzogen, die jedoch nicht alle eindeutig vom Geist Gottes initiiert waren. Dennoch spürte ich in den Versammlungen eine heilige
Gegenwart Gottes. Ich hatte schon häufig prophetische Impulse empfangen und konnte vielen Menschen und Gemeinden damit dienen. In

---

7   Unter „geistlicher Kampfführung" versteht man die geistliche Auseinan-
     dersetzung mit Mächten der Finsternis. Siehe auch: Wagner 1991.

8   Kopfermann 1994.

9   Rust 2007.

10   Chevreau 1995.

den Toronto-Versammlungen waren die Offenbarungen bei mir nun verstärkt und außergewöhnlich klar. Ich erfuhr, wie Gott mir zum Teil sehr konkrete Einzelheiten über Menschen offenbarte, die ich niemals in meinem Leben zuvor gesehen hatte. Ich empfing klare Zusprüche und prophetische Worte, die ich weitergab und die in ihrer Wirkung und Treffsicherheit nicht nur die Empfänger verblüfften, sondern auch mich selbst. Schließlich erfuhr ich bei einem Segnungsgebet am eigenen Leib, wie der Geist Gottes mich in einer starken Kraft berührte und ich die körperliche Beherrschung verlor und zu Boden sank. In diesen Momenten erlebte ich einen ganz tiefen inneren Frieden und es umgab mich so etwas wie ein helles, wohltuendes, fließendes Licht. Es waren kurze, aber sehr schöne Augenblicke, an die ich mich heute noch gern erinnere. Wieder in Deutschland angekommen, berichtete ich von meinen Erfahrungen. Aber ich teilte auch die Auffassung, dass es sich bei den Toronto-Phänomenen nicht immer um vom Geist Gottes gewirkte Manifestationen handeln müsse. Bei all den ekstatischen Äußerungen war wohl auch viel Manipulatives und Menschliches im Spiel. Ich versuchte einerseits, die Kritiker der Toronto-Bewegung zu gewinnen, indem ich ihnen darlegte, wie auch die ekstatischen Erfahrungen hier und da vom Geist Gottes genutzt oder auch initiiert werden können. Es gab hierfür genügend Beispiele im AT oder ich erinnerte an Petrus, der betete und dabei in Ekstase war (Apg 10,10). Andererseits versuchte ich meine charismatischen Freunde zu besänftigen, die meinten, dass dieser „Toronto-Segen" der Start für eine weltweite geistliche Erweckung sei. Nein, diese Auffassung konnte ich nicht teilen, zumal es doch sehr „menschelte" in dieser Bewegung. Nach zum Teil heftigen Debatten und Urteilen ebbte diese Toronto-Welle wieder ab.

Ich selber erfahre heute immer wieder einmal ähnliche ekstatische Augenblicke, wenn ich im Geist bete. Aber es sind nicht diese Phänomene, die ich suche, sondern ich suche meinen Herrn und Gott. Ich würde diese Erfahrungen auch niemals als den entscheidenden Schlüssel für einen geistlichen Aufbruch sehen.

Der Toronto-Welle folgten noch andere Bewegungen des Heiligen Geistes. Da pilgerte schon bald die charismatische Jüngerschaft zur *Brownsville Assembly of God* in Pensacola im US-Staat Florida. Der Geist Gottes wirkte hier seit dem 18. Juni 1995 in einem kontinuierlichen star-

ken missionarischen Aufbruch[11]. Tausende Menschen wurden vom Geist
Gottes ergriffen und von Sünde überführt. Der Akzent in dieser Geis-
tesbewegung lag auf der Buße. Zwar gab es auch hier und da ekstatische
Erfahrungen, sie standen aber keineswegs im Mittelpunkt. Vielmehr war
das Wirken des Geistes in der Pensacola-Bewegung an einzelne Verkündiger (Steve Hill, John A. Kilpatrick u. a.) geknüpft. Als ich wenige Jahre
später Pensacola besuchte, war es um diese starke Bußbewegung sehr
ruhig geworden. Ich fragte den Taxifahrer, der mich zur Erweckungs-
veranstaltung fuhr, wie sich denn dieser starke geistliche Aufbruch in
der Stadt niedergeschlagen habe. Er schaute mich verdutzt an und fragte
mich zurück, von welchem Aufbruch ich denn sprechen würde, er hätte
davon noch nichts gehört. Nach wenigen Jahren des Aufbruchs in dieser
Gemeinde erlebte ich nun Gottesdienste, die von einer eher klassischen
pfingstlich-spirituellen Kultur geprägt waren. Im Anschluss an die Veranstaltungen sprach ich mit geistlichen Vätern und Müttern der Browns-
ville-Assembly-of-God-Gemeinde, die mir unter Tränen mitteilten, wie
viele Fragen sie umtrieben. War es wirklich alles so vom Geist Gottes
gewollt und initiiert? Niemals werde ich diese fragenden und enttäuschten Gesichter der Frauen und Männer vergessen, die über viele Jahre
diese Gemeinde begleitet und geleitet haben. Hatte diese Erweckungs-
welle auch Schaden angerichtet?

Immer, wenn in der Folgezeit von einer neuen „Welle des Geistes"
die Rede war, hörte ich deshalb nicht nur mit Freude und einer inneren
Hoffnung zu, sondern auch mit Skepsis. Da wurden wir von unseren
Mitchristen in Uganda aufgefordert, eine starke Freisetzung des Geistes
durch das Gebet zu bewirken. Da riefen uns geistliche Leiter aus Kanada
auf, die Generationen in einer neuen Väterbewegung zusammenzubrin-
gen. Da legten wir immer wieder die „Kronen des konfessionellen Stol-
zes" vor dem Thron des Lammes Gottes nieder und erhofften so einen
neuen Durchbruch zu einer geistlichen Einheit. Wir bekannten ungezählte Male unsere nationale Schuld, die wir gegenüber dem Volk der
Juden auf uns geladen haben, gingen Wege der Versöhnung und suchten
die Gemeinschaft mit der immer stärker werdenden Gruppe der messia-

---

11   Bially 1999. Heidenreich 1997.

nischen Juden. Wir reichten uns im ökumenischen Chor neu die Hände und sind nun „Miteinander für Europa" unterwegs. Doch die Kraft der geistlichen Erneuerung, der Geist des Aufbruchs, wich immer mehr einem Lazarettdenken. Das Lamento über den beklagenswerten Zustand von Kirchen und Freikirchen, immer noch steigenden Austrittszahlen und zahme neue charismatische Gemeinden und Gemeinschaften konnten die vielen dunklen Wolken am Himmel Gottes nicht vertreiben.

Hier und da entdecken wir ein blaues Loch und ein Sonnenstrahl der Herrlichkeit Gottes erwärmt uns – und schon pilgern alle wieder hin zu diesem Sonneneinfall, um zu partizipieren, um zu lernen, um ihn „mitzunehmen". Doch was tut sich wirklich in der geistlichen Welt? Ich kann inzwischen jene Mitchristen gut verstehen, die es leid sind, auf immer neue Wellen des Geistes zu achten; die kein Interesse mehr daran haben, immer neu auf die schon lang verheißene geistliche Erweckung im Land zu hoffen. Da helfen dann auch keine noch so profilierten prophetischen Worte. Ist die charismatische Bewegung am Ende? Die Zahl derer, die sich mehr oder weniger frustriert von ihren Gemeinden verabschieden, nimmt zu.[12] Der Weg zurück in die verfassten Kirchen und Freikirchen wird jedoch nur selten gefunden. Unzählige bleiben auf der Strecke, formieren sich in kleinen Gemeinschaften oder auch in Hauskirchen. Andere zählen sich zu den „entkirchlichten Christen" und erklären das bestehende Gemeinde- und Kirchensystem für ein gescheitertes Modell.[13] Haben die charismatischen Erneuerungsbewegungen in den verfassten Kirchen und Freikirchen, die starken geistlichen Aufbrüche der vergangenen 50 Jahre ihre Blütezeit schon hinter sich? Müssen wir von einer „postcharismatischen Depression"[14] reden? Wo ist die Kraft, die Dynamik, die einst diese Bewegungen geprägt hat? Ich frage mich: Warum haben diese Wellen des Geistes nicht zu einer umfassenden Neubelebung unserer Kirchen beigetragen? Oder war das

---

12 Der Religionssoziologe David B. Barrett geht bereits 1988 weltweit von 80 Millionen „Postcharismatics" aus.(Barrett 1988).

13 Erste Studien hierzu legt der Religionssoziologe George Barna vor: Barna 2005. Siehe auch: Duin 2008. Frost; Hirsch 2008.

14 Coates 1995.

womöglich gar nicht das Hauptziel, das der Geist Gottes mit dem neuen Pfingsten hatte? Es ist unbestritten, dass die Ausgießung des Heiligen Geistes zu Beginn des 20. Jahrhunderts einen starken Niederschlag in der weltweiten Pfingstbewegung und in ihren kirchlichen Gruppierungen gefunden hat. Ebenso haben auch die charismatischen Erneuerungsbewegungen ihren positiven Beitrag zur Belebung der bestehenden Kirchen geleistet. Die pfingstlich-charismatische Bewegung zählt zu den stärksten christlichen Reformbewegungen, die wir in der Welt wahrnehmen können. Etwa 730 Millionen Christen sind davon in den Pfingstkirchen, in den Erneuerungsbewegungen innerhalb der bestehenden traditionellen Kirchen und Freikirchen sowie in den neuen charismatischen Gemeinden und Gemeinschaften erfasst.[15] Und so beschäftigt mich die Frage: Ist damit das Ziel dieser neuen Ausgießung des Geistes Gottes erreicht? Haben wir die Impulse, die der Geist Gottes setzen wollte, wirklich verstanden und erfasst? War es nicht derselbe Geist Gottes, der parallel auch andere Reformbewegungen auslöste? War es nicht derselbe Geist Gottes, der die Sicht für die Weltmission am Ende des 18. Jahrhunderts neu bewirkte? Man denke nur an Nikolaus Ludwig Graf von Zinzendorf und die Herrnhuter Bewegung[16]; man denke an die großen Weltmissionskonferenzen[17], die zeitgleich mit dem Aufbruch der Pfingstbewegungen ihren Lauf nahmen. Sind nicht die Reformbewegungen des Pietismus des 18. und 19. Jahrhunderts, die Erweckungs- und Gemeinschaftsbewegungen des 19. und 20. Jahrhunderts ebenso Wirkungen des Heiligen Geistes?[18] Wie verhalten sich diese Bewegungen zum pfingstlich-charismatischen Aufbruch der letzten 100 Jahre? Ist der Geist Gottes ein Geist der Mission, der uns hier neu ergreifen will? Ist

15   Barrett geht 1982 davon aus, dass diese Bewegung jährlich um 19 Millionen wächst (Barrett 1982). 2005 wird die Zahl der Charismatiker auf 600 Millionen geschätzt. In: wikipedia.org/wiki/Charismatische_Bewegung. Die Wachstumskerne der Bewegung liegen in Afrika, Lateinamerika und China.

16   Meyer 2009.

17   Die erste Weltmissionskonferenz fand 1910 in Edinburgh statt. Vgl. Gensichen 1983.

18   Brecht 1993–2004.

es der Geist Gottes, der zeitgleich ein neues Bewusstsein für die Einheit der Kinder Gottes schafft und die Einheitsbewegungen der Ökumene[19] und der Evangelischen Allianz[20] auslöste? Wie steht es um die Einheit der Christen heute? Ist es der Geist Gottes, der das auserwählte Volk der Juden zurückführt in das Land Israel und somit sammelt und eint? Wie steht es um die Einheit des Gottesvolkes der Juden und des dazugenommenen Gottesvolkes aus den Nationen? Ist es der Geist Gottes, der als Geist der Erbarmung, als Geist der Gerechtigkeit und Freiheit hinter den Befreiungsbewegungen steht, die sich zum Teil in der Befreiungstheologie[21] oder auch der feministischen Theologie[22] äußern? Warum geschieht es, dass sich die Vertreter dieser unterschiedlichen Bewegungen zum Teil bitterlich bekämpfen und behindern, wenn der Geist Gottes hier initiativ ist? Warum isolieren sich die einzelnen Bewegungen und erstarren in ihren dogmatischen Wahrheiten und Überzeugungen? Warum wird diese gebeutelte und von Krisen geschüttelte Welt nicht stärker von diesem Licht Gottes erfasst, das in den Farben der Gnade, der Einheit, der Versöhnung, der Freiheit und der Gerechtigkeit leuchtet? Warum sind da so viele Wolken?

Alle diese Gedanken gehen mir an diesem sommerlichen Morgen in meinem Arbeitszimmer durch den Kopf und durch das Herz. Von glorreichen Erinnerungen an Momente, in denen ich die Herrlichkeit Gottes erfahren habe, falle ich in die dunklen Löcher der Ohnmacht, der Streitigkeiten. Ich sehe die Enttäuschten, die nicht mehr hoffen wollen und sich in eine Innerlichkeit und Individualisierung ihres Glaubens zurückziehen. Mal gluckse ich vor Freude an dem frischen Sprudeln der Gnadenbewegungen Gottes und dann wieder verdurste ich innerlich bei dem Anblick der offensichtlichen geistlichen Dürre in unserem Land

---

19   Frieling 1992.

20   Cochlovius 1982.

21   Gerstenberger 1998: 67–86.

22   Diese Fragestellungen nimmt Michael Welker in seiner Theologie des Heiligen Geistes auf. Siehe: Welker 1992: 27–32. Zur strukturellen Analogie der Befreiungstheologien und der feministischen Theologien Vgl. Moltmann-Wendel 1985.

und in dem alten Europa. Brauchen wir ein neues Pfingsten, eine neue
Ausgießung des Heiligen Geistes? „Ja! Komm, Heiliger Geist! Belebe uns
neu! Öffne die Quellen des Lebens für dieses dürre Land!" Ich weine, ich
bete, ich schweige.

„Kannst du schwimmen?" Immer wieder kommt mir diese Frage in
den Sinn, so als würde sie der Geist Gottes selbst in mein Herz geben.
„Natürlich kann ich schwimmen, das kann doch jedes kleine Kind! Aber
zurzeit sitze ich hier in meinem Schreibtischsessel, schaue aus dem Fenster und schwelge in alten Zeiten und gräme mich angesichts der vielen
ungelösten Fragen, lieber Herr!"

„Kannst du schwimmen, so wie der Prophet Hesekiel?" Ich werde
hellhörig. Was ist das? Eine Frage von Gott? Musste dieser alttestamentliche Prophet denn irgendwann einmal schwimmen? Was hat das mit
meinen so großen und schwerwiegenden Fragen zu tun? Ich schlage in
der Bibel nach und stoße auf einen Text, der mich bis heute nicht mehr
loslässt. Ein Text, der mich letztlich auch entscheidend motiviert hat,
dieses Buch zu schreiben. Ich lese Hesekiel 47,1–12:

> Dann führte mich der Mann noch einmal zum Eingang des Tempelgebäudes,
> der nach Osten lag. Dort sah ich Wasser unter der Schwelle hervorquellen.
> Erst floss es an der Vorderseite des Tempels entlang in südlicher Richtung,
> dann am Altar vorbei nach Osten. Der Mann verließ mit mir den Tempelbe-
> zirk durch das Nordtor des äußeren Vorhofs, und wir gingen an der Außen-
> mauer entlang bis zum Osttor. Ich sah, wie das Wasser an der Südseite des
> Torgebäudes hervorkam. Wir folgten dem Wasserlauf in östlicher Richtung;
> nachdem der Mann mit seiner Messlatte 500 Meter ausgemessen hatte,
> ließ er mich an dieser Stelle durch das Wasser gehen. Es war nur knöcheltief.
> Wieder maß er 500 Meter aus, und jetzt reichte es mir schon bis an die Knie.
> Nach weiteren 500 Metern stand ich bis zur Hüfte im Wasser. Ein letztes Mal
> folgte ich dem Mann 500 Meter, und nun war das Wasser zu einem tiefen
> Fluss geworden, durch den ich nicht mehr gehen konnte. Man konnte nur
> noch hindurchschwimmen. Der Mann fragte mich: „Hast du das gesehen,
> sterblicher Mensch?"
>
> Dann brachte er mich wieder ans Ufer zurück. Ich sah, dass auf beiden
> Seiten des Flusses sehr viele Bäume standen. Der Mann sagte zu mir: „Dieser
> Fluss fließt weiter nach Osten in das Gebiet oberhalb der Jordanebene, dann
> durchquert er die Ebene und mündet schließlich ins Tote Meer. Dort verwan-
> delt er das Salzwasser in gesundes Süßwasser. Wohin der Fluss kommt, da
> wird es bald wieder Tiere in großer Zahl und viele Fische geben. Ja, durch
> ihn wird das Wasser des Toten Meeres gesund, so dass es darin von Tieren

wimmelt. Am Ufer des Meeres leben dann Fischer, von En-Gedi bis En-Eglajim breiten sie ihre Netze zum Trocknen aus. Fische aller Art wird es wieder dort geben, so zahlreich wie im Mittelmeer. Nur in den Sümpfen und Teichen rund um das Tote Meer wird kein Süßwasser sein. Aus ihnen soll auch in Zukunft Salz gewonnen werden. An beiden Ufern des Flusses wachsen alle Arten von Obstbäumen. Ihre Blätter verwelken nie, und sie tragen für immer reiche Frucht. Denn der Fluss, der ihren Wurzeln Wasser gibt, kommt aus dem Heiligtum. Monat für Monat bringen sie neue, wohlschmeckende Früchte hervor, und ihre Blätter heilen die Menschen von ihren Krankheiten.

Dieser Fluss steht für das Leben, für die heilbringende Gegenwart Gottes. Er entspringt in der Herrlichkeit Gottes – im Tempel, wo nach alttestamentlichen Vorstellungen Gottes *Schechina* (dt. Ruhe, Wohnung, Geist, Herrlichkeit) wohnt. Die Schechina ist keine Eigenschaft Gottes, sondern seine strahlende und heilende Gegenwart (2Mo 40,35). Sie lässt sich nicht einsperren, auch nicht in einen neuen Tempel[23]. Doch dieses Leben, dieser Fluss der Heiligkeit, der Fruchtbarkeit, der Liebe und Gnade Gottes kann nicht in den starren Formen des Lebens, in Tempeln und Wohnungen festgehalten werden. Die heilende Gegenwart Gottes lässt diese Schechina unter der Tür hervorquellen. Sie fließt an einen Ort, wo man es nicht für möglich hält: dieser Lebensfluss fließt zu den dürren und versalzenen Orten, um sie fruchtbar zu machen. Der Prophet geht erstaunt diesem Fluss nach. Behutsam wird er geleitet durch einen Boten Gottes. Zunächst hat er noch Boden unter den Füßen; er hat die Kontrolle, kann messen und ermessen. Dann aber wird es patschig und das Lebenswasser steigt bis zu den Knöcheln, bis zur Hüfte und schließlich verliert er den Boden unter den Füßen. In diesem heilenden Fluss des Lebens kann man nur noch schwimmen (V. 9). Der Prophet wird mitgetragen, geradezu mitgerissen von dieser Bewegung. Heilung geschieht und ständig neue Frucht entsteht am Ufer dieses Flusses. Selbst die alten Salzpfützen der Vergangenheit werden noch dem Leben dienen.

Es ist nahe liegend, diesen Fluss, diese Quelle des Lebens mit dem Geist Gottes in Verbindung zu bringen. Gott selbst wird im AT als die

---

23 Jürgen Moltmann weist auf die inhaltliche Nähe des Begriffs der Schechina und der Ruach Jahwes (Geist Gottes) als die Herabkunft und Einwohnung Gottes in Raum und Zeit hin (Moltmann 1991: 60–64).

Quelle des Lebens (Ps 36,10) oder als lebendige Quelle (Jer 2,13; 17,13) bezeichnet. Aus Jahwe selbst fließen Lebenskräfte zum Segen der ganzen Schöpfung (Ps 65,10). Nach dem Zeugnis des NT empfangen Menschen aus dieser Quelle „Gnade um Gnade" (Joh 1,16; LU). Jesus spricht von der neuen Geburt durch „Wasser und Geist" (Joh 3,5; LU). Er ist es, der mit dem Heiligen Geist „tauft" (Joh 1,33). Der Geist wird „ausgegossen" (Joel 3,1; Apg 2,17; LU). Der Strom des Lebens begegnet uns auch in der Sicht der Vollendung. Johannes sieht ihn als Fluss, der hervorquillt aus dem Thron Gottes und des Lammes, glänzend wie ein Kristall (Offb 22,1). Wo der Geist Gottes wirkt, entsteht Frucht (Joh 15,5; Gal 5,22f). Der „Baum des Lebens" (1Mo 2,9; LU) taucht am Ende der Geschichte wieder als „Holz des Lebens" auf, das in der vom Himmel herabkommenden Stadt Jerusalem stehen soll und viele Früchte zur Heilung der Nationen trägt (Offb 22,2–3). Der Geist lädt gemeinsam mit der Gemeinde in die heilende Gottesgemeinschaft ein. „Der Geist und die Braut sagen: ‚Komm!' Und wer das hört, soll auch rufen: ‚Komm!'. Wer durstig ist, der soll kommen. Jedem, der es haben möchte, wird Gott das Wasser des Lebens schenken" (Offb 22,17).

Der Geist Gottes tritt auf den Plan, der durch alle Zeiten hindurch fließt wie ein Strom des Lebens, der seine Schöpfung in die große Mission Gottes ruft. Seit Pfingsten ist er ausgegossen in die Herzen der Menschen (Röm 5,5). Er will weiterfließen zur Transformation, zur Veränderung und Heilung der vertrockneten Landschaften und der Nationen. Dieser Strom ist nicht aufzuhalten, auch nicht durch die neuen Tempelmauern der menschlichen Vernunft, der kirchlichen Erstarrung oder des Hochmutes der Menschen. Wer sich in diesen Strom hineinbegibt, der verliert schnell den Boden unter den Füßen, er muss schwimmen.

Meine Fragen, die mich an diesem sommerlichen Morgen in dem Wolkenmeer der Ohnmacht und Hoffnungsarmut versenken wollten, haben durch die Frage Gottes an mich nun eine andere Richtung bekommen. „Kannst du schwimmen?" – „Ich weiß es nicht, mein Herr, aber ich will mich gern von diesem Strom des Lebens, diesem Geist des Lebens neu erfassen lassen!" Die Wolken sind noch da, aber ich weiß um den Glanz und um die Schönheit des ewigen, fließenden Lichtes Gottes. Mein Tag wird hell.

Diese bewusst erfahrene Einladung des Geistes Gottes, mich ganz neu auf den tragenden und fließenden Lebensstrom einzulassen, hat nicht nur meine Gedanken erhellt, sondern sie hat mich auch ermutigt, mich mit der Quelle und den Strömungen neu zu befassen und den Erstarrungen des Lebens nicht zu viel Aufmerksamkeit zu geben. Dieses Buch soll nicht einen klagenden und lamentierenden Unterton haben, sondern ich hoffe, dass es mir gelingt, die strahlenden Kristallfarben dieser Quelle des Lebens zu beschreiben. Das wird im Rahmen eines Sachbuches nur sehr schwer möglich sein, und so mute ich meiner Leserschaft immer wieder Geschichten des Lebens zu, die komplizierte theologische Zusammenhänge häufig klarer entfalten können als viele theologische Spitzfindigkeiten. Die Vorstellung vom kristallenen Lebensstrom wird uns dabei immer wieder begleiten, gleichsam wie ein Hintergrund für die theologischen Skizzen, die zu einer missionalen Pneumatologie beitragen sollen. Es ist nicht nur eine Vorstellung, sondern eine realistische Erfahrung, dass dieser Geist in mein Herz ausgegossen ist und mich immer neu ergreifen will. Hier und da komme ich in meinen Gedanken, meinen Argumentationslinien ins Schwimmen; manchmal fehlen mir die Worte und die Metaphern und Bilder überlagern sich. Das liegt wohl in der Natur der Sache bzw. des Geistes. Der Geist Gottes ist Bewegung und nicht Erstarrung. Allerdings gebe ich zu, dass auch die Erstarrungen des Lebens zum Nachdenken reizen.

Ich will der Frage nachgehen, warum die charismatischen Bewegungen oder auch andere Erneuerungsbewegungen so schnell an Schwung verlieren können. Es könnte an einer Einseitigkeit der Wahrnehmung liegen. Der Gedanke der „Wellen des Geistes" symbolisiert zwar Dynamik, hat aber de facto dazu geführt, dass sich die verschiedenen Bewegungen voneinander abgrenzten und lediglich noch in einer Richtung unterwegs waren. Manche richteten ihre neuen „Tempel" wohnlich ein und besangen die Gegenwart Gottes – ohne zu bemerken, dass diese gerade unterwegs war. Es blieben Formen, Rituale, Gewissheiten. Je mehr man es sich allerdings in den neuen Bewegungen gemütlich machte, desto mehr verloren sie an Schwung, der Strom wurde immer enger. Es ist bereits angeklungen, dass in den vielfältigen pfingstlich-charismatischen Bewegungen auch eine gewisse Engführung und Starre auszumachen ist. Ein Grund dafür mag darin liegen, dass neue Bewegungen sich nicht selten aufgrund einer Unzufriedenheit mit dem Status quo entwickeln, aber seltener, weil der Geist Gottes uns „mitfließen" lässt und in seiner Liebeskraft zum Standortwechsel auffordert. Die Konzentration der charismatischen Erneuerungsbewegungen auf die Erneuerung des einzelnen Menschen hat nach meiner Einschätzung zu einer verhängnisvollen Verengung der Bewegung geführt. Da geht es um die Ersterfahrung des Empfangs der Gabe des Geistes, um ein vom Geist Gottes erfülltes Leben in der Heiligung und um die vielbesagten Charismen. Zuweilen stehen einzelne Geistesgaben unverhältnismäßig stark im Mittelpunkt (Sprachenrede, Heilungen, Prophetie, Leitung). Die gemeinschaftsfördernde Dimension, die ekklesiologischen und sozialpolitischen Akzente einer ganzheitlichen Lehre vom Heiligen Geist bis hin zur kosmischen und eschatologischen Pneumatologie werden nur wenig bedacht. Peter Zimmerling reflektiert diese Tatsache angesichts einer Zuordnung zu den drei Artikeln des apostolischen Glaubensbekenntnisses und resümiert: „Die Konsequenzen aus der nur mangelhaften trinitarischen Rückbindung des Geisteswirkens in charismatischer Theologie und Frömmigkeit besteht in einer häufig zu beobachtenden Vernachlässigung des ersten und zweiten Artikels. Der fehlende Bezug zum ersten Artikel lässt leicht übersehen, dass jede Geisterfahrung von soziologischen und charakterlichen Gegebenheiten des jeweiligen Menschen geprägt ist; der vernachlässigte christologische Rückbezug führt zur Gefahr des Triumphalismus. Beides lässt sich am Charismen-, Gemeinschafts-, Gottesdienst-, Seelsorge- und Gemeindeaufbauverständnis charismatischer Bewegungen verifizieren."[24] Zimmerling könnte hier auch zusätzlich eine verkürzte Wahrnehmung des dritten Artikels ausmachen, denn auch die eschatologisch-pneumatologische Dimension wird zu wenig bedacht. Die pneumatologische Gemeindelehre hat sich vielfach zu einem Reizthema auch unter den Charismatikern entwickelt. Es gibt unterschiedliche Gemeindeaufbaukonzepte. Während die innerkirchlichen Bewegungen auf die charismatische Erneuerung der bestehenden Ortsgemeinden zielen, wählen andere den Weg der Gemeindeneugründung. Hier entfaltete sich eine Vielzahl von verschiedenen ekklesiologischen Entwürfen (Hauskir-

---

24   Zimmerling 2009: 239.

chen, ökumenische Gemeinschaften, Kommunitäten, freie unabhängige Ortsgemeinden). Die Neugründungen sind oft begründet in der Ablehnung der bestehenden Kirchen und Freikirchen. Die Pfingstkirchen haben sich zur eigenen Kirchenbildung entschieden und bieten ekklesiologisch vielen charismatischen Gruppen und Gemeinschaften ein konfessionelles Zuhause. Die charismatischen Erneuerungsbewegungen in den traditionellen Kirchen und Freikirchen meiden zum Teil die Frage nach einer vom Geist Gottes geprägten Gemeindelehre. In diesem Sinne setzt die Charismatische Erneuerung in der katholischen Kirche in Deutschland den Akzent sehr eindeutig und zum Teil auch einseitig auf die geistliche Erneuerung des Einzelnen. Die Reduzierung des Geisteswirkens auf Themen wie Geistestaufe, Geisterfüllung oder auch auf die Freisetzung einzelner Charismen hat den missionarischen Schwung der charismatischen Bewegungen enorm ausgebremst.

Der Geist Gottes ist ein Geist der Mission in dieser Welt, nicht nur ein charismatischer Geist. Er ist der Geist des Lebens, der auch an all die vertrockneten Orte dieser Welt gelangen will. Ein neues Nachdenken über diesen Geist der Mission finden wir bereits bei dem jungen Karl Barth.[25] In Anlehnung an Barths Redeweise von der „Actio Dei" prägte der Missiologe Karl Hartenstein[26] den Begriff der „Missio Dei"(Sendung Gottes), um deutlich zu machen, dass Mission eine Aktion des dreieinen Gottes selbst ist und nicht nur eine menschliche Reaktion auf den Missionsauftrag Jesu. In jüngerer Zeit nahmen die Missiologen Lesslie Newbigin[27], David J. Bosch[28] oder auch Paul Hiebert[29] die Fragestellungen auf, wie diese Mission Gottes sich in der jeweiligen Kultur ereignen kann. Die Veränderung der Gesellschaft wurde in der Perspektive des angebrochenen Gottesreiches als Ziel dieser Mission gesehen, und nicht allein die Erfahrung der versöhnenden Erlösung des einzelnen Men-

---

25 Schneider 2012.

26 Hartenstein 1935.

27 Newbigin 1989.

28 Bosch 1991.

29 Hiebert 1995.

schen. Alan Hirsch und Michael Frost[30], Alan J. Roxburgh[31], Ed Stetzer[32] oder auch die deutschen Theologen Johannes Reimer[33], Roland Hard-meier[34] und Tobias Faix[35] nahmen diesen ganzheitlichen inkarnatori-schen Ansatz[36] der Mission auf und verwendeten hierfür den Begriff „missional". Im Unterschied zum langläufig verwandten Terminus „mis-sionarisch" bezeichnet „missional" ein ganzheitliches Verständnis von der Sendung Gottes in alle Bereiche des Lebens.

> *„Eine missionale Kirche definiert sich vor allem aus ihrer Berufung zur Mission und entwickelt ihr Wesen und alles Handeln aus dieser Sendung als Trägerin von Gottes Mission in dieser Welt. Das Ordnungsprinzip von Kirche ist Mission. Wenn Kirche ihre Mission lebt, ist sie wirklich Kirche. Kirche selbst ist nicht nur das Produkt von Mission, sondern sie muss diese Mission mit allen Mitteln weiter führen – darin liegt ihre Bestimmung. Die Mission Gottes drückt sich in jedem Glaubenden aus und in jeder Gemeinschaft, die sich auf Jesus beruft. Diese Mission zu behindern, heißt Gottes Absicht mit und durch sein Volk zu behindern."*[37]

Ich habe mit großem Interesse und Gewinn die Literatur zu einer neuen missionalen Theologie gelesen. Bei aller Wertschätzung ist mir jedoch aufgefallen, dass die Pneumatologie auch darin leider nur eine sehr untergeordnete Darstellung findet. Ähnlich ist es in der Literatur

---

30   Frost; Hirsch 2008. Frost 2006.

31   Roxburgh 1997.

32   Stetzer; Putman 2006.

33   Reimer 2010.

34   Hardmeier 2009.

35   Faix 2009.

36   „Inkarnation bezieht sich auf das Geschehen, als Gott als Mensch Jesus von Nazareth in seine Schöpfung und damit auf die Bildfläche der Men-schen tritt. Mit dem Begriff inkarnatorisch in Bezug auf Mission ist ein ähnlicher Prozess gemeint: Ganz in eine Kultur und das Leben einer Ziel-gruppe einzutauchen, um eine Begegnung mit dem Evangelium innerhalb der Kultur zu ermöglichen" (Hirsch 2011: 333).

37   a.a.O.: 373.

zur *Emerging Church*[38]. Die Emerging Church ist eine dezentrale, stark heterogene Reformbewegung von verschiedenen Christen, die in ihrem Umfeld und ihrer Tradition auf die Fragestellungen der angebrochenen Postmoderne reagieren wollen. Theologisch gibt es nur eine konturenhafte Homogenität in dieser Reformbewegung. Viele Vertreter versuchen im Prinzip ihrer kirchlichen Tradition theologisch treu zu bleiben, aber sie setzen neue Akzente in der Spiritualität und in der gemeindlichen Kultur. Gemeinde Jesu wird als ein Netzwerk verstanden. Der Dialog mit der jeweiligen Kultur wird gesucht. Zur Orthodoxie (Rechtgläubigkeit) kommt die Orthopraxie (das rechte Handeln).[39] Doch welche Bedeutung kommt dem Heiligen Geist zu, wenn es um eine Weiterentwicklung der Gemeinde in der Postmoderne geht? Wie korrespondiert das neue Nachdenken über die sich weiterentwickelnde Gemeinde Jesu (Emerging Church) oder über die neue missionale Ekklesiologie mit dem Wirken des Geistes Gottes?

Ich will versuchen, in diesem Buch einige Grundlagen für eine missionale Pneumatologie zu beschreiben. Ich tue es in der Hoffnung, dass wir den „Weitwinkel" für das umfassende Wirken des Heiligen Geistes in dieser Welt, in der Gemeinde Jesu Christi und in jedem einzelnen Menschen neu in den Blick bekommen. Jedes Nachdenken über die Gemeinde Jesu Christi hängt theologisch untrennbar mit dem Nachdenken über das Wesen und Wirken des Heiligen Geistes zusammen. Ekklesiologie und Pneumatologie sind deshalb nicht getrennt voneinander zu betrachten. Es sind nicht die emergenten, missionalen neuen Gemeindeformen, die eine neue Belebung oder eine Reanimation der vom Todeskeim geprägten Kirchen und Gemeinschaften hervorbringen, sondern es ist der Geist des Lebens, es ist dieses Wasser der Lebendigkeit, der

---

38 *Emerging Church* bedeutet „Die sich entwickelnde Kirche". Michael Welker weist 1991 in seinen Ausführungen über die frühen Geisterfahrungen auf die pneumatologischen Emergenzprozesse hin, bei denen grundlegende Geisterfahrungen (Wiederherstellung der Gemeinschaft, Versöhnung, Vergebung, Erneuerung der Kräfte) sich in der jeweiligen Zeitepoche jeweils neu entwickeln. Vgl. Welker 1992: 59–70.

39 Kimball 2005. Gibbs 2006.

Schönheit, der Weisheit und der Wahrheit, das auch heute schon unter den Türschwellen der Kirchen hervorquillt.

1. Der trinitarische Geist Gottes – sein Wesen und seine Personalität

Heute denke ich daran mit einem gewissen Schmunzeln. „Und nun singen wir das schöne Lied ‚O komm, du Geist der Wahrheit, und kehre bei uns ein!‘" Freudestrahlend lädt der Pastor die Gemeinde dazu ein, dieses bekannte Pfingstlied anzustimmen. In der anschließenden Predigt nimmt er Bezug auf die Ausgießung des Heiligen Geistes und betont, dass wir als Gläubige diesen Geist empfangen haben. Die ungläubige Welt jedoch verstehe nichts von alledem, betont der engagierte Prediger. Er fährt fort: „Der Geist Gottes ist den Nichtchristen ja noch nicht geschenkt. Sie leben in Verblendung der Sünde. Wohl gibt es auch unter Christen Verwirrung, wenn sie sich zu sehr auf den Geist konzentrieren und dabei Jesus aus dem Blick verlieren." Auch die Anbetung des Geistes Gottes ist nach Ansicht des Predigers unangemessen. „Wir beten Gott den Vater an durch unseren Herrn Jesus Christus. Das tun wir zwar in der Kraft des Heiligen Geistes, aber wir beten nicht zum Geist Gottes!" Der Pastor war sehr überzeugt von dem, was er da sprach. Hier und da sehe ich ein betont zustimmendes Nicken in dieser evangelikalpietistisch geprägten Versammlung. Doch dann kommt die eigentliche intellektuelle Aufgabe für die Zuhörerschaft – so empfinde ich es jedenfalls nachträglich. Die Gemeinde wird nämlich nun aufgefordert als „Antwort auf die Verkündigung" den Pfingstchoral „Nun bitten wir den Heiligen Geist um den rechten Glauben allermeist" anzustimmen. „Irgendetwas passt hier nicht zusammen", denke ich! Darf man nun zum Heiligen Geist beten oder nicht?

Die Lehre über den Heiligen Geist hat gerade in evangelikalen Kreisen allzu häufig eine theologische Schlagseite, die verheerende Auswirkungen haben kann. Die vielfach vertretene Auffassung, dass der Geist Gottes ja nur in der Kirche und im Herzen eines durch den Heiligen Geist neu geborenen Gotteskindes wirken würde, macht nach wie vor die Runde. Die Devise lautet: „Diese Welt ist versumpft in ihrer Sünde und der Verstand des unerlösten Menschen ist verfinstert. Da kann mir dann nichts Gutes begegnen." Mit einer solchen Einstellung ging ich ins Studium und merkte, wie groß deshalb anfänglich die inneren Barrieren waren, mich den Aussagen der Humanwissenschaften (Psychologie, Pädagogik) zu stellen. Wie sollte jemand, der den Geist Gottes nicht empfangen hatte, überhaupt zu tragfähigen Aussagen über Gottes Schöpfung, über den Menschen kommen? Es mag anmaßend klingen und es war und ist sicher auch vermessen, so zu denken und zu argumentieren. Aber so war meine Prägung, die ich jahrelang in mich aufgenommen hatte: Die Welt ist böse, die Kirche ist gut. Wir sind als Botschafter in diese Welt gesandt. Wenn hier jemand umdenken musste, dann waren es immer die anderen. Das ist natürlich keine gute Grundlage zu Beginn eines Studiums! Es ist auch keine gute Grundlage für einen missionalen Lebensstil.

Heute hat sich – Gott sei es gedankt – meine Wahrnehmung verändert. Und das hängt sehr stark mit meiner Sicht zusammen, die ich vom Wesen und von der Personalität des Heiligen Geist gewonnen habe.

1.1   Das Wirken des Geistes in der Geschichte

Der Geist Gottes tritt nicht erst mit dem Pfingstereignis auf den Plan. Die Bibel bezeugt uns sein Wirken durch die gesamte Geschichte hindurch.

a.   Der Schöpfergeist

Der Geist Gottes ist der Geist des Lebens. Dies ist der Geist, der bei der Schöpfung dieser Welt gestaltend war und bleibt. Als Gott Himmel und Erde schuf, schwebte der Geist Gottes (hebr. *ruach elohim*) über dem Wasser (1Mo 1,2).[40] Die Weisheitsliteratur des AT bezeugt, dass jeder Mensch sein Leben durch den Geist Gottes eingehaucht bekommen hat (Hiob 33,4; Ps 104,30; Weish 1,7). Nicht nur das menschliche Leben ist von Gottes Ruach durchhaucht, sondern die ganze Schöpfung, der

---

40   Der hebräische Ausdruck *ruach* ist weiblich. Er kann mit Atem, Hauch oder auch Wind übersetzt werden. Gemeint ist der Lebendigkeit und Macht anzeigende Odem Gottes. Vgl. hierzu: Steck [2]1981: 256f.

gesamte Kosmos trägt in sich den Atem Gottes.[41] Keine Pflanze, kein
Tier, kein Stein und kein Sandkorn ist ohne den Geist Gottes denkbar.
Die Schöpfung ist ein trinitarischer Akt und sie ist nicht nur Gott dem
Vater zuzuordnen oder bestenfalls noch auf Christus hin zu deuten (vgl.
Kol 1,15f.). Der Geist Gottes ist ebenso der Schöpfer.[42]

Diese Erkenntnis führt allerdings zu einer der zentralen Fragen der
Pneumatologie: In welchem Verhältnis stehen Schöpfung und Erlösung?
Ohne Zweifel ist auch heute noch die Tendenz erkennbar, die viele Jahrhunderte die Theologie und Frömmigkeit geprägt hat: Der Heilige Geist
wird allein als ein Geist der Erlösung verstanden, der dann folgerichtig seinen Ort auch lediglich unter den Erlösten, sprich in der Kirche,
haben kann. Ein solches Verständnis vom Geist entfremdet die Christen von einer Welt, die scheinbar ohne Gott ist. Es isoliert die „Heiligen" von den „Unerlösten", es trennt Kirche und Welt und führt zu einer
„Kommunikationsunfähigkeit der Kirche in ihrer Erfahrung des Geistes
gegenüber der Welt".[43] Wird hingegen der Schöpfergeist und der Erlösergeist in einer Einheit gesehen, so bietet sich eine neue Kommunikati-
onsebene und eine Grundlage für ein missionales Verständnis. Die hart-
näckige Tendenz der Trennung von Schöpfergeist und Erlösergeist ist
vor allem in der anhaltenden Platonisierung des Christentums begründet, die eine leib- und naturfeindliche Weltabgeschiedenheit propagiert.
Auch die begrenzte Wahrnehmung, den Geist Gottes nur noch als Geist
Christi und nicht auch als Geist des Vaters wahrzunehmen, hat hier ihre
Folgen gehabt.[44]

---

41   Joest 1984: 302.

42   Es ist erstaunlich, dass Yves Congar in seinem großen Werk über den
      Heiligen Geist das Wirken des schöpferischen Geistes so gut wie gar nicht
      behandelt. Vgl. Congar 1982.

43   Moltmann 1991: 21.

44   Vgl. Dabney 1997. Dabney weist darauf hin, dass Karl Barth sich vehement
      dafür aussprach, eine Trennung zwischen dem menschlichen Geist und
      dem Geist Gottes vorzunehmen, was zuweilen zu der Annahme einer Dis-
      kontinuität des Geisteswirkens führte (a.a.O.: 24–44). Barth 1930. Noch
      schärfer kritisiert Wilhelm Dantine Karl Barths theologische Ausführun-
      gen in diesem Punkt. „Der Weltbezug wird bis zur Unkenntlichkeit mi-

Heute steht nicht allein der Mensch im Mittelpunkt der Fragestellung.
Vielmehr wird nach der „immanenten Transzendenz" (J. Moltmann)[45]
in der gesamten Schöpfung gefragt. Die Kontinuitätsfrage beschränkt
sich nicht auf die Anthropologie, sondern betrifft den gesamten Kosmos. Geisterfahrung ist nicht nur Selbsterfahrung, sondern ein kons-
titutives Element in der Gemeinschafts- und Naturerfahrung. Je mehr
ein Mensch vom Geist Gottes ergriffen und geprägt ist, umso mehr wird
er das Wirken des Geistes in der Schöpfung und in allem Leben wahrnehmen und auch ehren. Albert Schweitzer hat daraus seine Ethik des
Lebens entwickelt, die er treffend „Ehrfurcht vor dem Leben" nannte.[46]

Dennoch bleibt die Frage, wie sich die Sünde auf die Wahrnehmung
und auf die Wirksamkeit des Geistes im Leben eines Menschen und in
diesem gesamten Kosmos auswirkt. Die Sündenrealität verdunkelt, sie
vernebelt und sie hemmt das freie Heilswirken des Geistes Gottes. Die
Wahrnehmung in einer von Sünde geprägten Welt ist zu vergleichen mit
einem Glas trüben Wassers. Hier sehen wir nicht nur die Elemente, die
das Wasser trübe machen, sondern wir sollten auch erkennen, dass da
nach wie vor Wasser ist. Sünde, Tod und Niedrigkeit führen allerdings
nicht dazu, dass der Geist Gottes seine klare Kreativität und Wahrheit
nicht weiter entwickeln kann. Aber die Bibel bezeugt, dass der Geist
Gottes auch da erfahrbar ist, wo die Folgen der Sünde das Leben prägen, wo Schwachheit, Krankheit und Tod Einzug halten. Er wirkt auch
in all den Tiefen und Finsternissen des Lebens. L. Dabney zeigt auf, dass
die *Kenosis* des Geistes (= die sich selbst entäußernde Kraft) durchgän-
gig im Leben Jesu wirksam war, auch in dem Moment, als er ausrief:
„Mein Gott, mein Gott, warum hast du mich verlassen!"[47] In den Zerbrochenheiten und Rissen des Lebens ist der Geist Gottes ebenso wirk-

_____

          nimalisiert; in seinem ‚Christenstand' ist seine ‚Geschöpflichkeit' nahezu
          verdampft" (Dantine 1968: 267).

45   Jürgen Moltmann verwendet diesen Begriff, um das umfassende Wirken
          des Schöpfungsgeistes zu verdeutlichen. Vgl. Moltmann 1979.

46   Schweitzer 1991.

47   Dabney 1997: 109ff.

sam und wahrnehmbar wie in den Heilungen und in der Überwindung aller Todesrealität.

Die Erkenntnis, dass der Erlösergeist, der Geist von Pfingsten, kein anderer Geist ist als der Schöpfergeist, dass der Erlösergott kein anderer Gott ist als der Schöpfergott, führt zu einer neuen Sicht und Spiritualität im Leben eines vom Geist Gottes erfüllten Menschen. Er kann tiefgehende Geisterfahrungen nicht nur machen, indem er sich spirituellen Übungen und kontemplativen Erfahrungen hingibt, sondern mitten im Alltag des natürlichen Lebens. Alles Natürliche wird für den vom Geist Gottes erfüllten Menschen heilig, sprich: gott-zugehörig. Er bringt es in Verbindung mit Gott. Alles Heilige trägt auch den befreienden Charakter des Natürlichen. Die neueren Ansätze zu einer ökologischen Theologie, zu einer kosmischen Christologie oder einer ökumenischen Ekklesiologie setzen die Identität des erlösenden und schöpferischen Geistes voraus. Zusammenfassend betont Jürgen Moltmann die Notwendigkeit einer solchen ganzheitlichen Sicht der Pneumatologie:

„Die Gemeinschaft des Geistes führt die Christenheit notwendig über sich selbst hinaus in die größere Gemeinschaft aller Geschöpfe Gottes. Auch die Schöpfungsgemeinschaft, in der alle Geschöpfe miteinander, füreinander und ineinander existieren, ist Gemeinschaft des Heiligen Geistes. Beide Erfahrungen des Geistes stellen die Kirche Christi heute in Solidarität mit dem tödlich bedrohten Kosmos. Angesichts des Endes der Natur werden die Kirchen die kosmische Bedeutung Christi und des Geistes entdecken oder sie werden an der Vernichtung der irdischen Schöpfung Gottes mitschuldig. Was in früheren Zeiten als Lebensverachtung, Leibfeindlichkeit und Weltabgeschiedenheit nur eine innere Einstellung war, ist heute alltägliche Wirklichkeit im Zynismus der fortschreitenden Naturzerstörung. Die Entdeckung der kosmischen Weite des Geistes führt dagegen zum Respekt der Würde aller Geschöpfe, in denen Gott durch seinen Geist anwesend ist. In der gegenwärtigen Situation ist diese Entdeckung nicht romantische Poesie oder spekulative Vision, sondern die notwendige Voraussetzung für das Überleben der Menschheit auf Gottes einmaliger Erde.“[48]

---

48   Moltmann 1991: 23.

Nicht nur der Respekt und die Ehrfurcht vor dem Leben sind die Folge einer solchen ganzheitlichen pneumatologischen Sicht, sondern auch ein umsichtiges Wahrnehmen des Geisteswirkens bei Menschen in anderen Kulturen und Religionen. Bereits im AT finden wir Ansätze für ein Verständnis, welches das Geisteswirken auch bei nichtjüdischen Menschen oder Völkern erkennt und erwartet. Der Perserkönig Kyros, der die Exilierten aus Babel wieder heimziehen lässt, wird als Werkzeug Jahwes gesehen, als ein vom Geist Gottes Gesalbter (Jer 27,4–11; Jes 4,5). Herausragend ist ebenso die Aussage im Prophetenbuch Maleachi. Dort wird nicht nur gesagt, dass die Völker eschatologisch zu Jahwe umkehren werden, sondern dass jetzt schon in allen Völkern, in anderen Religionen und Kulturen Jahwe unbewusst verehrt wird. „Auf der ganzen Welt werde ich verehrt, an allen Orten bringen mir die Menschen Opfergaben dar, die mir gefallen, und lassen den Rauch zu mir aufsteigen. Ja, alle Völker ehren mich, den allmächtigen Gott" (Mal 1,11).[49] Vielleicht hatte Paulus diese Aussagen vor Augen, als er vor den Athenern von dem allumfassenden Urgrund sprach und den „unbekannten Gott" verkündete, durch den allein wir leben und handeln (Apg 17,28). Die Schlussfolgerungen im 1. Johannesbrief können in ähnlicher Weise verstanden werden: Gott ist die Agape-Liebe (1Joh 4,8.16) und alle menschliche Agape-Liebe stammt aus Gott (1Joh 4,7). Folglich ist jeder, der liebt und Gerechtigkeit tut, aus Gott gezeugt (1Joh 2,29). Missionale Pneumatologie spürt das Wirken des Geistes Gottes auch in anderen Kulturen und Religionen auf, um Menschen auf die Quelle dieser Liebe in Jesus Christus hinzuweisen. Zudem ist bei allem Bemühen um eine komparative und dialogische Religionswissenschaft daran festzuhalten, dass in Jesus Christus die Liebe Gottes erschienen ist und er der Weg zum Vater ist.

Das Zweite Vatikanische Konzil (1962–1965) formulierte hierzu Folgendes: Alles, „was sich an Gutem und Wahrem bei ihnen (den anderen Religionen und Kulturen) findet", ist „Gabe dessen, der jeden Menschen erleuchtet" (LG 16). Damit vertritt Vatikanum II religionstheologisch einen Inklusivismus, der davon ausgeht, dass die volle und endgültige

---

49   Der Tübinger Alttestamentler Walter Groß versteht diesen Text präsentisch, also nicht erst auf die Zukunft ausgerichtet. Vgl. Groß 1989: 37.

Offenbarung in Christus erfolgt ist, aber andere Religionen und Kulturen auch Wahres und Heiliges enthalten können.[50] Missionale Pneumatologie spürt diese Werte des Wahren und Heiligen in anderen Religionen und Kulturen auf und weist zugleich auf den Ursprung und die Quelle des Heils in Christus hin.[51] Christen sind überzeugt, dass das Wort Gottes in Jesus Christus die tiefste und vollkommene Offenbarung ist. Ohne Orientierung an Jesus, der von dem Geist der Liebe, der Güte und Gerechtigkeit geprägt ist, können wir nicht erkennen, ob irgendwo der Geist Gottes sich manifestiert. Wenn etwas der Botschaft von Jesus widerspricht, dann kann es nicht vom Geist Gottes stammen. Der notwendige interreligiöse Dialog und der Dialog der Weltanschauungen wird bereichert durch eine komparative Theologie, die auch spirituelle Erfahrungen mit einbezieht und sich nicht nur auf doktrinärer bzw. wissenschaftlicher Ebene bewegt.[52] Die Pneumatologie eröffnet somit neue Zugänge zum notwendigen interreligiösen Dialog.

b.   Der Geist Gottes in alttestamentlicher Zeit

Gottes Geist wirkt nicht nur in der Schöpfung, sondern sein Wirken wird auch im Leben des alten Bundesvolkes bezeugt. Der Geist Gottes wirkte in der Väterzeit. Von Joseph wird berichtet, dass er durch den Geist Gottes Träume und die Fähigkeit der Traumdeutung bekam (1Mo 41,38). Erst in der Richterzeit begegnet jedoch ein gezielter Gebrauch des Begriffs der Ruach Gottes.[53] Hier werden Menschen durch den Geist Gottes mit Kraft zugerüstet, die ihnen geradezu Unmögliches ermöglicht

---

50   Der Exklusivismus wird als dialogresistent angesehen, da er andere Religionen pauschal als Irrweg verwirft. Der Inklusivismus hält daran fest, dass das Heil und die Wahrheit in unüberbietbarer Gestalt in der eigenen religiösen Tradition zu finden sei, gesteht anderen Religionen jedoch zu, dass auch sie Werte der Wahrheit haben. Der interreligiöse Pluralismus geht am weitesten, indem er die Vermittlung von Heil und Wahrheit in allen Religionen als gleichwertig betrachtet.

51   Siehe hierzu die Ausführungen von Wisse 1987: 121–152.

52   Vgl. Bernhardt; Stosch 2009.

53   So Westermann 1981: 225.

(Ri 3,10; 6,34; 11,29; 14,6; 16,10; 1Sam 11,6). Der Geist Gottes kommt über die erwählten Personen und erfüllt sie mit großer Energie und Weisheit. Dabei verschweigt das biblische Zeugnis nicht, dass es sich hierbei um fehlerhafte Menschen handelt. M. Welker konstatiert über diese charismatischen Führungspersonen der frühen Zeit: „Nicht nur unvollkommene, endliche, sterbliche Menschen, sondern auch Außenseiter, Zweifler, Misstrauische, Machtbewusste, die auch vor Bedrohung und Erpressung ihrer Mitmenschen nicht zurückschrecken – so werden die „frühen Charismatiker" von den biblischen Texten gekennzeichnet."[54]

Diese ersten Zeugnisse vom Wirken des Geistes Gottes berichten von einem unerwarteten Eingreifen Jahwes und von der Erneuerung der Einmütigkeit des Volkes. In all diesen frühen Bezeugungen der Erfahrung des Geistes Gottes geht es primär um die Wiederherstellung von Ordnung, Einheit und Solidarität. Er befähigt einzelne Frauen und Männer im Volk Israel, Leitung zu übernehmen. Als Mose 70 Männer ausgewählt hatte, die ihn in der Leitung unterstützen sollten, wurde ihnen der Geist Gottes verheißen (4Mo 2,16f). Josua, der Nachfolger von Mose, wurde ebenfalls mit Gottes Ruach erfüllt (1Mo 27,18–23; 5Mo 34,9). In der folgenden Königszeit wird von David berichtet, dass der Geist Gottes auf ihn kam, als Samuel ihn salbte (1Sam 16,13). Die Psalmgebete bezeugen das Bewusstsein der Wirkung des Geistes Gottes in der individuellen Spiritualität (Ps 51,13; 143,10).

Das Wirken des Geistes ist allerdings nicht nur auf einzelne Führungspersonen beschränkt – das ganze Volk Israel sollte mit der Ruach Gottes im Einklang leben. In Notzeiten erinnerte sich das Volk an die Wirksamkeit des Geistes, um darin Trost zu finden: „Der Geist Gottes führte das Volk und brachte sie schließlich ins Land Kanaan. Hier durften sie sich niederlassen wie eine Herde, die von den Berghängen hinunter in ein grünes Tal kommt. So hast du, o Gott, dein Volk damals geführt, damit dein herrlicher Name geehrt wird" (Jes 63,14). Nach der Rückkehr aus dem Exil in Babylon spricht der Prophet Haggai die Verheißung des bleibenden Geistes über dem Volk aus. „Ich halte, was ich euren Vorfahren versprochen habe, als sie aus Ägypten zogen. Mein

---

54   Welker 1992: 66.

Geist bleibt bei euch. Habt also keine Angst!"(Hag 2,5). Serubabel erhält den Zuspruch, dass nicht „Heer oder Kraft", sondern die Ruach Gottes die ersehnte Befreiung wirken wird (Sach 4,6; LU).

Unmissverständlich wird das vielfältig bezeugte prophetische Wort im Alten Bund als eine Wirkung des Geistes Gottes gedeutet. Propheten erhielten auf unterschiedliche Weise eine Offenbarung von Gott, die ihr natürliches Denk-, Vorstellungs- und Sprachvermögen übersteigen. Ebenso vermittelte der Geist Gottes ihnen den Mut und die Autorität, diese Offenbarungen weiterzugeben und zu verkündigen. Dabei finden wir ein geradezu Ekstase auslösendes Wirken, wobei der Prophet eine Erfahrung mit der transzendenten Wirklichkeit Gottes macht.[55] Der Geist Gottes kommt auf eine Person und gibt Inspiration (vgl. u. a. 4Mo 11,25; 1Sam 10,6.10; 1Kön 18,22; 2Kön 1,15; Jes 1,8; Hes 1,3; 3,12; 37,1). Die alttestamentlichen Propheten werden als Menschen des Geistes beschrieben (Hos 9,7; Mi 3,8).

Die frühen biblischen Zeugnisse berichten nicht nur von dem Geist Gottes, der aus Not rettet und der Orientierung und Geschlossenheit im Volk Gottes vermittelt. Gott kann auch einen „bösen Geist" oder einen „Geist der Verirrung" senden (Ri 9,23; Jes 19,2f; 1Sam 16,14ff). Es bedarf der prophetischen Einsicht und Offenbarung, um einen Lügengeist vom Geist Gottes unterscheiden zu können. Das Problem bei der Unterscheidung der Geister wird eindrucksvoll in der Vision Michas, des Sohnes Jimlas, zum Ausdruck gebracht (1Kön 22; 2Chr 18). Micha stellt sich mit seiner prophetischen Offenbarung und Deutung gegen ein Heer von über 400 Lügenpropheten. Allgemeine Prüfkriterien, wie sie etwa M. Welker herausstellt und auf die heutigen Erfahrungszusammenhänge zu übertragen versucht, sind hier nur sehr zurückhaltend zu hören, zumal die neutestamentliche Prophetie sich wesensmäßig von der alttestamentlichen unterscheidet.[56] Die Propheten klagen darüber, dass

---

55 Schmid, Hans Heinrich, *Ekstatische und charismatische Geistwirkungen im Alten Testament*, in: Heitmann/Mühlen 1974, 83ff.

56 Vgl. Welker 1992: 90–100. Die neutestamentliche Prophetie ist zwar wesensverwandt im Offenbarungsgeschehen, ist jedoch stark eingebunden in den prüfenden Korpus der Gemeinschaft der Gläubigen. So ist z. B. die Frage der Glaubwürdigkeit nicht immer vom faktischen Eintreten der

Israel dem Geist Gottes Widerstand leiste. Allerdings sehen sie einen Tag
kommen, an welchem die Ruach Jahwes eine neue Zeit einführen wird.
Die zerfallene Hütte Davids (Am 9,11) wird wieder aufgebaut werden.
Das wird durch einen Nachkommen Davids geschehen, auf dem der
Geist Gottes ruht. „Der Geist des Herrn wird auf ihm ruhen, ein Geist
der Weisheit und der Einsicht, ein Geist des Rates und der Kraft, ein
Geist der Erkenntnis und der Ehrfurcht vor dem Herrn" (Jes 11,2). Diese
Verheißung fand in Jesus Christus ihre Erfüllung (Joh 1,32; 3,34). Wenn
vom Nachkommen Davids, vom Sohn Davids, die Rede ist, wird damit
die königliche Seite des vom Geist Gottes Gesalbten hervorgehoben.
Daneben gibt es die Verheißungen vom leidenden Gottesknecht. Hier
wird ebenso bezeugt, dass auf diesem Gottesknecht der Geist des Herrn
ruht (Jes 42,1; 61,1f). Der erwartete messianische Geistträger verband die
Erfahrung der Gerechtigkeit Gottes mit der umgesetzten Gerechtigkeit
der Thora (Gesetz), konkret in der Kombination von Recht, Erbarmen
und Gotteserkenntnis.[57]

Jesus verband in seiner Person die beiden Seiten dieser verheißenen
Messiasgestalt: Er war der angekündigte Spross aus Davids Stamm und
der leidende Gottesknecht. In der Messiaserwartung der spätjüdischen
Zeit dominierte die Vorstellung vom königlichen und mächtigen Messias, der jedoch nicht mit Leiden und Schmerzen behaftet sei. Zudem
war mit der Messiaserwartung auch die Erwartung einer umfassenden
Ausgießung des Heiligen Geistes verknüpft, die nicht nur einzelne Führungspersonen, sondern das ganze Volk, ja das ganze Land, ergreifen
würde (Jes 32,15; 44,3; Hes 36,25–27). Die Ruach Gottes wird in der messianischen Zeit nicht nur für Israel, sondern für die gesamte Schöpfung
erwartet. Der Geist Gottes würde eine neue prophetische Zeit einleiten,
in der eine breite prophetische Salbung über alle Menschen ausgegossen
würde. „In späterer Zeit will ich, der Herr, alle Menschen mit meinem

---

Prophetie abhängig. Neutestamentlich gibt es im prophetischen Geschehen Gutes und weniger Gutes oder nicht Verwendbares. „Prüfet alles, das
Gute behaltet!" (1Thess 5,21).

57   Michael Welker widmet der Deutung der Gottesknechtslieder mit Blick
     auf die messianische Geistausgießung ein ausführliches Kapitel. Siehe:
     a.a.O.: 109–173.

Geist erfüllen. Eure Söhne und Töchter werden aus göttlicher Eingebung reden, die alten Männer werden bedeutungsvolle Träume haben und die jungen Männer Visionen; ja, sogar euren Sklaven und Sklavinnen gebe ich in jenen Tagen meinen Geist" (Joel 3,1f). Petrus zitiert dieses Joelwort in seiner Pfingstpredigt (Apg 2,17) und bestätigt damit den Anbruch der neuen pneumatologisch geprägten Zeit. Aus der Wirkung des Geistes geht ein neues Gottesvolk hervor, ein Volk, das vom Geist Gottes geleitet ist und in einer prophetischen Existenz lebt. Die Zeit, in welcher der Geist Gottes nur auf einzelne Führungspersonen beschränkt sein würde, hat mit dem Pfingstereignis ein Ende gefunden.

Schon in den vorchristlich geprägten prophetischen Äußerungen wird die Wirksamkeit des Geistes deutlich, welcher diese mächtige Ausgießung an den Geisttäufer knüpfen würde (Lk 1,15.44.67; 2,25). Alle vier Evangelien berichten von der Wirksamkeit Johannes des Täufers, der als der größte unter den Menschen in der vorchristlichen Zeit gesehen wird (Lk 7,28). „Das Große an Johannes war sein einzigartiges Vorrecht, den Weg für den Christus vorzubereiten; kein anderer Prophet hatte je einen solch hohen Auftrag erhalten. Er konnte jedoch nur bis zur ,Schwelle des Himmelreiches', welches mit Jesus anbrach, treten. Jesu Nachfolger sind noch bevorzugter (größer); sie waren Zeugen vom Anbruch des Gottesreiches durch Jesus Christus. Von denen aber, die zum Zeitalter der Verheißung gehörten, war Johannes der Größte; die, welche zum Zeitalter der Erfüllung gehörten, sind noch bevorzugter."[58]

c. Der Messias als Träger des Geistes

Über die künftige Wirksamkeit des Geistes tauchen in den alttestamentlichen Verheißungen zwei kooperierende Aussagen auf. Zum einen wird die Ausgießung des Geistes aus der Höhe durch den Übermittler, den Messias (Geistträger) betont. Zum anderen wird dieser Geist ausgegossen auf alles Fleisch, in die Herzen der Menschen (Joel 3,1f; Hes 36,25–27). Erwartet wird eine Geistausgießung, die sich nicht nur auf einzelne Menschen, nicht nur auf einzelne Gruppen beschränkt, sondern die

---

58   Ewert 1998: 22.

sozial überschreitend ist. Der Geistträger wird zum Geisttäufer. Im Zeugnis des NT laufen diese beiden Verheißungslinien zusammen in der Person von Jesus von Nazareth. Er wird als der Messias, der Geistträger und auch der Geisttäufer bezeugt.[59] Jesus wurde nicht nur vom Geist Gottes gezeugt, eingesetzt und in seiner Verkündigung und seinem Wirken als ein vom Geist Gottes Bevollmächtigter gesehen. Er ist es auch, der die Verheißung der Ausgießung des Geistes erst ermöglicht. „Die Macht Gottes, Gott als Stifter des Lebens, Geist als die größte Macht, das alles bleibt jetzt nicht mehr ‚hinter' den Dingen, bleibt nicht transzendent und nur erahnbar, sondern diese Macht tritt sozusagen an diesem einen Punkt in den Vordergrund, in Jesus Christus."[60]

Matthäus und Lukas bezeugen, dass Joseph die Mutter Jesu vor der Geburt nicht „erkannte", also keine menschliche Zeugung stattfand (Mt 1,18; Lk 1,34f). Maria erfährt vom göttlichen Boten: „Der Heilige Geist wird über dich kommen, und die Kraft Gottes wird sich an dir zeigen. Darum wird dieses Kind auch heilig sein und Sohn Gottes genannt werden" (Lk 1,35). Matthäus bezeugt, dass Maria „schwanger war von dem Heiligen Geist" (Mt 1,18; LU). Die Evangelisten begründen nicht, warum Jesus in dieser Weise empfangen werden sollte. Es entspricht aber der im AT mehrfach getroffenen Aussage, dass Gott schon „im Mutterleib" handelt (Jes 44,24ff; 49,1ff; Jer 1,5; Hiob 31,15). Die Zeugung Jesu ist etwas Einmaliges. Die Tatsache, dass nur zwei Evangelisten die jungfräuliche Zeugung Jesu erwähnen, sollte uns nicht zu der Annahme führen, dass es sich hierbei um eine eigenwillige Interpretation handle. Vielmehr ist diese Art der Zeugung ein erstes Indiz für die himmlische Heimat des Messias. Es betont die Wahrheit, dass Jesus von Gott ausgegangen ist; die Geburt Jesu geschah nicht, weil zwei Menschen auf dieser Erde es wollten, sondern weil es Gottes Wille war und die Zeit Gottes erfüllt war. Die Empfängnis Jesu durch den Geist bezeugt den Anbruch einer neuen Wirklichkeit. Der Geist Gottes ist hier der Initiator.

---

59   „In allen Evangelien wird die Frage, wer Jesus ist, mit dem Hinweis auf das Charisma des Geistes Gottes beantwortet" (Kraus 1983: 359).

60   Berger 1988: 280.

Das ganze Leben Jesu, sein Tod und seine Auferstehung geschahen in der Kraft des Geistes. Das Geschehen am Kreuz Jesu ist nur in der Kraft des Geistes möglich gewesen. „Erfüllt von Gottes ewigem Geist, hat er sich selbst für uns als fehlerloses Opfer Gott dargebracht"(Hebr 9,14). Durch den Geist wurde er als Sohn Gottes in der Auferstehung bestätigt (griech. *orizo* = bestimmen, bestellen zu etwas). „Durch die Kraft des Heiligen Geistes wurde er von den Toten auferweckt, und so bestätigte Gott ihn als seinen Sohn" (Röm 1,4). In der Taufe stellt sich Jesus solidarisch unter die Sündenlast der Welt, die er trägt (Joh 1,29). Dass seine Taufe von Gott angenommen wurde, wird bezeugt durch das wahrnehmbare Herabkommen des Geistes auf Jesus. Alle drei Synoptiker berichten, dass sich bei der Taufe Jesu „der Himmel öffnete"(Mt 2,16; Mk 1,10; Lk 3,21).[61] Als der Geist Gottes wie in Gestalt einer Taube herabkam (evtl. als Symbol der Sanftheit und des Friedens oder auch der Unscheinbarkeit des natürlichen Lebens) und auf Jesus blieb, geschah die göttliche Anrede: „Dies ist mein geliebter Sohn, der meine ganze Freude ist"(Mt 3,17). Die Salbung mit dem Geist bei der Taufe befähigte Jesus, seine messianische Sendung auszuführen (Lk 4,18f). Jesus wurde nach dem Zeugnis des Johannesevangeliums durch diesen erkennbaren Geistempfang bei seiner Taufe von dem Täufer Johannes als der zukünftige Geisttäufer identifiziert. „Und Johannes berichtete weiter: ‚Ich sah den Geist Gottes wie eine Taube vom Himmel herabkommen und bei ihm bleiben. Wer er ist, wusste ich vorher noch nicht', wiederholte Johannes, ‚aber Gott, der mir den Auftrag gab, mit Wasser zu taufen, sagte zu mir: ‚Du wirst sehen, wie der Geist auf einen Menschen herabkommt und bei ihm bleibt. Dann weißt du, dass er es ist, der mit dem Heiligen Geist tauft'" (Joh 1,32f).

Weiterhin bezeugen die Schriften des NT die Präsenz und Initiation des Gottesgeistes in der Versuchung, die Jesus erfährt. Alle drei Synoptiker betonen, dass Jesus durch den Geist in die Wüste geführt wurde. Lukas fügt noch hinzu, dass Jesus selber „erfüllt mit dem Heiligen Geist"

---

61   Der offene Himmel ist als ein Heilszeichen zu deuten. Vgl. hierzu auch die Ausführungen zum Thema „Geöffneter Himmel" bei M. Welker: Welker 1992: 132–143.

war (Lk 4,1). Nach dieser massiven Versuchung wartete Satan auf andere
Gelegenheiten (Lk 4,13), um Jesus von seinem messianischen Weg abzu-
bringen. Jesus tat aber in der Vollmacht und Salbung des Geistes seinen
messianischen Dienst und verkündigte den Anbruch des neuen Zeitalters, den Anbruch des Königreiches Gottes (Lk 4,18). Er verkündigte
nicht nur durch Worte, sondern tat auch viele Wunder; er heilte Menschen und trieb Dämonen aus. Hierin erweist er sich als der angekündigte Messias (Jes 61,1f). Die Dämonenaustreibungen geschehen durch
den Geist Gottes. Jesus sagt: „Wenn ich aber die Dämonen durch den
Geist Gottes austreibe, so beginnt Gottes neue Welt jetzt – mitten unter
euch!" (Mt 12,28). Jesus erweist sich als der Stärkere, der „den Starken"
bindet und ihm seine Beute nimmt (vgl. Mk 3,27). Der messianische
Geistträger ging entschlossen seinen Weg, bis nach Gethsemane, bis
Golgatha. Der Geist Gottes stärkte Jesus und teilte mit ihm die Todes-
stunde und kraft des Geistes wurde er zu neuem Leben auferweckt
(Hebr 9,14; Röm 1,4).

Der Tod und die Auferstehung Jesu machten es nun möglich, dass der
Geist Gottes auch auf seine Jünger und Nachfolger ausgegossen wurde.
Immer wieder hatte Jesus auf die Bedeutung des Geistes hingewiesen,
wenn er die neue angebrochene Wirklichkeit des Reiches Gottes erklärte.
Dem fragenden Nikodemus bezeugt er, dass ein Mensch nur durch eine
neue Geburt durch „Wasser und Geist" in das Reich Gottes eingehen
kann (Joh 3,5). Im Gespräch mit der Frau am Jakobsbrunnen erklärt er:
„Es kommt die Zeit – ja, sie ist schon da –, in der die Menschen den Vater
überall anbeten werden, weil sie von seinem Geist und seiner Wahrheit erfüllt sind. Von diesen Menschen will der Vater angebetet werden.
Denn Gott ist Geist. Und wer Gott anbeten will, muss von seinem Geist
erfüllt sein und in seiner Wahrheit leben" (Joh 4,23f). Einem Menschen,
der den Heiligen Geist empfangen hat, wird verheißen, dass die Kraft
des Geistes gleich wie „Ströme lebendigen Wassers" von dessen Leib fließen werden (Joh 7,37–39; LU). Nach Lk 11,13 verspricht Jesus denen, die
darum bitten, den göttlichen Geist. Auch in Verfolgungszeiten würde der
Geist Gottes den Jüngern beistehen (Mk 13,10f). Am deutlichsten finden
wir die Verheißung der bevorstehenden Ausgießung des Geistes bei dem
Evangelisten Johannes. In seinen Abschiedsreden (Joh 13–15) zeigt Jesus
auf, dass seine Autorität und Vollmacht für den messianischen Dienst in

seiner Abhängigkeit von Gott dem Vater begründet ist (vgl. Joh 5,19). So soll auch die Einheit der Jünger Jesu mit ihrem Herrn nach seinem Tod, der Auferstehung und der Erhöhung durch den Geist Gottes möglich werden. Viermal wird der Heilige Geist im Johannesevangelium „Parakletos" genannt. Der Paraklet ist der Fürsprecher, der Beistand. Man kann hier auch die Assoziation eines Helfers, Freundes, Beraters oder Verteidigers sehen. Dieser Paraklet wird die Jünger lehren, trösten und erinnern. Er wird Jesus verherrlichen und sie zur Liebe befähigen.

> „Wenn ihr mich liebt, werdet ihr so leben, wie ich es euch gesagt habe. Dann werde ich den Vater bitten, dass er euch an meiner Stelle einen Helfer gibt, der für immer bei euch bleibt. Dies ist der Geist der Wahrheit. Die Welt kann ihn nicht aufnehmen, denn sie ist blind für ihn und erkennt ihn deshalb nicht. Aber ihr kennt ihn, denn er wird bei euch bleiben und in euch leben. Nein, ich lasse euch nicht allein zurück. Ich komme wieder zu euch. Schon bald werde ich nicht mehr auf dieser Welt sein, und niemand wird mich mehr sehen. Nur ihr, ihr werdet mich sehen. Und weil ich lebe, werdet auch ihr leben. Dann werdet ihr erkennen, dass ich eins bin mit meinem Vater und dass ihr in mir seid und ich in euch bin" (Joh 14,15–20).

Dieser Geist Gottes wird nicht nur an der Seite der Gläubigen sein, sondern er wird in ihnen sein. Er wird sie belehren (Joh 14,26). Der Geist wird sie in alle Wahrheit führen. Er wird keine neuen Wahrheiten offenbaren, die der Lehre Jesu widersprechen. Der Geist wird Jesus in den Gläubigen bezeugen (Joh 16,13; 15,26). Durch den Empfang der Gabe des Heiligen Geistes werden die Jünger befähigt, Zeugen für Jesus zu sein und das Reich Gottes im Geiste und in der Kraft Jesu weiterzuführen. „Ihr werdet den Heiligen Geist empfangen und durch seine Kraft meine Zeugen sein in Jerusalem und Judäa, in Samarien und auf der ganzen Erde" (Apg 1,8). Nur im Johannesevangelium wird berichtet, dass am Abend des Auferstehungstages Jesus seinen Jüngern begegnete und dass er sie dabei anhauchte und sagte: „Empfangt den Heiligen Geist!" (Joh 20,22).

Es gibt manche Spekulationen darüber, wie dieser Bericht zuzuordnen ist. Wie soll dieser Geistempfang mit dem verheißenden Geistempfang zu Pfingsten vereinbar sein? Handelte es sich hier nur um eine symbolische Anrührung, die den Glauben der Jünger stärken, ihre Erwartung aufrecht erhalten und ihnen die Kraft geben sollte, zu warten? Es handelt

sich hier meines Erachtens tatsächlich um zwei selbständige Ereignisse.
Johannes berichtet, was am späten Osterabend geschah, Lukas berichtet
vom Pfingsttag. Die Umstände der Begegnung sind unterschiedlich. Am
Osterabend wird der Empfang der Gabe des Geistes mit der Vollmacht,
Sünden zu erlassen, verbunden. Am Pfingsttag wird die Geistausgießung
mit dem umfassenden Zeugendienst verbunden. Am Ostertag werden
nur die Jünger angerührt, am Pfingsttag kommt der Geist auf alle, die
versammelt waren.

Hier bleiben Fragen offen, die auch durch eine sorgfältige Exegese
nicht geklärt werden können. Mir scheint die Deutung sinnvoll, dass
Jesus seinen Jüngern durch die Vermittlung des Geistes schon eine erste
Salbung des Geistes zukommen ließ, um in dieser Zwischenzeit von
Auferstehung bis Pfingsten mit ihm verbunden zu sein. Die angekündigte Ausgießung des Geistes „auf alles Fleisch" geschah jedoch erst am
Pfingsttag. Der Empfang des Geistes am Osterabend war nicht universal, sondern er galt einzelnen Personen. Die Pfingsterfahrung hingegen
korrespondiert mit der schon im Alten Bund verheißenen universalen,
totalen, bleibenden und unmittelbaren Ausgießung des Geistes.[62]

d.   Die Ausgießung des Geistes zu Pfingsten

Das Wochenfest der Juden (hebr. *Shabuoth*) findet fünfzig Tage nach
dem Passahfest statt. Es ist eines der großen Feste im Judentum, die
Getreideernte ist eingefahren und die ersten Brote werden Gott als Erstlingsfrucht geweiht (3Mo 23,17; 4Mo 28,26). Es ist ein Fest der Freude
und Dankbarkeit (5Mo16,10ff), an dem Geschenke verteilt werden. Das
Wochenfest ist auch ein Gedenktag an das große Geschenk der Thora,
der Gesetzgebung am Sinai. Die Ausgießung des Geistes am Pfingsttag
ist ebenfalls wie die Gesetzgebung am Sinai von Manifestationen der
Kraft Gottes (lautes Brausen, Feuer) begleitet (vgl. 2Mo 19).

---

62   „Das Pfingstereignis schließt die zuvor gemachten Formen der Geisterfah-
      rung ein. Es setzt darüber hinaus die Verheißungen der Geistausgießung,
      insbesondere der Geistverheißung Joels, in Kraft. In nochmaliger Über-
      bietung übertrifft es die zuvor erfahrenen Wirkungen des Geistes und die
      zuvor geweckten Geistererwartungen" (M. Welker in: a.a.O.: 219).

Und als der Pfingsttag gekommen war, waren sie alle an einem Ort beieinander. Und es geschah plötzlich ein Brausen vom Himmel wie von einem gewaltigen Wind und erfüllte das ganze Haus, in dem sie saßen. Und es erschienen ihnen Zungen, zerteilt wie von Feuer; und er setzte sich auf einen jeden von ihnen, und sie wurden alle erfüllt von dem Heiligen Geist und fingen an zu predigen in andern Sprachen, wie der Geist ihnen gab auszusprechen. Es wohnten aber in Jerusalem Juden, die waren gottesfürchtige Männer aus allen Völkern unter dem Himmel. Als nun dieses Brausen geschah, kam die Menge zusammen und wurde bestürzt; denn ein jeder hörte sie in seiner eigenen Sprache reden. Sie entsetzten sich aber, verwunderten sich und sprachen: Siehe, sind nicht diese alle, die da reden, aus Galiläa? Wie hören wir denn jeder seine eigene Muttersprache? Parther und Meder und Elamiter und die wir wohnen in Mesopotamien und Judäa, Kappadozien, Pontus und der Provinz Asien, Phrygien und Pamphylien, Ägypten und der Gegend von Kyrene in Libyen und Einwanderer aus Rom, Juden und Judengenossen, Kreter und Araber: wir hören sie in unsern Sprachen von den großen Taten Gottes reden. Sie entsetzten sich aber alle und wurden ratlos und sprachen einer zu dem andern: Was will das werden? Andere aber hatten ihren Spott und sprachen: Sie sind voll von süßem Wein.

Da trat Petrus auf mit den Elf, erhob seine Stimme und redete zu ihnen: Ihr Juden, liebe Männer, und alle, die ihr in Jerusalem wohnt, das sei euch kundgetan, und lasst meine Worte zu euren Ohren eingehen! Denn diese sind nicht betrunken, wie ihr meint, ist es doch erst die dritte Stunde am Tage; sondern das ist's, was durch den Propheten Joel gesagt worden ist (Joel 3,1–5): „Und es soll geschehen in den letzten Tagen, spricht Gott, da will ich ausgießen von meinem Geist auf alles Fleisch; und eure Söhne und eure Töchter sollen weissagen, und eure Jünglinge sollen Gesichte sehen, und eure Alten sollen Träume haben; und auf meine Knechte und auf meine Mägde will ich in jenen Tagen von meinem Geist ausgießen, und sie sollen weissagen. Und ich will Wunder tun oben am Himmel und Zeichen unten auf Erden, Blut und Feuer und Rauchdampf; die Sonne soll in Finsternis und der Mond in Blut verwandelt werden, ehe der große Tag der Offenbarung des Herrn kommt. Und es soll geschehen: wer den Namen des Herrn anrufen wird, der soll gerettet werden" (Apg 2,1–21; LU).

Das machtvolle Wirken des Geistes, das Charakteristische dieser „Durchsetzungskraft",[63] wird markiert durch die Begrifflichkeit der „Ausgießung" des Geistes und durch die Wahrnehmungen des „Brau-

---

63   Vgl. Jüngel 1983: 99.

sens", der „Feuerzungen" und des Verständigungswunders. Die „Ausgießung" (Apg 2,17.33) besagt, dass der Heilige Geist nicht nur plötzlich über Einzelne kommt, sondern dass er sich überraschend ausbreitet, gleich einem Fluidum. Er fließt, er strömt. In diesem Sinn ist auch die Redeweise vom „Taufen mit dem Geist" zu verstehen (Mt 3,11; Joh 1,33; Apg 1,5; 11,16). Es bezeichnet ein dauerhaftes Eintauchen in die Kraft Gottes. Die so vom Geist Gottes ergriffenen Menschen wissen sich in ein Kraftfeld hineingenommen. Nicht nur sie werden von dieser Kraft ergriffen, sondern sie fließt geradezu weiter. Jesus wies bereits darauf hin, dass vom Leibe eines vom Geist Gottes Ergriffenen „Ströme lebendigen Wassers" fließen werden (Joh 7,39; LU). Dieses Fließen des Geistes, der „Quelle des Lebens" (Ps 36,10), charakterisiert ebenso wie die Bezeichnung des Geistes als Hauch oder Wind (hebr. *ruach*, griech. *pneuma*) die Beweglichkeit göttlicher Energie und göttlicher Personalität.[64] Die Wassermethapher weist zudem auf die überfließende Gnade Gottes hin. Das Wasser des Lebens wird „umsonst" gegeben und es ist für alle Durstigen da (Jes 55,1ff; Offb 21,6).

Die Redeweise vom „Brausen des Windes" (Apg 2,2) erinnert an die hörbare Gegenwart Gottes (1Mo 3,8; 2Mo 33,20ff). Gott offenbarte sich im Wind (1Kön 19,11; Hiob 38,1). Mit dem Bild vom Wind wird die ursprüngliche Bedeutung der Ruach Jahwes aufgenommen, die als Lebensatem Gottes aller Kreatur das Leben einhaucht. Die Ruach Jahwes bläst neues Leben in die Totengebeine, die der Prophet Hesekiel in seiner Vision wahrnimmt (Hes 37). Jesus spricht ebenfalls vom Geist, der wie der Wind weht, wo er will (Joh 3,8). Das Brausen und Wehen des Geistes ist wohl überraschend, es ist mitreißend und bewegend; aber es ist nicht willkürlich. Es stellt den Menschen in die Dynamik göttlichen Handelns.

Ähnlich verhält es sich mit der Feuermethapher. Auch hier ist von einem „Hineintauchen", der Taufe mit Feuer, die Rede (Mt 3,11; Lk 3,16. Vgl. Mal 3,2–3). Die Feuererfahrung begleitet im AT oft die übernatürlichen Visionen von der Herrlichkeit Gottes. Das Licht Gottes wirkt wie

---

64   „Nehmen wir diese Analogie zum Verständnis der Gotteserfahrung auf, dann nehmen wir die Personalität des göttlichen Geistes im Fließen zwischen seiner Gegenwart und seinem Gegenüber, seinen Energien und seinem Wesen, wahr" (Moltmann 1991: 301).

ein loderndes Feuer auf Menschen. Es ist jedoch kein verzehrendes, Leben vernichtendes Brennen, sondern ein reinigendes und offenbarendes (vgl. 2Mo 3,2; Joel 3,3). Gott zog des Nachts in der Feuersäule vor dem Volk Israel her (4Mo 9,15). Gottes Wesen ist gleichsam wie ein brennendes Feuer, denn er ist ein Gott voller Leidenschaft (5Mo 4,24; Ps 18,9; 79,5; Zef 1,18). Wird das Feuer als ein „verzehrendes Feuer" bezeichnet, so kennzeichnet es zum einen seinen Zorn, seine zurückgestoßene Liebe,[65] und zum anderen auch seine reinigende Heiligkeit. Dieses reinigende und gleichsam umschmelzende Feuer wird individuell, persönlich erfahren; der Geist „setzt sich auf einen jeden von ihnen" (Apg 2,3; LU). Es durchbricht die Barrieren und führt in die Gemeinschaft mit Gott und untereinander.

Darauf weist auch das Verständigungswunder hin. Die bei dem Pfingstereignis anwesenden Sprachgruppen repräsentieren exemplarisch alle Völker.[66] Zum einen wird es als Sprachwunder erfahren, denn die Anwesenden reden in Sprachen, die sie offenbar nicht gelernt hatten (Apg 2,4); zum anderen wird es als Hörwunder wahrgenommen, denn die Anwesenden „hören sie … von den großen Taten Gottes reden" (Apg 2,11). Es handelt sich bei dieser Form der Glossolalie (= Sprachenrede) offenbar um lebende Sprachen der damaligen Zeit. Dieses Sprachgeschehen führt zum Erstaunen und Entsetzen, aber es bringt zugleich eine neue universale Verständigung hervor. Dabei werden die eigenen Prägungen, Sprachen und Identitäten nicht aufgehoben, aber in eine neue differenzierte Einheit geführt.

Die anwesenden repräsentativen Volksgruppen, Juden und Heiden, Frauen und Männer, Junge und Alte, Mägde und Knechte, sollen gemeinsam als Empfänger des Geistes und Zeugen Gottes verstanden werden. Das Sprachwunder in der Erfahrung der Glossolalie eröffnet eine neue Kommunikation mit Gott und auch eine neue Kommunikation unter den Menschen. Die Sprachbarriere (1Mo 11) wird überwun-

---

65 „Die leidenschaftliche Liebe zum Leben seiner Geschöpfe und seiner Menschenkinder verwandelt sich nicht in tödlichen Zorn, vielmehr nimmt diese Liebe die Form solchen Zornes an, um Liebe zu bleiben" (a.a.O.: 293).

66 So Pesch 1986: 105.

den; eine neue Gemeinschaft wird möglich, in der die Identität des Einzelnen nicht aufgehoben wird, aber in eine neue Identität der Kinder Gottes eingeführt wird.

In der Apostelgeschichte wird gerade dieser Akzent deutlich herausgestellt (vgl. Apg 10,46; 19,6). Das Sprachenreden, welches Paulus in 1Kor 12–14 erläutert, kennt nicht nur diesen zeichenhaften, verkündigenden Charakter der Glossolalie (1Kor14, 21f), sondern auch das Moment der Anbetung und Weissagung (Apg 19,6). „Denn wer in Zungen redet, der redet nicht für Menschen, sondern für Gott; denn niemand versteht ihn, vielmehr redet er im Geist von Geheimnissen" (1Kor 14,2; LU). Es handelt sich offenbar um unterschiedliche Ausprägungen der Glossolalie; sie kann allgemein verständlich sein, aber sie kann auch eine für Menschen nicht erkenntliche Rede sein, die der Auslegung und Deutung bedarf (1Kor 14,9).

Die neue Kommunikation zu Gott und unter Menschen markiert das neue Zeitalter einer geistgewirkten Sprache nach der Ausgießung des Heiligen Geistes zu Pfingsten. Es ist eine Kommunikation, die nicht durch den Verstand kontrolliert ist (1Kor 14,14), sondern die durch den Geist Gottes inspiriert wird. Anders verhält es sich mit der Weissagung. Sie geschieht in verständlicher Form, wenngleich der Offenbarungsempfang durch Visionen oder Träume geschehen kann. Darauf weist der Apostel durch das Joel-Zitat hin.

Das eigentliche Wunder des Pfingstereignisses wird hierdurch nicht durch den Hinweis auf das Schwer- oder Unverständliche gedeutet, sondern in einer vom Geist Gottes kraftvoll gewirkten neuen Verständlichkeit. „Durch die Ausgießung des Geistes wirkt Gott das weltumspannende vielsprachige, polyindividuelle Zeugnis von sich, bezeugt sich Gott selbst in einem die Menschen – auf sie verwundernde und erschreckende Weise – vereinigenden Geschehen."[67] Der Hinweis auf die Joelverheißung (Joel 3,1–5) zeigt jedoch auf, dass dieses Pfingstgeschehen nicht nur die Menschen betrifft, sondern kosmische Auswirkungen hat. Sonne und Mond sind einbezogen und werden den Fortgang des neu angebrochenen Zeitalters der Gottesherrschaft durch die Veränderung

---

67   Welker 1992: 220.

anzeigen. Zudem wird darin die Universalität des Heilswirkens Gottes bezeugt, denn „wer, den Namen des Herrn anrufen wird, der soll gerettet werden"(Joel 3,5; Apg 2,11; LU). Das Heil ist nicht nur auf einzelne Personen und auch nicht nur auf das Volk der Juden beschränkt, sondern darf von jedem erfahren werden, der den Namen des Herrn anruft. Die Ausgießung des Geistes Gottes ist nicht mehr an bestimmte religiöse Systeme, nicht mehr an Rituale gebunden, sondern ist für den einzelnen Beter zugänglich.

Das Kernereignis von Pfingsten, der Empfang der Gabe des Geistes, muss jedoch nicht auf diesen einen Tag beschränkt bleiben. Die Gabe des Geistes ist für jeden bußfertigen und glaubenden Menschen gegeben. Die Botschaft der Predigt des Apostels Petrus bewegte die große Gemeinschaft, die bei dem ersten Pfingstfest zugegen war. Sie fragten den Apostel, was denn zu tun sei. „Tut Buße und jeder von euch lasse sich taufen auf den Namen Jesu Christi zur Vergebung eurer Sünden, so werdet ihr empfangen die Gabe des Heiligen Geistes. Denn euch und euren Kindern gilt diese Verheißung und allen, die fern sind, so viele der Herr, unser Gott, herzurufen wird" (Apg 2,38–39). Daraufhin lassen sich etwa 3000 Menschen taufen.

Die erste neutestamentliche Gemeinde war entstanden und die Mission des Geistes setzte sich weiter fort. Das Pfingstwunder kann man nicht wiederholen, aber die Gabe des Geistes kann jeder empfangen, der sein Vertrauen auf Jesus Christus setzt.

e. Der Geist in der Mission und in der Gemeinde

Vor allem die Apostelgeschichte des Lukas berichtet von dem Leben der ersten christlichen Gemeinden und der Mission in der Kraft des Heiligen Geistes. Die vom Geist Gottes neu geschaffene Gemeinschaft der Gläubigen verstand sich als „ein Leib und ein Geist" (Eph 4,4; LU). Diese Gemeinschaft sammelte sich auf der Grundlage der Lehre der Apostel und Propheten (Apg 2,42; 13,1; Eph 2,20). Sie traf sich in Einmütigkeit zur gemeinsamen Anbetung und zum Gebet (Apg 2,42; 3,1). Auch gemeinsame Mahlzeiten und die Feier des Abendmahls gehörten zu ihren regelmäßigen Gewohnheiten. Die Grundlage der Einheit konstituierte sich in der gemeinsamen Geisterfahrung, der gemeinsamen Lehre, dem gemeinsamen Gebet und dem Brotbrechen. Die erste Gemeinschaft der Gläubigen war auch geprägt durch ein hohes Maß an Hilfsbereitschaft und Liebe. Das frühgemeindliche Leben wirkte einladend und hatte einen ganzheitlich-missionalen Charakter (Apg 2,47). Immer wieder berichtet Lukas, wie man sich im Frühchristentum der Hilfsbedürftigen und Armen annahm. Bei der Lösung auftretender Fragestellungen wurde nach Menschen gesucht, die mit dem Heiligen Geist erfüllt waren (Apg 6,1ff). Heuchelei wurde in der Kraft des Geistes und durch göttliche Offenbarung aufgedeckt (Apg 5,9). Schwerwiegende Lehrfragen wurden in Offenheit und mit aller Schärfe ausgetragen, aber die Entscheidungen in der Einheit des Heiligen Geistes weitergegeben (Apg 11,1–18; 15,1–28). Auch wenn die Ausbreitung des Evangeliums auf oppositionelle Kräfte traf, erwies sich in den ersten Christen die Kraft des Heiligen Geistes zum Zeugnis (Apg 4,13; 6,10; 13,4–12).

Die Apostel achteten darauf, dass Menschen, die sich für das Evangelium öffneten, die Gabe des Heiligen Geistes empfingen. Die für die Christwerdung grundlegenden Elemente Buße, Glaube, Taufe und Geistempfang traten nicht immer in der gleichen Reihenfolge auf, aber es wurde darauf geachtet, dass alle Elemente möglichst zeitnah zusammenkamen. In der Apostelgeschichte wird nirgends davon berichtet, dass Menschen getauft wurden, die ohne bewusste Buße und Glauben waren. Wir finden jedoch zwei Berichte, dass Personengruppen an Jesus gläubig wurden, ohne bewusst die Gabe des Heiligen Geistes empfangen zu haben. In Samaria kamen Menschen durch die Missionstätigkeit von Philippus zum lebendigen Glauben an Jesus und sie wurden auf den Namen Jesus getauft. Als die Apostel aus Jerusalem davon hörten, sandten sie Petrus und Johannes aus, um dieses Geschehen in Samaria zu besehen. Lukas berichtet:

„Als aber die Apostel in Jerusalem hörten, dass Samarien das Wort Gottes angenommen hatte, sandten sie zu ihnen Petrus und Johannes. Die kamen hinab und beteten für sie, dass sie den Heiligen Geist empfingen. Denn er war noch auf keinen von ihnen gefallen, sondern sie waren allein getauft auf den Namen des Herrn Jesus. Da legten sie die Hände auf sie und sie empfingen den Heiligen Geist" (Apg 8,14–17; LU).

Ein ähnlicher Vorgang wird von den Johannesjüngern in Ephesus berichtet. Hier handelt es sich um Menschen, die als „Jünger" und als „gläubig" bezeichnet werden, die jedoch noch nicht die Taufe auf den Namen Jesu und die Gabe des Heiligen Geistes empfangen hatten. Sie hatten noch nicht einmal vom Heiligen Geist gehört (Apg 19,2). Die einzigen Elemente christlicher Grunderfahrung, die sie kannten, waren Buße und Glaube; die Taufe und der Empfang des Geistes geschahen erst auf Nachfrage des Apostels.

Beide Berichte zeigen den nicht trennbaren Zusammenhang der Initiation des Christseins, der durch Buße, Glaube, Taufe und Geistempfang konstituiert wird. Fehlt eines der Elemente, so soll dieses unmittelbar noch dazu kommen.

John Stott und andere evangelikale Theologen[68] sehen in diesen beiden Berichten keine Vorlage für eine Erfahrung, die sich womöglich in der Missions- und Kirchengeschichte wiederholt hätte. Damit wollen sie einer Lehre von einer zweiten, zusätzlichen Grunderfahrung, wie sie in der klassischen Pfingstbewegung als „Geistestaufe" gelehrt wird, exegetisch wehren. Sie deuten diese Berichte ausschließlich im Sinne der einzigartigen, bewussten Integration nichtjüdischer Menschen in die Gemeinde Jesu Christi durch die Apostel. Ich halte das für eine verkürzte und sehr eigenwillige Exegese dieser Berichte. Vielmehr gehe ich davon aus, dass auch schon in der frühen Christenheit die Erfahrung des zeitlichen Auseinanderfallens von Glauben, Taufe und Geistempfang gegeben war.[69] Zudem zeigen diese Berichte auf, welch einen hohen Stellenwert in der frühchristlichen Gemeinde der bewusste Empfang der Gabe des Geistes hatte.

Der umfassende Zeugendienst der ersten Jünger Jesu geschah in der Kraft des Heiligen Geistes. Der Heilige Geist gab den Aposteln den Mut, auch bei großen Widerständen das Zeugnis von Jesus weiterzugeben. Das Wort „Zeuge" bzw. „Zeugnis" (griech. *martys, martyreo, martyrion*) wird von Lukas immer im Sinn des Christuszeugnisses gebraucht. Erst

---

68   Stott 1972. Vgl. auch: Ewert 1998: 52–57.

69   Vgl. Haufe 1976: 561–565.

später wurde es zum Inbegriff für die „Märtyrer", die in diesem Zeugendienst ihr Leben ließen.

Die Apostel und Märtyrer waren jedoch nicht die einzigen Zeugen.
Die Mission war eine Laienbewegung, die von vielen unterschiedlichen
Menschen getragen wurde. Der Geist Gottes gab dem Wort der Gläubigen seine Kraft und bestätigte das Zeugnis durch mitfolgende Zeichen
und Wundertaten (Mk 16,17f; Apg 2,43 u. a.). Das Zeugnis breitete sich,
von Jerusalem ausgehend, über Judäa, Samaria bis „an das Ende der
Erde" (Apg 1,8) aus. Philippus bezeugte in der Kraft des Heiligen Geistes
das Evangelium von Jesus Christus dem äthiopischen Kämmerer. Paulus
wurde zum Apostel für die Nationen berufen. Diese Berufung und Aus-
sendung geschah konkret durch den Heiligen Geist. Der Geist Gottes
sprach Berufungen und Beauftragungen aus. „Als sie aber dem Herrn
dienten und fasteten, sprach der Heilige Geist: Sondert mir aus Barnabas und Saulus zu dem Werk, zu dem ich sie berufen habe"(Apg 13,2;
LU). In der Ausführung der Mission ist der Geist Gottes als der eigentliche „Regisseur" tätig. Er leitet die Apostel und eröffnet oder verschließt
Türen (Apg 16,1ff).

Die ersten Zeugen Jesu wurden nicht nur in ihrer Missionstätigkeit,
sondern auch in ihrem persönlichen Leben vom Geist geführt. So nahm
Paulus sich „im Geist" vor, durch Mazedonien und Kleinasien zu ziehen,
und nach Jerusalem zu reisen, um das gesammelte Geld dort hinzu-
bringen (Apg 19,21). Die Reisepläne wurden im Einklang mit dem Geist
Gottes entworfen (vgl. Apg 20,22). Der Geist sprach durch frühchristliche Propheten, die der Gemeinde halfen, ihren Zeugendienst zu tun
(Apg 21,11). Die Mission ist nicht losgelöst vom Wirken des Heiligen
Geistes zu sehen.

Durch die ganze Zeit- und Kirchengeschichte ist Gottes Geist wirksam. Ungezählte Zeugnisse aus der bewegenden Missionsgeschichte
bestätigen das. Der Geist Gottes ist der Geist der Sendung.[70] Die Auffassung, dass der Geist Gottes in seinen Wirkungen nach der Vollendung
des biblischen Kanons im 4. Jahrhundert n. Chr. nicht mehr in dieser

---

70   Auf den Zusammenhang von Geist und Sendung weist in Sonderheit H.
      Berkhof hin, in: Berkhof 1968: 34–46.

frühchristlichen Weise erfahrbar gewesen sei, ist kirchen- und missions-
geschichtlich schlichtweg nicht nachweisbar. Wohl gab es die Erfahrung,
dass nicht alle Wirkungen und Gaben des Geistes in gleicher Intensität
und Dichte auftraten, jedoch hörten sie niemals völlig auf. Im sog. „Cessationismus" (engl. *Cessation* = Beendigung) wird die Lehre vom Aufhören der Zeichen- und Offenbarungsgaben nach der Zeit der Apostel
besonders vehement vertreten.[71] Häufig wird dabei auf 1Kor 13,10 Bezug
genommen, wobei das „Vollkommene" (griech. *teleion*) willkürlich mit
dem Abschluss der Kanonbildung gleichgesetzt wird:

> „Ehe das NT vollendet war, würden die Menschen die Apostel und andere
> um Beweise bitten, dass das Evangelium von Gott ist. Um die Predigt zu
> bestärken, gab Gott mit Zeichen, Wundern und verschiedenen Geistes-
> gaben davon Zeugnis. Diese Wunder werden heute nicht mehr benötigt.
> Wir haben die gesamte vollständige Bibel. Wenn die Menschen der nicht
> glauben, werden sie sowieso nicht glauben."[72]

Einige Vertreter dieser Auffassung gehen zuweilen noch weiter, indem
sie jegliches Auftreten von Glossolalie oder Prophetie in der nachapo-
stolischen Zeit nur noch einem anderen Geist zuordnen, jedoch nicht
mehr dem Heiligen Geist.[73] Eine derartige pauschale Verteufelung charismatischer Wirkungen in der Missions- und Kirchengeschichte hat zu
starken Verunsicherungen geführt, die auch als ein „Betrüben des Geistes" gewertet werden können (1Thess 5,19–21).

---

71   Typische Repräsentanten des *Cessationismus* sind David B. Wallace, John
      McArthur. Ansätze für diese Sicht finden sich auch bei Vertretern des mo-
      dernen *Dispensationalismus* (John Nelson Darby, Carl und Rudolf Brock-
      haus, Emil Dönges, Dwight L. Moody oder Cyrus I. Scofield), der von un-
      terschiedlichen Heilszeiten ausgeht (Dispensation = Haushaltung; griech.
      oikodome).

72   McDonald 1992: 219.

73   So z. B.: Eberthäuser 1995. Ebertshäuser 2012.

f. Der Geist der Vollendung

Der Geist Gottes wirkt – wie bereits dargelegt – durch die gesamte Geschichte dieser Welt hindurch. Er ist in der Schöpfung als Geist allen Lebens wirksam, sodass wir eine Analogie zwischen seinem Wirken in der Schöpfung und der Neuschöpfung annehmen dürfen. Er wirkt in der Geschichte Israels und seine umfassende Ausgießung wird bereits in der alttestamentlichen Prophetie mit der Verheißung des Geistträgers, des Messias verknüpft. Der Geist wirkt in Christus; er ist es, der bei ihm in der Todesverlassenheit ist und der ihn zum neuen Leben auferweckt. Jesus verheißt die Geistausgießung, ohne die eine Christusverbindung nach seinem Tod und seiner Auferstehung nicht möglich wäre. Der Geist wird zum Pfingstfest ausgegossen und wirkt seitdem als Geist der Sendung in der Gemeinde Jesu und in der Welt. Der holländische Theologe H. Berkhof schreibt:

> *„Wir bekennen, dass der Geist in weltweitem Maßstab in den Kirchen und in der missionarischen Bewegung am Werk ist, zugleich aber beschränken wir seine Wirkung auf die gläubigen Kirchenglieder und auf die durch die Mission Bekehrten. Im Gegensatz zu dieser gängigen Meinung glaube ich, dass der Einfluss des Geistes als aktive Gegenwart Jesu Christi in der Welt viel weiter reicht, als wir meinen."*[74]

Das Geisteswirken beschränkt sich also keineswegs nur auf den Ort der Kirche und Mission, sondern es weist darüber hinaus auf die Vollendung allen Lebens in Gott hin. Im Wirken des Geistes sind somit die Schöpfung und die Neuschöpfung, als „Beginn der Erlösung" und als „Vollendung der Schöpfung" zu deuten.[75] Der gegenwärtige und zukünftige Äon sind eine Schöpfung desselben Gottesgeistes. Der Geist zielt auf die Vollendung des Heilsgeschehens, auf die kommende Welt. Der Geist wird als Gabe „am Ende der Tage" verheißen, der Tage, die nach der Auferstehung und dem Pfingstereignis angebrochen sind. Durch den Geist erfahren wir hier schon die Kräfte des kommenden Äons (Hebr 6,5).

---

74   Berkhof 1968: 115.

75   Prenter 1958: 187.

Der an Jesus Christus Glaubende und Gerechtfertigte ist zugleich auch Miterbe des erhöhten Christus. In dem Werk der Rechtfertigung und Heiligung hat der Beginn, das „Vorspiel der Vollendung" (H. Berkhof) begonnen.

Paulus verwendet in diesem Zusammenhang die griechischen Begriffe *aparche* und *arrabon*. *Aparche* (Röm 8,23) erinnert an die „Erstlingsfrucht", die Menschen im alttestamentlichen Bund Gott brachten. Der Begriff im NT weist einen Unterschied auf, denn hier geht es um eine Gabe, die Gott den Menschen bringt. Sie weckt in den Geistbegabten die Sehnsucht nach der Vollendung. Diese Sehnsucht, die möglicherweise immer mehr zunimmt, je stärker das Wirken des Geistes erfahren wird, führt jedoch nicht in eine Verzweiflung, sondern sie weckt die gestaltende Kraft der Hoffnung im Glaubenden (Röm 5,5). Noch kräftiger wird der gleiche Gedanke durch den Begriff *arrabon* ausgedrückt. (2Kor 1,22; 5,5; Eph 1,14). *Arrabon* ist ein griechisches Lehnwort aus der semitischen Handelssprache. Es war gleichbedeutend mit „Anzahlung" oder auch „Bürgschaft". Luther übersetzt „Unterpfand".

Die gegenwärtigen Geisterfahrungen weisen somit auf die entscheidenden eschatologischen Ereignisse hin, auf die Wiederkunft Christi, die Auferstehung der Toten, das Gericht, das Anschauen Gottes in Christus und die neue Welt. Der Geist Gottes gibt den Glaubenden die Zusicherung, dass der Tod nicht das letzte Wort haben wird. Das Leben der Kinder hier auf der Erde ist endlich, auch das Leben derer, die die Gabe des Geistes empfangen haben. Die Erlösung des Leibes steht noch bevor (vgl. Eph 1,17; Röm 8,22ff). Die Kraft der Auferstehung Christi, die auch hier und jetzt schon als Kraft seines gegenwärtigen Geistes erfahren wird, vermag unendlich viel mehr zu wirken, dass nämlich unser Leib umgestaltet und der „göttlichen Natur teilhaftig" wird (2Petr 1,4). Dieser neue Leib, der gleich dem Auferstehungsleib Jesu nicht mehr an Raum und Zeit gebunden sein wird und eine andere fleischliche Qualität hat, bekommt für den vom Geist erfüllten Menschen hier und jetzt schon einen Realitätsbezug (1Kor 15; Phil 3,2). Hier und jetzt erfährt der Christ durch den Geist Gottes bereits das Charisma des ewigen Lebens, allerdings nur als ein Angeld und im Verborgenen (Kol 3,3; Röm 6,23; Gal 6,8). Ewiges Leben ist eine Gnadengabe Gottes, die wir hier schon empfangen, die sich aber erst im neuen Äon in ihrer Leiblichkeit und ihrem ganzen Umfang äußern wird[76]. „Meine Lieben, wir sind schon Gottes Kinder; es ist aber noch nicht offenbar geworden, was wir sein werden. Wir wissen aber: wenn es offenbar wird, werden wir ihm gleich sein; denn wir werden ihn sehen, wie er ist"(1Joh 3,2).

Die eschatologische Dimension des Wirkens des Geistes Gottes ist jedoch nicht nur für den individuellen menschlichen Bereich zu sehen, auch im Gericht Gottes über die Nationen wird er seine Wirksamkeit erweisen[77]. Er ist der Geist, der alles zur Vollendung führt.

> *„Von Anfang an richtet sich der Geist nicht auf ein ‚Jenseits‘, sondern auf ein ‚Morgen‘, und zwar auf den Morgen, der in der Auferstehung Jesu Christi endlich ans Licht getreten ist: die eschatologische ‚Pneumatisierung‘ der ganzen Schöpfung, wobei die ganze im Geist Gottes geschaffene und erhaltene Welt im neuschaffenden Geist über sich hinaus geführt und dadurch verwandelt wird, dass sie durch den Sohn in die Gemeinschaft des trinitarischen Gottes aufgenommen wird."[78]*

Der Geist Gottes wirkt nicht nur in der Schöpfung, in der Zeit des Alten Bundes, in dem Messias, Geistträger und Geisttäufer Jesus oder in seiner Gemeinde der Gläubigen, sondern er wirkt durch alle Zeiten hindurch in unterschiedlicher Dichte und Intensität im Kosmos. Eine missionale Pneumatologie spürt diese umfassende Sendung des Geistes auf und artikuliert sich damit als eine Theologie der Welt, der Geschichte, der Kultur, der Politik, ja, des gesamten Lebens.[79]

1.2 Die trinitarische Einheit

Ich war richtig erschrocken. Es war bei meiner Einführung zum Landesjugendpastor in Niedersachsen. Eine gute und stabile Mitarbeiterschaft

---

76 Vgl. hierzu: Hollenweger 1979: 65f.

77 Vgl. hierzu : Moltmann 1991: 283–285.

78 Dabney 1997: 234.

79 „Der Geist umgreift nach der Schrift Schöpfungs- und Erlösungsordnungen und eröffnet damit die universalste Perspektive, die theologisch denkbar ist" (Kasper 1976: 35).

war von meinem Vorgänger sehr stark lehrmäßig in diesem Dienst ermutigt und geprägt worden. Sie hatten den Römerbrief sorgfältig studiert und im Zentrum der Lehre stand eindeutig eine Christologie, die stark von dem Kreuzesgeschehen ausging. Es war eine Art „Christomonismus" oder eine „staurologische Christologie", die sich auf das Wort des Apostels Paulus berufen konnte, der nichts anderes weiß, als das „Wort vom Kreuz" (1Kor 2,2). Zu Beginn des Einführungsgottesdienstes stand ein großes Holzkreuz sehr zentral auf der Bühne. Dann ging ein Mitarbeiter nach vorn, nahm das Kreuz und stellte es in eine Ecke. „Lange haben wir uns mit dem Kreuz Jesu beschäftigt, nun kommt eine neue Zeit", proklamierte er der verdutzten Zuhörerschaft. „Der neue Jugendpastor wird uns mehr über den Heiligen Geist beibringen, er kommt, wie wir alle wissen, aus der charismatischen Erneuerung." Einige lachten und ich saß geradezu wie gelähmt auf meinem Platz. „Was für ein theologisches Missverständnis!", dachte ich. Man kann doch nicht bildhaft Christus in die Ecke schieben und sich dann dem Heiligen Geist zuwenden! In meiner anschließenden kurzen Ansprache habe ich versucht, das auch gleich wieder zurechtzurücken, weiß aber nicht, ob es mir gelungen ist.

Heute habe ich auch mehr Verständnis für die ungehobelte Theologie der jungen Leute. Wie sollten sie es denn auch anders denken und zuordnen? War ihnen das nicht immer wieder bewusst oder unbewusst vermittelt worden, dass der Geist Gottes die „Dritte Person" der Trinität sei? Dass alles Reden und Nachdenken über den Geist Gottes ja letztlich geradezu wie eine Konkurrenzveranstaltung in der himmlischen Welt aufgenommen werden könnte?

Mir wird immer bewusster, dass ein mangelndes Verständnis des trinitarischen Geheimnisses der Gottesoffenbarung zu Verunsicherungen und Vereinseitigungen in der Theologie und auch in der Spiritualität führen muss. Heute würde ich es umso klarer sagen: Je mehr ein Mensch vom Geist Gottes erfüllt ist, umso mehr ist er auch mit dem Sohn Gottes und mit dem Vater im Himmel verbunden. Der Geist stellt das Kreuz nicht in die Ecke, sondern er lässt es als einen zentralen Ort der Gottesoffenbarung aufleuchten. Die Redeweise von der „Geistvergessenheit" (O. Dillschneider) hat seinerzeit viele Theologen aufhorchen lassen und vielleicht auch verunsichert.

Es gab in der Folgezeit eine Flut von Schriften über den Heiligen Geist, die eine Reihe von Einzelaspekten zur Pneumatologie aufhellten, die aber noch nicht ein neues „Paradigma in der Pneumatologie"[80] aufzeigten. Belebend und zugleich erschwerend kam die wuchtige neue Erfahrungsebene der unterschiedlichen charismatischen Aufbrüche jener Zeit, die eine sorgfältige theologische Reflexion kaum zuließen und – besonders in freikirchlichem Milieu – die Dominanz einer Theologie der Erfahrung verstärkten. „Wahr ist das, was wir mit dem Geist Gottes erfahren!", so könnte das Motto vieler charismatischer Gruppierungen lauten. Die aufgeschlagene Bibel würde hier und da schon helfen, diese Erfahrungen zu reflektieren. Und selbst wenn derartige Erfahrungen nicht biblisch belegt werden konnten, blieb ja immer noch der Hinweis auf den „Geist, der in die ‚ganze Wahrheit' führt" (Joh 16,13). So manche irreführenden Auffassungen und Lehren berufen sich auf ein solches weiterführendes Offenbarungsgeschehen des Heiligen Geistes. Eine wegweisende Pneumatologie muss sich jedoch auf die in den biblischen Schriften des AT und NT gegebenen Offenbarungen gründen und kann die Erfahrungsebene nicht als eine gleichwertige Offenbarungsquelle ansehen. Eine Engführung oder Irreführung im Nachdenken über eine Lehre vom Heiligen Geist hat sich allerdings im Laufe der Kirchengeschichte eingebürgert durch ein mangelndes Verständnis der Trinität. Viele Vorbehalte gegenüber dem Wirken des Heiligen Geistes sind in einer solchen defizitären Trinitätslehre begründet.

a. Der Geist des Sohnes

Die Beziehung zwischen dem Heiligen Geist und Christus ist im NT in einer doppelten Weise dargestellt. Zum einen können wir zu der Auffassung gelangen, dass Jesus Christus der Träger des Geistes, der angekündigte Messias, ist. Der Geist „ruht" auf dem Gesalbten, das wird bei seiner Geburt, seiner Taufe, in seinen Wundertaten und in seiner Ankündigung der Geistausgießung deutlich (Mt 1,20; 4,1; 12,28; Lk 4,14; 10,21; Apg 1,2; Apg 10,38; Röm 1,4). Das Wirken Jesu Christi ist nur mög-

---

80   Moltmann 1991: 13.

lich, weil der Geist Gottes ihn dazu befähigte. Der Geist war auf Jesus, und das nicht nur in einem begrenzten Maß, sondern in der ganzen Fülle (Joh 3,34).

Zum anderen finden wir Aussagen, die Christus als den Entsender des Geistes zeigen. Paulus kann sogar davon sprechen, dass der „Herr" selber der lebendig machende Geist ist (2Kor 3,17).[81] Er bezeichnet den Geist als „Christi Geist" oder als „Geist des Sohnes" (Röm 8,9; Gal 4,6; Phil 1,19). Der Geist wird vom Vater „im Namen" Jesu gesandt (Joh 14,26) bzw. Jesus selbst wird als der gesehen, der den Geist senden wird (Joh 15,26; 16,7; Lk 24,49). Jesus wird also als Geistgeleiteter und auch als Geistsendender beschrieben.

Wer aus dieser Aussage ein hierarchisches oder monarchisches Trinitätsverständnis ableitet, wird hier allerdings irregeleitet. Die Sendung ist im Sinn einer Freisetzung zu verstehen und nicht im Sinn einer nachgeordneten Rangfolge. Der Sendende ist dem Gesandten nicht übergeordnet oder bestimmend vorgesetzt. So gesehen müsste ja Jesus selbst, der vom „Geist gezeugt ist", ebenfalls dem Geist subordiniert sein. Noch deutlicher wird diese differenzierte Deutung zwischen Sendung und Subordination (Unterordnung) im Verhältnis Jesu zum Vater. Besonders Johannes stellt heraus, dass Jesus sich in eine vollkommene Abhängigkeit vom Vater begibt. Er empfängt seine Rede, seine Vollmacht und seine Herrlichkeit allein aus dem Vater (Joh 5,19ff; 6,57; 14,9ff, 16,15). Gerade in dieser Abhängigkeit wird die Autorität Jesu begründet, die als eine „Einheit" mit dem Vater gekennzeichnet ist. Der Vater selbst zeugt von Jesus und Jesus zeugt vom Vater (Joh 8,18f). Jesus ehrt den Vater und der Vater ehrt Jesus (Joh 8,49.54). Der Vater und Jesus sind eins (Joh 10,30.38; 14,10). Der Vater wird im Sohn verherrlicht und der Sohn im Vater (Joh 14,13; 17,1ff). Die Sendung des Sohnes vom Vater wird also nicht im Sinn einer Dominierung des Vaters gegenüber dem Sohn oder im Sinn einer Subordinationsauffassung gedeutet, sondern als ein Aus-

---

81   In seiner Studie über „Kyrios und Pneuma" macht I. Hermann deutlich, dass Paulus beide Begriffe verwendet, um auf die eine Identität hinzuweisen. Die paulinischen Wendungen *en Christo* und *en pneumati* sind synonym (Vgl. Hermann 1961).

druck der Einheit. Unterordnung wird als ein Einheitsbegriff verstanden und nicht als ein hierarchischer Terminus.

Gemäß dieser „trinitarischen Logik" kann aus der Aussage, dass Jesus, gemeinsam mit dem Vater, der Geist-Sender ist, nicht theologisch abgeleitet werden, dass der Geist Gottes nur als „Dritte Person" der Gottheit zu verstehen sei oder dass er Christus in einem hierarchisch-monarchischem Verständnis untergeordnet sei. Der Geist Gottes ist immer auch der Geist Christi und der Geist des Vaters. Der Geist wird immer auf Christus und sein Erlösungswerk hindeuten, er wird immer Kreuz und Auferstehung aufleuchten lassen. Der Geist Gottes wird die Worte, die Lehre Jesu „weiterlehren". Jesus sagt in seinen Abschiedsreden:

> „Ich hätte euch noch viel mehr zu sagen, aber jetzt würde es euch überfordern. Wenn aber der Geist der Wahrheit kommt, hilft er euch dabei, die Wahrheit vollständig zu erfassen. Denn er redet nicht in seinem eigenen Auftrag, sondern wird nur das sagen, was er gehört hat. Auch was euch in Zukunft erwartet, wird er euch verkünden. So wird er meine Herrlichkeit sichtbar machen; denn alles, was er euch zeigt, kommt von mir. Was der Vater hat, gehört auch mir. Deshalb kann ich mit Recht sagen: Alles, was er euch zeigt, kommt von mir" (Joh 16,12–15).

Die Lehre des Geistes wird niemals der Lehre Jesu widersprechen oder sie in einer widersprüchlichen Weise ergänzen. Die Einheit Jesu Christi mit dem Geist wird durch die doppelte neutestamentliche Aussage in der Christologie markiert: Der, auf dem der Geist ruht und bleibt, der Messias, ist auch der, der den Geist mit dem Vater sendet und der mit dem Geist tauft (Joh 1,33).

Anhand dieser Überlegungen liegt es nahe, die Lehre von Christus aus einem pneumatischen Gesichtspunkt zu entwerfen, das heißt, „die Person und das Werk Jesu Christi als die Folge und den Anfangspunkt, als die Mitte der Leben schaffenden Gegenwart Gottes, der Werktätigkeit des Geistes unter den Menschen zu begreifen."[82] Die Versuche, eine pneumatologische Christologie zu entwerfen, sind dennoch in der Theologiegeschichte relativ selten. Der Geist ist weit mehr, als nur eine Gabe

---

[82]   Berkhof 1968: 21.

oder eine Energie, die von Christus gesandt wird. Er ist handelndes Subjekt, der Identifikator mit dem Christus. So, wie der auferstandene Christus sich mit dem Geist identifiziert in seiner Zusage der Gegenwart „Ich bin immer bei euch, bis das Ende dieser Welt gekommen ist" (Mt 28,28). Christus ist gegenwärtig, wo der Geist gegenwärtig ist (1Joh 2,24). Da, wo der erhöhte Herr sein Wort an die Gemeinden richtet, ist zu hören „was der Geist den Gemeinden sagt" (Offb 2,7 u. ö.). Der Geist ist der irdische Repräsentant des erhöhten Herrn. „Im Geist wird der auferstandene Eine offenbar in seiner Auferstehungsmacht."[83] Eine pneumatologische Christologie kann vor den Gefahren eines Christomonismus bewahren[84]. Der Geist Gottes ist immer auch der Geist Jesu Christi.

b. Der Geist des Vaters

Die Ausführungen über eine pneumatische Christologie haben bereits aufgezeigt, dass eine isolierte Theologie zu einer der drei Personen der Trinität nur in einer gesamttrinitarischen Zuordnung möglich ist. Eine Aussage über den Heiligen Geist ist immer zugleich auch eine Aussage über den Vater und den Sohn; eine Aussage über den Sohn weist zudem immer auf den Vater und den Geist. Ebenso ist eine Aussage über den Vater auch eine Aussage über den Sohn und den Geist. Während wir in den Texten des NT – besonders in den johanneischen Schriften – eine Fülle von Aussagen über die Beziehung zwischen dem Sohn und dem Vater bzw. dem Sohn und dem Geist finden, wird die Relation zwischen Vater und Geist weniger ausgeführt. Dennoch ist der Vater nur als Vater zu denken durch den Sohn, und somit der Geist des Sohnes auch nur in einer Verbindung mit dem Vater wahrzunehmen. Der Vater hat in sich selbst das Leben, ebenso der Sohn (Joh 5,26). So wie alle Vaterschaft ihr Urbild in dem Vatersein Gottes hat, definiert sich auch alle Kindschaft durch die Vaterschaft Gottes.

---

83   Käsemann 1957: Sp. 1274.
84   Vgl. dazu: Nissiotis 1968: 67ff.

> „Darum knie ich nieder vor Gott, dem Vater, und bete ihn an, ihn, dem alle
> Geschöpfe im Himmel und auf der Erde ihr Leben verdanken und den sie als
> Vater zum Vorbild haben. Ich bitte Gott, dass er euch aus seinem unerschöpf-
> lichen Reichtum Kraft schenkt, damit ihr durch seinen Geist innerlich stark
> werdet und Christus durch den Glauben in euch lebt. In seiner Liebe sollt ihr
> fest verwurzelt sein; auf sie sollt ihr bauen" (Eph 3,14–17).

In dem Gespräch Jesu mit der Samaritanerin geht es um die Anbetung
des Vaters und die Anbetung des Geistes. Jesus sagt. „Doch es kommt
die Zeit – ja, sie ist schon da –, in der die Menschen den Vater überall
anbeten werden, weil sie von seinem Geist und seiner Wahrheit erfüllt
sind. Von diesen Menschen will der Vater angebetet werden. Denn Gott
ist Geist. Und wer Gott anbeten will, muss von seinem Geist erfüllt sein
und in seiner Wahrheit leben" (Joh 4,23–24). Die Anbetung Gottes, des
Vaters, muss im Geist und in Wahrheit geschehen. Sodann wird der Geist
selber zum Empfänger der Anbetung, der Epiklese[85]. Der Geist wird als
Subjekt und als Objekt in der Verbindung mit dem Vater betrachtet.
Genau diese Bibelstelle sollte auch jene Anbeter ermutigen, die Anbetung nicht nur dem Vater und dem Sohn zukommen lassen, sondern
auch dem Heiligen Geist. Es ist schlichtweg biblisch nicht haltbar, die
Anbetung des Heiligen Geistes abzulehnen.

Im Nicänum Konstantinopoletanum (451 n. Chr.)[86], einem der ältesten Glaubensbekenntnisse, wird die Anbetung des Heiligen Geistes

---

85   *Epiklese* (griech. *epikaleo*, ich rufe an, rufe herbei) bedeutet zunächst allge-
     mein seit der Antike die Anrufung Gottes und ist solchermaßen wichtiger
     Bestandteil jedes Gebetes. Im Laufe der Kirchengeschichte wurde „Epik-
     lese" in Sonderheit als Fachterminus für die Herabrufung des Heiligen
     Geistes bei der Mahlfeier (Eucharistie) eingeführt.

86   Das *Nicäno-Konstantinopoletanum* ist das Bekenntnis, das in der Ökume-
     ne nach der Version des originalen Bekenntnisses von Nicäa (325 n. Chr)
     am weitesten anerkannt ist. Es wurde von der christlichen Kirche seit 451
     n. Chr. als autoritativ bezeichnet und ist es seither geblieben. Alle Be-
     kenntniskirchen erkennen es an, gemeinsam mit dem Apostolikum. In
     den altkatholischen und orthodoxen Kirchen ist es ohne den Zusatz des
     „*Filioque*" in Geltung. In dem Bekenntnis heißt es: Ich glaube „an den Hei-
     ligen Geist, der Herr ist und lebendig macht, der aus dem Vater (und dem
     Sohn= *filioque*) hervorgeht, der mit dem Vater und dem Sohn angebetet

angesprochen, der „mit dem Vater und dem Sohn zugleich angebetet und verehrt wird." Die eucharistische Doxologie nimmt diese Aufforderung mit den Worten auf: „Ehre sei dem Vater und dem Sohn und dem Heiligen Geist, wie es war im Anfang, jetzt und immerdar und von Ewigkeit zu Ewigkeit". Der Vater sendet den Geist (Joh 14,26), aber er ist auch ein „Geist des Vaters", denn er „nimmt" von dem, was Jesus vom Vater empfangen hat. Dieser Geist wirkt in den Empfängern eine Kindschaft gegenüber dem Vater.

> „Ist der Geist Gottes in euch, so wird Gott, der Jesus von den Toten auferweckt hat, auch euren sterblichen Leib wieder lebendig machen; sein Geist wohnt ja in euch. Darum, liebe Brüder und Schwestern, sind wir nicht mehr unserer alten menschlichen Natur verpflichtet und müssen nicht länger ihren Wünschen und ihrem Verlangen folgen. Denn wer ihr folgt, ist dem Tod ausgeliefert. Wenn ihr aber mit der Kraft des Geistes eure selbstsüchtigen Wünsche tötet, werdet ihr leben. Alle, die sich vom Geist Gottes regieren lassen, sind Kinder Gottes. Denn der Geist Gottes, den ihr empfangen habt, führt euch nicht in eine neue Sklaverei, in der ihr wieder Angst haben müsstet. Er macht euch vielmehr zu Gottes Kindern. Jetzt können wir zu Gott kommen und zu ihm sagen: ‚Vater, lieber Vater!' Gottes Geist selbst gibt uns die innere Gewissheit, dass wir Gottes Kinder sind. Als seine Kinder aber sind wir – gemeinsam mit Christus – auch seine Erben. Und leiden wir jetzt mit Christus, so werden wir einmal auch seine Herrlichkeit mit ihm teilen" (Röm 8,11–17).

Der Geist des Vaters wirkt die Zugehörigkeit zu Gott, die Gewissheit der Gotteskindschaft, die angstfreie Anbetung Gottes als „Abba", die Teilhabe am Leiden Gottes und an dem Erbe der Herrlichkeit. Während Paulus im Römerbrief die Gotteskindschaft als Folge des Geistempfangs charakterisiert, betont er im Galaterbrief den Geistempfang als Folge der Gotteskindschaft: „Weil ihr nun seine Kinder seid, schenkte euch Gott seinen Geist, denselben Geist, den auch der Sohn hat. Deshalb dürft ihr jetzt im Gebet zu Gott sagen: ‚Lieber Vater!'" (Gal 4,6). Es gibt offenbar eine wechselseitige Verwobenheit der Erfahrung der Gotteskindschaft,

---

und verherrlicht wird, der gesprochen hat durch die Propheten, und die eine heilige, katholische und apostolische Kirche."

sprich der Vaterschaft Gottes, und der Geisterfahrung. Der Geist Gottes ist immer auch der Geist des Vaters.

c. Die trinitarische Gemeinschaft

Das Wesen des Geistes wird in seiner Relation zu den ihm wesensgleichen Personen der Trinität wahrgenommen.[87] J. Moltmann verdeutlicht das in der Darstellung und Wertung unterschiedlicher Denkkonzepte einer trinitarischen Pneumatologie.[88] Er bezeichnet sie als bewegliche Denkkonzepte und untergliedert sie in das monarchische, das geschichtliche, das eucharistische und das doxologische Trinitätsmodell. Dabei geht er in seiner Beurteilung von einer sozialen Trinitätslehre aus, welche die Dreieinigkeit Gottes als ein soziales Miteinander, als ein Gemeinschaftsgeschehen, betrachtet, das jedoch eine Einheit in der Verschiedenheit verdeutlicht. Die Realität des Heiligen Geistes wird als personales Gegenüber des Vaters und des Sohnes gedeutet. Jede alleinige Reduzierung des Geistes auf eine bestimmte Wesens- oder Seinsart Gottes wird damit ausgeschlossen. Moltmann lehnt deshalb ein Verständnis der Trinität als drei Seinsweisen bzw. Substanzweisen (Hypostasen)[89] ab. Problematisch zeigt sich für Moltmann der Personenbegriff. Person soll nicht auf Relation begrenzt sein[90], im Sinn einer Beziehungsgröße, sondern wird als ein Aktionszentrum, als ein Beziehung schaffendes Subjekt vorausgesetzt. Jede Person darf nicht in ihrer Isoliertheit, sondern nur in ihrer Sozialität verstanden werden, denn Personsein ist gleichbedeutend mit In-Beziehung-Sein. „Die Personalität Gottes des Heiligen Geistes

---

87   Vgl. hierzu: Moltmann 1994³: 178ff.

88   Moltmann 1991: 303ff.

89   Das Substantiv *hypostasis* ist vom Verb *hyphistemi* abgeleitet, welches intransitiv „darunter stehen" und allgemeiner „vorhanden sein" oder „bestehen", transitiv „darunter stellen/legen" oder „stützen" bedeutet. Es wird in der klassischen Trinitätslehre verwandt, um die drei Personen der Trinität zu bezeichnen.

90   So sieht es die von Augustinus und Thomas von Aquin vertretene Gleichsetzung von Person und Relation, die bis in die Gegenwart die katholische und evangelische Theologie dominiert. Vgl. z. B.: Jüngel 1969: 513.

ist die liebende, sich mitteilende, sich auffächernde und ausgießende Gegenwart des ewigen göttlichen Lebens des dreieinen Gottes."[91] Dieses einzigartige Ineinander und Miteinander der innertrinitarischen Gemeinschaft wird dabei immer nur mit begrifflichen Hilfskonstruktionen zu benennen und zu beschreiben sein. Kennzeichnend ist die gemeinschaftsstiftende Liebe, welche die Unterschiede nicht aufhebt, sondern aufzeigt und als Teil der Ganzheit aufleuchten lässt.

Gemäß dieser sozialen Trinitätsauffassung sieht Moltmann das *monarchische Trinitätskonzept* kritisch. Es wurde in der westlichen Kirche ausgebildet. Immer handelt Gott der Vater durch den Sohn im Geist. Der Vater ist der Schöpfer, er versöhnt und erlöst die Welt durch den Sohn Jesus in der Kraft des Geistes. Alle Aktivität geht vom Vater durch den Sohn aus. Das eigentlich handelnde Subjekt ist der Vater, allenfalls kann der Sohn noch als solches angesehen werden, nicht aber der Geist. Der Geist ist Gabe, und nicht Geber. Mit dem monarchischen Trinitätskonzept wurde folgerichtig auch das „filioque" („und dem Sohn") in das Nicänum Konstantinopoletanum eingefügt. Der Geist geht deshalb vom Vater „und vom Sohn" aus, weil die ganze Heilsgeschichte vom Vater und vom Sohn funktional gedeutet wird.

Bereits bei Tertullian, Athanasius, Basilius, Ambrosius, Augustinus und weiteren Kirchenvätern gibt es Formulierungen, auf welche sich diese spätere Trinitätsauffassung und die Verwendung von Filioque-Formeln stützen konnte. Die Synode von Toledo (447 n. Chr.) billigt ein modifiziertes Glaubensbekenntnis. Entscheidend ist aber erst das 3. Konzil von Toledo (589 n. Chr.). Gegner ist der Arianismus, der die Ansicht vertrat, dass Jesus Christus weniger ist als Gott der Vater. Der Zusatz macht deutlich, dass Jesus Christus mit Gott dem Vater gleichberechtigt ist. Um den Arianismus zu überwinden, musste freilich nicht nur eine Formel verwendet, sondern eine systematische Trinitätstheologie ausgearbeitet werden. Mit dem „filioque" wird nämlich der Heilige Geist ein für alle Mal an die dritte Stelle in der Trinität positioniert und dem Sohn nachgeordnet bzw. untergeordnet.

---

91   Moltmann 1991: 302.

J. Moltmann betrachtet die Beseitigung des Filioque-Zusatzes aus dem Glaubensbekenntnis als notwendig, zumal es erheblich zum Bruch zwischen der West- und Ostkirche im Jahre 1056 n. Chr. beigetragen hat. Diese misslungene Interpretationsformel des „filioque" sollte besser durch eine konsensfähige Interpretation ersetzt werden, dass der Heilige Geist vom Vater allein ausgeht, aber im Sohn ruht und leuchtet. So differenziert Moltmann zwischen der zeitlichen Sendung und dem Ursprung des Geistes.[92] Das geschichtliche Trinitätskonzept hingegen schreibt die einzelnen Werke der Heilsgeschichte den einzelnen Personen zu. Die Schöpfung wird dem Vater zugeordnet, die Versöhnung dem Sohn und die Heiligung dem Heiligen Geist. Schon Joachim von Fiore (12. Jh.) sprach von drei unterschiedlichen Reichen, die zwar ineinander greifen, aber voneinander getrennt zu sehen sind; ebenso vertrat Thomas von Aquin (1225–1274) die Auffassung der verschiedenen heilsgeschichtlichen Epochen[93]. Eine modalistische Zuteilung der einzelnen Heilsepochen zu einer der trinitarischen Personen ordnet zwar dem Geist eine „eigene" Heilszeit zu, macht jedoch ein gleichzeitiges Zusammenwirken der trinitarischen Personen in den verschiedenen Heilszeiten kaum theologisch darstellbar.

Das *eucharistische Trinitätsmodell* ist geradezu eine Umkehrung der monarchischen Ordnung. In der Eucharistie wird der Geist herabgerufen (Epiklese) und er ermöglicht die Verherrlichung des Vaters und des Sohnes. Der Heilige Geist wird hier als ein handelndes Subjekt verstanden, das für die Verherrlichung und die eschatologische Vereinigung Gottes mit der ganzen Schöpfung verantwortlich ist. Hier ist der Geist die handelnde Person, während dem Vater und dem Sohn eine geradezu passive Rolle in der Gegenwart zugeordnet wird.

Mit dem *doxologischen Trinitätskonzept* definiert J. Moltmann ein Modell, in dem der dreieinige Gott „um seiner selbst willen" angebe-

---

92   Die ausführliche Diskussion der unterschiedlichen Ansätze einer orthodoxen und westlichen Pneumatologie und das Bemühen Moltmanns um den Dialog mit der orthodoxen Theologie hat Daniel Munteanu hervorragend dokumentiert. In: Munteanu 2003.

93   Vgl. Moltmann 1991: 132ff.

tet wird.[94] Ausgehend vom Glaubensbekenntnis, demzufolge der Geist zugleich mit dem Vater und dem Sohn angebetet und verehrt wird, führt diese Anbetung zu einer Begegnung mit dem Dreieinen, einem Versinken in die Betrachtung Gottes. J. Moltmann nennt diese Erfahrung „Ekstase", sinnliche und augenblickliche Wahrnehmung der ewigen Gegenwart Gottes[95]. Erst durch eine derartige doxologische Trinitätserfahrung wird die Voraussetzung geschaffen, um das Wirken und Werk des Geistes in der Heilsgeschichte zu erkennen und zuzuordnen. Moltmanns scharfe Kritik an der westlichen Trinitätslehre bezieht sich auf ihre Neigung zu einer binitarischen Auffassung Gottes. Diese äußert sich darin, dass der Heilige Geist nicht als eine trinitarische Person anerkannt, sondern nur als eine Wesensart oder eine Energie der Trinität gedeutet wird. Derartige Züge einer Binität nimmt Moltmann bei Karl Rahner, Hendrikus Berkhof und auch bei Heribert Mühlen wahr. Die trinitarische Gemeinschaft als eine soziale Trinität zu beschreiben, bleibt sicher eine große Herausforderung. Es wird meiner Ansicht nach hier immer ein rationales Defizit bleiben. Die trinitarische Gemeinschaft wird weniger durch dogmatische Denkmodelle, als vielmehr in der Spiritualität, der Anbetung aufgespürt. Somit kann ich den doxologsichen Ansatz von Moltmann nur begrüßen in der Hoffnung, dass dieser weitergeführt werden kann.

Um das Miteinander und Ineinander trinitarischer Gemeinschaft und Einheit zu kennzeichnen, hat sich der Begriff der „Perichorese" als hilfreich erwiesen. Dieser Begriff bringt die wechselseitige ewige Beziehung göttlicher Gemeinschaft zur Geltung. Perichorese bezeichnet die vollständige gegenseitige Durchdringung, die zu einer Einheit oder Verschmelzung führt. Der Begriff ist abgeleitet von dem griech. *perichorein* (wörtlich: „herumgehen, durchwandern"). *Chorein* bedeutet ursprünglich „schwingen". Es ist eine dynamische Relation. In der Christologie bezeichnet die Perichorese die wechselseitige Durchdringung der göttlichen und menschlichen Natur in Christus.

---

94   Moltmann 1991: 315.

95   a.a.O.: 317.

In der Trinitätslehre wurde der Begriff zunächst eingesetzt, um das statisch-ruhende Ineinander-Sein der göttlichen Personen zu beschreiben. Erstmals gebrauchte Gregor von Nazianz das Verb *perichorein* in einem theologischen Kontext. Er bezeichnet damit die dynamische Einheit der drei Hypostasen. Weiterhin finden wir den Begriff bei Johannes von Damaskus, der damit die trinitarische Einheit wie eine Art Wohngemeinschaft beschreibt. Er kennzeichnet damit die Einheit, die über eine Ähnlichkeit hinausweist. In der griechisch-orthodoxen Tradition wird Perichorese schließlich auf das Verhältnis von Gott und Mensch ausgedehnt. Besonderen Einfluss bis in die Gegenwart kommt dabei der Lehre von Gregor Palamas zu: Durch die göttliche Gnade erfüllt das Licht den Menschen und es vollzieht sich dabei der Vorgang der Perichorese, der Verschmelzung und Durchdringung. Nur so ist für Palamas die Rede von dem Sein in Christus (Joh 15) nachvollziehbar. In der jüngeren Theologie hat Karl Barth den Begriff der Perichorese aufgenommen, die bewirkt, „dass die göttlichen Seinsweisen sich gegenseitig so vollkommen bedingen und durchdringen, dass eine auch immer in den beiden anderen wie die beiden anderen auch in ihr stattfinden".[96] Jürgen Moltmann stellt mit der Verwendung des Begriffs stark das dynamische Einheitsmotiv heraus. „In der Kraft ihrer ewigen Liebe existieren die göttlichen Personen so intim miteinander, füreinander und ineinander, dass sie sich selbst in ihrer einmaligen, unvergleichlichen und vollständigen Einheit konstituieren."[97] Diese perichoretische Einheit sei aber eine einladende, weltoffene Einheit. Sie bildet geradezu die göttliche DNA für die Gemeinschaft, wie sie sich im angebrochenen Reich Gottes darstellen kann und soll. In dieser Gemeinschaft achtet einer den anderen höher als sich selbst (Röm 12,10). Perichorese kennzeichnet eine Art von Existenz, die immer auch den anderen mit einbezieht, ohne ihn zu vereinnahmen. Sie ist wie ein Gegengewicht zu einem Individualismus, der sich selbst genügt. In ähnlicher Weise verwendet Hans Urs von Balthasar den Begriff. Das trinitarische Wesen Gottes ist in sich kein starrer Identitäts-

---

96   Barth 1932: 390.
97   Moltmann 1991: 191.

block, sondern eine sich bewegende Relation.[98] Gisbert Greshake sieht in dieser geradezu schwingenden und spielerischen Relation den Archetyp des Lebens als Gemeinschaft, in der „Einheit und Unterschiedlichkeit völlig und gleichzeitig zum Ausdruck kommen".[99] Ebenso proklamiert Richard Rohr[100] dieses trinitarische Miteinander als ein Modell des Zusammenlebens in einer Welt, die Individualismus und Nationalismus überwinden möchte. Die trinitarische Gemeinschaft ist in ihrer Perichorese nicht nur ein Archetyp des Zusammenlebens, sondern sie ist auch die sich aktiv mitteilende Gemeinschaft, die durch die Einwohnung des göttlichen Geistes Menschen dazu befähigt, in Liebe und Gerechtigkeit Miteinander und füreinander einzustehen. Sie wird auch in der Anthropologie als ein im Menschen angelegtes Gemeinschaftsmuster verstanden, das zu einer hingebungsvollen Liebe und Barmherzigkeit in jedem Menschen angelegt ist.[101]

1.3 Das Wesen des Geistes

Die Ausführungen zur trinitarischen Gemeinschaft wirken auf viele Christen aller Denominationen zuweilen sehr abstrakt. Man könnte den Eindruck bekommen, dass sich die Diskussion über „Binität oder Trinität", über „Person oder perichoretische Gemeinschaft" doch wohl kaum auf die Spiritualität bzw. die konkrete Glaubensäußerung auswirken würde. Sicher muss nicht jeder Gläubige auch die ganzen Diskussionen kennen, aber dennoch wird sich die Auffassung über die Trinität Gottes auch ganz konkret im persönlichen und gemeindlichen Glaubensleben niederschlagen. In den folgenden Ausführungen möchte ich den Versuch wagen, das Wesen des Geistes in seiner trinitarischen Einheit und Beziehung zu beleuchten. Das soll allerdings nicht in einer theoretischen Weise geschehen, sondern anhand von einzelnen Erfahrungen, die ver-

---

98 Balthasar 1967: 93ff.

99 Greshake 2001: 199.

100 Rohr 2010: 181.

101 Vgl. hierzu die trinitarischen Ausführungen der amerikanischen Philosophin Beatrice Bruteau. In: Bruteau 2007: 161f.

deutlichen können, wie komplex die Theologie und persönliche und gemeindliche Spiritualität miteinander korrespondieren.

a. Beweger und Bewahrer

„Können Sie diesen Satz mit voller Überzeugung beten: Heiliger Geist, mach du mit mir, was du willst!" – Diese Frage stellte ich am Ende einer Predigt während einer Konferenz. Völlig entsetzt sprach mich anschließend eine ältere Pastorenfrau an. „Stellen Sie sich vor, was dann los ist! Der Geist ist doch ein Beweger. Der bringt dann alles durcheinander! Wir aber haben heute eine so gute Ordnung in unseren Gemeinden, die hat Gott uns doch auch geschenkt. Wir brauchen nicht eine neue Bewegung, sondern mehr Bewahrung!"

Ist das eine Alternative, oder können wir es uns aussuchen, wie der Geist Gottes wirkt – laut oder leise, erhaltend oder transformierend? Ist er immer der Unruhestifter oder ist er nicht auch der Geist, der auf die ewige Ruhe hinzielt, der uns in diese göttliche Statik hineinbringt, die gemäß der Perichorese zugleich beweglich und beruhigend ist? Die Kirchengeschichte gibt uns genügend Beispiele einer spirituellen tiefen Erfahrung im Schweigen und in der Ruhe; zugleich wissen wir jedoch auch von Erfahrungen, die Erschütterung, Weinen und Schreien oder gar ein Entsetzen hervorrufen. Auch im biblischen Zeugnis finden wir beide Erfahrungsebenen. Der Geist Gottes ist im „leisen Säuseln" des Windes (1Kön 19,12), aber er wird ebenso als ein „Brausen", als eine Feuererfahrung bezeugt (Apg 2,2f). Er ist wie ein „Gentleman Gottes", der gerne dort wirkt, wo er willkommen ist. Aber er kann auch Türen verschließen und auftun (Apg 16,1ff; 1Kor 16,9). Ein vom Geist Gottes erfüllter Mensch ist „brennend im Geist" (Röm 12,11), ohne dabei auszubrennen. Die geistgewirkte Leidenschaft steuert ihn nicht in ein „Burnout", sondern sie kräftigt ihn.

Christliche Spiritualität ist nicht nur ruhig oder beruhigend, sie wird auch nicht nur im Schweigen und in der Stille ihre Krönung finden, sondern auch in der bewegenden, lauten Anbetung, in der Freude und der Vitalität des gesamten Lebens. Ein vom Geist Gottes erfüllter Mensch ist nicht nur ein Mensch des Rückzugs, der inneren betenden Versenkung in die Gegenwart Gottes, sondern er kann auch ein aufbrechender, vielleicht sogar zorniger „Feuermensch" sein (vgl. Joh 2,13ff), der sich nicht mit Ungerechtigkeit, einem „faulen Frieden" oder Trägheit arrangieren will. Der Geist Gottes ist der Geist des Vaters und hat zugleich die mütterlichen, tröstenden Züge, die stärker in der Begrifflichkeit der Ruach anklingen.

Die eigene Persönlichkeitsprägung, die eigenen Vorlieben, sollten jedoch nicht voreilig als Vorlieben des Heiligen Geistes gesehen werden. Das gilt auch für Stilfragen. Der Geist Gottes „kann" nicht nur Orgel, sondern auch Schlagzeug! Diese Warnung gilt nicht nur für Einzelne, sondern auch für ganze Konfessionsfamilien. Er ist der Geist der einen Kirche und nicht ein Geist der Katholiken, der Protestanten oder der Orthodoxen. Insofern ist eine vom Geist Gottes gewirkte Prüfung und Zuordnung gottesdienstlicher Kulturen wichtig, damit Geistloses nicht als Geistliches gedeutet wird, oder – wie es Paul Zulehner salopp formuliert – dass einige nicht „ihren eigenen Vogel mit dem Heiligen Geist verwechseln".[102]

Der Heilige Geist ist nicht an bestimmte Gebetshaltungen oder Liturgien gebunden, sondern er entfaltet sich da, wo Menschen ihn willkommen heißen. Der Geist Gottes weht aus unterschiedlichen Richtungen (Hes 37,9) und er weht, „wo er will" (Joh 3,8). Er kann meine Tradition infrage stellen und er kann sie sogleich auch bestätigen. Er kann mir in meiner spirituellen Prägung begegnen und er kann mich ebenso aus meiner spirituellen Kultur und Tradition herauslocken; er setzt Grenzen und er überschreitet Grenzen. Was für mich ungewohnt, befremdend oder unanständig ist, kann vom Geist Gottes als etwas Reines dargestellt werden (vgl. Apg 10,15). Er kann verbinden und trennen, erinnern und offenbaren. Der Geist Gottes ist der Erinnerer, der auf bereits geoffenbarte und bekannte Wahrheit hinweist. Er bewirkt in positiver Sicht eine erhaltende Tradition, die ihre Lebendigkeit wahrt. In seinem Wirken widerspricht er nicht dem, was er in der Vergangenheit gewirkt hat, sondern er knüpft an, er führt weiter (vgl. Joh 16,13–15). Das NT ist ohne das AT nicht wahrnehmbar. Der Geist Gottes ist auch nicht da stärker, wo wir sein Wirken als ein „plötzliches", spontanes Wehen wahrneh-

---

102   Zulehner 2008: 38.

men. Spontaneität und Kontinuität, Flexibilität und Stabilität, Stille und
Sturm, Bewegung und Bewahrung sind im pneumatischen Geschehen
keine Gegensätze, sondern sie bilden jeweils Pole einer breiten und differenziert wahrnehmbaren Intensität des Geisteswirkens.

b. Person und Kraft

Ganz „begeistert" war ich, im wahrsten Sinn des Wortes. Ich hatte meine
ersten Bücher über das Wirken des Heiligen Geistes gelesen. Nachdem
ich selber so etwas wie eine Taufe mit dem Heiligen Geist erfahren hatte,
suchte ich nun händeringend nach mehr biblischer Orientierung und
griff an dem kleinen Büchertisch meiner Heimatgemeinde zu dem Buch
von Ruben A. Torrey mit dem schönen Titel „Der Heilige Geist. Sein
Wesen und Wirken".[103] Kurze Zeit später fragte mich unser Pastor, ob ich
eine Bibelstunde in der Gemeinde leiten würde. Das Thema brauchte ich
nicht lange suchen; selbstverständlich würde es um den Heiligen Geist
gehen, um diese Kraft, die mein ganzes Leben so veränderte. Wir lasen
unterschiedliche Texte aus der Apostelgeschichte und mit großem Nachdruck und sehr viel jugendlichem Enthusiasmus forderte ich die etwa 30
Teilnehmer des Bibelgesprächsabends am Ende auf, dass sie doch alle
neu um die Kraft des Heiligen Geistes beten sollten. Um die Dringlichkeit meines Aufrufes zu unterstreichen, zitierte ich noch den Gründer
der ersten deutschen Baptistengemeinden, J. G. Oncken, mit den Worten
„Wo der Heilige Geist fehlt, da fehlt wirklich alles!". Eine gute Gebets-
meinschaft schloss sich an und ich hatte den Eindruck, dass Gottes Geist
die Herzen neu berührte. Beim Abschied an der Tür sprach mich eine
der älteren Teilnehmerinnen dieser Abendveranstaltung freundlich an.
„Habe ich das richtig verstanden, dass du uns sagen wolltest, wie wichtig es ist, dass wir den Heiligen Geist haben?" Freudig bejahte ich diese
Frage, denn besser hätte ich es nicht auf den Punkt bringen können. „Ich
glaube es gibt da etwas, das scheint mir noch wichtiger zu sein", erwiderte sie zu meiner Überraschung. „Es ist wichtig, dass wir den Heiligen

---

103   Torrey 1967².

Geist haben, aber noch wichtiger scheint es mir zu sein, dass der Heilige Geist uns hat!", erklärte sie. Wer hat hier wen? Wer „besitzt" wen?

Diese Fragestellung klingt wie eine ständige Begleitmusik im Leben der Christen. Dahinter verbirgt sich die Frage, ob der Geist Gottes denn nun eine göttliche Person sei, oder anders gesagt, das handelnde Subjekt, oder ob es sich um eine dynamische Kraft, eine Energie handelt, die ich empfangen muss, um Christus nachzufolgen und ein Zeuge für ihn sein zu können. Nun ist bereits in den Ausführungen zur trinitarischen Pneumatologie deutlich geworden, dass der Geist eben nicht nur eine Kraft ist, die der Mensch sich „zueigen" machen könnte. Wir könnten – übertragen auf die Christologie – fragen: „Was ist wichtiger: dass Jesus mich hat oder ich ihn?".

Jeder, der Jesus Christus nachfolgt, wird spüren, dass diese Alternative so nicht gegeben ist. Es geht um eine gegenseitige Abhängigkeit, die von Liebe geprägt ist. Jesus Christus ist „in mir" und ich bin „in ihm" (Joh 15). Es handelt sich um die eine Erfahrung der für die Trinität üblichen perichoretischen Einheit in der Verschiedenheit. Ebenso haben wir in der pneumatologischen Christologie aufzeigen können, dass Jesus sein Leben und sein Werk nur in der Kraft und Leitung des Heiligen Geistes tun konnte, dass dieser Geist jedoch von ihm gesandt wird und sich in eine Abhängigkeit und Unterordnung zu Jesus begibt (Joh 16,12f). Der Geist hat Jesus und Jesus hat den Geist. Diese duale Redeweise spiegelt jedoch eine nonduale Lebensweise wieder, eine Einheit, die Verschiedenheit und Individualität stärkt, die empfängt, wenn sie loslässt. So finden wir im Zeugnis des NT beide Aussagelinien. „Der Geist ist der Herr" (2Kor 3,17); der Geist agiert und leitet, er führt, er spricht, er beruft, er erinnert und offenbart (Joh 16,15, Apg 13,2; 16,6; Offb 2,7; 22,17). Er kann belogen und betrübt werden (Apg 5,3; Eph 4,30) und er kann angebetet werden (Joh 4,24). In dieser Redeweise wird der Heilige Geist als personhafte handelnde Größe gesehen.

Sodann lesen wir von der „Kraft" des Heiligen Geistes, die an und in dem Menschen und in der Natur wirkt, die Menschen „erfüllt", mit der Menschen „getauft" werden und die empfangen wird. Wenn in den neutestamentlichen Zeugnissen von dieser Kraft des Geistes gesprochen wird, finden wir vorwiegend den Begriff *Dynamis* (Mt 6,13; Mk 5,30; Lk 4,14; 5,17; Apg 1,8; 1Kor 2,4; 2Tim 1,7). Es handelt sich um eine Kraft, die nicht aus einem selber hervorgeht, sondern die einem zukommt und zufließt. Die griechischen Begriffe *energeia* oder *ischys* kennzeichnen vorwiegend eine Energie oder Stärke, die jemand aus sich heraus entfaltet. Sie bestimmen den Empfänger dieser Stärke vorwiegend als den Träger und Ursprung dieser Kraft.[104] Dynamis hingegen betont die Notwendigkeit der lebendigen Beziehung zu der Kraftquelle. Je intensiver und deutlicher eine solche Durchflutung mit den Strömen der Kraft des Geistes geschieht, umso mehr wird sie auch als innewohnende Stärke wahrgenommen (Joh 7,38f).

Als Paulus und Barnabas in Lystra in der Dynamis des Geistes Gottes Wundertaten wirkten, wollte die Volksmenge sie als Götter verehren, weil sie meinte, dass die Energie direkt von ihnen ausging. Doch die Apostel wiesen diese Annahme mit aller Deutlichkeit zurück: „Wir sind auch nur Menschen aus Fleisch und Blut wie ihr!" (Apg 14,15). Die Dynamis des Geistes ist nicht durch menschliches Zutun zu erwerben, sondern sie wird im Sinn einer Vollmacht von Gott gegeben und gesetzt (vgl. Apg 8,14ff). Die fließende Kraft Gottes entwickelt ihre Wirksamkeit sogar gerade in der menschlichen Schwäche und wird so als eine Ermächtigung erfahren (2Kor 12,9f).

Wir halten fest: Der Geist wird im Zeugnis des NT sowohl als Kraft (Dynamis) als auch im Sinn einer handelnden personhaften Größe, als „Herr", gesehen. Jesus verheißt seinen Jüngern die Kraft und kennzeichnet den Geist als *Parakleten* (Beistand, Tröster). Die Fülle des Geistes und seiner kraftvollen, realen Wirkungen können nicht erschöpfend wahrgenommen, erfahren und vermittelt werden. Ein reduziertes Verständnis des Geistes als Kraft bzw. Kraftfeld[105] einerseits oder auch als

---

104 1Kor 12,6 spricht Paulus von den verschiedenen Wirkungen (griech. *energemata*), die alle in Gott ihren Ursprung haben. Gerade im Zusammenhang mit der charismatischen Begabung und Einsetzung in Dienste ist die enge Verknüpfung mit dem trinitarischen Gott als Quelle aller Wirkungen deutlich zu markieren, damit jegliche Verherrlichung des Gabenträgers von vornherein ausgeschlossen ist. Vgl. hierzu: Baumert 2007: 188–190.

105 So verwendet z. B. O. A. Dillschneider in seiner Pneumatologie und Gotteslehre den Feldbegriff (Dillschneider 1968). Auch M. Welker spricht vom „Kraftfeld" des Geistes und sieht in der „Figur des Feldes" eine angemes-

Person andererseits verzerren die Einzigartigkeit des pneumatischen Geschehens.

c. Herr und Tröster

„Diese charismatischen Gottesdienste sind mir zu weiblich! Ich fühle mich dabei etwas unwohl, wenn ich zwanzigmal hintereinander singen soll, dass ich mich am besten im ‚liebenden Arm des Vaters‘ vorfinde, der mich tröstet und dem ich mein Liebeslied singe. Kann es sein, dass der Heilige Geist eher etwas für Frauen ist?“

Vor mir steht ein junger Student, der sich nach einer tiefen neuen Erfahrung mit dem Geist Gottes sehnt, aber durch die konfessionelle spirituelle Prägung eher die mütterliche Dimension der Geisterfahrung wahrnimmt. Nun ist es heutzutage angesichts der Genderdiskussion sicher nicht mehr so einfach zu benennen, was denn als typisch männlich oder weiblich betrachtet oder empfunden wird. „Die Kirche ist was für alte Frauen und für Weichlinge, die ihr Leben nicht selber in die Hand nehmen können, sondern dabei die Hilfe eines Gottes brauchen, den sie auch noch als Herrn verehren!“ So derbe drücken es wohl eher jene aus, die nur selten oder gar nicht in den christlichen Gottesdiensten zu finden sind.

Dennoch gibt es auch einen offensichtlichen inneren Rückzug aus einer Spiritualität, die zu sehr auf Emotionen oder Beziehungen achtet, die sich in Tränen ergießt und ein Liebeslied nach dem anderen anstimmt. Darüber kann auch der geradezu in religiösen Kreisen inflationär verwandte Appell zur notwendigen „Achtsamkeit“ nicht hinwegtäuschen. Die westliche christliche Spiritualität war und ist immer noch sehr männlich dominiert, weil Gott als Vater, sprich Mann, gesehen wird und auch Jesus von Nazareth ein Mann ist. Da bliebe die weibliche Rolle eher noch für den Heiligen Geist übrig. Dieser wurde aber durch die Entwicklung der Trinitätslehre, die Einführung des „filioque“, die Redeweise von der „Dritten Person“ des Heiligen Geistes geradezu als etwas

---

sene Form der Darlegung der Komplexität der biblischen Überlieferung (Welker 1992: 224).

Nebensächliches, etwas Drittrangiges aufgefasst. Es gab zwar die theologischen Akzente einzelner Mystiker, welche die Mütterlichkeit Gottes herausstellten, und auch die Ansätze der feministischen Theologie. Sie werden jedoch immer noch von dem Großteil westlicher Christen wie eine blumenhafte, geradezu befremdliche Ausschmückung der ansonsten maskulin auftretenden Gottheit zugeordnet.

Eine komplementäre Wahrnehmung der Eigenschaften und des Wesens Gottes wäre zumindest schon ein Schritt in die richtige Richtung, wenngleich auch hier das Empfinden einer reduktiven Sicht bleibt.[106] Es geht ja nicht nur um eine duale Komplementarität, sondern um das bewusste Erfassen einer trinitarischen Komplexität. Wenn es denn wirklich so ist, dass der Geist Gottes die mütterliche und weibliche Komponente der Trinität am klarsten herausstellt, so hat das angesichts einer eher binitarischen Gottesauffassung konsequenterweise auch nur den Charakter einer Anmerkung, aber nicht einer substantiellen Aussage über Gott. Die Metapher von der Wieder- oder Neugeburt legt nahe, von einer „gebärenden Gottheit"[107] zu sprechen. Ist der Heilige Geist der Tröster, dann tröstet er auch, wie eine Mutter tröstet. Sprachlich erinnert das an die Züge der hebräischen Redeweise von der Ruach Jahwe. Bei den syrischen Wüstenvätern (Symeon von Mesopotamien) finden wir das „Mutteramt des Heiligen Geistes"[108]. Graf von Zinzendorf ließ das Mutteramt des Heiligen Geistes sogar 1744 in den Rang einer Gemeindedoktrin für die Brüdergemeine erheben.[109]. Das Mütterliche der Geistwirkung wird in ihrer Zartheit, Sanftheit und Sympathie bestimmt.

Die Erfahrung der mütterlich, tröstenden Seite des Geistes muss allerdings auch durch die Metapher und die Erfahrung des „Herr-Seins" des Geistes ergänzt werden. „Der Herr aber ist der Geist. Wo aber der Geist

---

106   So hat z. B. Karl Barth die Eigenschaften Gottes komplementär zusammengestellt (Barth 1932: II/1). Eine gute Zusammenstellung der z. T. komplementären Metaphern für das Geisteswirken finden wir bei C. Schütz (in: Schütz 1987).

107   Moltmann 1991: 174.

108   Cramer 1979.

109   Moltmann 1991: 173.

des Herrn ist, da ist Freiheit" (2Kor 3,17). Paulus weist auf den Auferste-
hungsgeist hin, der aus der Macht des Todes befreit. Er ist der Geist, der
Befreiung, der eine neue Gerechtigkeit schenkt. Das „Herr-Sein" wird
dabei akzentuiert durch den Freiheits- und Gerechtigkeitsbegriff, jedoch
nicht durch ein männliches Herrschaftsdenken.

Die Metaphern Vater, Mutter, Herr oder auch Richter sind jedoch
angesichts der gegenwärtigen Genderdiskussion schwammiger geworden. Die Väter sind weiblicher und die Mütter sind männlicher, wenn
man etwa das Trösten als etwas typisch Weibliches betrachten will oder
das Befreien und Recht schaffen als etwas typisch Männliches. Die
Zuordnung von Emotionalität zur Mütterlichkeit halte ich auch für eine
geradezu naive Reduktion. Der Kampf der Freiheit, die ruhende Souveränität, die leidenschaftliche Liebe ist ebenso im Wesen des Geistes auszumachen, er ist nicht ein Geist der Traurigkeit, sondern der Kraft, der
Liebe und der Besonnenheit bzw. Selbstbeherrschung (2Tim 1,7).

Die Zurückhaltung gegenüber einer ganzheitlichen Spiritualität, die
auch der Emotion oder Ekstase Raum gibt, ist wohl eher in einer Fokus-
sierung auf das Wort (griech. *logos*) begründet, das durch den Verstand
ergründet und durch den Willen umgesetzt werden soll. Der Geist hat
sowohl mütterliche als auch väterliche Züge. Er ist der in der Liebe sich
verlierende und die Sünde und den Tod überwindende Geist. Er ist trö-
stender und mitleidender Geist,[110] aber auch der Geist der Überwindung
und Vollendung und Verherrlichung. Die Zuordnung des Geistes zu
lediglich einem dieser Wesenszüge ist problematisch. Bereits Thomas
von Aquin hat in seiner Appropriationslehre (lat. *appropriatio* = Aneig-
nung) die Zuordnung verschiedener Wesenszüge und Eigenschaften zu
einer der drei Personen der Gottheit vorgenommen. Die Einmaligkeit
des Wesens des Geistes Gottes kann jedoch niemals appropriatorisch
erschlossen werden, weil jeder Wesenszug, der in einer der drei Personen der Gottheit aufleuchtet, immer auch zugleich auf die trinitarische Gemeinschaft hinweist. Die „Frucht des Geistes", wie sie in Gal 5,22

---

110   Die Lehre von der Selbstentäußerung und Hingabe Gottes (Kenotik)
      nimmt die *Kenosis* des Heiligen Geistes im Schmerz und der Qual des
      Kreuzesgeschehens wahr. Vgl. Dabney 1997: 59ff.

beschrieben wird, weist in aller Klarheit aus, dass Liebe, Freude, Friede, Geduld, Freundlichkeit, Güte, Treue, Sanftmut und Enthaltsamkeit eben nicht nur aus dem Wesen des Geistes hervorwachsen, sondern aus dem Wesen der trinitarischen Einheit.[111] Im Wesen lassen sich Vater, Sohn und Heiliger Geist nicht voneinander unterscheiden, sondern sie weisen vielmehr zueinander. Der Geist Gottes ist nicht mütterlicher, weiblicher oder emotionaler als Gott-Vater und Gott-Sohn. Die neutestamentliche Begrifflichkeit zeigt in der Pneumatologie allerdings diese weiblich klingenden Attribute göttlichen Wesens deutlich auf.

---

111   Vgl. Munteanu 2003: 181f.

2. Der Geist der Offenbarung – Zugänge zum Geist Gottes

Gottes Geist, die Quelle des Lebens, ist in den vorherrschenden theologischen Denkformen nur schwerlich erfassbar, geschweige denn definierbar. Dieser Geist Gottes ist es, der alles Leben, alles Erfahren prägt und beeinflusst. Der Geist der Schöpfung, der Erlösung und Berufung, der Neuschöpfung und Vollendung kommt uns in seinem Wirken fremd vor. Und zugleich ist er der Geist, der uns die Freude am Leben erhält und der Glaube, Liebe und Hoffnung in uns ausgießt.

Ist es überhaupt möglich, dieses Wirken des Geistes in Sprache zu gießen und ihm eine Denkfigur zu geben, die geisteswissenschaftlich und im praktischen Lebensvollzug förderlich ist? Was ist aus all den großen Appellen geworden, die ein neues Zeitalter des Geistes proklamierten und die Notwendigkeit einer Pneumatologie anmahnten?[112] Inwieweit ist die Notwendigkeit für ein neues Nachdenken über den Heiligen Geist, wie sie von Karl Barth in seinem Nachwort zur Schleiermacher-Auswahl (1968) zum Ausdruck kommt, auch wahrgenommen worden?

> *„Ich denke, wir alle, in allen Konfessionen und Kirchen haben es dringend nötig, auch diese dritte Person, den Heiligen Geist, viel ernster zu nehmen, als es in der Regel geschieht … Alles, was von Gott dem Vater und Gott dem Sohn im Verständnis des ersten und zweiten Artikels zu glauben, zu denken und zu sagen ist, wäre in seiner Grundlegung durch Gott den Heiligen Geist, das* vinculum pacis inter Patrem et Filium, *aufzuzeigen und zu beleuchten."*[113]

Warum haben die guten Ansätze, wie wir sie bei Karl Barth, Karl Rahner, Hendrikus Berkhof, Otto A. Dillschneider und schließlich auch in

---

112 So spricht u. a. H. Mühlen davon, dass es eine „epochale Notwendigkeit" gibt, neu über die Erfahrung und die Theologie des Heiligen Geistes zu sprechen. In: Heitmann; Mühlen 1974: 253f.

113 Barth 1968.

jüngerer Zeit bei Jürgen Moltmann, Lyle Dabney, Michael Welker u. a. finden, kein stärkeres Echo ausgelöst? Sind die Theologie und die Kirche so sehr gefangen in den Denk- und Handlungsmustern einer vergangenen Epoche, dass ein Umdenken nur schwerlich möglich ist? Es liegt sicher nicht nur in der „Natur der Sache" bzw. an der so schwer fassbaren „Natur des Geistes", sondern daran, dass die Pneumatologie viele bewährte Formen des kirchlichen Lebens infrage stellen könnte. Die großen Worte des Vatikanum II wurden doch sehr schnell wieder theologisch zurechtgefeilt zugunsten der Kirche und des Amtes, aber wohl kaum zugunsten des Lebens.[114] Sicher zeigt sich hier vorrangig der sprachliche und auch wissenschaftliche Analphabetismus angesichts einer Wirklichkeit, die immer zugleich Subjekt und Objekt ist, die Transzendenz und Immanenz ineinander schiebt und die sich eben nicht nur durch Worte oder in der menschlichen Vernunft ausdrückt.

„Eine Theologie des Geistes ... müsste vom Geist selbst zu reden wissen. Doch dazu bedürfte es einer Spontaneität, die sicherlich auch heute anzutreffen ist, aber schwerlich unserer Erörterung schon zugrunde gelegt werden kann. Es gehört zu den unaufgebbaren Paradoxien des Redens vom Geist, dass der Geist sich jeder direkten sprachlichen Festlegung entzieht."[115]

Mit was für einer Wirklichkeit haben wir es hier zu tun? Erschließt sich diese Wirklichkeit durch den Verstand oder durch eine sinnliche Erfahrung? Gibt es im biblischen Zeugnis über den Heiligen Geist auch Ansätze für eine Erkenntnistheorie, die als Basis für eine Wissenschaftstheorie und Theologie dienen kann? Befindet sich die Theologie, wenn sie in den Gängen gegenwärtiger Wissenschaftstheorie läuft, auf einem Holzweg, einem Weg, der weder zur Gotteserkenntnis führt noch dem Leben dienlich ist? Wie viele „hölzerne", trockene Worte von Theologen ersticken geradezu das Feuer des Geistes, anstatt es zu beleben!

---

114 Vgl. Ratzinger 2012.

115 Sauter, Gerhard: Ekstatische Gewissheit oder vergewissernde Sicherung? Zum Verhältnis von Geist und Vernunft. In: Heitmann; Mühlen 1974: 195.

Das Nachdenken über eine missionale Pneumatologie setzt jedoch nicht nur wegweisende Akzente in der Theologie. Missionale Pneumatologie geht von einer kosmischen Wirksamkeit und auch Erfahrbarkeit des Geistes aus, sie ist somit nicht nur auf Kirche oder Theologie beschränkt. Auch andere Wissenschaften werden von einer missionalen Pneumatologie neue Formen der Wahrnehmung und Deutung aufnehmen können. Missionale Pneumatologie ist von der Sache her dialogisch. In den Ausführungen über das Wesen des Geistes (Kapitel 1.3) haben wir die komplementäre Dimension benannt, die nur in einer nondualen Denkstruktur zu benennen und zu erfassen ist. Da, wo sich heute noch Natur-, Geistes- und Humanwissenschaftler um die Führung im Wirklichkeitsverständnis bemühen, könnte der viel beschworene Dialog der Wissenschaften durch eine missionale Pneumatologie gefördert werden, denn sie zeigt die komplexen Wirklichkeitsspuren in allen Disziplinen auf.

M. Welker geht in seinem 1992 veröffentlichten Werk „Gottes Geist" bereits auf die „postmodernen Theorien und Denkhaltungen" ein, die dieser Komplexität des Lebens und Denkens entsprechen wollen, indem sie von einer Pluralität der Wirklichkeiten ausgehen. „Das postmoderne Bewusstsein ist nicht nur an der komplexen Einheit, sondern ebenso an der Erkenntnis von Differenz interessiert".[116] Allerdings ist nicht alles, was in dieser aufbrechenden Postmoderne als Spiritualität deklariert wird, auch im gleichen Atemzug mit einer Pneumatologie zu nennen. Auch die Aufklärung wurde von den klassischen deutschen Philosophen Lessing, Kant, Fichte und Hegel als „Zeitalter des Geistes" gedeutet; gemeint war hier jedoch der von der Vernunft gesteuerte menschliche Geist. Wenn heute die spirituelle Dimension in der Erkenntnistheorie gefordert wird,[117] so gilt es auch hier nachzufragen, von welchem „Spirit" denn die Rede ist. Es wäre wünschenswert, mit einer klaren missionalen Pneumatologie nicht nur die Spuren des Geistes Gottes in den Religio-

---

116   Welker 1992: 47.

117   Vgl. K. Wilber: „Die westliche intellektuelle Tradition, die um die Aufklärung herum begann, hat die höheren Ebenen ihrer eigenen spirituellen Intelligenz aktiv unterdrückt" (Wilber 2007: 252).

nen und Lebenskulturen aufzuzeigen, sondern wenn zugleich auch die Geistesgabe der Geisterunterscheidung (1Kor 12,10) zum Einsatz käme.

2.1   Erfahrung und Offenbarung

Die Fremdheit der pneumatischen Offenbarung wird von Paulus herausgestellt, zugleich wird allerdings die Dimension der Weisheit, die in diesem Geschehen liegt, in der Begrifflichkeit des Geheimnisses (*Mysterion*) eingeführt. Das pneumatische Geschehen ist also nicht jedem „wachen Denker" zugänglich, sondern es wird selber durch den Geist offenbart und gedeutet.

> „Die Weisheit, die wir verkünden, ist Gottes Weisheit. Sie bleibt ein Geheimnis und vor den Augen der Welt verborgen. Und doch hat Gott, noch ehe er die Welt schuf, beschlossen, uns an seiner Weisheit und Herrlichkeit teilhaben zu lassen.
>
> Von den Herrschern dieser Welt hat das keiner erkannt. Sonst hätten sie Christus, den Herrn der Herrlichkeit, nicht ans Kreuz geschlagen. Es ist vielmehr das eingetreten, was schon in der Heiligen Schrift vorausgesagt ist: ‚Was kein Auge jemals sah, was kein Ohr jemals hörte und was sich kein Mensch vorstellen kann, das hält Gott für die bereit, die ihn lieben.'
>
> Uns aber hat Gott durch seinen Geist sein Geheimnis enthüllt. Denn der Geist Gottes weiß alles, er kennt auch Gottes tiefste Gedanken. So wie jeder Mensch nur ganz allein weiß, was in ihm vorgeht, so weiß auch nur der Geist Gottes, was Gottes Gedanken sind.
>
> Wir haben nicht den Geist dieser Welt bekommen, sondern den Geist Gottes. Und deshalb können wir auch erkennen, was Gott für uns getan hat. Was wir euch verkünden, kommt nicht aus menschlicher Klugheit, sondern wird uns vom Geist Gottes eingegeben. Und so können wir Gottes Geheimnisse verstehen, weil wir uns von seinem Geist leiten lassen. Der Mensch kann mit seinen natürlichen Fähigkeiten nicht erfassen, was Gottes Geist sagt. Für ihn ist das alles Unsinn, denn Gottes Geheimnisse erschließen sich nur durch Gottes Geist.
>
> Der von Gottes Geist erfüllte Mensch kann alles beurteilen, er selbst aber ist keinem menschlichen Urteil unterworfen. Es steht ja schon in der Heiligen Schrift: ‚Wer kann die Gedanken des Herrn erkennen, oder wer könnte gar Gottes Ratgeber sein?' Nun, wir haben den Geist Christi empfangen und können ihn verstehen" (1Kor 2,7–15).

In diesen Ausführungen wird das „Objekt" des Erkennens benannt: Es ist Gott selber, es ist der Geist und auch das, was Inhalt der Verkündigung ist. Das Subjekt des Erkennens wird ebenso betrachtet: Nur Menschen, die den Geist Gottes empfangen haben, können ihn auch verstehen. „Ein Mensch kann mit seinen natürlichen Fähigkeiten (griech. *psychicos*) nicht erfassen, was Gottes Geist sagt."

Eine solche Aussage markiert zugleich die Grenzen des Dialogs mit Menschen, welche die Gabe des Geistes nicht empfangen haben. Sie werden immer die Grenzen des Erkennens spüren, auch wenn sie „spirituell" unterwegs sind. Sie können wohl tiefe Gotteserfahrungen haben, die sie jedoch ohne den Heiligen Geist nicht in Beziehung zum Erlösungswerk Christi deuten. Darin wird aber erst die Weisheit Gottes offenbar. Spirituelle Erfahrungen sind jedem Menschen möglich, sie führen aber nicht unbedingt zur Christuserkenntnis, wenn der Geist Gottes keine Offenbarung gibt.

Jürgen Moltmann beschreibt die unterschiedlichen und vielschichtigen Dimensionen der Lebenserfahrung wie z. B. die Erfahrung von Schmerz und Leid, von Angst oder auch von Glück als Möglichkeiten, die auf die Liebe Gottes hinweisen können. So gesehen werden sie von ihm als „Erfahrung des Geistes" gekennzeichnet.[118] Diese alltäglichen Dimensionen der Lebenserfahrung neu als Geisterfahrung zu deuten, ist nur möglich durch die Annahme der „immanenten Transzendenz" Gottes. Der Geist Gottes hat sich eben nicht aus dieser Welt zurückgezogen, sondern er ist zugleich in ihr wirksam und drängt auf die Vollendung des angebrochenen Reiches Gottes. Wie umfangreich diese Lebenserfahrungen als Geisterfahrungen sein können, bleibt dabei jedoch offen. Eine „natürliche Gotteserkenntnis" (vgl. Röm 2,14–16) ist begrenzt, wenn nicht das Licht der Christusoffenbarung darin aufleuchtet. In der missionalen Pneumatologie bieten die vielfältigen Lebenserfahrungen und auch die zunehmenden religiös-spirituellen Transzendenzerfahrungen Anknüpfungspunkte im Dialog, um auf die Christusoffenbarung hinzuweisen. Der Geist ist es, der von Sünde überführt, wo kein Christusglaube vorhanden ist (Joh 16,8–9). Die Strahlen des Christuslichtes kön-

---

118   Moltmann 1991: 31.

nen alle Menschen berühren; Gott lässt seine Sonne scheinen über Gute und Böse (Mt 5,45), aber nicht jeder Empfänger der Segnungen Gottes wird zugleich auch zum Anbeter des Gekreuzigten und Auferstandenen, zum Nachfolger Jesu Christi. Die Erfahrung ersetzt also nicht die Offenbarung.

Der Geist Gottes ist ein Geist der Prophetie (Offb 19,10). Prophetie ist ein Offenbarungsgeschehen. Es zieht den „Vorhang weg", der uns den Blick für die Wirklichkeit Gottes versperren will. Gottes Geist offenbart uns die sichtbare und unsichtbare Welt und Jesus Christus als den Ursprung dieser Wirklichkeit (Kol 1,15–17). Das Offenbarungsgeschehen öffnet im Menschen die „Augen des Herzens" für diese Wirklichkeit Gottes. Das Geheimnishafte konzentriert sich dabei nicht nur auf die unsichtbare Wirklichkeit, sondern auch auf die immanente. Hier durchzieht der Atem Gottes alles Lebende. Diese Dimension der Offenbarung wird prägnant im Epheserbrief beschrieben.

> „Ihn, den Gott unseres Herrn Jesus Christus, den Vater, dem alle Herrlichkeit gehört, bitte ich darum, euch durch seinen Geist Weisheit zu geben, dass ihr ihn immer besser erkennt und er euch seinen Plan zeigt. Er öffne euch die Augen, damit ihr seht, wozu ihr berufen seid, worauf ihr hoffen könnt und welch unvorstellbar reiches Erbe auf alle wartet, die zu Gott gehören. Ihr sollt erfahren, mit welch unermesslich großer Kraft Gott in uns, den Glaubenden, wirkt. Ist es doch dieselbe Kraft, mit der er Christus von den Toten auferweckte und ihm den Ehrenplatz an seiner rechten Seite gab!" (Eph 1,17–20).

Weiter heißt es:

> „Ich bitte Gott, dass er euch aus seinem unerschöpflichen Reichtum Kraft schenkt, damit ihr durch seinen Geist innerlich stark werdet und Christus durch den Glauben in euch lebt. In seiner Liebe sollt ihr fest verwurzelt sein; auf sie sollt ihr bauen. Denn nur so könnt ihr mit allen anderen Christen das ganze Ausmaß seiner Liebe erfahren, die wir doch mit unserem Verstand niemals fassen können. Dann wird diese göttliche Liebe euch immer mehr erfüllen" (Eph 3,15–19).

Die Offenbarung des Geistes weist beständig auf das Christusgeschehen hin und lässt somit die spirituellen Lebenserfahrungen im Licht des Evangeliums aufleuchten.

Welches Gewicht haben diese Aussagen hinsichtlich der erkenntnistheoretischen Basis für die Theologie? Eine Theologie, die sich anlehnt
an eine Wissenschaftstheorie, die jegliche metaphysische Dimensionen
mit Skepsis betrachtet und lediglich von einer realen immanenten Wirklichkeit ausgeht, wird hier nur stümperhaft dem Anspruch der biblischen
Aussagen gerecht werden können. Eine Theologie, die ahnungslos die
Berichte über das Geistwirken, die Wunderwirkungen, die Engel- und
Dämonenwelt und womöglich die gesamte unsichtbare Wirklichkeit als
Mythenzauber vergangener Deutungsmuster vom Tisch fegt, wird in den
biblischen Zeugnissen nur noch eine Anreihung von menschlichen, zum
Teil fehlerhaften oder defizitären Aussagen über Gott und die Welt fin-
den.

Zu lange haben die historischen Wissenschaften mit ihren Methoden darüber entscheiden wollen, was von den biblischen Zeugnissen als
lebendiges Wort Gottes zu sehen sei und was lediglich als Zeugnis einer
kultur- und zeitbedingten Gottesvorstellung analysiert werden könne.[119]
Ein solcher Umgang mit dem Zeugnis der Bibel missachtet den Geist
der Offenbarung, der die Verfasser biblischer Schriften inspiriert hat.
„Die ganze Heilige Schrift ist von Gott eingegeben (griech. *theopneus-
tos*)" (2Tim 3,16).

Damit soll nicht die These aufgestellt sein, dass alle Aussagen der Bibel
wie ein historisches Lehrbuch unbesehen übernommen werden müssen.
Selbstverständlich müssen die Schriften der Bibel in ihrem jeweiligen
historisch-kulturellen Kontext gesehen und gedeutet werden. Es geht
jedoch darum, sich vom Geist Gottes selber die Schrift deuten zu lassen. Das setzt voraus, dass alle Bewertung biblischer Aussagen, die sich
ausschließlich an den Maßstäben gegenwärtiger natur- oder geschichts-
wissenschaftlicher Methoden und Erkenntnisse orientiert, unzureichend
ist und sich dem Vorwurf einer verkürzten erkenntnistheoretischen
Grundlage stellen muss.[120] Eine Übertragung des gängigen erkenntnis-

---

119   Ich verweise auf die differenzierten Ausführungen zu dieser Thematik bei
       P. Schütz. In: Schütz 1960: 549–564.

120   „Wer sagt uns, dass die Wissenschaft die Wirklichkeit so erfasst, wie sie ist,
       und nicht nur Verstehensmodelle entwirft, die uns zwar helfen, die aber
       doch nur Entwürfe unsererseits sind und nicht zur eigentlichen Wirklich-

theoretischen Ansatzes der Naturwissenschaften auf die Theologie wird
allerdings bis in die jüngste Gegenwart hingenommen. Das biblische
Wort verkommt zu einem Fragment menschlicher Zeugnisse über Gotteserfahrungen – und hat damit jedoch keinerlei Anspruch auf Wahrheit. Auch wenn die moderne Physik von einer Nichtobjektivierbarkeit
des Wirklichen ausgeht (W. Heisenberg, C. F. v. Weizsäcker[121], P. Jordan,
T. de Chardin) und damit die Relativität wissenschaftlicher Wahrnehmung benennt, so wird diese geradezu bescheiden klingende Zurückhaltung im theologischen Bereich meines Erachtens zu wenig gesehen.
Aber gerade hier wäre sie angebracht, da wir es ja mit einer Wirklichkeit
zu tun haben, die als „Geheimnis" allenfalls im Sinn einer immanenten
Transzendenz bzw. einer transzendenten Immanenz aufspürbar ist. Vielleicht wird mit diesem Geheimnis auch das metaphysische „Eigentliche"
beschrieben, nach dem alle Wissenschaft forscht. „Das Eigentliche ist
dort zu suchen, wo die wissenschaftliche Interpretation nicht mehr findet, die alles, was ihr Gehege übersteigt, als unwissenschaftlich brand-
markt" (M. Heidegger).[122]

Der denkende Glaube, der von diesem „Eigentlichen" erfasst ist, kann
den Widerspruch aushalten, der an der Grenze zwischen Immanenz
und Transzendenz auftritt. „Die Wahrheit ist für die Theologie nicht
mehr das schlechthin Gewahrbare. Denken heißt, bis an die Grenze
des Unvollziehbaren herandenken, die Grenze des Klärbaren erkennen,
wo sie unserem Wunschbild gebietend entgegentritt, im Unklärbaren
es aushalten, ohne der Verführung zu erliegen, es dennoch aufzuklä-

keit vordringen?" Schöndorf, Harald: Können wir die Wirklichkeit erkennen? In: Imhof; Saroyan 2005: 33–34.

121   „Die Frage nach der Sache selbst beginnt mit der Erkenntnis, dass wir vor
dem Nichts stehen" (Weizsäcker 1948: 53). Vgl. auch Max Planck: „Gerade
die neuere Physik prägt uns die alte Wahrheit wiederum mit aller Schärfe
ein: Es gibt Realitäten, die unabhängig sind von unseren Sinnesempfin-
dungen, und es gibt Probleme und Konflikte, in denen diese Realitäten für
uns einen höheren Wert besitzen, als die reichsten Schätze unserer gesamten Sinneswelt." Zitiert in: Schütz 1960: 650.

122   Heidegger 1953: 124.

ren."[123] Der Dialog der modernen Wissenschaften kann somit durch die Theologie bereichert werden, ebenso jedoch auch die Theologie durch die anderen Wissenschaften.[124] Dabei ist es mehr als redlich, die jeweiligen erkenntnistheoretischen Ansätze transparent und vergleichend in ein solches Gespräch einzubeziehen. Helmut Thielicke hat auf diesen Zusammenhang in seiner Rede zur Eröffnung der Theologischen Fakultät an der Universität Hamburg im Jahre 1953 hingewiesen: „Die Theologie kann durch das Fremde, das sie dem wissenschaftlichen Wahrheitsbegriff hinzubringt, ihn davor bewahren, sich im Begreifen dessen zu erschöpfen, was als Vorfindliches der Erkenntnis verfügbar bleibt, wie auch die Theologie ihrerseits durch den Einspruch der rationalen Wissenschaften daran erinnert bleibt, dass es der geschichtliche Mensch ist, dem die ‚Erleuchtung durch den Heiligen Geist' widerfährt."[125]

Physik und Metaphysik, Erfahrung und Offenbarung werden in einer Lehre über den Heiligen Geist nicht als Gegensätze gesehen, da der Geist nicht nur der Metaphysik bzw. der unsichtbaren Welt oder der sichtbaren Wirklichkeit zuzuordnen ist. Erfahrung und Offenbarung verhalten sich wie die beiden Schienenstränge eines Zuggleises, die sodann zu einer Erkenntnis führen können.

2.2 Wort und Geist

„Zurück zur Bibel!" – mit diesem Motto verbinden viele die Bewegung des Pietismus und auch des Evangelikalismus. Alles, was nicht irgendwie in der Bibel nachweisbar ist, soll deshalb mit großer Skepsis bedacht werden, ja, es ist sogar gefährlich und irreführend. Im Sinne eines Biblizismus wird dieser Ansatz oft dazu missbraucht, um durch die z. T. willkürliche Aneinanderreihung oder Zusammenstellung von Bibelstellen die geistliche Legitimität einer Lehre zu untermauern, wobei auch die

---

123 Schütz 1960: 115.
124 Vgl. hierzu: Beck, Heinrich: Geist und Technik. Geschichtsphilosophischethische Präliminarien zu einer modernen Geisttheologie. In: Heitmann; Mühlen 1974: 289–302.
125 Thielicke 1955: 123.

Infragestellung durch eine einzige Bibelstelle das gesamte Glaubensfundament ins Wanken bringen könnte. Nun sind mir durchaus Biblizisten bekannt, die mit aufgeschlagener Bibel die körperliche Züchtigung der Kinder gutheißen oder die Unterordnung der Frau unter den Mann nicht als Einheitsprinzip deuten, sondern als Unterwerfungsanordnung. Wohl jeder kennt auch die mühevollen Diskussionen über die Autorität alttestamentlicher Aussagen für die Christenheit. Sind diese einfach übertragbar auf die Gemeinde Jesu?

Ich kann mich noch gut an eine Auseinandersetzung erinnern, die vor einigen Jahren die frommen Gemüter bewegte. Es ging dabei um die ekstatischen Phänomene, die im Zusammenhang mit der „Toronto-Bewegung" auftraten: Menschen gerieten – (angeblich) durch die Kraftwirkungen des Heiligen Geistes – völlig außer Kontrolle. Sie fielen zu Boden, sie schrien, weinten, lachten, zuckten oder erstarrten. Das trat nicht nur vereinzelt auf, sondern wurde geradezu in großen Versammlungen „zelebriert". Ich selbst habe seinerzeit einige dieser Phänomene erlebt und bin der Überzeugung, dass Geist und Ekstase durchaus auch biblisch als Einheit vorkommen und benannt werden.

In einer sehr engagierten Diskussion mit der Bundesleitung unserer Freikirche, zu der ich seinerzeit gehörte, verbrachten wir viele Stunden, um hier zu einer Stellungnahme zu gelangen. Entscheidend waren bei all den Gesprächen aber nicht die einzelnen Erfahrungen positiver oder auch negativer Art, sondern die Frage, ob diese Phänomene auch in der Bibel vorkommen bzw. sich mit dem Zeugnis der biblischen Schriften vereinbaren lassen. Der Hinweis des Theologieprofessors Wiard Popkes, der sicher nicht als Sympathisant der Toronto-Bewegung auftrat, der aber immer bemüht war, so „dicht wie möglich am Wort zu sein", wies nüchtern auf einige biblische Bezüge hin: „Wir lesen in Apostelgeschichte 10, dass auch der Apostel Petrus in ‚Ekstasis' war, als er betete". Dieser biblische „Nachweis" hat schließlich dazu geführt, dass es zu einer differenzierten Stellungnahme der Bundesleitung kam, welche die Toronto-Bewegung weder als Anzeichen einer beginnenden geistlichen Erweckung noch als etwas generell Ungeistliches beurteilte.

Nun will ich mit diesem Beispiel keineswegs unterstellen, dass in dieser Frage im Sinn des Biblizismus vorgegangen wäre, aber es zeigt auf,

wie auch nur die Erwähnung einer einzigen Bibelstelle Gehör findet und
an Bedeutung gewinnen kann.

Sicher werden mit einer derartigen Argumentation nicht jene gewonnen werden können, die sich völlig einer historisch-kritischen Auslegung verschrieben haben. Die historisch-kritische Forschung verfährt
nach folgenden Kriterien:

(1) *Kritik:* Die Aussagen der Bibel werden nicht stumm und unre-
flektiert übernommen, sondern kritisch „hinterfragt", ob sie überhaupt
nach heutigen Maßstäben möglich gewesen sein können oder nicht. Nur
das Denkmögliche ist das Wirkliche. „Das ist nicht vorstellbar! Das ist
unwahrscheinlich! Das lässt sich nach den heutigen Erkenntnissen der
Archäologie oder der Geschichtsforschung so nicht aufrechterhalten!"
Das sind nur einige der üblichen Floskeln, die sich in historisch-kritischen Kommentaren gebetsmühlenartig wiederholen. Dahinter steht
die Ideologie von einer geschlossenen, logisch geradlinigen, eingängi-
gen Wirklichkeit, die nach den Maßstäben der realen Immanenz beur-
teilt wird.[126]

(2) *Analogie:* Eine Aussage ist nur dann wissenschaftlich wirklich,
wenn hinter ihr etwas steht, was eine Analogie findet. Neues kann man
nur erkennen, wenn man es in der Geschichte schon wiedererkennt.

(3) *Korrelation:* Dieses Kriterium der historisch-kritischen Forschung
geht davon aus, dass alle Dinge in einer Beziehung, einer Korrelation
zueinander stehen. Weil aber diese Korrelation gegeben ist, ist auch alles
als relativ zu sehen, d. h., es gibt keine Wahrheit, die für sich steht.

Werden diese Kriterien in der historisch-kritischen Arbeit in der Theologie vorbehaltlos und konsequent eingesetzt, so wird die Bibel immer
dünner. Wenn etwa die Geschichte des Urchristentums nach dem Kriterium der Korrelation vergleichend mit der zeitgleichen Geschichte der
Religionen und Kulturen betrachtet wird und ständig gefragt wird: „Wer
hat was von wem übernommen?", so reduziert sich Theologie bestenfalls
noch zu einer Religionswissenschaft. Karl Barth grenzt sich von einem

---

126   „Im Verlauf des 20. Jahrhunderts beginnen solche Totalitätskonzeptio-
       nen dem *Common sense* ideologieverdächtig und unerträglich zu werden"
       (Welker 1992: 50).

solchen Vorgehen ab: „Wenn das wirklich unsere Meinung sein sollte, dass Theologie aufzugehen habe in der Religionswissenschaft, dann hätten wir das Daseinsrecht auf die Universität jedenfalls verwirkt."[127] Wird hingegen daran festgehalten, dass die Schriften der Bibel so nicht zufällig zustande gekommen sind, dass sie nicht nur eine Zusammenstellung von menschlichen Erfahrungszeugnissen aus unterschiedlichen Zeitepochen sind, sondern dass der Geist Gottes bei der Verfassung der Schriften selber als Autor ausschlaggebend war, so kommt diesem biblischen Zeugnis eine wahrheitsstiftende Kraft zu. Es ist eben nicht nur ein historisches Schriftzeugnis, sondern das lebendige Wort Gottes.

Damit möchte ich nicht einer bestimmten Inspirationslehre[128] das Wort reden, jedoch den Respekt und die Würdigung der biblischen Schriften als Gottes Wort hervorheben. Ist es überhaupt notwendig, dass eine bestimmte Inspirationslehre die Autorität der biblischen Schriften belegt? Wird nicht das Zeugnis des Geistes selber der Gemeinde diese Kraft des Wortes vermitteln? Ich fand es immer müßig und geradezu langweilig, wenn ich an hitzköpfigen Debatten teilnahm, in der die Gegner einer historisch-kritischen Theologie in den gleichen Denkfiguren und Kriterien argumentierten wie die Vertreter des historisch-kritischen Ansatzes. Man verlor sich in der Ideologie einer geschlossenen Logik und in unzähligen, spitzfindigen historischen und sprachwissenschaftlichen Fragestellungen. Wenn ich dann einmal die Frage nach der hermeneutischen Relevanz der Pneumatologie einbrachte, so hatte ich den Eindruck, dass ich zwar– salopp ausgedrückt – „mitspielen" dürfe, aber irgendwie bedauerlicherweise ein falsches „Kartenspiel" zur Hand genommen hätte. „Das Wort sie sollen lassen stahn!", zitierten die einen Martin Luther, und die anderen verbanden mit Pneumatologie lediglich eine enthusiastische Spiritualität, die mit einer wissenschaftlichen Theologie nichts gemeinsam haben könne.

---

127   Barth, Karl: Das Wort Gottes als Aufgabe der Theologie. Gesammelte Vorträge. S. 156. Zitiert nach: Schneider 2012: 312.

128   Eine hilfreiche theologiegeschichtliche Zusammenstellung aus katholischer Sicht hat H. Gabel vorgelegt (Gabel 2011).

Das Verhältnis von Wort und Geist wird zwar bis heute immer wieder als ein gewichtiges und unauflösbares dargestellt, jedoch allzu häufig auch in Gegensätzen. Jürgen Moltmann weist auf die enge Verwobenheit von Wort und Geist Gottes im AT hin. „Ruach wird als der Atem der Stimme Gottes aufgefasst. Darum werden in der Frühzeit die Propheten durch die Ruach Jahwe, später dagegen überwiegend durch das Wort Jahwe (hebr. *dabar*) berufen. Wird diese Einheit von Atem und Stimme auf das schöpferische Wirken Gottes übertragen, dann werden alle Dinge durch Geist und Wort Gottes ins Leben gerufen."[129] Gerhard Sauter skizziert die Auffassung von der „Wortgebundenheit des Geistes" und der „Geistgebundenheit des Wortes".[130] In protestantischer Tradition ereignet sich deshalb dort Kirche, wo das Wort Gottes verkündigt wird. J. Moltmann setzt das Geschehen der Verkündigung mit der „Gegenwart des Heiligen Geistes"[131]gleich. Für ihn ist Gottes Geist der „eigentliche Hermeneut".[132] Der Reformator Johannes Calvin hingegen betont stärker die Geistesgegenwart des Wortes.

Das Wort Gottes bindet sich an den Geist (Joh 14,26; 16,8.13f). In der Kirche, speziell in der Verkündigung, ist zwar die Mitte des Geisteswirkens, aber sie umfasst die ganze Menschheit und den ganzen Kosmos. Das Wort ereignet sich immer dem Wirken des Geistes gemäß.[133] Diese enge, untrennbare Verknüpfung von Wort und Geist lässt sich biblisch begründen, z. B. durch die gleichbedeutende Verwendung der alttestamentlichen Ruach- und Dabar-Begrifflichkeit oder die Bindung des Geistes an das Wort (Joh 16,12–15; 2Tim 3,16; 2Petr 1,21). Zudem ist der Geist der eigentliche Ausleger, der Hermeneut des Wortes, das uns als Geheimnis Gottes geoffenbart ist (1 Kor 2, 7–15).

---

129 Moltmann 1991: 54.

130 Kasper; Sauter 1976: 80–94.

131 Moltmann 1999: 246.

132 a.a.O.: 135.

133 Vgl. Krusche 1957: 13ff.

2.3   Vernunft und Mystik

Missionale Pneumatologie ist eine Theologie des Kopfes, des Herzens und der Tat. Sie entsteht nicht nur im Nachdenken und sprachlichen Denkfiguren, die zudem noch einen wissenschaftlichen Anspruch haben. Sie ist nicht irrational, aber transrational. Die Rationalität soll hier auf keinen Fall missachtet oder als etwas Ungeistliches verstanden werden. Der Einsatz der menschlichen Vernunft, die sich unter die Regie des Heiligen Geistes begibt, wird in der Lage sein, komplementäre Zusammenhänge zu benennen und ins Gespräch zu bringen. Sie wird zugleich Erfahrung und Offenbarung, Wort und Geist in Relation sehen. Die Ausschaltung der Ratio, etwa im Sinn einer mystischen Versenkungsmethodik, ist eher hinderlich als förderlich.

Und dennoch gilt es, den Schatz einer vom Geist Gottes gewirkten Mystik neu zu entdecken, ja, ihn ggf. auch in die Methodik des Theologietreibens aufzunehmen, als einen angemessenen Weg der Erkenntnisfindung.[134] Erkenntnis ist dabei niemals nur kognitiv „begreifbar". Sie ist im wahrsten Sinne des Wortes auch zu „greifen", sie hat etwas mit dem Handeln zu tun. „Wer diese meine Rede hört und tut", sagt Jesus, „der ist mit einem klugen Menschen zu vergleichen, der sein Haus auf dem Felsen baut" (Mt 6,24). Das vom Geist Gottes gewirkte Geheimnis wird als „Weisheit Gottes" gekennzeichnet (1Kor 2,7–12). Diese göttliche Weisheit birgt in sich die Wahrheit, die Schönheit und das Gute,[135] sie ermöglicht den interkulturellen und interreligiösen Dialog auf diesen drei Ebenen,[136] da es vergleichbare Erfahrungen in allen Religionen und Kulturen gibt.

---

134   „Eine Hermeneutik im Horizont der weltlichen Binnentranszendenz kann die Frage nach Gottes absoluter Transzendenz nicht würdigen. Wer Theologie studieren will, muss sich für Methoden entscheiden, die helfen, gotteskundig zu werden." Paul Imhof in Imhof; Saroyan 2005: 184.

135   Vgl. hierzu auch die Ausführungen von Küstenmacher, Marion u. a. in Küstenmacher; Haberer 2010: 229ff. Allerdings scheint mir die Zuordnung des Wahren, Guten und Schönen zu den drei Personen der Trinität willkürlich und nicht überzeugend.

136   Vgl. hierzu Schleske 2010.

Wie jedoch sieht eine christliche Mystik aus? Wo finden sich Parallelen zu Mystikern anderer Religionen, etwa in der jüdischen Kabbala, im muslimischen Sufismus oder im Zen-Buddhismus? Ist eine mystische Erfahrung immer auch zugleich eine Erfahrung des Geistes Gottes? Jürgen Moltmann weist meines Erachtens zu Recht und mit Nachdruck darauf hin, dass eine vom Geist Gottes gewirkte Mystik nicht nur eine schweigende Spiritualität hervorbringt, sondern vielmehr eine bewegende Vitalität. Die christliche Mystik ist immer auch eine „Tugendlehre und eine Suche nach Erfahrung: denn nur die reinen Herzens sind, werden Gott schauen".[137]

Wird die Praxis zum Kriterium der Wahrheit erhoben, so wird auch die Meditation als ein Weg des Erkennens akzeptiert. Die Vernunft wurde nur allzu oft wie ein produktives Organ eingesetzt, das jedoch immer wieder an Grenzen stößt. Der Mensch ist eben nicht nur Hirn, auch wenn die moderne Hirnforschung den Glauben erwecken möchte. In der Meditation wird eine Weise des sinnlichen Wahrnehmens des Lebens neu entdeckt, die das ganze Menschsein und die umfassende Wirksamkeit des Geistes Gottes berücksichtigt. Es sind nicht die vielen Worte, nicht die Aktivitäten oder die neuen Einsichten, die das Leben und die Erkenntnis Gottes fördern, sondern in der Meditation finden wir zunächst die Reduzierung, das „Einfalten" menschlicher Aktivität. Der Weg zu einem solchen „Ent-bildern" (Meister Eckhart) wird von den christlichen Mystikern hervorgehoben. Sie bemühen sich um das Loslassen und Leerwerden von allen Gedanken, Vorstellungen und Bildern. Nichts soll zwischen ihnen und Gott stehen. Ein solcher Zustand ist allerdings in der Hektik der heutigen Welt nicht einfach zu erlangen. Ein Blick in die Kirchengeschichte lohnt sich und kann sich als wahre Fundgrube christlich-mystischer Erfahrungen erweisen.

Im Zentrum der Mystik standen vielfach die Klöster. Die monastische Mystik z. B. bei Bernhard von Clairvaux (1090–1153) entwickelte sich im Widerspruch zur wissenschaftlichen Rationalität, die in der scholastischen Theologie Vorrang hatte. Ein Großteil der hochmittelalterlichen Literatur nimmt Bezug auf das Werk des Pseudo-Dionysius Areo-

---

137   Moltmann 1991: 211.

pagita (z. B Meister Eckhart, 1260–1328; Nikolaus von Kues, 1401–1464; Bonaventura, 1221–1274). Der „Fürst unter den Mystikern" gebraucht den Begriff der *Contemplatio*, einer Gotteserkenntnis, die unter bewusstem Einsatz aller fünf Sinne zur Gotteserfahrung wird. Kontemplation kennzeichnet seither stärker als der Begriff Meditation die Seite des Bewusstwerdens in der Mystik.[138]

Im 16. Jahrhundert rücken Namen wie die des Gründers des Jesuitenordens, Ignatius von Loyola (1491–1556), oder des Karmeliters Johannes vom Kreuz (1542–1591) ins Zentrum der mystischen Bewegungen. Auch Frauen treten immer wieder unter den Mystikern hervor: Hildegard von Bingen (1098–1179), Mechthild von Magdeburg (1207–1282), Katharina von Siena (1347–1380), die spanische Mystikerin Theresa von Avila (1515–1582) oder im 19. Jahrhundert die Karmelitin Therese von Lisieux (1873–1897). In der Reformation findet der mystische Weg der Gotteserkenntnis nur wenig Widerhall. Im reformierten Pietismus ist Gerhard Teerstegen (1697–1769) zu nennen. Der Jesuit Karl Rahner formulierte 1966 den seither vielzitierten Satz „Der Fromme von morgen wird ein Mystiker sein, einer, der etwas erfahren hat, oder er wird nicht mehr sein."[139]

Christliche Spiritualität ist weit mehr als rationale Spiritualität. Am 29. Oktober 2011 gründete sich in Berlin die „Arbeitsgemeinschaft christliche Spiritualität" unter der Leitung des evangelischen Pfarrers Wolfgang J. Bittner. Damit wurde ein deutliches Signal zur Förderung der nicht-rational-dominierten Spiritualität gesetzt. Inzwischen gibt es in allen Kirchen Exerzitien, Meditationskurse u. ä. Die Begriffe Meditation, Kontemplation, Mystik und Spiritualität werden vielschichtig und unterschiedlich verwandt.

Ich verwende „Meditation", um eine Sammlung und Vertiefung im betrachtenden Gebet zu bezeichnen; „Kontemplation" soll die Wirkungen einer solchen Meditation beschreiben. „Mystik" verstehe

---

138   So auch: a.a.O.: 215: „Für den eigenen Gebrauch verstehe ich als Meditation das liebende, erleidende und teilnehmende Erkennen eines Gegenstandes und Kontemplation als das reflektierende Bewusstwerden des eigenen Selbst in dieser Meditation."

139   Rahner 1966.

ich als einen Sammelbegriff für Texte, Autoren, Gruppierungen, welche die *Unio* (Einswerdung) des Betenden mit Gott zum Ziel haben. Noch umfassender benennt „Spiritualität" die ganze Breite christlicher Lebensäußerungen.

Nun gibt es ohne Zweifel sehr verschiedene Ansätze in der christlichen Meditation und auch in der mystischen Erfahrung. Das Ziel christlichen Meditierens liegt darin, Verstand und Herz mit Gott zu füllen. Richard Forster unterscheidet in der Meditation drei Elemente, die er mehr oder weniger bei allen christlichen Mystikern sieht.

Da ist zunächst die *Sammlung* zu nennen. Hier geht es darum, dass wir „mit dem Kopf ins Herz hinabsteigen".[140] Gebet soll mit der Sammlung der Gedanken und Gefühle beginnen. Es ist ein Zur-Ruhe-Kommen, ein Ausspannen mitten im Alltag. Dabei helfen Orte und Räume, die zur Sammlung einladen (Natur, Gebetsplätze im Haus, sakrale Räume). Auch die Körperhaltung oder das bewusste Atmen kann in dieser Phase zu einer Hilfe werden. Zur Sammlung helfen ebenfalls Gegenstände, auf die sich der Blick des Meditierenden konzentriert (z. B. Kerze, Kreuz, Pflanze, Fenster). Auch gute Musik kann zu einer Sammlung beitragen. Ebenso kann das Sprachengebet, das nicht ein Gebet des Verstandes, sondern des Herzens ist, in einer solchen Phase helfen.

Ziel dieses Sichsammelns vor Gott ist jedoch nicht das aktive Kommunizieren mit Gott – etwa im Sinn der Fürbitte oder des Dankgebetes –, sondern das Sichentleeren, das Stillwerden, das Loslassen. In diesem Sinn werden auch Nöte und Sorgen beim Namen genannt, aber sie werden nicht bittend vertieft, sondern vor Gott geradezu „weggeworfen" (1Petr 5,7). Auch das Bekenntnis von Sünde hat in dieser Phase der Sammlung seinen Platz. Alles, was zwischen Gott und mir steht und mir bewusst ist, soll in sein Licht und auch in das Licht der Vergebung kommen. Ich frage: „Wo brauche ich Vergebung, und wo darf und soll ich Menschen im Namen Jesu vergeben?" Ich spreche Schuld und Vergebung bewusst aus und nehme sie dankend an. Zuweilen hilft es, einen Zettel zur Hand zu haben, um Gedanken stichwortartig aufzuschreiben, die nicht vergessen werden dürfen, die mich jedoch in dieser Phase

---

140   Foster 2012: 30.

der Sammlung nicht ständig beschäftigen sollen. Mir persönlich hilft es, wenn ich in dieser Zeit meine Gedanken betend in mein Gebetstagebuch schreibe. Ich führe ein solches Gebetstagebuch schon seit über 40 Jahren und möchte es heute nicht mehr missen. Wenn ich mich zum Beten zurückziehe, so habe ich meist neben der Bibel auch mein Gebetstagebuch dabei. Es begleitet mich ebenso auf Reisen oder im Urlaub. Jeder wird hier seine eigene Form herausfinden, die ihm dazu helfen kann, dass er sich konzentriert und sammelt.

Nach R. Foster schließt sich in der Regel ein weiteres Element der Meditation an diese erste Phase der Sammlung an. Es ist das *betrachtende, meditierende Gebet.* Der Gegenstand der Meditation ist dabei nicht allgemein die Transzendenz, es geht also nicht um ein „transzendentes Gebet", sondern um die Ausrichtung auf den dreieinen Gott. Hierin unterscheidet sich auch christliche Mystik von mystischen Erfahrungen in anderen Religionen. Die primäre „Anlaufstelle" hierfür ist für uns Christen die Christusoffenbarung. Wir verankern uns bei dem Christusgeschehen, wie es uns in der biblischen Offenbarung überliefert ist. Christliche Meditation ist allerdings nicht nur als Meditation von Kreuz und Auferstehung zu sehen. Auch die einzelnen synoptischen Berichte über Heilungen und Begegnungen Jesu, die Begegnungen des Auferstandenen mit den Jüngern, die Himmelfahrt und Jesus als Richter haben hier ihre Bedeutung. Die starke christozentrische Meditation wird besonders in der orthodoxen Kirche durch eine trinitarische Meditation erweitert.

Bei der meditativen Betrachtung gebrauchen wir unsere Fantasie. R. Foster geht auf die Zurückhaltung ein, die hier häufig anzutreffen ist: „Manche wehren sich gegen den Gebrauch der Fantasie, weil sie fürchten, sie sei nicht vertrauenswürdig und könnte sogar vom Bösen missbraucht werden. Für diese Sorge gibt es guten Grund, denn die Fantasie ist, wie alle unsere Fähigkeiten, vom Sündenfall betroffen. Aber genauso wie wir glauben, dass Gott unseren Verstand (so gefallen er ist) nutzen und heiligen und für seine guten Ziele gebrauchen kann, genauso kann er auch unsere Vorstellungskraft heiligen und für seine guten Ziele

gebrauchen."[141] Hilfreich ist in diesem Zusammenhang die Praxis der
lectio devina, die einen biblischen Text mehrfach liest, ausspricht oder
hört und auch selber dabei miterlebt, wie sich Gottes Wort vor der geheiligten Fantasie entfaltet. Man stellt sich den biblischen Vorgang so vor,
als spiele er sich wirklich und tatsächlich vor unseren Augen ab. Eine
besondere Variante kann in einer Gruppe auch die Form des Bibliodra-
mas sein, der kreativ-darstellerischen Nachspielung einzelner biblischer
Szenen.

Zu einem reifen meditativen Gebet gehört dann allerdings auch das
dritte Element, das R. Foster als *„Innere Aufmerksamkeit"* bzw. *„hörendes Gebet"* bezeichnet. Es ist ein Stillwerden und ein inneres Achten auf
Gedanken, Impulse, Worte, die nicht aus einem selbst hervorgehen. Es
geht um das Hören der Stimme Gottes. Gottes Reden geschieht nicht nur
über Worte, sondern auch über Bilder, Visionen, Träume, Empfindungen, Gedanken oder Umstände. Viele Beter kommen viel zu selten zu
diesem aktiven Hören, weil sie die Phasen der Sammlung und Betrachtung übergehen oder außer Acht lassen.

Für mich ist das hörende Element in der Meditation ein sehr entscheidendes und auch prägendes. Während ich bei der Sammlung und vielfach auch bei der Betrachtung selbst noch sehr aktiv bin, ist diese Phase
für mich eher passiv. Ich bin „voll auf Empfang". Ich bin „ganz Ohr"
und still. Oft kommen mir in diesen Zeiten des Hörens gute Gedanken, zuweilen habe ich Bilder und Visionen, oft aber ist es auch einfach
nur still. Gott redet nicht unentwegt mit mir. Auch das Schweigen Gottes kann als Reden Gottes vernommen werden. Er kommuniziert nicht
nur seinen Willen, sondern auch seine Nähe, seine Herrlichkeit, seine
Güte, ja, sein ganzes Wesen. Diese Phase hat eher den Charakter eines
Rendezvous, der Begegnung von zwei Liebenden. Da brauche ich mich
nicht ständig vor Gott erklären, ich brauche mit ihm keine „Dienstbe-
sprechungen" oder Arbeitsanweisungen bedenken; eigentlich brauche
ich in dieser Phase meines meditativen Gebetes gar nichts weiter, außer
in seiner Nähe zu sein. Auch hier hilft mir häufig das bewusste Atmen;
dabei stelle ich mir vor, dass ich Gott in mich aufnehmen und auch mein

---

141   a.a.O.: 31f.

Leben zu ihm hinhauchen darf. So wie der Atemzug Leben ermöglicht, befähigt dieses Ruhen vor Gott zu einer starken Vitalität.

Diese von R. Foster als dritte Phase des meditativen Gebetes aufgezeigte Erfahrung des Hörens wird von vielen Mystikern noch weiter aufgefächert. J. Moltmann unterscheidet sogar die Meditation von der eigentlichen mystischen Erfahrung, der *unio mystica*, den Augenblick der Erfüllung, der Ekstase oder auch der Vereinigung, des Versinkens der Seele im „unendlichen Meer der Gottheit".[142] In Anlehnung an die Ausführungen von Theresa von Avila („Die innere Burg"[143]) gehen viele Mystiker nicht nur von drei Phasen, sondern von sieben Stufen der mystischen Versenkung in der Nähe Gottes aus, und differenzieren sowohl die Sammlungsphase als auch diese dritte Stufe der *unio mystica*. Der wesentliche Unterschied zwischen der Sammlungsphase und der hörenden oder einenden Phase lässt sich auch bildhaft verdeutlichen. Während es bei der meditativen Sammlung und auch bei der Betrachtung darum geht, das „Fahrrad meines Lebens" zu ordnen und auch neu mit Ideen, Erkenntnissen zu bepacken, geht es in der Phase der *unio mystica* um ein Entladen dieses vollgepackten Lebensgefährtes. Jeder Gedanke, jede Idee, jede Äußerung ist geradezu hinderlich.

In der Phase der Sammlung und Betrachtung richtet sich mein inneres Schauen ganz auf Gott aus. In der Phase der *unio mystica* lasse ich mich anschauen und von ihm erkennen. Mein Gegenüber wird meiner teilhaftig und ich werde teilhaftig an ihm. „Im Anschauen seines Bildes werden wir verwandelt in sein Bild" (2Kor 3,18). In den Phasen der Sammlung und Betrachtung lasse ich mich von dem Motto aus Psalm 103 leiten: „Lobe den Herrn, meine Seele, und was in mir ist, seinen heiligen Namen … und vergiss nicht, was er dir Gutes getan hat." In der Phase der *unio mystica* ist jedes Wort, ja auch jeder Lobgesang, jede Aktivität der Seele zu viel. Es geht nicht um ein aktives Erinnern vor Gott, sondern um ein heiliges Vergessen, ein Sich-verlieren in Gott.

Ich mache die Erfahrung, dass die unterschiedlichen Phasen des meditativen Gebetes nicht immer zeitlich getrennt voneinander ablau-

---

142   Moltmann 1991: 219.
143   Avila; Vogelsang 2006.

fen. Oft springe ich hin und her zwischen den Phasen der Sammlung, der Betrachtung, des Hörens und Schweigens und der inneren Einheit mit Gott. Letztlich ist es jedoch müßig, hier eine generelle Phasen- oder Stufenlehre des christlichen meditativen Gebetes aufzustellen, da jeder Betende dabei seine eigenen Wege herausfinden kann.

Ich selbst habe es häufiger schon erlebt, dass Gottes Geist mich mitten im Alltagsgeschehen, etwa bei einer stressreichen Autofahrt oder beim Einkaufen im Supermarkt, an die Seite holte. In einem kurzen Augenblick spürte ich seine Nähe, die mitten in den Alltag eine unvergleichliche Zartheit und Lebendigkeit, eine Ruhe und Schönheit hineinstrahlte. Solche Momente sind aufbauend und es fehlen mir häufig die Worte, diese Augenblicke zu beschreiben. Zudem halte ich mich zurück, über solche Momente zu reden, weil sie so etwas Intimes sind. Dennoch will ich es immer wieder auch vermitteln, um damit andere zu ermutigen.

Diese geradezu mystischen Gotteserfahrungen habe ich auch häufiger im Schlaf bzw. in der Nacht. Zum einen gibt es Träume, in denen ich klar die Stimme Gottes vernehme; zum anderen sind es bildlose, visionslose, traumlose Erfahrungen in einer transzendent-immanenten Wirklichkeit. Ich höre z. B. Musik, die so schön ist, dass ich davon aufwache. Eine Art Lobgesänge, die ich bislang nie auf dieser Welt gehört habe, die Jesus als Lamm Gottes und Herrn der Herren anbetet, in unterschiedlichsten Formen, Sprachen und mit ungezählten Instrumenten und großen Chören. Junge und alte Leute, Menschen aller Nationen, ja sogar die Tiere und Pflanzen scheinen in diesen himmlischen Chören mitzusingen. Ich darf einfach nur zuhören – oder singe ich mit? Solche Erfahrungen habe ich natürlich nicht jede Nacht, aber sie kommen vor. Ich habe dann keine lange Meditationsphase zuvor eingelegt, sie sind wie ein nächtliches Rendezvous mit dem Liebenden, dem Barmherzigen, dem Allmächtigen, mit dem dreieinen Gott. Ich erlebe sie wie eine Umarmung.

Vor einigen Tagen hatte ich eine ähnliche nächtliche Begegnung, die sehr real für mich war. Ich spürte halbwachend die intensive Nähe Jesu. Es war ein Gefühl der Geborgenheit und Erschrockenheit zugleich, ein Offenbaren und ein Verbergen in einem Prozess. Ja, es war mir so, als würde der Raum heller werden. Ich sah jedoch nicht seine Gestalt und dennoch wusste ich, es ist der Herr. Ich spürte seinen Arm, den er um mich legte, und dann hörte ich ihn sagen: „Wir beide, wir gehören doch zusammen. Du gehörst mir!" Nach dieser Erfahrung lag ich in meinem Bett, so als hätte mich ein Strom der Energie durchflutet. Es war ca. 4.30 Uhr am frühen Morgen und es war für mich ein besonderer Tagesanfang, denn ich hatte an diesem Tag Geburtstag. Was für ein wunderschönes Geburtstagsgeschenk Gottes, des Liebenden! Wie sehr wünschte ich, dass viele, ja, alle seine Kinder, Ähnliches erfahren könnten! Noch heute, während ich diese Zeilen schreibe, erfüllt mich die Freude, die ich in dieser Gegenwart Gottes haben durfte.

Ich schreibe jedoch von dieser Erfahrung mehr als eine Ermutigung. Gottes Nähe geht nicht immer aus einem langen Prozess der Meditation hervor, sondern sie erreicht uns immer mal wieder im ganz normalen Leben, sei es am Tage oder bei der Nacht. Vielleicht hat es der Geist Gottes angesichts der enormen Lebenshektik, in der die meisten Zeitgenossen sich vorfinden, gar nicht so einfach, uns zur „Meditatio" zu bringen, und so nutzt er sicher auch gern einmal die nächtliche Stille, wenn wir endlich einmal nicht so aktiv, so verstandeskontrolliert, so „vermanaged" vor ihm sind. Da liegen wir vor ihm und er schaut uns an. Er kann unsere Träume lenken, kann unseren Körper stärken, er kann uns die Seele glätten.

Diese Formen mystischer Erfahrung, das meditative Sein mit all meinen fünf Sinnen vor Gott, entmündigt mich nicht. Es zeigt mir vielmehr, dass ich nicht nur aus Verstand bestehe, sondern dass der Geist Gottes ein Geist der Vitalität ist, ein Geist, der auf dem ganzen Register meiner menschlichen Wahrnehmung die schönsten Lieder spielen kann. Er kann es auch, wenn mein Verstand erkrankt ist oder einzelne Sinne müde werden. Das ist eine gute Nachricht angesichts der wachsenden Zahl von Demenzkranken. Verstand und Mystik sind keine Gegensätze, sondern sie bringen einander zum Klingen.

2.4   Offenheit und Verschlossenheit

„Wie offen sind wir für den Heiligen Geist?" Der Leiter der Brüdergemeinde stellte seinen Mitarbeitern diese Frage, nicht in der gewohnten Nüchternheit, sondern sichtlich bewegt. Dabei hatte er wohl die zum Teil verhängnisvolle Tradition seiner Gemeinde vor Augen, die zwar immer die „Offenheit für den Heiligen Geist" programmatisch betonte, jedoch meist mit dem Zusatz: „Aber lasst uns auch wachsam sein! Es gibt auch viele Irrgeister, wie wir wissen!". Die Angst vor Irrgeistern hatte seine Seele für Jahre versperrt. Ein intensives Bibelseminar zum Thema „Heiliger Geist" hatte ihn und viele seiner Mitarbeiter nun davon überzeugt, dass die Lehre des Cessationismus – der Lehrauffassung, dass Offenbarungs- und Wundergaben des Geistes in unserem Zeitalter nicht mehr vorkommen – schlichtweg wie ein Knebel oder ein Betrüben des Geistes Gottes gewesen sein muss. Dass Gott dennoch gesegnet hat, dass dennoch Menschen zum Glauben gekommen sind, ist der Gnade Gottes zu verdanken, aber nicht dieser Lehre. „Wir haben dem Geist nicht offen widerstanden, aber wir haben ihn betrübt. Wir haben mit Worten bekannt, dass wir für ihn und seine Wirkungen offen sind, haben aber gemeint, dass wir nur ganz bestimmte Wirkungen und auch Gaben von ihm in unserer Mitte willkommen heißen. Wir haben Weissagungen verachtet und abgelehnt." Es war bewegend, als anschließend die ganze Mitarbeiterschaft auf die Knie ging und Gott um Vergebung bat. Viele Tränen flossen, aber es waren Tränen der befreienden Buße.

Die biblischen Schriften berichten von der unterschiedlichen Intensität der Geisteswirkung. Im AT ist sie an die „Salbung", die Berufung einer Person oder einer Gruppierung gebunden. Wenn Gott diese Salbung zurückzieht, ist damit auch der Geist gewichen (vgl. Ps 51,13). Erst durch die Ausgießung des Heiligen Geistes zu Pfingsten „über alles Fleisch" ist eine breite und dauerhafte Erfahrbarkeit für alle Menschen möglich. Der Geist wirkt geradezu „anonym" in den verschiedenen Facetten der Schöpfung und wird im Sinn einer „immanenten Transzendenz" (J. Moltmann) gespürt. Jedoch erst durch den bewussten Empfang der Gabe des Heiligen Geistes kommt es zu einer Innewohnung des neuen Lebens, einer neuen Erkenntnismöglichkeit und damit auch einer neuen Intensität der Geisterfahrung. Uns wird berichtet, dass der Geist Gottes über ganze Versammlungen ausgegossen wird (z. B. Apg 2,1ff; 10,44f). Wir lesen davon, dass einzelne Menschen „erfüllt werden" vom Geist. Wir finden allerdings in Eph 5,18 auch die Aufforderung: „Lasst euch vielmehr von Gottes Geist erfüllen!" (griech. *plerousthe*). Genau wie in der Apostelgeschichte wird hier die Erfüllung mit dem Geist im Zusammenhang mit dem Lebenswandel gesehen (vgl. Gal 5,25). Der Apostel will nicht ein schweres Joch aufhalsen, sondern er will, dass die Epheser die Gabe des Geistes im vollen Umfang erfahren und auch genießen.

„Lasst euch erfüllen!", dieser Imperativ beruht auf dem Indikativ, die Forderung ist im Geschenk begründet. Die grammatikalische Form des Imperativ Passiv in der Gegenwartsform zeigt ein immer wiederkehrendes Geschehen an. Eine solche Erfüllung geschieht jedoch nicht „automatisch", sondern hier ist ebenso die persönliche Verantwortung des Christen angesprochen. Wer sich weigert oder verschließt, wird die Fülle des Geistes offensichtlich nicht erleben. Einen vergleichbaren Zusammenhang sehen wir in der Aufforderung des Apostels, der Liebe nachzujagen und sich den Gaben des Geistes nicht zu verschließen, sondern danach zu streben. „Die Liebe soll euer höchstes Ziel sein. Strebt nach den Gaben, die der Geist Gottes gibt; vor allem danach, in Gottes Auftrag prophetisch zu reden" (1Kor 14,1). Die Liebe soll geradezu „verfolgt" werden (griech. *dioko*) und nach den Gaben soll geeifert werden (griech. *zelóo*), vor allem nach der Prophetie.

Die hier verwendeten Begriffe bezeichnen eine hohe Anstrengung, eine intensive Verantwortung auf der Seite des Gabenempfängers. Es handelt sich nicht um eine freundliche Empfehlung, die man eventuell einmal bedenken soll. Wenn es in vielen Gemeinden heißt: „Wir sind charismatisch offen", so bedeutet das vielfach im Klartext: Der Geist Gottes kann bei uns wirken, wenn er das so will, aber wir setzen uns nicht aktiv – wie „Zeloten des Geistes" – dafür ein. Hinzu kommt noch die Argumentation, dass der Geist ja ohnehin wirke, wie er es sich vornimmt, und man ihm am besten durch menschlichen Eifer nicht ins Handwerk pfuschen solle. Das hört sich sehr fromm an, ist es jedoch nicht. Die *Eusebia* (Frömmigkeit) ist ja vornehmlich durch den Heiligen Geist gewirkt. Der Geist Gottes setzt auf Kooperation, nicht nur in der Frage der Heiligung und der Freisetzung von Gaben, sondern im ganzen Lebensvollzug. Wir sind *Synergoi*, Mitarbeiter Gottes (1Kor 3,9).

Wie jedoch kann eine solche Kooperation aussehen? Sie findet ihren vorrangigen Ausdruck in der *Epiklese*, der Bitte um den Heiligen Geist.[144]

---

144   *Epiklese* (griech. *epikaleo,* „ich rufe an, rufe herbei") bedeutet zunächst allgemein seit der Antike die Anrufung Gottes. In der Kirchengeschichte

Aufgrund der trinitarischen Einheit ist es geradezu unsinnig, darüber zu theologisieren, ob sich diese Bitte korrekterweise direkt an den Heiligen Geist oder an Gott (Vater-Sohn-Geist) oder an Gott-Vater zu richten habe.[145] Die Bitte zeigt an, dass wir von dem Geist abhängig und auf ihn angewiesen sind. Auch die exakte Sprache oder Form der Bitte ist hier meines Erachtens nicht ausschlaggebend, da die Offenheit eine Herzensangelegenheit ist. Unser Lallen und Stammeln kann Gott als vollmächtiges Gebet verstehen und die theologisch ausgewogene und polierte Gebetsansprache öffnet nicht den Himmel, wenn unser Herz dabei verschlossen bleibt.

Für viele Christen ist die Gebetshaltung der ausgestreckten und geöffneten Hände eine Hilfe; andere erwarten eine besondere Segnung und Ausgießung des Geistes, wenn sie sich unter Handauflegung oder durch das Ritual der Salbung mit Öl für den Geist Gottes neu öffnen. Ich habe die unterschiedlichsten Formen des Gebetes um den Heiligen Geist in den verschiedenen Konfessionsfamilien erlebt, kann aber nicht behaupten, dass der Geist Gottes sich hier auf eine spezielle Form „festgelegt" habe oder sie bevorzugen würde.

In der kirchengeschichtlichen Forschung über die großen geistlichen Erweckungen finden wir immer wieder die Frage nach dem „Schlüssel für Erweckung".[146] Dahinter verbirgt sich zuweilen ein Operationalismus, als könne der Geist Gottes durch eine bestimmte Lehre, eine bestimmte Form der Spiritualität, durch Gebet, Buße, Glaube oder Rechtgläubigkeit geradezu „konstruiert", „instrumentalisiert" oder zumindest zum Fließen „provoziert" werden. Wenn man überhaupt das Bild vom Schlüssel nehmen will, so haben wir hier wohl von einem ganzen Schlüsselbund von multikausalen Zusammenhängen zu sprechen. Ich will damit nicht das Bemühen um ein „reines Herz", eine „gesunde Lehre", um „Hingabe" und „Gebet" infrage stellen – mit all diesen Vorgaben verbindet das bib-

---

wurde die Epiklese zum leitenden Begriff für das Herabrufen und -bitten des Heiligen Geistes auf Brot und Wein beim Mahl des Herrn.

145 Die Liturgiegeschichte weist hier ein reiches Repertoire auf. Vgl. dazu: Sudbrack 1993.

146 Vgl. Cho 2001. Kopfermann 2002.

lische Wort die Verheißung der Erkenntnis, des inneren und äußeren geistlichen Wachstums und der Erfahrung der Gnade (vgl. 2Chr 7,14).

Je mehr ein Mensch vom Geist Gottes ergriffen und erfüllt ist, umso mehr wird er auch diese Voraussetzung einer guten Kooperation mit Gott beherzigen und danach streben. Bei aller Notwendigkeit der Heiligung des menschlichen Lebens bleibt jedoch festzuhalten, dass Heiligung nicht nur die Voraussetzung für ein machtvolles Wirken des Geistes ist, sondern auch das Resultat, ein Echo auf eine Geisterfüllung. Der Empfang der Gabe des Geistes, die Erfahrung intensiver Geistwirkungen und Geistesgaben steht unter dem Vorzeichen der unverdienten Gnade, der *Charis* Gottes. Wenn ein Mensch oder eine ganze Gemeinde mit aufrichtigem Herzen beten kann: „Wir bitten um die Fülle des Heiligen Geistes!" oder „Geist Gottes, mach du mit uns, was du willst!", so ist allein diese Bitte schon ein Ausdruck der Gnade Gottes.

Wie jedoch ist der Geist Gottes von anderen menschlichen oder transzendenten Geistern zu unterscheiden? Müssen sie überhaupt immer unterschieden werden? Ist etwa der sogenannte Zeitgeist immer in einer puren antichristlichen Säkularität vorzufinden oder muss unser Nachdenken über eine kosmische Pneumatologie nicht gerade dazu führen, dass Zeitgeist und Geist Gottes als miteinander korrespondierende Größen wahrzunehmen sind? Wie „böse" ist die Zeit (Eph 5,6; 1Joh 5,4f), wenn der Geist Gottes über „alles Fleisch ausgegossen" ist (Apg 2,17)?[147] Hat die Aufklärung nicht viel weggefegt von einer verstaubten, mystisch entstellten Religiosität, die mit dem geschichtlichen Wirken, der leiblichen, menschlichen Seite pneumatischen Geschehens viel zu wenig zu tun hatte? Hat der neue Individualismus nicht auch die Verantwortlichkeit des Einzelnen gefördert, gerade auch in seiner Stellung

---

147   „Steht nun der Zeitgeist gegen den Geist Gottes? Steht das Evangelium gegen den Zeitgeist? Beeinflusst das Evangelium den Zeitgeist? Oder ist es eher umgekehrt? Es ist noch gar nicht so lange her, da wurde in vielen Gemeinden von der ‚bösen Welt' gesprochen, der Gesellschaft, mit der es stetig bergab gehe, und man hat sich als Gemeinde immer mehr zurückgezogen und eine eigene ‚Gemeindekultur' gepflegt, Gemeindezentren im Industriegebiet gebaut, wo man am Wochenende schön alleine ist. Aber ist das unser Auftrag?" Faix; Weißenborn 2007: 7.

vor Gott? Führt das Nachdenken der Postmoderne nicht auch zu einer neuen globalen und komplementären Denkweise, die dem Wirken des Geistes womöglich mehr entspricht als die dualen oder monolithischen Denkfiguren der Moderne? Wenn der Geist Gottes auch in der vorfindlichen, von der Sünde gebrochenen und geprägten Welt wirksam ist, wenn das Reich Gottes in seiner Kraft und Herrlichkeit hier und heute schon begonnen hat, so werde ich in der Transzendenz immer auch die Immanenz auffinden und in der Immanenz die Transzendenz.

Hinzu kommt die Herausforderung, dass es auch eine Entwicklung gibt, ein Wachstum, eine Zunahme der großen Konflikterfahrungen. Die Spannungen, die diese Welt schier zerreißen wollen. Spannungen zwischen dem wachsenden Reich Gottes und dem wachsenden Einfluss des dämonisch zerstörerischen, teuflischen Reiches der Finsternis führen immer deutlicher nicht nur zum Crash der Kulturen und Religionen, sondern zu Crash-Erfahrungen im persönlichen Leben.

Es gibt nach dem Zeugnis der Bibel dieses Reich der Finsternis und auch die darin agierenden Geister der Bosheit, der Lüge, der Unreinheit. Wer diese Dimension mit aufklärerischen Tüchern vom Tisch der Theologie wischen will, wird wohl kaum die Tiefendimension des Evangeliums erahnen. „Es gibt zwei Irrtümer über die Teufel, in die das Menschengeschlecht leicht verfällt. Der eine ist, ihre Existenz überhaupt zu leugnen. Der andere besteht darin, an sie zu glauben und sich in übermäßiger und ungesunder Weise mit ihnen zu beschäftigen. Die Teufel selbst freuen sich über beide Irrtümer gleichermaßen. Sie begrüßen den Materialisten wie den Anhänger der schwarzen Magie mit demselben Vergnügen"(C. S. Lewis)[148].

Ein mangelndes theologisches Sensorium für die pneumatologische Dimension geht zumeist auch Hand in Hand mit einem reduktiven theologischen Verständnis für eine biblisch umrissene Lehre über den Teufel und die Mächte der Finsternis.[149] Die Gabe der Geistunterscheidung oder auch der Kraftwirkungen wird dann nur noch zu einer intellektuellen Tätigkeit mutieren, wenn die spirituelle Dimension zu wenig oder kaum

---

148   Lewis 1978: 7.
149   Vgl. Berger 2001. Rust 2007.

noch bedacht wird. Die Fähigkeit, den Geist Gottes und die irreführenden oder diabolischen Geister voneinander zu unterscheiden, verlangt
ein inneres Beheimatetsein in der Wirklichkeit Gottes. Ein pneumati-
scher Analphabetismus kann dazu beitragen, dass Geistliches abgelehnt
wird oder sogar als diabolisch bezeichnet wird, und dass Diabolisches
als geistliche Wirklichkeit gedeutet wird. Wer würde denn heute einem
Geist gebieten, wenn mit allen Mitteln die Prediger des Evangeliums als
„Knechte Gottes des Höchsten" bezeichnet würden, die „den Weg des
Heils verkündigen" (vgl. Apg 16,17)? Dieser Wahrsagegeist spricht doch
auch Wahres aus und ist dennoch nicht identisch mit dem Geist Gottes.
Wie kann ich prüfen, was vom Geist Gottes ist und was aus menschlicher
Einsicht oder Vernunft herauskommt oder gar aus einer diabolischen
Wirklichkeit? „Glaubt nicht jedem Geist, sondern prüft die Geister, ob
sie von Gott sind!" (1Joh 4,1).

Wie kann ein solches Prüfen aussehen? Von dem gereiften Christen sagt der Schreiber des Hebräerbriefes, dass nur derjenige, der seine
Urteilsfähigkeit geschult hat, auch zwischen Gut und Böse „unterscheiden" kann (Hebr 5,14). Der hier verwandte griech. Begriff *diakrisis* kann
mit urteilen, richten oder auch deuten übersetzt werden. Es gibt ein
geistliches Urteilsvermögen, das aus der Erfahrung wächst.

Das Unterscheidungsvermögen des geistlichen Menschen kann sich
an bestimmten Erfahrungen orientieren, ja, es kann auch in Exerzitien
eingeübt werden. Bekannt sind hier die jesuitischen Regeln zur Unterscheidung der Geister bei Ignatius von Loyola[150]: „Ich setzte voraus, dass
es dreierlei Gedanken in mir gibt: solche, die mein eigen sind und allein
meiner Freiheit und meinem Willen entspringen, während die beiden
andern von außen kommen: der eine vom guten, der andere vom bösen
Geist."

Ein wesentliches Merkmal bei der Unterscheidung ist für den Jesuiten in dem Trost zu sehen, der von einer Wirkung des Heiligen Geistes ausgeht. Der vom Geist Gottes erfüllte Mensch wird allerdings auch
nach der Verankerung im biblischen Wort fragen. Ebenso wird er die

---

150   Vgl. Schneider 1987². Schlosser 2008.

Wirkungsweise und das Lebenszeugnis dessen im Blick haben, der sich spirituell äußert.

Auch im persönlichen christlichen Gebet, bei dem die Gedankenwelt, die Fantasie zum Einsatz kommt, ist diese Unterscheidungsfähigkeit gefragt. Dallas Willard[151] empfiehlt hierzu die Beachtung von drei Faktoren: Es gilt, die Art, den Geist im Sinn der Wirkung und den Inhalt zu beurteilen. Die *Art* des Heiligen Geistes wird als stetige, ruhige Kraft beschrieben, die nicht streitet. Die *Wirkung* soll gemessen werden an den Aussagen, dass der Geist Gottes ein Geist des Friedens und Vertrauens, der Freude, der sanften Vernunft und des guten Willens ist. Hierbei ist an die Aussagen aus dem Jakobusbrief zu denken: „Die Weisheit aber, die von Gott kommt, ist vor allem aufrichtig; außerdem sucht sie den Frieden, sie ist freundlich, bereit nachzugeben und lässt sich etwas sagen. Sie hat Mitleid mit anderen und bewirkt Gutes; sie ist unparteiisch, ohne Vorurteile und ohne alle Heuchelei" (Jak 3,17). Der *Inhalt* einer Äußerung des Heiligen Geistes ist immer an der Übereinstimmung und im Einklang mit der Wahrheit über Gottes Wesen und sein Reich, wie es in der Bibel beschrieben ist, zu prüfen. Ähnliche Kriterien nennt Bill Hybels, wenn er von „Gottes leiser Stimme" bzw. dem „Flüstern Gottes" spricht.[152]

Das Herausstellen der Sanftheit und Zartheit des Redens und Wirkens des Geistes scheint mir allerdings bei beiden Autoren etwas überproportioniert zu sein. Der Geist ist nicht vorrangig an der Intensität oder der subjektiv unterschiedlich gespürten Lautstärke zu prüfen. Auch ein diabolischer Geist kann leise, zurückhaltend und einladend wirken. Hier kommt die Geistesgabe der Unterscheidung der Geister (1Kor 12,10) zum Tragen (griech. *diakrisis pneumatoon*). Die Geister sind im Sinne der verschiedenen Geistäußerungen zu interpretieren. Hier kann anklingen, dass ja alle vom Geist Gottes geschenkten Gaben und Äußerungen sich auch mit dem menschlichen Geist verbinden. Die Unterscheidung würde sich in diesem Fall nicht darauf konzentrieren, ob ein antigöttlicher Geist mitwirkt oder ursächlich ist, sondern darauf, inwieweit eine

---

151   Willard 2004.
152   Hybels 2011.

solche Äußerung menschliche Anteile hat, sprich „Menschengeist" beinhaltet. Eine solche Deutung liegt nahe, weil Paulus den Begriff *Pneuma*
vorwiegend in Bezug auf den Heiligen Geist verwendet. Ausschlaggebend muss jedoch das Gesamtzeugnis des NTs sein. Der Begriff *Pneuma*
wird hier keineswegs auf den göttlichen Geist beschränkt, sondern kann
auch den widergöttlichen, dämonischen Geist oder den Geist des Menschen beschreiben (Röm 1,9; 8,10.16; 1Kor 2,11; 7,34; 14,14; 2Kor 2,13;
Gal 6,18; Eph 4,23). Paulus spricht vom „Pneuma der Welt" (1Kor 2,12)
oder von den „betrügerischen Geistern" (1Tim 4,7). Insgesamt 21 Mal
wird im NT von den unsauberen Geistern (griech. *pneuma akatharton*)
gesprochen; acht Mal wird ein „böser Geist" (griech. *pneuma poneron*)
erwähnt. Fernerhin lesen wir von einem stummen bzw. blind machenden Geist (Mk 9,17.25), einem Geist der Schwäche (Lk 13,11) oder auch
einem Python-Geist (Apg 16,16). Im Römerbrief verwendet Paulus den
Ausdruck „Geist der Knechtschaft" (Röm 8,15; 11,8). *Pneuma* kann sich
also durchaus auf widergöttliche Geister beziehen. *Pneumatoon* zeigt
diese Pluralität der Geister an. *Pneuma* ist das, was einen Menschen
zutiefst leitet, bewegt und inspiriert. Es gilt also, nicht nur zu unterscheiden und zu prüfen, inwieweit Menschengeist mitwirkt, sondern auch, ob
antigöttliche Geister agieren. Die Prüfung der Geister ist jedoch immer
nur möglich, wenn der Geist Gottes selbst dazu befähigt, sei es durch
die geübten Sinne, die in der Christusnachfolge gereift sind (Hebr 5,14),
oder auch durch den Einsatz der Gabe der Unterscheidung der Geister.

Bei aller Sorgfalt, die angesichts einer zunehmenden Religiosität und
transzendenten vielschichtigen Spiritualität geboten ist, muss jedoch
ebenso darauf geachtet werden, dass die Offenheit für das Wirken des
Heiligen Geistes Gottes „nicht mit dem Bade ausgeschüttet wird". Zu
voreilig und zu schnell werden gerade in evangelikalen Kreisen Geistes-
wirkungen zurückgewiesen oder womöglich als „von unten" bezeichnet – aufgrund mangelnder Differenzierungsfähigkeit, die zwischen dem
menschlichen, antigöttlichen oder göttlichen Geist unterscheiden kann.
Die sog. „Berliner Erklärung"[153], die das Aufbrechen der beginnenden

---

153   Die Berliner Erklärung ist eine am 15. September 1909 in Berlin im Hos-
      piz St. Michael verfasste Resolution. In der Erklärung distanziert sich die

Pfingstbewegung in Deutschland als „Geist von unten" zurückwies, ist
hierfür ein Paradebeispiel. Es wäre so hilfreich gewesen, wenn seinerzeit

————————

lutherische Gemeinschaftsbewegung scharf von der gerade entstehenden
Pfingstbewegung und ihren als anstößig empfundenen Auswüchsen. Die
Resolution ist eine weltweit einzigartige Erklärung, da es in keiner anderen Nation zu einer derartigen Trennung zwischen beiden Bewegungen
gekommen ist wie in Deutschland.

Konstatiert wird in ihr, dass es sich bei der Pfingstbewegung nicht um
eine Bewegung von oben (also von Gott her) handele, sondern um eine
von unten, also von Satan her, die viele Elemente mit dem Spiritismus
gemein habe und von der man sich fern halten solle. Als Antwort auf die
Berliner Erklärung verfasste die Pfingstbewegung am 15. September 1909
die Mülheimer Erklärung.

Durch die Berliner Erklärung kam es zu einer tiefen und lange andau-
ernden Distanzierung zwischen pfingstlichen Freikirchen und den anderen evangelischen Freikirchen und Gemeinschaftsverbänden. Da mittels
der Berliner Erklärung nicht nur einzelne theologische Ansichten oder
Geschehnisse kritisiert wurden, sondern vielmehr die Pfingstbewegung
insgesamt als von Satan ausgehend bezeichnet worden war, hat diese Erklärung das Klima zwischen den betroffenen christlichen Denominationen in Deutschland über Jahrzehnte nachhaltig vergiftet.

Die diffamierenden Äußerungen, dass die Pfingstbewegung ihren Ursprung von Satan genommen habe und man sich von ihr fernhalten solle,
wurden bis heute nicht explizit widerrufen. Erst in jüngerer Zeit sind ver-
mehrte Anstrengungen unternommen worden, diesen Graben mit Erfolg
zu überwinden, unter anderem durch die Kasseler Erklärung von 1996.

Im Januar 2009, also 100 Jahre nach Unterzeichnung der Berliner Erklärung, haben der Gnadauer Gemeinschaftsverband sowie der Mülheimer Verband Freikirchlich-Evangelischer Gemeinden eine gemeinsame
Erklärung zur Berliner Erklärung veröffentlicht. In der Erklärung von
2009 heißt es unter anderem: „Wir erkennen in der ‚Berliner Erklärung'
wie auch in der Mülheimer Erwiderung ein ernsthaftes geistliches Ringen, in kritischer Zeit Schaden von der Gemeinde Jesu abzuwenden. Diese
historischen Dokumente haben jedoch für das gegenwärtige Miteinander
von Gnadauer und Mülheimer Verband keine Bedeutung. Wir wissen,
dass in der jeweils anderen Bewegung der Geist Jesu Christi wirkt". Des
Weiteren begrüßt die Erklärung bereits bestehende Formen der Zusammenarbeit zwischen beiden Verbänden und bekräftigt die Absicht, diese
Zusammenarbeit künftig weiter zu vertiefen. Auch in der Erklärung von
2009 hat sich die Gemeinschaftsbewegung allerdings nicht dazu durchrin-
gen können, sich von ihrem historischen Pauschalurteil zu distanzieren;

die Verfasser dieser Erklärung differenziert hätten, was in den Bewegungen menschlich, diabolisch oder auch vom Geist Gottes erkannt wird. Nicht jede ekstatische Form der Frömmigkeit ist „von unten", nicht jede kulturell ungewohnte Geistäußerung ist dämonisch.

Würde eine vom Geist Gottes gewirkte Bewegung oder Äußerung als solche bewusst wahrgenommen, aber aus anderen Beweggründen als diabolisch verurteilt werden, so entspricht ein solches Vorgehen eher dem, was Jesus als „Lästerung wider den Heiligen Geist" bezeichnet. „Jede Sünde und jede Gotteslästerung kann den Menschen vergeben werden. Wer aber den Heiligen Geist verlästert, der wird niemals Vergebung finden; seine Sünde lastet für immer auf ihm" (Mk 3,28–30). Das sagte er zu den Schriftgelehrten, weil sie behauptet hatten: „Er ist von einem bösen Geist besessen" (Mk 3,22). Jesus trieb in der Kraft des Heiligen Geistes die Dämonen aus (Mt 12,28). Wenn diese Kraft wider besseres Wissen als etwas Diabolisches gebrandmarkt wird, so ist damit die „Sünde wider den Geist" charakterisiert. Es geht dabei um ein bewusstes Agieren gegen Jesus und gegen den in ihm und durch ihn wirkenden Geist Gottes. Die Lästerung des Geistes ist nicht gleichzusetzen mit einem unbewussten Geschehen.

Es ist auch zu bedauern, dass viele Christen Zeiten der Lauheit und Prüfung zurückführen wollen auf die Sünde wider den Geist, die sie ja wohl begangen haben müssten, weil sie sich im Zweifel grämen. Nein, Zweifel sind nicht gleichzusetzen mit dieser Lästerung gegen den Geist. Michael Welker fasst in seiner „Theologie des Geistes" treffend zusammen:

> „Lästerung des Geistes heißt also: die klaren und konkreten Erweise göttlichen Wirkens unter den Bedingungen des endlichen Lebens – obwohl sie bereits erfahren wurden! – nicht wahrnehmen und nicht ernst nehmen zu wollen. Es ist gleichgültig, ob diese Lästerung erfolgt, weil Menschen an Gott vorbeisehen oder über das konkrete menschliche Leben und Leid hinweggehen wollen. Lästerung des Geistes heißt: vom bereits erfahrenen Eingriff Gottes in die Welt der Menschen abzusehen,

---

man hat lediglich auf die gegenwärtigen Verhältnisse Bezug genommen. Vgl. dazu: Giese 1983. Eisenlöffel 1979.

entweder Gott oder sich selbst und die leidenden und befreiten Menschen – damit aber stets beide – wider bessere Erfahrung nicht ernst zu nehmen."[154]

Die Offenheit für den Geist Gottes beinhaltet immer auch eine Wachsamkeit gegenüber antigöttlichem Geist. Diese Wachsamkeit darf jedoch nicht zu einer Verschlossenheit gegenüber dem Geisteswirken selbst führen.

---

154 Welker 1992: 205f. Vgl. hierzu auch: Käsemann 1986: 128ff.

3. Der Geist des Lebens – Schöpfung und Neuschöpfung

Meine Frau und ich genießen den wunderschönen Spätsommertag in unserem Garten. Wenn es das Wetter und die Zeitplanung zulassen, halten wir dort unsere Mittagsruhe. Doch in letzter Zeit sind es nicht nur die Nebengeräusche von der Straße oder von Nachbarn, die etwas stören. Da sind auch die sehr vitalen Vögel, die offenbar immer, wenn sie uns sehen, ein besonderes Bedürfnis entwickeln, sich zu streiten und zu krakeelen. Ein fröhliches Zwitschern hört sich anders an. „Die Vögel haben wohl 'nen Vogel! Was ist bloß los mit ihnen?" Meiner Frau wird es zu bunt und sie will schon zurück ins Haus gehen. „Das ist doch nur ein bisschen von der gefallenen Schöpfung. Die ganze Schöpfung seufzt!", rufe ich ihr mit einem Augenzwinkern zu. Es soll etwas humorig klingen und ich will Verständnis für die arme Kreatur wecken. Aber nerven tun mich diese Vögel auch. Und da ist sie wieder, diese prägende Frage, inwieweit es eine Kontinuität zwischen Schöpfung und Erlösung gibt. Was hat diese hier in meinem Garten vorfindliche Kreatur denn eigentlich schon von Gott mitbekommen, was wurde ihr durch den Sündenfall geraubt, oder mutierte sie womöglich zu einer entarteten Schöpfung?

Ich denke an diese Spannung, die ich als Pastor der Gemeinde immer wieder spüre, wenn wir Gott zum Erntedankfest über seiner gelungenen Schöpfung preisen und nur einige Zeit später zum Buß- und Bettag darüber Buße tun, dass wir diese Welt (griech. *kosmos*) und die Dinge, die in der Welt sind, lieb gewonnen haben (1Joh 2,15). Da ist die geliebte Schöpfung und die gefallene Welt. Das soll einer nun noch gut zusammen bekommen! Schon als Jugendlicher habe ich mir da so meine Gedanken gemacht. Erntedank, wenn das Laub sich an den Bäumen so wunderbar färbte, so als würde Gott als Künstler die Natur neu bemalen, ist doch eigentlich nichts anderes als ein Sterbeprozess. Da fallen kurz nach der schönen Einfärbung die Blätter vom Baum. Dann streife ich mit meinen Schuhen durch das rauschende Laub und finde es irgendwie schön. Habe ich hier etwas Sterbendes idealisiert? Ist die Schöpfungserfahrung nicht auch wie ein sich immer wiederholender Prozess des Geborenwerdens und Sterbens, des Ein- und Ausatmens, des Empfangens und des Loslassens?

Zum Erntedankfest singen wir diesen herrlichen Choral von C. F. Gellert: „Wenn ich, o Schöpfer, deine Macht, die Weisheit deiner Wege, die Liebe, die für alle wacht, anbetend überlege, so weiß ich, von Bewundrung voll, nicht, wie ich dich erheben soll, mein Gott, mein Herr und Vater!" In den weiteren Versen dieses Liedes wird sogar der „geringste Wurm" mit eingeladen, in das Lob Gottes einzustimmen. „Mich, ruft der Baum in seiner Pracht, mich, ruft die Saat, hat Gott gemacht; bringt unserem Schöpfer Ehre!" Da prahlen die rotbackigen Äpfel und die dicksten Kürbisse gemeinsam mit den stolzen leuchtenden Sonnenblumen vom Erntedanktisch herab und lassen mir die Botschaft zukommen: Die Schöpfung ist gut!

Es ist Gottes gute Schöpfung. Wenn wir die Möglichkeit hätten, würden wir ja nicht nur die Lebensmittel dort auf dem Erntedanktisch haben, sondern auch einige Tiere oder auch etwas aus dem großen Kosmos, aber das würde dann wohl zu weit gehen, zumindest was die Deko anbelangt. Dennoch war und ist die Botschaft des Erntedankfestes klar: Der Kosmos ist Gottes gute Schöpfung und wir tun gut daran, auch gut mit ihm umzugehen und alles dankbar aus Gottes Hand zu nehmen und zu genießen (1Tim 4,4).

Was aber ist nun mit den krakeelenden Vögeln, mit der faulenden Frucht, den kippenden Seen, den sterbenden Wäldern zu tun? Gehört das Prinzip „Fressen und Gefressenwerden" auch zu Gottes guter Schöpfung, oder ist es mehr ein Auswurf der gefallenen Schöpfung, einer Welt, die nach Erlösung schreit? Wie stark hat der Sündenfall (1Mo 3, Röm 5,12–21) die Schönheit dieses Kosmos gebrochen? Wie ist die Aussage von der „Welt" einzuordnen, einer Welt, die wir nicht lieben sollen, weil die Sünde in ihr zu Hause ist (1Joh 2,15; Jak 1,27; 4,4)?

In vielen evangelikalen Kreisen wird mit Verweis auf diese Bibelstellen vor der „Welt, die in ihrer Lust vergeht" gewarnt. Diese Welt zieht hinein in die Apostasie, den großen Abfall von Gott (vgl. 2Thess 2,3). Dieser radikale Sündenbruch hat auch einen Bruch in der gesamten Schöpfung hinterlassen. So versuchen ungezählte ernsthafte Christen diese Welt „innerlich" zu verlassen, aber äußerlich bleiben sie ja noch hier. Am Erntedankfest beißen sie mit Lust in die prallen Äpfel der süßen

Schöpfung und am Bußtag spucken sie die saure „Lust der Welt" wieder aus. Wo hört das Zwitschern auf und wo fängt das Krakeelen an?

Walter Kasper deutet auf die Notwendigkeit hin, durch eine umfassende Pneumatologie, eine missionale Geisteslehre, die Kontinuität göttlicher Präsenz aufzuzeigen. „Der Geist umgreift nach der Schrift Schöpfungs- und Erlösungsordnungen und eröffnet damit die universalste Perspektive, die theologisch denkbar ist […] Eine Theologie der Welt, der Geschichte, der Kultur, der Politik usw. ist darum letztlich nur pneumatologisch möglich."[155] Zu Recht könnten wir jedoch – streng trinitarisch gedacht – die gleiche Kontinuität der Gottespräsenz beim Vater oder beim Sohn sehen.[156] Otto Weber ist zuzustimmen, wenn er schreibt: „Besteht eine Kontinuität zwischen dem geschaffenen Wesen und der neuen Schöpfung, so trägt sie den Namen Jesu Christi, des Trägers des Unterpfandes der durchtragenden Treue Gottes."[157]

Man muss jedoch hinzufügen und sogleich erkennen, dass es der Geist Gottes ist, welcher genau diese Kontinuität in Christus und in der Geschichte der Schöpfung bewirkt. Otto Dillschneider summiert daher meiner Meinung nach zu Recht: „Der Geist ist das tragende Element dieser Kontinuität".[158] Diese Kontinuität wird ebenfalls bei Jürgen Moltmann durch seine pneumatologische Schöpfungslehre herausgestellt. Wenngleich seine Redeweise von der transzendenten Immanenz zuweilen die Grenze zum Pantheismus nicht in der gewünschten Klarheit aufzeigt, betont er dennoch, dass nicht die Schöpfung, sondern der Schöpfer zu verehren ist. Der Geist ist die „Präsenz Gottes in der Schöpfung".[159] Mit dieser pneumatologischen Schöpfungslehre gelangt Moltmann zu einer positiven Bewertung der natürlichen Theologie. In der Natur lassen sich die Spuren Gottes erkennen, die als „Spuren des schöp-

---

155 Kasper 2011: 35.

156 D. Munteanu fragt zu Recht: „Darf man Gottes Präsenz in der Schöpfung auf den Heiligen Geist einschränken, wenn der Vater und der Sohn auch weltimmanent sind?" In: Munteanu 2003: 272.

157 Weber 1962: 584.

158 Dillschneider 1978: 91.

159 Moltmann 1993: S. 110.

ferischen Geistes, der das kommende Reich der Herrlichkeit bereitet",[160] beschrieben werden. Diese Einwohnung des Geistes in der Schöpfung ist jedoch nur „partiell". Erst im vollendeten Reich Gottes ist sie „ewig und gänzlich".[161] Die Übergänge sind bei Moltmann fließend und nicht ausschließlich durch die Wiedergeburt des Menschen markiert.

Wo fängt die Erlösungsbedürftigkeit an und wo ist diese schon als vom Geist berührte Wirklichkeit zu sehen? Welche Bedeutung hat die Dichte des Geistwirkens im Leben eines Christen im Vergleich zu der partiellen Einwohnung des Geistes Gottes in der Schöpfung? Wie verhält sich die Kontinuität zur Diskontinuität, die Erfahrung der Präsenz des Geistes Gottes zu der Erfahrung der Gottesferne, der Sünde und des Todes? Eines ist klar: Schöpfung und Erlösung stehen sich nicht beziehungslos als zwei aufeinander folgende Ereignisse gegenüber. Sie sind auch nicht einseitig gegensätzlich oder widersprüchlich zu denken, indem die Erlösung die Befreiung vom Übel der Schöpfung darstellt.

Schöpfung und Neuschöpfung sind jedoch auch nicht identisch zu begreifen, so als würde die Schöpfung die Erlösung und die Erlösung die Schöpfung überflüssig machen. Der Begriff der „Kenosis des Geistes" (griech. *kenosis* = Leerwerden, Entäußerung) in allen Epochen des Heilsgeschehens wird in Sonderheit von L. Dabney[162] aufgegriffen. In seiner Selbsthingabe wirkt der Geist im Leben, Leiden und Tod, sowie in der Auferstehung Jesu. Mit dem Christusereignis ist die ganze Schöpfung unter einem neuen Vorzeichen der Erlösung zu deuten. Im Christusereignis von Kreuz und Auferstehung wird gleichfalls die zerstörerische Kraft der Sünde in dieser Welt ernst genommen und die Notwendigkeit einer Neugeburt des Menschen in der Kraft des Heiligen Geistes (Joh 3,3.6) aufgezeigt.[163]

---

160   a.a.O.: 77.

161   a.a.O.: 19.

162   Dabney 1997.

163   D. Munteanu weist darauf hin, dass eine einseitige Betonung der immanenten Transzendenz Gottes in der Schöpfung die Lehre von der Notwendigkeit der Neugeburt aus dem Geist nivelliert: „Das Verhältnis der Wiedergeburt als Voraussetzung für den Eintritt in das Reich Gottes heißt, dass nicht unbedingt alle Menschen die Wiedergeburt erfahren werden.

Schließlich wird die Kenosis des Geistes auch in der eschatologischen Vollendung deutlich. Der gegenwärtige und der zukünftige Äon sind die Kreation ein und desselben Geistes. Schöpfung und Neuschöpfung sind nicht identisch, aber sie sind aufeinander bezogen. Im Wirken des Geistes kann die Schöpfung als Beginn der Neuschöpfung gedeutet werden und die Erlösung kann als Vollendung der Schöpfung verstanden werden. Im biblischen Zeugnis wird diese Verwobenheit und Kontinuität des Geisteswirkens beschrieben, ohne dass dabei die Diskontinuität, der Bruch der Sünde, verharmlost wird.

3.1 Staunen und Seufzen

Das Wirken des Geistes führt zum Staunen. Ein solches Staunen kann durch Neugier, Überraschtheit oder auch Entsetzen ausgelöst werden. Der Blick in Gottes Schöpfung führt den Psalmisten zum Staunen und zur Anbetung. „Kommt und seht, was der Herr Großes getan hat! Seine Taten verbreiten Entsetzen" (Ps 46,9). Der Beter kommt an die Grenzen des Verstehens, ohne dass er die Existenz des Wahrgenommenen infrage stellt.

> „Du hast mich geschaffen – meinen Körper und meine Seele, im Leib meiner Mutter hast du mich gebildet. Herr, ich danke dir dafür, dass du mich so wunderbar und einzigartig gemacht hast! Großartig ist alles, was du geschaffen hast – das erkenne ich! Schon als ich im Verborgenen Gestalt annahm, unsichtbar noch, kunstvoll gebildet im Leib meiner Mutter, da war ich dir dennoch nicht verborgen. Als ich gerade erst entstand, hast du mich schon gesehen. Alle Tage meines Lebens hast du in dein Buch geschrieben – noch bevor einer von ihnen begann! Deine Gedanken sind zu schwer für mich, o Gott, es sind so unfassbar viele! Sie sind zahlreicher als der Sand am Meer; wollte ich sie alle zählen, so käme ich doch nie an ein Ende!" (Ps 139,13–18).

Dieses Staunen über die Größe und Weisheit Gottes in der geschaffenen Kreatur führt zur Anbetung. Wir beobachten in der uns umgebenden Schöpfung auch viele Vorgänge, die wir trotz der Kenntnis der Naturge-

---

Moltmann glaubt aber an die universale und unwiderstehliche Bewegung des Geistes". Munteanu 2003: 265.

setze in ihrer komplexen Funktionsweise nicht ergründen können. Dabei müssen wir nicht gleich an das endlose Universum mit seinen ungezählten Gestirnen denken, sondern auch an die alltäglichen Vorgänge, wie z. B. die Nahrungsaufnahme. „Alle Nahrung, die wir aufnehmen, ist direkt oder indirekt durch einen äußerst genialen Prozess gelaufen, bei dem das Licht der Sonne in chemische Energieträger umgewandelt wird. Niemand kann bisher diesen Prozess der Photosynthese hinreichend erklären oder ihn gar nachbauen, dennoch funktioniert er z. B. in jeder winzigen Zelle eines Grashalms", stellt der langjährige Direktor und Professor der Physikalischen Bundesanstalt, Werner Gitt, fest.[164]

Es gibt also ein Staunen über die Genialität und die Kreativität des Geistes Gottes in der Schöpfung. Wenn wir allerdings auf eine Wirklichkeit stoßen, die nach unserer naturwissenschaftlichen Deutung die Naturgesetze außer Kraft setzt, so sprechen wir von einem Wunder.[165] Hier begegnet uns nicht nur die Logik der Schöpfung, sondern die Logik der Erlösung, die Weisheit des befreienden Handelns Gottes (Spr 8,22ff). Die „Kräfte (griech. *dynameis*) der zukünftigen Welt" (Hebr 6,5) werden schon in den alttestamentlichen Wundererfahrungen wahrgenommen und auch als solche berichtet (2Mo 14,16–22; 17,1–6; Jos 10,12–14; 1Kön 17,17–24 u. a.). Es gibt Naturphänomene, astronomische und physikalische Wunder, die wir nicht erklären können, Heilungen und Kraftwirkungen. Sie werden Gottes Geist und seiner Weisheit zugeschrieben. Schließlich ist auch die Entstehung der Welt ein solches Wunder, dem alle Erklärungsversuche nicht gerecht werden.

Das Staunen über die Schöpfung ist nicht geringer als das Staunen über die Neuschöpfung, über die neue Logik des angebrochenen Reiches Gottes. Wenn das Wirken des Geistes und die „partielle Einwohnung Gottes" (J. Moltmann) in der Schöpfung und in der Geschichte Gottes mit dem alttestamentlichen Bundesvolk schon zum Staunen führt, um wie viel mehr ist Staunen angesagt, wenn dieses Geisteswir-

---

164   Gitt 2005: 19.

165   Zur aktuellen Diskussion über Wunder beachte: Ritter; Albrecht 2007. Pichler; Heil 2007. Englisch 2008. Nach wie vor empfehlenswert sind auch die Ausführungen von C. S. Lewis in: Lewis 1986.

ken in Jesus Christus offenbar und verwirklicht ist und im Zeitalter der Gemeinde Jesu auf eine Vollendung zuläuft! Das, was wir als Wunder bestaunen, gehört zur Logik und Weisheit des angebrochenen Reiches Gottes. Diese außergewöhnlichen Taten werden in der Sprache der Bibel als „Werke Gottes" bezeichnet (1Mo 2,2; Ps 8,7; 19,2; Joh 1,20; Röm 1,20). Aus der Sicht des Menschen werden sie als „Wunder" oder „Anzeichen" (griech. *semeia*) des angebrochenen Reiches Gottes gesehen. Kranke werden geheilt, Dämonen werden ausgetrieben, Tote werden auferweckt. Die Naturgesetze bilden nicht mehr den vorgegebenen Rahmen für die Erfahrung im Reich Gottes. Wasser wird zu Wein (Joh 2,1–12); dem Sturm wird geboten (Mk 4,35–41); Brot wird vermehrt (Joh 6,1–15). Schließlich ist hier die Auferstehung Jesu von den Toten zu nennen, die jegliche Erklärung auf naturwissenschaftlichem Weg unmöglich macht. Die Auferstehung Jesu bildet jedoch den Kern der christlichen Hoffnung (Röm 8,11f; 1Kor 15).

Die Gabe des Geistes Gottes ermöglicht eine Einwohnung Gottes im Menschen, die nicht nur partiell, sondern ewig ist. Dieses Wunder, das wir auch als Gotteskindschaft bezeichnen, führt immer wieder ins Staunen und in die Anbetung. Wenn es um die eschatologische Sicht geht, die Gottes Geist dem Apostel Paulus offenbart, so führt dieses Staunen unmittelbar in die Doxologie:

> „Wie groß ist doch Gott! Wie unendlich sein Reichtum, seine Weisheit, wie tief seine Gedanken! Wie unbegreiflich für uns seine Entscheidungen und seine Pläne! Denn ‚wer könnte jemals Gottes Absichten erkennen? Wer könnte ihn beraten?' ‚Wer hätte Gott jemals etwas gegeben, das er nun von ihm zurückfordern könnte?' Denn alles kommt von ihm, alles lebt durch ihn, alles vollendet sich in ihm. Ihm sei Lob und Ehre für immer und ewig! Amen" (Röm 11,33–36).

Dort, wo die Kraft des Geistes Gottes die bekannten Schöpfungs- und Naturordnungen übersteigt, geschieht das Staunen allerdings nicht immer im Sinn einer Bewunderung. Vielfach wird es auch als Entsetzen, als eine Empörung gekennzeichnet. Die im NT gebräuchlichen Begriffe *ekplessein* bzw. *ekstasis* kennzeichnen einen Zustand, der einen Menschen aus der Fassung bringt. Die Reaktion auf die Wundertaten Jesu oder der Apostel war häufig mit einem Schock oder sogar einer massiven Ablehnung durch die Menschen verbunden (z. B. Lk 8,37; Apg 14,18f).

Der gute Geruch des Evangeliums, des angebrochenen Reiches Gottes, ist für den einen ein Duft zum Leben, für den anderen ein Geruch zum Tode. „Ob die Menschen nun die Botschaft annehmen und gerettet werden oder sie ablehnen und verloren gehen: Durch Christus sind wir ein Wohlgeruch für Gott. Für die einen ist es ein Verwesungsgeruch, der ihnen den Tod bringt; für die anderen aber ein angenehmer Duft, der ihnen neues Leben gibt" (2Kor 2,15f). Ob ein Staunen zum Leben und zur Anbetung führt oder ob es schockhaft die Ablehnung des Lebens einleitet, entscheidet sich an der Offenbarung des Geistes. Nur durch den Geist Gottes selbst wird das Skandalon des Kreuzes als Weisheit Gottes erkannt, wird ein Mensch Christus als „Herrn" bekennen und Geistliches als Geistliches erkennen (1Kor 1,10–12; 12,3).

Da, wo Schöpfung und Erlösung sich berühren, kommt es nicht nur zum Staunen, sondern ebenfalls zum Seufzen. Da ist die schmerzliche Erfahrung der Unvollkommenheit und die Sehnsucht, das Design einer von Sünde geprägten Welt loszuwerden und vollends in das göttliche Design des Reiches Gottes einzugehen. Auch die neutestamentliche Gemeinde hat nur eine partielle Geisterfahrung, die jedoch auf die Vollendung hinzielt. Es handelt sich um ein Angeld, eine Anzahlung der neuen Wirklichkeit Gottes (Eph 1,13f). Die Schöpfung lobt nicht nur Gott und predigt von seinen großen Taten, sondern sie sehnt sich auch nach der „letzten Auszahlung", der Vollendung. Sie sehnt sich danach, dass die Herrlichkeit, die jetzt bereits in den Kindern Gottes aufleuchtet, auch sie erlöst und berührt. Paulus beschreibt diese Erfahrung des Seufzens im Blick auf die noch ausstehende Herrlichkeit Gottes mit folgenden Worten:

> „Ich bin ganz sicher, dass alles, was wir zurzeit erleiden, nichts ist, verglichen mit der Herrlichkeit, die Gott uns einmal schenken möchte. Darum wartet die ganze Schöpfung sehnsüchtig und voller Hoffnung auf den Tag, an dem Gott seine Kinder in diese Herrlichkeit aufnimmt. Ohne eigenes Verschulden sind alle Geschöpfe der Vergänglichkeit ausgeliefert, weil Gott es so bestimmt hat. Aber er hat ihnen die Hoffnung gegeben, dass sie zusammen mit den Kindern Gottes einmal von Tod und Vergänglichkeit erlöst und zu einem neuen, herrlichen Leben befreit werden. Wir wissen ja, dass die gesamte Schöpfung leidet

und stöhnt wie eine Frau in den Geburtswehen. Aber auch wir selbst, denen Gott bereits jetzt seinen Geist als Anfang des neuen Lebens gegeben hat, warten voller Sehnsucht darauf, dass Gott uns als seine Kinder zu sich nimmt und auch unseren Leib von aller Vergänglichkeit befreit" (Röm 8,18–23).

Das Seufzen ist ausgelöst durch den „Geschmack" der Herrlichkeit Gottes. Es ist eine Sehnsucht, die sich in der ganzen Schöpfung ausbreitet. Die schreiende Ohnmacht eines kollabierenden Kosmos wird verglichen mit den Geburtswehen der Vollendung. Der Geist in der Erlösung steht daher nicht der Schöpfung an sich, sondern der Zerstörung in der Schöpfung durch die Sünde und den Tod entgegen.

Das Krakeelen der Vögel in meinem Garten kann ich somit diesem Seufzen der Schöpfung zuordnen, einem Seufzen, das wie ein Hunger auf Vollendung und Erlösung zu deuten ist. Allerdings ist dieses Seufzen auch von jenen zu hören, die bereits die Gabe des Heiligen Geistes empfangen haben. Offenbar durch die somatische und psychische Erfahrung der Vergänglichkeit ausgelöst, „warten wir voller Sehnsucht darauf, dass Gott uns als seine Kinder zu sich nimmt und auch unseren Leib von aller Vergänglichkeit befreit" (Röm 8,23). Die Erlösung des Leibes steht also noch aus. In den Wunderwirkungen, den zeichenhaften Geschenken des angebrochenen Reiches Gottes, sind Heilungen gegeben, aber sie werden immer auch den Charakter eines Provisoriums und des besonderen Gnadenerweises behalten. Selbst jene Menschen, die eine Auferweckung aus den Toten erlebt haben (Lazarus, Tabita), sind in diesem Zeitalter erneut gestorben.

Der Schmerz dieser Sehnsucht, der aus dem Zustand des Wartens, Hoffens und der Unvollkommenheit wächst, führt oft zur Sprachlosigkeit, jedoch nicht zur Geistlosigkeit. Der Geist Gottes selbst vertritt uns mit „unaussprechlichen Seufzern: „Wissen wir doch nicht einmal, wie wir beten sollen, damit es Gott gefällt! Deshalb tritt der Geist Gottes für uns ein, er bittet für uns mit einem Seufzen, wie es sich nicht in Worte fassen lässt" (Röm 8,27). Die Erfahrungen der Schöpfung und Neuschöpfung sind geprägt von diesem doppelten Seufzen: Dem Seufzen der Schöpfung und derer, die bereits die Gabe des Geistes als Angeld empfangen haben, und dem Seufzen des Heiligen Geistes, der sich selbst in seiner Kenosis (Selbstentäußerung) hineingibt in die Unaussprechlichkeit der Sehnsucht nach Vollendung.

3.2   Blühen und Welken

„Freuen wird sich die Wüste, jubeln das dürre Land, die Steppe wird singen
vor Freude: Sie ist aufgeblüht, ein Meer von Lilien. In voller Blüte steht sie
da und singt und jubelt vor Freude. Schön wie der Wald im Libanon soll sie
werden, prächtig wie der Berg Karmel und fruchtbar wie die Scharonebene.
Dann wird jeder die Herrlichkeit und Pracht des Herrn, unseres Gottes, sehen"
(Jes 35, 1–4).

Dieser eschatologische Ausblick auf die neue Zeit des Friedensreiches
ist geprägt von der Verheißung und Hoffnung, dass die Ruach Jahwes
neues Leben geben wird, auch da, wo nur noch Dürre und Ohnmacht
herrschen. Die Vorstellung, dass die neue Heilszeit Israels mit einer alle
Völker und die ganze Schöpfung umfassenden Ausgießung des Leben
spendenden Geistes Gottes verbunden ist, prägt die späte alttestamentliche Prophetie. Das Kommen eines neuen Himmels und einer neuen
Erde (Jes 65,17; 66,22) ist nur denkbar aufgrund der Geistwirkung
(Hes 37,1–14; Joel 3,1–5; Sach 12,10). Diese neue Heilszeit wird durch die
messianische Mittlergestalt eingeführt (Jes 10,33ff; 11,2ff; 61,1–11), auf welcher der Geist ruht. Aber nicht nur Israel als Volk, sondern die ganze
Schöpfung wird erneuert durch den Geist Gottes.

Das Leben, das der Geist Gottes schenkt, wird auch in dem Bild des
Blühens aufgenommen (vgl. Ps 103,14–15; Jes 32,1ff; Hos 14,6). Damit
verbunden ist die Vorstellung der Frucht und des Heils, der Ganzheit.
Wachstum und Gedeihen, ein Blühen, ist nur möglich durch Licht und
Wasser. So ist es auch verständlich, dass sich die Bilder in der Redeweise
über den Geist als Lebensspender auch ineinanderschieben. Die Licht-
metapher für das göttliche Wirken (Ps 36,10; 27,1; Mi 7,8; 1Joh 1,5; Jak 1,17;
1Tim 6,16; 2Kor 4,6) wird gerade in der Kombination mit der Wassermethapher (Ps 36,10; Jer 2,13; Joh 4,14; 7,38–39) häufig als Symbol der
Fruchtbarkeit und des Blühens genommen. Die Schöpfung kann nur da
Blühen und Frucht bringen, wo sie im Einklang mit dem Schöpfer existiert. Sie blüht auf wie ein „wohlbewässerter Garten"(Jes 58,11), wie „ein
Baum, der an den Wasserbächen gepflanzt ist" (Ps 1). „Wenn du deinen
lebendigen Geist schickst, dann werden sie geschaffen; so schenkst du
der Erde neues Leben"(Ps 104,30). Die Ruach Jahwe ist demnach das
Lebensprinzip der Schöpfung überhaupt. Das entspricht nicht nur dem

Zeugnis des AT, sondern auch den neutestamentlichen Aussagen über den Heiligen Geist. Hier wird es als selbstverständlich vorausgesetzt, dass der Geist Gottes auch der Schöpfergeist, der *Spiritus Vivificans* ist. So schreibt der Neutestamentler Eduard Schweizer:

> „Anders als im Alten Testament ist im Neuen von der Schöpfung kaum und vom Wirken des Geistes in der Schöpfung überhaupt nicht mehr gesprochen. Das hängt freilich damit zusammen, dass der alttestament-liche Glaube an Gott, den Schöpfer des Himmels und der Erde, ganz selbstverständlich vorausgesetzt und von niemandem angefochten wird. Die neutestamentliche Gemeinde leugnet also nicht, dass Gottes Schöp-fergeist in aller Welt wirken kann. Ihr liegt aber daran, dass er erkannt und dass ihm gehorcht wird."[166]

Das „Aufblühen" des Lebens, das gesegnete Leben, geschieht nach dem Zeugnis beider Testamente nicht generell und allgemein, sondern steht in einer Korrespondenz mit dem Menschen. Er hält sich an die Thora oder an die Ordnungen Gottes bzw. er richtet sich an dem „Gebot Jesu" aus. Lebt er in einer Vertrauens- und Treuebeziehung zu seinem Schöp-fer, so wird er auch die Schöpfungsordnungen nicht als einen Gegensatz zu den Erlösungs- bzw. Heilsordnungen sehen.[167] Ebenso kann das neue Leben, das in der Neuschöpfung gegeben wird, sich nur da entwickeln und reifen, wo der Geist Gottes willkommen und transformierend wirkt. Die „Frucht des Geistes" (Gal 5,22) geschieht aus der Abhängigkeit und Einheit mit dem gegebenen Wort Gottes, neutestamentlich gesprochen, mit dem „Bleiben" in Jesus Christus.

„Bleibt fest mit mir verbunden, und ich werde ebenso mit euch ver-bunden bleiben! Denn so wie eine Rebe nur am Weinstock Früchte tra-gen kann, so werdet auch ihr nur Frucht bringen, wenn ihr mit mir ver-bunden bleibt. Ich bin der Weinstock, und ihr seid die Reben. Wer bei mir bleibt, so wie ich bei ihm bleibe, der trägt viel Frucht. Denn ohne

---

166 Schweizer 1978: 94.

167 „Wir müssen sogar sagen, dass nur derjenige Gottes Geist in der Neu-schöpfung erkennt, der sein Zeichen in der Schöpfung recht zu unter-scheiden mag." H. Berkhof in: Berkhof 1968: 110.

mich könnt ihr nichts ausrichten"(Joh 15,3–4). Die Einheit und das Bleiben in Jesus sind nur erfahrbar durch die Gabe des Heiligen Geistes.

Wie aber geschieht ein „Aufblühen" des Lebens, ein „Aufblühen" und
ein Reifen dieser neuen Schöpfung unter den Rahmenbedingungen der
alten Schöpfung? Der Geist wird hier als Beistand, als Tröster, als ein
ständiger Begleiter verheißen. Er ist es, der die Glaubenden ermahnt,
tröstet, erinnert und lehrt, wie dieses neue Leben sich entfaltet. Selbst
der Tod kann dieses neue Leben nicht auslöschen. Das Blühen ist nur
möglich, wo gesät wurde; das Ernten nur, wenn Frucht gewachsen ist.

Dieser ganze Prozess eines fruchtbaren Lebens soll vom Geist des
Lebens geleitet werden. Hier geht es um Lernprozesse, um Demut und
ein Sich-einfügen in Gottes Ordnungen und Bewegungen. Der Prozess
der Jüngerschaft Jesu ist ohne das Wirken des Heiligen Geistes gar nicht
denkbar und realisierbar. Es ist schon bedenklich, wenn sich in der Literatur über Jüngerschaft, Mission und Gemeindeaufbau oder auch in der
breit gefächerten Literatur zur christlichen Lebenshilfe die Seiten mit
vielen Ratschlägen und Tipps füllen, die immer wieder an die Entschlossenheit und Willensstärke der Leserschaft appellieren. Nur selten wird
dabei betont, dass der Geist Gottes und die Kooperation mit dem Geist
Jesu Heilung, Heiligung und Jüngerschaft überhaupt erst ermöglichen.

Missionale Ethik ist ohne eine missionale Pneumatologie wie ein
Auto ohne Motor. Vielleicht ist es auch so zu erklären, dass trotz der
vielen guten Vorsätze, Programme und Aktivitäten in den Kirchen nur
so wenig geistliche Frucht wächst. Das beste Programm kann niemals
die Berührung und Erfüllung mit dem Heiligen Geist ersetzen. Das wiederum bedeutet nicht, dass diese Programme nutzlos sind. Durch Gottes
Gnade kann sogar das, was durch Sünde das Leben zum Welken bringen will, wie ein Wachstum und ein Hinblühen zu einem neuen Leben
verstanden werden.

Der Geist Gott ist auch in den Zeiten der Reifung da, wo sich anscheinend nichts tut, wo Wachstumsknoten sich bilden, damit eine neue
Stabilität des Lebens entstehen kann. Die Krisen und Misserfolge, die
gescheiterten Programme und Lebenskrisen müssen unter der Regie des
Heiligen Geistes dazu beitragen, dass ein Mensch zu Gott hinwächst.
„Das eine aber wissen wir: Wer Gott liebt, dem dient alles, was geschieht,
zum Guten" (Röm 8,28). Selbst die erfahrenen Schwächen, die wie Faust-

schläge des Engels Satans erlebt werden, müssen dazu beitragen, dass die Kraft Gottes sich in der Schwäche als mächtig erweist und darin zur Vollendung kommt (2Kor 12,9). Der Geist zieht sich nicht zurück, wenn Schwachheit, Versagen oder Krankheit und Tod das Leben rauben wollen.

Der Geist Gottes ist nicht nur erfahrbar und erkennbar, wenn Leben aufblüht. Durch den Tod und die Auferstehung Jesu bezeugen wir als neutestamentliche Menschen, dass der Geist auch im Leiden, in dem Prozess der „Verwelkung", des Alterns und Sterbens präsent ist und sich nicht zurückzieht. Die Kenosis des Geistes geht mit Jesus ans Kreuz, sie schreit mit ihm in der Erfahrung der Gottesferne. Der Geist des Lebens wird gerade angesichts des Todes und in der Überwindung des Todes als *Spiritus vivificans* erlebt. Aber zuvor ist er erfahrbar als *Spiritus cruxis*, als mitleidender und mitsterbender Geist. Der Geist Gottes führt Jesus in der Passion. „Erfüllt von Gottes ewigem Geist, hat Jesus sich selbst für uns als fehlerloses Opfer Gott dargebracht" (Hebr 9,14).[168]

Am massivsten trumpft der Geist des Lebens jedoch in der Auferstehung gegen alles Welken und Sterben in dieser Welt auf. Schon bei Hesekiel 37 lesen wir die große eschatologische Dimension von der wiederbelebenden Ruach Gottes. In der Auferstehung Jesu und im neuen Leben der Gemeinde erweist sich der Geist als lebendig machender Geist (griech. *pneuma zoopoioun*; vgl. 1Kor 15,45; Röm 8,11; 2Kor 3,6). Er schenkt Jesus Christus und den Glaubenden neues Leben. Hier wird das alttestamentliche Zeugnis von der lebendig machenden Ruach christologisch neu definiert. Die Auferstehung Jesu markiert das Ende des Todes. In ihr begründet sich die Auferstehungshoffnung der neutestamentlichen Gemeinde (1Thess 4,13ff; 1Kor 6,15; 1Kor 15; 2Kor 4,14; Phil 3,11; Röm 8,11). Ausführlich behandelt Paulus die Auferstehungshoffnung im 15. Kapitel des ersten Korintherbriefes. In Abweisung eines anthropo-

---

168   „Jesus Christus gab sich kraft des Geistes dem Tod am Kreuz hin. Nach dem Zeugnis des Hebräerbriefs und der synoptischen Tradition ist also der Geist Gottes der Geist der Hingabe Jesu Christi, die Macht des Lebens, die den Menschgewordenen zu seinem Tod führt. Die Selbstentäußerung des Geistes ist demnach die Voraussetzung für die Selbsterniedrigung des Sohnes." L. Dabney in: Dabney 1997: 144.

logischen Dualismus, der lediglich eine Auferstehung der Seele postuliert, betont er die leibliche Auferstehung. Der Apostel legt nahe, dass
der verwelkte, gestorbene Leib des Menschen wie ein Same ist: Er lebt
jetzt verweslich, armselig und schwach und ist irdisch. Er wird aber auferweckt werden und im neuen Leben unverweslich, herrlich und stark
sein (1 Kor 15,42–44). Eine solche Verwandlung bezeichnet den endzeit-
lichen Sieg über den Tod (1Kor 15,54–56).

Dieter Müller konstatiert: „Pneuma, das in jüdischer Tradition anders
als in hellenistischer unverfügbare Gabe und Macht Gottes bleibt,
gewinnt bei Paulus die Bedeutung einer Matrix, welche die Personalität des Gläubigen, sein Ich in sich aufnimmt und durch die Diskontinuität von Tod und Auferstehung hindurch Kontinuität bewahrt."[169] Diese
Matrix der Auferstehungshoffnung sieht auch J. Moltmann als Brenn-
punkt für seine pneumatologische Schöpfungslehre. „In der eschatologischen Christologie und Pneumatologie kommt es tatsächlich zu einer
gründlichen neuen Interpretation des göttlichen Schaffens."[170] Aus dieser neuen Wahrnehmung der Schöpfung und Neuschöpfung wird die
Welt, der Kosmos im Licht des Kerygmas von der Auferstehung Jesu
Christi kraft des Geistes Gottes neu gesehen.

Blühen und Welken, Aufleben und Ableben sind von der Kraft des
Geistes Gottes in dem Christusgeschehen zu deuten. Die Prozesse des
Sterbens und Welkens, die Schmerzen und das Vergehen in dieser Weltzeit werden im Kontext der Schmerzen und des Todes Jesu getragen und
im Kontext der Auferstehung Jesu überwunden. Der Geist des Lebens ist
nicht nur dort präsent, wo die naturgegebene Schöpfung aufblüht, nicht
nur dort, wo die Neuschöpfung unter der erlösenden Verbindung mit
dem Retter aufblüht, sondern auch da, wo das Leben welken will und
die Sünde der Welt ihren Lohn fordert im Tod. Das Alter, die Schmerzen und Defizite des Lebens, Welkungsprozesse und Gebrechlichkeiten
sind wie Klopfzeichen an der Tür zu einem neuen Leben, einem Aufer-
stehungsleben. Durch die im Heiligen Geist geschenkte Verbindung und
Einheit mit Christus, dem Gekreuzigten und Auferstandenen, bekennt

---

169   Müller 1980: 222.
170   Moltmann 1993: 79.

der Glaubende: „Wenn Gott für uns ist, wer kann dann gegen uns sein? Was also könnte uns von Christus und seiner Liebe trennen? Leiden und Angst vielleicht? Verfolgung? Hunger? Armut? Gefahr oder gewaltsamer Tod?" Man geht wirklich mit uns um, wie es schon in der Heiligen Schrift beschrieben wird:

> „Weil wir zu dir, Herr, gehören, werden wir überall verfolgt und getötet – wie Schafe werden wir geschlachtet!' Aber dennoch: Mitten im Leid triumphieren wir über alles durch die Verbindung mit Christus, der uns so geliebt hat. Denn ich bin ganz sicher: Weder Tod noch Leben, weder Engel noch Dämonen, weder Gegenwärtiges noch Zukünftiges, noch irgendwelche Gewalten, weder Hohes noch Tiefes oder sonst irgendetwas können uns von der Liebe Gottes trennen, die er uns in Jesus Christus, unserem Herrn, schenkt" (Röm 8,35–39).

Man könnte auch – in unserem Bild gesprochen – sagen: Weder das Blühen noch das Welken können uns von Gottes Liebe trennen. Es gehört jedoch auch zu den Erfahrungen der neutestamentlichen Gemeinde, dass der Geist des Lebens massiv in die verwelkende, kranke und verwesende Schöpfungswirklichkeit eingreift und ein Zeichen des hier und jetzt schon angebrochenen Reiches Gottes setzt. Heilungen und Totenauferweckung, Befreiung von dämonischen Bindungen und auch das Verkündigen der Guten Nachricht an die Armen sind solche aufleuchtenden Zeichen des bereits angebrochenen Reiches Gottes. Das neutestamentliche Zeugnis macht allerdings deutlich, dass diese Zeichen und Wunder immer in eine eschatologische Sicht eingebunden sind. Diese Zeichen haben so gesehen auch etwas Partielles oder Vorläufiges. Die Kraft des Geistes kommt somit nicht nur durch die Überwindung der Krankheiten und Gebrechlichkeiten zum Ausdruck, sondern auch durch die Tröstung und die Hoffnung im Leiden und Sterben.

3.3 Überführung und Überwindung

Die Redeweise von der „transzendenten Immanenz" bzw. der „Binnen-transzendenz"[171] ist hilfreich, um die Kontinuität des Wirkens Gottes in der Schöpfung und Neuschöpfung aufzunehmen. Allerdings ist die im NT deutlich benannte Unvereinbarkeit zwischen „Geist Gottes" und „Geist der Welt" (1Kor 2,12ff) bzw. von „Geist" und „Fleisch" dabei nicht einfach im Sinn einer universalistischen Pneumatologie aufzulösen. Wie so oft, sind es auch hier die Begriffe, die in den verschiedenen Schriften der Bibel durchaus in differenzierter Weise Anwendung finden, sodass eine systematische Weltsicht erschwert wird.[172] Es kommt zu falschen Totalisierungen und abstrakten Entgegensetzungen.

Würde das biblische Zeugnis ausschließlich von der offenbaren Ein-wohnung Gottes in der Schöpfung sprechen, wäre die Neuschöpfung und damit auch das Kommen Jesu Christi lediglich wie eine neue Aus-formung der alten Schöpfung erklärbar, ja, es könnte auch als geradezu überflüssig empfunden werden. Wozu braucht eine geliebte Welt, in der Gottes Geist wirkt, eine Erlösung? Wenngleich die Erlösungsbedürftig-keit dieser Schöpfung schon in der alttestamentlichen Messiaserwartung und der damit verbundenen Schaffung der neuen Friedenswelt erkenn-bar ist, wird sie durch das Kommen Jesu Christi, durch sein Sterben und Auferstehen erst unausweichlich markiert. Diese Welt ist nach dem neu-testamentlichen Zeugnis eine „erlösungsbedürftige Welt", die von Sünde gekennzeichnet ist. Sie erfährt diese Erlösung allerdings, weil sie eine von Gott „geliebte Welt" ist.

Beide Sichtweisen finden ihren Bezug im neutestamentlichen Gebrauch des Begriffs *Kosmos*. Zum einen ist von der geliebten Welt Gottes die Rede (Joh 3,16), zum anderen von der Welt, die vom Satan geradezu beherrscht wird, sodass dieser als „Fürst der Welt" (Joh 16,11) oder auch „Gott der Welt" (2Kor 4,4) bezeichnet wird. Es steht außer

---

171   Paul Imhof verwendet den Ausdruck „Binnentranszendenz", um die Ein-
        wohnung Gottes in der Natur zu beschreiben. Vgl. Imhof; Saroyan 2005:
        184.
172   Vgl. hierzu: Jüngel 1983: 97ff.

Frage, dass alles Geschaffene, das Unsichtbare und das Sichtbare, durch Gott geschaffen wurde (Kol 1,15ff). Dieser Kosmos liegt jedoch nach dem Zeugnis des NT „im Bösen" (1Joh 5,19) und bezeichnet eine Welt, die von Sünde gekennzeichnet und gebrandmarkt ist, eine Welt, die „überwunden wird (Joh 16,33; 1Joh 5,4). Obwohl die Menschen alles Gott verdanken sollten, dienen sie dem Geschöpf mehr als dem Schöpfer (Röm 1,25).[173] Christen sollen ihr Leben nicht gemäß diesem isolierenden Sündenschema dieses Äons gestalten (Röm 12,1f). Sie haben nicht den „Geist der Welt" (griech. *pneuma tou kosmou*), sondern den „Geist aus Gott" (griech. *pneuma to ek tou theou*) empfangen (2Kor 4,4). Infolgedessen steht im neutestamentlichen Zeugnis nicht so sehr die Bewunderung der von Gott geschaffenen Welt im Mittelpunkt der Betrachtungen, sondern ihre Abkehr von Gott und ihre Erlösungsbedürftigkeit. Zwar sind alle Dinge durch das Wort Gottes gerecht gemacht worden (Joh 1,3) und der gesamte Kosmos steht unter dem großen Pluszeichen der Versöhnung durch das Kreuz Christi (2Kor 5,19f), aber wenn diese Versöhnung nicht angenommen wird, „vergeht" diese Welt (1Kor 7,31; 2Petr 3,5–13).

Eine missionale Pneumatologie nimmt das Wirken des Geistes in der Schöpfung wahr, aber auch die sich in der Schöpfung artikulierende Sehnsucht nach der Neuschöpfung (Röm 8,23). Sie markiert die Notwendigkeit der Vergebung und Versöhnung und einer geistlichen Neugeburt (Joh 3,3). Aus der „partiellen Einwohnung" des Geistes Gottes soll eine umfassendere Teilhabe werden, die allerdings immer noch unter dem Vorzeichen steht, eine „Anzahlung", eine Erstlingsgabe der vollendeten Neuschöpfung zu sein. Gott nimmt seine Erlösten nicht aus dieser Welt heraus, sondern er sendet sie in diese Welt. Diese Sendung erfolgt in der

---

173   „Der unter die Herrschaft des der Sünde ausgelieferten Fleisches und unter die Macht des ‚Gesetzes der Welt' geratene Mensch ist ein dem Sein zum Tod ungeschützt ausgelieferter Mensch, der zur Selbstzurücknahme, zur Liebe und zur Friedenserfahrung unfähig, rastlos um Selbsterhaltung und gegen die schwindende Lebenskraft ankämpfen muss. In einer Welt, in der ‚Leben' immer auch Raub ist, kämpft dieser Mensch vergeblich um seine Selbsterhaltung. Der vom Fleisch bestimmte Mensch ist an die Sünde ‚verkauft' (vgl. Röm 7,14)." L. Dabney in: Dabney 1997: 243.

Kraft des Heiligen Geistes. Der Geist Gottes ist wirksam in der Schöpfung, er artikuliert sich in der Sehnsucht nach der Neuschöpfung („Seufzen des Geistes"), er überführt von Sünde und bewirkt Befreiung zu einem neuen, vom Geist Gottes geprägten Leben. Gottes Geist verankert die Sehnsucht der Menschen in der Hoffnung auf Gottes neue Welt, auf einen neuen Himmel und eine neue Erde (Offb 21,1ff). Er ist der Geist des liebenden und triumphierenden Überwinders, der die angefochtene Gemeinde tröstet, sie mahnt und von Sünde überführt.

In den Sendschreiben der Johannesapokalypse ist der Doppelklang des Überführens und Überwindens zu hören. Der Geist Gottes überführt nicht nur die arge Welt von Sünde (Joh 16,8), sondern auch die Gemeinde Jesu. So heißt es im Sendschreiben an die Gemeinde Laodicea:

> „Dies sagt dir der eine, der die Erfüllung aller Zusagen Gottes ist. Christus ist Gottes treuer und wahrhaftiger Zeuge. Er ist der Ursprung von allem, was Gott geschaffen hat. Ich kenne dich genau und weiß alles, was du tust. Du bist weder kalt noch heiß. Ach, wärst du doch das eine oder das andere! Aber du bist lau, und deshalb werde ich dich ausspucken. Du bildest dir ein: ‚Ich bin reich und habe alles, was ich brauche!'
>
> Da machst du dir selbst etwas vor! Du merkst gar nicht, wie jämmerlich du in Wirklichkeit dran bist: arm, blind und nackt. Darum solltest du dich endlich um den wahren Reichtum bemühen, um das reine Gold, das im Feuer geläutert wurde. Nur dieses Gold macht dich reich, und nur von mir kannst du es bekommen. Lass dir auch die weißen Kleider von mir geben, damit du nicht länger nackt und bloß dastehst. Kauf dir Augensalbe, die deine blinden Augen heilt.
>
> Bei allen, die ich liebe, decke ich die Schuld auf und erziehe sie mit Strenge. Nimm dir das zu Herzen, und kehr um zu Gott! Merkst du es denn nicht? Noch stehe ich vor deiner Tür und klopfe an. Wer jetzt auf meine Stimme hört und mir die Tür öffnet, zu dem werde ich hineingehen und Gemeinschaft mit ihm haben. Wer durchhält und den Sieg erringt, wird mit mir auf meinem Thron sitzen, so wie auch ich mich als Sieger auf den Thron meines Vaters gesetzt habe. Hört genau hin, und achtet darauf, was Gottes Geist den Gemeinden sagt" (Offb 3,14–22).

Das die Sünde aufdeckende Wirken des Geistes wird mit dem Begriff *elegchein* (dt. überführen) bezeichnet. (Joh 16,8; 1Kor 14,25; 1Tim 5,20; Eph 5,11). Es ist nicht nur ein Überzeugen, ein Wirken, welches sich ausschließlich an den Verstand bzw. die Vernunft des Menschen richtet.

Die Sünde kann auch im Einklang mit der Vernunft des Menschen sein, wenn der Verstand verfinstert ist (vgl. Eph 4,17–24; 1Kor 1,19). Wenn das Gewissen eines Menschen sich lediglich an der Vernunft ausrichtet, wie es Immanuel Kant empfiehlt,[174] so kann die „vernünftige Natur" des Menschen womöglich als Grundlage für ein Sittengesetz gesehen werden, jedoch nicht als Basis für eine an Gottes Wahrheit ausgerichtete Ethik. Das, was in einer „vernünftigen Welt" als gut und richtig gesehen wird, kann im Reich Gottes als etwas Sündiges verstanden werden.

Das überführende Wirken des Geistes Gottes richtet sich primär an das „Gewissen" oder auch das „Herz" des Menschen, die innere anthropologische Mitte (vgl. Apg 2,37; Röm 2,15; Hebr 9,14). „Man könnte das Gewissen geradezu als den Ort bezeichnen, wo jeder Mensch seine Unmittelbarkeit zu Gott erlebt."[175] Der Geist Gottes kann in seiner Klarheit und Schärfe alle Verhärtung des Herzens und oberflächliche Beruhigung eines angeblich „guten Gewissens" durchbrechen und in das Licht der Wahrheit führen. Dabei ist das Wort Gottes schärfer als ein „zweischneidiges Schwert", es ist wie ein „Richter" (griech. *kritikos*) der Gedanken und Gesinnungen des Herzens" (Hebr 4,12). In einem reinen Herzen kann hingegen Offenbarung und Gotteserkenntnis wachsen (Ps 51,12; Mt 5,8). Auch ein religiöses Herz, ein Herz, das bereits von den „zukünftigen Kräften" des Himmels gekostet hat, kann wieder abfallen und blind werden für die Sünde (Hebr 6,5; 1Tim 4,1). Es geht bei dem reinen Herzen nicht nur darum, dass der einzelne Mensch mit Gott im Reinen ist, sondern dass dieses Herz auf Gottes Herz, auf seine Absichten ausgerichtet ist. In prophetischer Klarheit markiert Jesaja die Taubheit und Blindheit einer in sich verkrümmten Religiosität, die den Blick für den Nächsten außer Acht lässt (vgl. Jes 58).

Das reine Herz steht nicht in Konkurrenz zu einem Herzen, das vom Durst und Hunger nach Gerechtigkeit in dieser Welt geprägt ist (Mt 5,6). Sünde zeigt sich nicht nur in dem, was ich tue, sondern auch in dem, was ich unterlasse (Jak 4,17). Dabei ist auch an die soziale Dimension des Evangeliums zu denken. Eine Kirche, die Gottes Heilswillen für alle

---

174   Vgl. Kant 1986.

175   Schöndorf, Harald: Das Gewissen. In: Imhof; Saroyan 2005: 92.

Kreatur aus dem Blick verliert, die aus dieser zerrissenen Welt flieht, um die eigenen Seelen rein zu halten, wird immer als blinde Kirche mit befleckten Herzen dastehen. Es macht mich zunehmend skeptisch, wenn in charismatischen Gruppierungen in großartigen Lobpreis-Events die Gegenwart Gottes gefeiert wird und prophetische Worte des Zuspruchs und der Ermutigung für Einzelne ausgesprochen werden, aber kein prophetisches Wort uns dazu aufruft, sich den Armen zuzuwenden und sich für die Befreiung der Gefangenen einzusetzen. Der Durst nach geistlicher Erweckung ist immer auch ein Durst nach Gerechtigkeit und Freiheit. Wie kann Gottes Geist bei Menschen wohnen, die mit einem Loblied auf den Lippen zuschauen, wie ihre Nachbarn im Elend versinken, wie diese Welt vor ihren Augen zusehends ausgebeutet wird? Wie kann man bei Christus eintauchen, ohne bei den Armen wieder aufzutauchen? Eine solche Kirche bringt sich selbst um die Kraft der Buße und ist mit religiösem Anspruch verschlossen für die Offenheit der Liebe Gottes zu seiner verlorenen Welt.

Das überführende Wirken des Geistes erschöpft sich nicht nur in der sich zur Buße auswirkenden Erkenntnis der Sünde, sondern es überführt von der Sünde in die Vergebung, von der Blindheit zur Erkenntnis, von der Finsternis zum Licht. Dazu gehört die Erfahrung der Vergebung, die in der Kraft des Heiligen Geistes und im Namen Jesu Christi zugesprochen werden kann, wo Umkehr geschieht. Die eigene Betroffenheit, die wie ein „Stich durchs Herz" gehen kann, kann Menschen erschüttern und ganzheitlich erfassen. Wenn der Geist Gottes zur Buße führt, so fließen nicht selten Tränen. Es sind nicht nur Tränen der Enttäuschung über das eigene Versagen, sondern Tränen des Überwältigtseins von der aufdeckenden, mahnenden Liebe Gottes. Eine vom Geist Gottes gewirkte Buße eröffnet immer eine Zukunft. Die starken Erfahrungen aus den unterschiedlichen Erweckungsbewegungen bezeugen diese Tatsache. Die überführende Wirkung des Geistes, die Grunderfahrung der Vergebung, ist die Basiserfahrung der Befreiung.

Gotteserfahrung und Befreiungserfahrungen gehören zusammen. In der Nähe Jesu erleben Menschen Befreiung von Krankheit und Dämonisierung, Befreiung von sozialer Isolation, Befreiung von den gottlosen Mächten und Elementen dieser Welt, Befreiung von der Macht der Sünde und des Todes. „Wo der Geist ist, da ist Freiheit" (2Kor 3,17). Die

Befreiungserfahrung ist verbunden mit dem christlichen Bekenntnis zu Jesus als dem Herrn (Röm 10,9). Der Kyrios-Titel wird aber auch im Zusammenhang mit dem befreienden Wirken des Heiligen Geistes genannt (2Kor 3,17). J. Moltmann stellt fest: „Die Freiheitserfahrung enthält also eine doppelte Gotteserfahrung: Der Herr ist der Geist, und der Geist ist der Geist des Herrn. Befreiung offenbart eine Wechselwirkung zwischen dem Geist und dem Christus Gottes."[176] Der vom Geist erfüllte Mensch gewinnt eine Freiheit, nach dem Willen Gottes in Liebe, Selbstzurücknahme und Frieden zu leben. „Auf diese Befähigung zur Freiheit sich selbst und den jeweils herrschenden, die Wirklichkeit bestimmenden Mächten gegenüber machen die Unterscheidungen von ‚Geist' und ‚Welt', genauer von ‚Geist Gottes' und ‚Geist der Welt' (1Kor 2,12ff) bzw. von ‚Geist' und ‚Fleisch' aufmerksam."[177]

Die Freiheit wird in der erlösenden Vergebung erfahren und kommt in einer schöpferischen Ethik der Befreiung zum Ausdruck. Sie ist verankert in dem Bekenntnis, dass Jesus dem Tod, dem letzten Feind, die Autorität und Macht genommen hat. Tatsächlich aber ist Christus als Erster von den Toten auferstanden. So können wir sicher sein, dass auch die übrigen Toten auferweckt werden.

> „Der Tod ist durch die Schuld eines einzigen Menschen in die Welt gekommen. Ebenso kommt auch durch einen einzigen die Auferstehung. Alle Menschen müssen sterben, weil sie Nachkommen Adams sind. Ebenso werden alle durch die Verbindung mit Christus zu neuem Leben auferweckt. Die Auferstehung geht in einer bestimmten Reihenfolge vor sich: Als Erster ist Christus auferstanden. Wenn er kommt, werden alle auferstehen, die zu ihm gehören. Danach kommt das Ende: Christus wird alles vernichten, was Gewalt und Macht für sich beansprucht, und wird Gott, seinem Vater, die Herrschaft über diese Welt übergeben. Denn Christus wird so lange herrschen, bis er alle Feinde unterworfen hat. Als letzten Feind wird er den Tod vernichten" (1Kor 15,21–26).

Diese eschatologische Perspektive und das Bekenntnis zu Christus dem Auferstandenen gleichen einer kämpfenden und gewissen Hoffnung,

---

176   Moltmann 1991: 134. Vgl. auch: Herrmann 1961: 38ff.

177   Dabney 1997: 241.

einer Überwindermentalität, die der Heilige Geist in den Gläubigen wirken will. Im vom Geist Gottes gewirkten prophetischen Zuspruch hört
die angefochtene Gemeinde: „Wer durchhält und den Sieg erringt, wird
mit mir auf meinem Thron sitzen, so wie auch ich mich als Sieger auf den
Thron meines Vaters gesetzt habe. Hört genau hin, und achtet darauf,
was Gottes Geist den Gemeinden sagt" (Offb 3,22). Dieses Festhalten am
Sieg Jesu wird durch den griechischen Begriff *nikao* gekennzeichnet. Es
ist geradezu übertragend in der deutschen Sprache zu hören „Nie k.o!".
Wohl wird diese Überwinderkraft im Leben und Sterben herausgefordert, sie ist auch nicht immer auf die kämpfende Wachheit des Gläubigen
angewiesen. Der Resonanzraum dieser Überwinderkraft ist die Liebe
Gottes.

> „Aber dennoch: Mitten im Leid triumphieren wir über alles durch die Verbin-
> dung mit Christus, der uns so geliebt hat. Denn ich bin ganz sicher: Weder
> Tod noch Leben, weder Engel noch Dämonen, weder Gegenwärtiges noch
> Zukünftiges, noch irgendwelche Gewalten, weder Hohes noch Tiefes oder
> sonst irgendetwas können uns von der Liebe Gottes trennen, die er uns in
> Jesus Christus, unserem Herrn, schenkt" (Röm 8,37f).

Diese Liebe Gottes ist „ausgegossen" in die Herzen der Glaubenden
(Röm 5,5). Die Wachheit gegenüber allen antigöttlichen und zerstöreri-
schen Kräften und Mächten ist begründet in einem Geschehen, das die
Gemeinde als ein Gnadengeschehen bezeugt: der Tatsache, die Liebe
Gottes erfahren zu können und sie im Glauben zu bezeugen. Durch
den Heiligen Geist ist der angefochtene Christ in der Lage, sich mit der
Stärke des Christus, des großen Überwinders zu identifizieren und den
„Kampf des Glaubens" zu kämpfen (1Tim 6,12; Hebr 12,1). Nur aufgrund
dieses Gnadengeschehens bleibt es ein Kampf des Glaubens und es ent-
artet nicht zu einem „Krampf des Glaubens". Nur durch die Kraft des
Geistes, die den Glaubenden mit der alles überwindenden Stärke des
Erlösers verbindet, ist dieser Kampf ein überwindender Kampf:

> „Für euch alle gilt: Werdet stark, weil ihr mit dem Herrn verbunden seid, mit
> seiner Macht und seiner Stärke! Greift zu den Waffen Gottes, damit ihr alle
> heimtückischen Anschläge des Teufels abwehren könnt! Denn wir kämpfen
> nicht gegen Menschen, sondern gegen Mächte und Gewalten des Bösen, die

über diese gottlose Welt herrschen und im Unsichtbaren ihr unheilvolles Wesen treiben" (Eph 6,10–12).

Dieses überwindende Kampfgeschehen, ja die tatsächlich weltüberlegene und weltverändernde Macht des Geistes und die daraus resultierende Freiheit des Christenmenschen scheinen irgendwie nicht in diese „vernünftelte" Welt zu passen.

> *„Die gelegentlich bis zu irreführenden abstrakten Entgegensetzungen gesteigerten Aussagen zur Unterscheidung von ‚Geist Gottes' und ‚Geist der Welt' wollen eine große Erkenntnis des Glaubens deutlich vermitteln: die Erkenntnis, dass menschliches Leben vom verkrampften Kampf gegen eine sinnlose Existenz befreit ist. Die Berufung zur Freiheit im Geist dementiert, dass es in diesem Leben und in dieser Welt keine Alternative zum Kampf um Selbstbehauptung gibt."*[178]

Die Erlösten sind aufgerufen, hier und jetzt schon das Lied der Überwinder anzustimmen. Sie bezeugen: „Siehe, es hat überwunden das Lamm Gottes! […] Allein dem Lamm, das geopfert wurde, gehören alle Macht und aller Reichtum. Ihm allein gehören Weisheit und Kraft, Ehre, Herrlichkeit und Anbetung!" (Offb 5,5.12).

In einer Welt, die als geliebte Schöpfung Gottes von einer immanenten göttlichen Transzendenz durchdrungen ist, in einer Welt, die ebenso als ein von satanischer Zerstörung geprägter und umworbener Kosmos erfahren wird, navigiert und tröstet der Geist Gottes durch sein von Sünde überführendes und befreiendes, überwindendes Wirken die Gemeinde Jesu zwischen Schöpfung, Neuschöpfung und Vollendung. Wie sollte ich es sonst in dieser Welt aushalten? Wie tröstend und befreiend sind für mich die ungezählten Erfahrungen der Buße und Vergebung, die mahnenden Worte zur Umkehr und zur Wachheit! Wie oft habe ich verzweifelt auf dem Fußboden in meinem Arbeitszimmer gelegen und Tränen vergossen, weil der Kampf mir zu schwer schien. Aber dann habe ich auch ungezählte Male diese Kraft des Heiligen Geistes gespürt, die mich an den Überwinder, an den Sieg Jesu erinnert hat.

---

178   a.a.O.: 245.

Diese Freiheit, die ich durch den Geist der Freiheit empfangen habe, möchte ich niemals mehr missen. Es ist eine Freiheit, die mich befähigt loszulassen und auf die Kraft Gottes zu vertrauen. Sie befähigt mich zu warten und wachend zu beten; sie befähigt mich ebenso, den Ungerechtigkeiten und mächtigen Satansfratzen in meinen Leben und in dieser Welt mit Entschlossenheit entgegenzutreten.

Im Jahr 2000 hatte ich das Vorrecht, als deutscher Delegierter an einem Kongress des Theologischen Arbeitskreises der Internationalen Lausanner Bewegung teilzunehmen. Er stand unter dem Motto „Erlöse uns vom Bösen".[179] Es ging dabei um die Fragen, wie die Befreiung von dämonischen Mächten und diabolischen Geistern auch heute erfahren und theologisch reflektiert wird.

Ich selbst hatte im Jahre 1976 eine Befreiung am eigenen Körper erlebt. Nach einem Missionseinsatz in Sierra Leone kam ich todkrank zurück nach Deutschland. Die Ärzte konnten meine Erkrankung weder diagnostizieren noch therapieren. Sie entließen mich aus dem Krankenhaus mit der Feststellung: „Wir können gegenwärtig nichts mehr für Sie tun. Sie können noch 7 Tage, 7 Wochen oder – wenn Sie viel Glück haben – auch 7 Jahre leben. Wir wissen es nicht." Meine Beschwerden und Schmerzen wurden jedoch Tag für Tag heftiger. In einer kleinen Gebetsversammlung hatten einige Mitchristen den Eindruck, dass diese Krankheit aufgrund einer dämonischen Attacke ausgelöst sei. In einem sehr schlichten, aber glaubensstarken Gebet geboten sie diesen dämonischen Mächten im Namen Jesu, mich frei zu geben. Ich spürte es sofort: Ein warmer, heilender Strom durchfloss meinen Körper und ich wurde aufgerichtet und gestärkt. Ich war fest davon überzeugt, eine heilende Befreiung erlebt zu haben. Diese wurde dann auch in den anschließenden mehrfachen Kontrolluntersuchungen in der Universitätsklinik in Göttingen bestätigt. Die Ärzte konnten nur einen „ungewöhnlichen Heilungsverlauf" bestätigen, ein medizinischer Fachausdruck für das, was wir „Wunder Gottes" nennen dürfen.

Diese persönliche Erfahrung hat mich hautnah gelehrt, dass die Dämonen existieren. In der anschließenden Zeit als junger Pastor habe

---

179   „Deliver us from Evil" Conference, Lausanne International in Nairobi.

ich immer wieder versucht, darüber auch theologisch zu reflektieren. Ich las die einschlägigen Bücher von Kurt Koch,[180] Kurt Hutten[181] und führte mit dem reformierten Theologen Willem C. van Dam regelmäßig gemeinsame Seelsorgetagungen durch, bei denen es auch um diese besondere Erfahrung der Befreiung ging. Schon bald erkannte ich, dass die Befreiung von dämonischen Mächten und diabolischen Geistern korrespondierte mit dem überführenden Wirken des Geistes. Menschen, die in Sünde lebten, erfuhren zwar auch eine Befreiung, die jedoch oft schon nach kurzer Zeit wieder nachließ – oder es wurde gar noch schlimmer als zuvor. Deshalb kombinierten wir schließlich bei diesen Seelsorgetagungen den Dienst der Befreiung mit dem Dienst der Heilung, der Bereinigung und der inneren Heilung.

Die breite Palette des überführenden und überwindenden Wirkens des Geistes wurde mir in diesen Jahren sehr bewusst. Als ich im Jahre 2000 auf der Rückreise von der Lausanner Konferenz in Nairobi war, traf ich schließlich den Entschluss, eine umfassendere biblisch-theologische Reflexion als Buch zu schreiben.[182] Viele Freunde hatten mich geradezu gewarnt, ich solle nur wachsam sein. Der Böse ließe sich nicht gern schriftlich von mir bloßstellen, auch wenn es im Auftrag Jesu geschehe. Nun stellte ich mich und meine Familie täglich unter den Schutz Jesu Christi. Eigentümlicherweise – oder soll ich sagen: logischerweise? – wurde ich beim Schreiben des Buches jedoch immer freier und fröhlicher. Mir waren diese Überwinderkraft und der Sieg Jesu über die Werke des Teufels zuvor nie so bewusst gewesen. Doch eines Tages, während ich an den letzten Seiten des Buches schrieb, wurde mein Glaube nochmals besonders herausgefordert. Als ich morgens unser Haus verließ, sah ich mit Entsetzen, dass irgendjemand an unsere Hauswand mit großen Buchstaben folgende Aussage gemalt hatte: „Du wirst sterben!" Und darunter war ein Satansstern gemalt. Bis heute habe ich keinen blassen Schimmer, wer diese Schrift dort angebracht hat. Ich habe auch kein Interesse daran, es herauszufinden. Nachdem ich diesen Satz gelesen

---

180   Koch 1978.
181   Hutten 1997.
182   Rust 2007.

hatte, rief ich nur: „Satan, du bist der Vater der Lüge! Hau bloß ab!", und ich betete zu Jesus und dankte ihm für den Sieg in meinem Leben. Anschließend kramte ich aus meinem Keller einen Topf Wandfarbe hervor und überpinselte Loblieder singend diesen satanischen Verunsicherungsversuch.

Diese und andere persönlichen Erfahrungen der Überwinderkraft des Herrn haben in mir eine hoffentlich geistlich bewirkte Nüchternheit und diese innere Freiheit bewirkt. Es ist nicht nur eine Freiheit der gefalteten Hände, sondern auch der zupackenden, ausgestreckten und geöffneten Hände. Weil ich dem überführenden Wirken des Geistes Gottes vertraue, brauche ich mich nicht in quälenden Selbstbespiegelungen verlieren. Der Geist wird mir das offenbaren, was in meinem Leben nicht zu Gott passt. Er wird mich aber auch befähigen und ausrüsten, Anteil an der Kraft des Überwinders, des Auferstandenen zu haben. Ich versumpfe nicht in einer destruktiven Selbstanalyse oder Weltanalyse, ich lasse mich auch nicht durch die diabolischen Kunststücke und Paukenschläge in meinem Widerstand leiten, sondern durch das Reden des Geistes, der mir den gekreuzigten, auferstandenen und wiederkommenden Herrn vor meine inneren Augen malt.

4. Der Geist der Freiheit –
Neugeburt und Geisterfüllung

Es ist windig an diesem besonderen Tag. „Was geschieht hier eigentlich?" Diese Frage bewegt mich immer wieder neu, wenn ich erlebe, wie Menschen vor der Taufe ihren Glauben an Jesus Christus bekennen. Wir stehen mit einigen Hundert Menschen am Strand des Heidbergsees in Braunschweig. Im Sommer haben wir die Tauffeiern gern in einem öffentlichen Gewässer. Die Sonne scheint und der Wind bewegt nicht nur das Wasser im See, sondern er berührt auch unsere Körper. Er umgibt uns und bewegt uns. Ich denke an das Wirken des Geistes, der in der Bildsprache der Bibel als Wind, Hauch oder Atem Gottes bezeichnet wird. Fast spielerisch und dann auch wieder geradezu stürmisch erlebe ich dieses Wirken.

Die 22 Menschen, die sich heute taufen lassen, stehen vor mir. Zum Zeichen der reinigenden und erlösenden Kraft Gottes sind sie gekleidet in weiße Gewänder. Jeder von ihnen hat seine Geschichte mit Jesus, eine Geschichte der Befreiung zum Leben. Da ist die junge Frau, die davon berichtet, dass sie in tiefer Drogensucht gefangen war und sich auf die Suche nach Gott gemacht hat. Doch jetzt bekennt sie: „Ich habe überall gesucht. Ich war in den verschiedenen Kreisen, aber bei diesem Jesus habe ich ein neues Leben gefunden. Er hat mich befreit von meiner Sucht. Er hat mir Frieden und eine Freude gegeben, die ich kaum in Worte fassen kann. Ich will in dieser Taufe bezeugen, dass ich ganz und gar zu ihm gehöre. So wie mich das Wasser umgibt, so werde ich mein altes Leben heute symbolhaft begraben sehen und ich werde leben in der neuen Kraft der Auferstehung!" Sie strahlt vor Freude und die Versammlung jubelt und klatscht. Einer nach dem anderen bezeugt mit eigenen Worten, dass Jesus der Herr des persönlichen Lebens geworden ist.

Da ist die ehemals moslemische Mutter mit ihrem 13-jährigen Sohn. Sie hatte sich bereits in ihrem Heimatland zu Christus bekehrt, nachdem sie heimlich in der Bibel gelesen hatte. Es war ihr jedoch nicht möglich, in ihrem Land die Taufe zu empfangen. Zudem musste sie fürchten, getötet zu werden, wenn sie in ihrem Dorf von Jesus als dem Erlöser sprechen würde. Mit einigen anderen flüchtete sie und verlor damit ihre Heimat und ließ auch ihre Familie hinter sich. Sie kann vor lauter Glück und Freude kaum Worte finden. Die Tränen laufen ihr übers Gesicht. Sie legt ihren Arm um ihren Sohn, der in der Zwischenzeit auch zum Glauben an Jesus gekommen ist. „Wir haben alles verloren, aber in Jesus haben wir alles gewonnen! Halleluja!"

Der junge Wissenschaftler, der neben ihr steht, berichtet davon, dass er sich lange dagegen gewehrt hat, in die Kirche zu gehen, aber seine Ehefrau hat nicht locker gelassen. Immer wieder hat sie ihn „mitgeschleift" in die Gottesdienste. Doch dann berührte ihn der Geist Gottes in einem Gottesdienst so stark, dass er nur noch in Tränen war. „Es fiel mir wie Schuppen von den Augen, dass ich meine Art der Erkenntnis zum Maßstab für Gottes Wirklichkeit machen wollte. Ich habe immer noch viele Fragen, aber ich bin von diesem Gott ergriffen, erkannt, überwältigt. Ich habe mich gesehen als Sünder, aber ich habe auch den erkannt, der für mich am Kreuz gestorben ist. Ich habe mich gesehen in aller Begrenzung des Lebens, aber ich habe auch den erkannt, der auferstanden ist und den Tod überwunden hat. Er hat mich gesehen und erkannt. Ich gehöre ihm und ich will mit dieser Taufe vor der sichtbaren und unsichtbaren Welt und vor euch allen hier bezeugen: Jesus lebt! Er ist mein Herr!" Einer nach dem anderen erzählt von dem, wie er Jesus kennengelernt hat und wie der Glaube das Leben verändert hat. Es sind nicht immer diese Krisen, durch die Menschen gehen müssen, um zu Jesus zu finden. Unter den Täuflingen sind auch einige Teenager, die in einem christlichen Elternhaus aufgewachsen sind und nun ihren Schritt in die Nachfolge Jesu mit der Taufe bezeugen.

In den letzten 10 Jahren durften wir über 500 Menschen taufen, die Gott in seine Freiheit berufen hat. Die Taufe ist nicht nur ein Zeugnis des Menschen, sondern sie ist auch ein kraftvolles Zeugnis des Heiligen Geistes an dem Menschen. In der Taufe berührt Gott sie in einer Weise, die immer individuell ist und doch auch etwas Klares und Festes in sich trägt. Es gilt die Zusage des Auferstandenen: „Wer glaubt und getauft ist, der wird gerettet werden. Wer aber nicht glaubt, der wird verurteilt werden" (Mk 16,16).

Im Anschluss an die Taufe treffen wir uns als Pastoren und Gemeindeleitung mit den Getauften und deren Taufpaten. In kleinen Gruppen nehmen wir uns für jeden Zeit und beten unter Handauflegung darum, dass Jesus diesen Menschen mit dem Heiligen Geist tauft und erfüllt. Dabei hören wir auch auf die inneren Weisungen des Geistes Gottes, wie wir für diese betreffende Person beten sollen. Oft beten wir um die Freisetzung bestimmter Geistesgaben, um die Erfahrung der Führung durch den Geist. Als ein weiteres Zeichen, dass Gott selber diese Ausgießung des Heiligen Geistes bewirkt, salben wir die Getauften mit Öl. Wir legen das Zeichen des Kreuzes auf ihre Stirn, sodass sie nochmals leiblich fühlen und sogar durch das wohlduftende Öl riechen können, dass Gottes Geist sie berühren und erfüllen möchte. Diese anschließende Segnung wird als etwas sehr Intensives und Gutes wahrgenommen. Darauf angesprochen antwortete kürzlich ein junger Mann: „Ich bin ganz voll mit Gott!"

In dem der Taufe zeitlich vorgeschalteten Taufunterricht (Katechumenat) werden nicht nur die Grundlagen der christlichen Glaubenslehre vermittelt, sondern auch die Frage des Zugangs zu einem Leben in dieser von Gott gewollten neuen Freiheit der Kinder Gottes bedacht. Wir sprechen über Buße, über die Rechtfertigung aus dem Glauben und das Taufgeschehen selber. Wir sprechen auch über den Empfang der Gabe des Heiligen Geistes und die Eingliederung in den Leib Christi, in die Gemeinde. Einige von denen, die an unseren Taufseminaren teilnehmen, haben eine starke Buße und Bekehrungserfahrung erlebt. Sie können diese Erfahrung auch deuten als eine vom Geist Gottes geschenkte Bewegung. Und dennoch empfinden sie es so und bekennen es auch, dass sie sich nicht sicher sind, ob sie die Gabe des Geistes schon empfangen haben. Andere wiederum können freudig davon berichten, wie sie ihre „Geistestaufe" erfahren haben und nun auch konsequenterweise die Wassertaufe empfangen möchten und zur Gemeinde Jesu gehören wollen. In der Segnung und Salbung, die wir jeweils nach dem Taufgeschehen vollziehen, geschieht so für den einen der erste, bewusste Empfang der Gabe des Heiligen Geistes, die wir auch „Taufe mit dem Geist" nennen können. Für einen anderen kann es so etwas sein wie ein erneutes Erfüllt-werden mit dem Geist Gottes.

Eines ist uns sehr bewusst: Es geht hier um ein Ineinandergreifen des Wirkens des Heiligen Geistes mit den menschlichen Reaktionen und Aktionen auf dieses Wirken Gottes. Der Geist Gottes führt zur Sündenerkenntnis, zur Buße und zum Bekenntnis: Jesus ist der Herr! Der Geist Gottes handelt in der Erfahrung der Rechtfertigung aus Glauben und in der Taufe selber. Der Geist Gottes erfüllt einen Menschen.

Und dennoch ist der Mensch ebenso in seinem verantwortlichen Handeln gefragt: Er kehrt um zu Gott; er geht in das Taufwasser; er bekennt seinen Glauben. Es geht bei diesem Weg um eine „eindeutige Korrelation von göttlicher Offenbarung und menschlicher Verantwortung, von Gottes Treue und menschlichem Vertrauen, von Gottes Anspruch und menschlichem Gehorsam."[183]

Die nachreformatorische Theologie hat die menschliche Verantwortung und die Bedeutung der menschlichen Partnerschaft weit zurückgewiesen, um ja nicht ein Mitverdienst, einen menschlichen Selbstruhm aufkommen zu lassen. Sie hat die aktive Rolle des menschlichen Subjekts auf eine passive Objekthaftigkeit reduziert. Auch die römisch-katholische Tauflehre, die das Taufsakrament im objektivistischem Sinn auffasst, so als ob die Gnade Gottes dem Täufling durch den Taufakt „eingegossen" werde, wird der menschlichen Verantwortung in diesem Initiationsgeschehen nicht gerecht.[184]

In evangelikalen Freikirchen und charismatischen oder auch pietistisch geprägten Gruppierungen finden wir allerdings auch die andere Form einer Einseitigkeit. Die reduktive Herausstellung der menschlichen Entscheidung, das vehemente Bestehen auf eine zuweilen ganz bestimmte Form einer solchen Entscheidung und die Betonung des subjektiv im Glauben antwortenden Menschen bergen in sich die Gefahr, das Wirken Gottes in der Kraft des Heiligen Geistes in diesem Prozess der Christwerdung zu übersehen. Martin Buber hat in seinem Buch „Zwei Glaubensweisen"[185] in scharfer und eindringlicher Weise auf die Tatsache hingewiesen, dass im hebräischen Denken Glauben immer auch das verantwortliche Handeln des Menschen voraussetzt. Es ist

---

183   Brunner 1964: 312.

184   „Die Angst vor dem katholischen Pelagianismus, der Werkgerechtigkeit, darf nicht dazu führen, dass wir den Personalismus, das heißt die Sicht, die immer das verantwortliche Personsein im Auge behält, verlieren." E. Brunner in: a.a.O.: 318.

185   Buber 1950.

eben nicht nur ein Führwahrhalten und ein Zustimmen zu theologischen Dogmen oder ein passives „An-sich-geschehen-lassen". Eine nur
zaghaft ausgeprägte Pneumatologie hat zudem dazu beigetragen, dass in
diesem Prozess des Gläubigwerdens vielfach nur einseitig das Wirken
Gottes durch das Wort und das Sakrament oder die Rolle des Menschen
hervorgehoben werden.

Wir fragen deshalb: Welche Funktion hat der Heilige Geist im Prozess
der Buße, der Erfahrung der Rechtfertigung aus Glauben, bei der Taufe?
Wie geschieht es, dass aus einem Gottsucher ein Gotteskind wird, das
sagen kann: „Nun lebe nicht mehr ich, sondern Christus lebt in mir!"
(Gal 2,20)? Was ist geschehen nach dem Pfingstereignis und der Predigt
des Apostel Petrus, wenn Lukas berichtet: „Als sie aber das hörten, ging's
ihnen durchs Herz und sie sprachen zu Petrus und den andern Aposteln:
Ihr Männer, liebe Brüder, was sollen wir tun? Petrus sprach zu ihnen: Tut
Buße und jeder von euch lasse sich taufen auf den Namen Jesu Christi
zur Vergebung eurer Sünden, so werdet ihr empfangen die Gabe des Heiligen Geistes" (Apg 2,37f; LU)?

4.1   Das evangelistische Wirken des Heiligen Geistes

Als eine erste Bewegung des Geistes kann man die zur Buße führende
Wirkung verstehen. D. Scheunemann markiert sie als „evangelistischen
Dienst des Heiligen Geistes".[186] Es muss so etwas geben, dass es einem
„durchs Herz geht" (Apg 2,37) und eine damit verbundene Selbst- und
Gotteserkenntnis, eine Buße. Oft habe ich mich gefragt, warum einige
Menschen unter einer Verkündigung zur Buße finden und andere nicht.
Es ist das gleiche Wort, die gleiche Veranstaltung – aber es braucht auch
diese Gnadenmomente.

Meine eigene Mutter berichtete mir von ihrer Bußerfahrung. Sie war
in einem nicht sonderlich frommen Elternhaus aufgewachsen, hatte aber
als junges Mädchen ein Haushaltsjahr in einer Pastorenfamilie gemacht.
Dort wuchs in ihr die Sehnsucht nach einer lebendigen Beziehung zu
Gott. Erst als sie Jahre später bei einer Zeltmission das Evangelium von

---

186   Scheunemann 1980.

Jesus kompakt hörte, öffnete der Geist Gottes ihr Herz. „Es war, als würden mir die Schuppen von den Augen fallen. Ich wusste es: Dieser Jesus ist für mich gestorben. Nur durch ihn werde ich leben können!"

Die Bewegung der Buße findet ihren Auslöser häufig auch in Krisenzeiten eines Menschen. Er wird durch Krankheit, Verlusterlebnisse oder andere Dinge konfrontiert mit der Endlichkeit seines Lebens. Diese Krisen und schmerzvollen Lebenspunkte sind auch Treffpunkte Gottes; sie werden zu Wendepunkten durch die Begegnung mit dem lebendigen Wort Gottes und dem Heiligen Geist. Es ist auch erklärlich, dass sich die Kirchen füllen, wenn eine Naturkatastrophe oder eine öffentliche Katastrophe die Menschen an ihre Ohnmacht und Endlichkeit erinnern. Diese Krisenzeiten führen Menschen das vor Augen, was die Bibel als einen Zustand des Totseins bezeichnet: „Ihr wart ungehorsam und wolltet von Gott nichts wissen. In seinen Augen wart ihr tot" (Eph 2,1). Nicht alle Menschen, die in der inneren Trennung und im Bruchgebiet der Sünde existieren, haben dieses Bewusstsein der Vergänglichkeit und des Totseins. Dieses biblische Urteil klingt in ihren Ohren anmaßend und wie eine Übertreibung. Die Menschen, die die Kirche als „tot in Sünden" bezeichnet, als „Nichtchristen" und „unerlöste Menschen", sie leben doch nicht schlecht, sie sind kreativ und erfolgreich. Wir müssen uns der Ungeheuerlichkeit der biblischen Aussage bewusst werden, um die Kühnheit der Behauptung „tot in Sünden" zu ermessen. Der Mensch kann sich selbst weder in diesem Totsein erkennen, noch sich aus dieser „Krankheit zum Tode"[187] selbst befreien.

Man muss kein Philosoph sein, um diese Todesstruktur des Lebens der Sünde zu erahnen. Jede Tageszeitung und viele TV-Talkrunden führen die Destruktionen des sündigen Lebens bildhaft aus. Die Widersprüchlichkeit des Lebens, in dem der Tod sich bereits meldet, kann der Mensch von sich aus nicht überwinden. Hierzu braucht er die gute Nachricht des Evangeliums von Jesus. Nur Gott selbst kann diesen Widerspruch überwinden in der Tat der Versöhnung in Christus. Men-

---

187   Unter diesem Titel veröffentlichte Sören Kierkegaard 1849 sein bemerkenswertes Werk, in dem er die Verzweiflung des sündigen Menschen beschreibt. Vgl. Kierkegaard 1969.

schen, die niemals bewusst mit den Grenzen des Lebens konfrontiert werden, Reiche und Gesunde, werden es nicht leicht haben, sich für Gott zu öffnen (vgl. Lk 1,53; 5,31; 6,24; 18,23). Wozu auch? Jesus schockiert seine Jünger mit der Aussage: „Ein Reicher hat es sehr schwer, in Gottes neue Welt zu kommen. Eher geht ein Kamel durch ein Nadelöhr, als dass ein Reicher in Gottes neue Welt kommt"(Mt 19,23–24). Nicht die pralle Lebenssuffizienz treibt Menschen zum Kreuz Jesu, sondern die Erfahrung der Sünde. An den Krankenbetten, an den Gräbern, in den Arbeits- und Sozialämtern und in den rastlosen Städten erfahren Menschen das ungezählte Leid, die himmelschreiende Ungerechtigkeit und ihre eigene Ohnmacht. Nicht alle rufen in dieser Not zu Gott; viele wissen auch nicht einmal, wie sie „rufen" sollten und wen sie da rufen sollten. Sie haben es nie gelernt zu beten. Doch oftmals sind es diese ersten Notseufzer zum Himmel, die der Geist Gottes bewirkt. Wie oft habe ich Menschen in dieser Verzweiflung und Ohnmacht beten hören! Wie oft durfte ich aber auch miterleben, wie gerade in diese Zerbrochenheiten die heilsame, versöhnende Gnade Gottes fließt!

Ich denke an die junge Frau, die mir und vielen in unserer Gemeinde schon aufgefallen war. Sie kam in der letzten Zeit immer öfter in die Gottesdienste, blieb aber meist nur kurze Zeit, war sehr unruhig und lief wieder aus dem Gottesdienstsaal. Eines Tages blieb sie jedoch bis zum Ende des Gottesdienstes und sie bat mich um ein Gespräch. Sie berichtete mir von ihrer brutalen Kindheit, von sexuellem Missbrauch, von Schlägen und Hunger. Im Heim kam sie auf die „schiefe Bahn", nahm schon als Kind ihre ersten Drogen zu sich. Die Hälfte ihres Lebens hatte sie inzwischen in Gefängnissen zugebracht. Ungezählte Therapien hatte sie abgebrochen und sie wurde als „untherapierbar" eingestuft. Nun schleppte sie sich von Tag zu Tag, Nacht zu Nacht durch die Straßen. Alkohol, Prostitution und Gewalt gehörten zu ihrem Alltag. „Gibt es für mich noch eine Hoffnung, Herr Pastor? Kann dieser Jesus, von dem Sie da immer erzählen, mich aus meinem Sumpf noch herausholen?" Sie schluchzte und auch mir kamen die Tränen. „Ja, wenn es jemand kann, dann ist es Jesus", sagte ich ihr entschlossen. Wir knieten uns nieder und beteten. Es war ein bewegender Moment, in dem diese junge Frau in aller Offenheit und Ehrlichkeit Jesus ihr ganzes verpfuschtes Leben ans Kreuz brachte, um Vergebung bat und um ein neues Leben. Sie erlebte eine radikale Bekehrung. Der Geist Gottes erfüllte sie mit Frieden und Freude. Sie wurde ohne medizinisch-therapeutische Hilfe völlig frei von ihrer Sucht. Heute ist sie eine Mitarbeiterin in einer christlichen diakonischen Einrichtung und hilft vielen jungen Menschen. Wenn der Teufel uns aufs Kreuz legen will, dann kann der Geist Gottes uns dadurch zum Kreuz Jesu führen. Für diese Wahrheit steht das Heer derer, die an diesen leidvollen Kreuzungen des Lebens eine Lebenswende erfahren haben.

Das evangelistische Wirken des Geistes ist ohne die Verkündigung des Evangeliums von Kreuz und Auferstehung allerdings nicht möglich. Der Geist Gottes kann Menschen auf den unterschiedlichsten Wegen begleiten und wachrütteln und sie so aufsuchen. Er kann nicht nur das Leiden und die Not nutzen, um Menschen zu wecken für die Wahrheit des Evangeliums. Auch die erfahrene Wohltat, das durch Gottes Gnade gewirkte Lebensglück, kann für Menschen ein Anknüpfungspunkt für eine Lebenswende hin zu Gott werden. Der Geist Gottes schockt und blockt, aber er lockt auch. „Seht ihr nicht, dass gerade diese Güte euch zur Umkehr bewegen will?" (Röm 2,4). Das evangelistische Werben des Geistes zu einer Umkehr zu Gott setzt eben nicht nur bei den Defiziterfahrungen des Lebens an, sondern zuweilen auch bei den Überflusserfahrungen oder auch bei der Neugier und dem Wissensdurst der Menschen (vgl. Apg 17,16ff).[188]

Vor einigen Jahren kam Erwin in unseren Gottesdienst. Er kam als Spätaussiedler nach Deutschland. Zwar hatte er mit Gott „nichts am Hut". Stattdessen war er bekannt als ein ziemlicher Lebemann, berüchtigt für seine flotten Sprüche. Aber irgendwann hatte er sich einmal zu einem Stoßgebet hinreißen lassen. „Gott, wenn du es möglich machst, dass meine ganze Familie nach Deutschland kommt, dann gehe ich auch einmal in eine Kirche und sage dir Dank!" So hatte Erwin Gott „angerufen". Nun waren alle aus seiner Familie in Deutschland angekommen. Konsequenterweise kam er in unseren Gottesdienst und hörte das Evangelium. Später bezeugte er es auf seine ihm eigene Weise: „Komme ich in Kirche, fühle ich Ziehung. Weiß ich: Ich muss mich bekehren!" Mit die-

---

188   Hier knüpft Paulus in seiner evangelistischen Rede an, wenn er sagt, dass Gott von suchenden Menschen zu „tasten", zu finden ist (Apg 17,27).

ser „Ziehung" bezeichnete er treffend das lockende Einladen des Vaters im Himmel in der Kraft des Heiligen Geistes (vgl. Joh 6,44).

Der Geist drückt nicht auf die menschliche Seele, sondern es ist eher ein Ziehen, ein Locken, ein Einladen, das diesen Vorgang der Umkehr einleitet. Dieses einladende Wirken des Heiligen Geistes kann sowohl das Glück als auch das Unglück des Menschen als einen Anknüpfungspunkt zu dieser großen Initiation[189] des neuen Lebens nehmen. Immer wird der Geist Gottes dabei auf das Geschehen von Kreuz und Auferstehung hinweisen, an den Ort, wo diese Wandlung ermöglicht wurde. Es geht bei diesen anknüpfenden Gotteserfahrungen nicht nur um bloße Lebenshilfe, sondern um eine die Existenz verwandelnde Erkenntnis. In einer nichtchristlichen Kultur geschieht dieses anfängliche Werben des Geistes auch nicht immer durch die Predigt in einer Kirche oder im Rahmen einer christlichen Veranstaltung. Der Geist Gottes kann ebenso zunächst durch ein außergewöhnliches Eingreifen, ein Wunder, den Menschen sensibel und wach machen für seine Beziehung zu Gott. In der Kraft des Heiligen Geistes geschehen Heilungen, auch ohne dass ein Mensch konkret darum gebetet hat. Heilungen und unerklärliche Wunder sind vorausgehende Gnadenbeweise der überfließenden Barmherzigkeit Gottes. Man denke an die Heilung der zehn Aussätzigen. Nur einer von ihnen kommt in Dankbarkeit zurück zu Jesus. Ihm bestätigt Jesus, dass er durch den Glauben gerettet ist. Die anderen neun haben allerdings auch eine körperliche Heilung erlebt, aber kein Heil empfangen (vgl. Lk 17,11–19). In dieser Weise sind auch Offenbarungen zu deuten, die Nichtchristen durch Träume oder Visionen empfangen können und die auf Jesus hinweisen.

---

189   Der Begriff „Initiation" wird häufig in Verbindung gebracht mit der Taufe. Initiation bezeichnet die Einführung eines Außenstehenden (eines Anwärters) in eine Gemeinschaft oder seinen Aufstieg in einen anderen persönlichen Seinszustand. Vgl. hierzu: Kasper; Kothgasser; Biesinger 2008. Ich verwende „Initiation" nicht nur im rituellen oder sakramentalistischen Verständnis, sondern als Oberbegriff für die aus unterschiedlichen Bewegungen des Geistes bestehenden Elemente der Christwerdung: Buße, Glaube, Taufe, Geistempfang und Eingliederung in die christliche Gemeinde.

Während einer missionarisch-evangelistischen Woche kam eines Abends ein junger Mann in die Versammlung. Wir hatten unsere Räumlichkeiten als eine Teestube umgestaltet, um dort mit Menschen ins Gespräch über das Evangelium zu kommen. Der Mann stellte sich vor und ließ uns wissen, dass er Moslem sei. „In der letzten Nacht habe ich geträumt von jemandem, der einen Kranz mit lauter Dornen auf dem Kopf hatte. Er blutete, aber er sah mich an und sagte dann: ‚An mir entscheidet sich dein Leben. Geh zu diesen Leuten dort am anderen Ende der Straße. Sie werden dir sagen, wer ich bin.' Als wir ihm dann von Jesus erzählten und aus der Bibel von der Kreuzigung Jesu vorlasen, kam er zu einer tiefen Sündenerkenntnis und empfing die Vergebung seiner Sünden. Wenig später ließ er sich taufen und wurde zu einem Nachfolger Jesu. Der Geist Gottes kann Menschen direkt aufrütteln, ansprechen und sie auf Jesus Christus hinweisen. Das kann durch solche Auditionen oder nächtliche Offenbarungen geschehen.

Ebenso kann der Einsatz der Geistesgaben dazu dienen, dass Menschen berührt oder von ihrer Sünde überführt werden (vgl. Apg 3,1ff; 5,12; 1Kor 14,24–25). Gern denke ich an einen Missionseinsatz zurück, den ich vor einigen Jahren in Frankreich leitete. Wir waren auf dem Marktplatz der Stadt und sprachen Menschen an. Diejenigen unter uns, die in der französischen Sprache nicht fließend waren, beteten am Rande des Marktplatzes für die Menschen. Ich sah, wie mein französischer Pastorenkollege schon eine ganze Zeit mit einem jungen Mann im Gespräch war, und betete für diesen Mann. „Er ist seit vielen Jahren arbeitslos. Ich werde ihm in den nächsten Tagen Arbeit geben." Dieser Gedanke kam so klar in mein Herz, dass ich etwas erschrocken war. War es die Stimme des Geistes Gottes, ein prophetischer Impuls? Schließlich fasste ich mir ein Herz und ging auf die beiden zu. Mein französischer Pastorenkollege sprach gut Deutsch und ich erzählte ihm von diesem Impuls. Sogleich fing er an zu strahlen. „Wir unterhalten uns hier schon seit einiger Zeit über die fürchterliche Arbeitslosigkeit. Dieser Mann hat mir gesagt, dass er nicht mehr an Gott glauben kann, weil er seit vielen Jahren keine Arbeit mehr findet und sich nutzlos vorkommt." Mein Kollege gab diesen Impuls an den Mann weiter. „Vielleicht ist es ein Impuls von Gott", sagte er. „Wir werden es sehen! Wenn Sie in drei Tagen Arbeit bekommen haben, dann kommen Sie bitte und berichten es uns. Wenn

nicht, dann kommen Sie bitte auch, dann wollen wir in unserer Gebetsversammlung für Sie beten." Es war eine große Freude, als der junge
Mann nach drei Tagen unseren Versammlungsraum betrat und ausrief:
„Euer Gott hat es wirklich getan! Ich habe Arbeit. Erzählt mir von diesem Jesus!" Aus solchen Erfahrungen sollte man nicht ableiten, dass Gott
jedem Menschen Arbeit und Brot gibt. Für diesen jungen Mann war es
jedoch die Sprache der Liebe Gottes, die er am besten verstehen konnte.

Die mitfolgenden Zeichen und Wunder gehören in dieses evangelistische Wirken und Einladen des Heiligen Geistes ebenso wie die Verkündigung des Evangeliums.

> „Geht hinaus in die ganze Welt und verkündet allen Menschen die rettende
> Botschaft. Denn wer glaubt und getauft ist, der wird gerettet werden. Wer
> aber nicht glaubt, der wird verurteilt werden. Die Glaubenden aber werde ich
> durch folgende Wunder bestätigen: In meinem Namen werden sie Dämonen
> austreiben und in unbekannten Sprachen reden. Gefährliche Schlangen und
> tödliches Gift werden ihnen nicht schaden, und Kranke, denen sie die Hände
> auflegen, werden gesund" (Mk 16,15–18).

Dieses Wort Jesu wird durch die Berichte in der Apostelgeschichte und
auch durch gegenwärtige Erfahrungen wie die hier geschilderten bestätigt. Die mitfolgenden Zeichen und Wunder sind nicht etwa durch den
Hinweis auf den „unechten Markusschluss" vom Tisch zu fegen.[190] Dann
müsste man noch mehr „fegen", z. B. in der Apostelgeschichte und in der
gesamten Kirchengeschichte, der Geschichte der geistlichen Erweckungen bis in unsere Zeit. Der „Besen", der einzig und allein aus historisch-
kritischen Borsten besteht, ist zu dünn, um das Wort Gottes damit zu
durchforsten.[191] Dabei ist nicht nur an die mitfolgenden „Zeichen und
Wunder" zu denken, sondern auch an die Verkündigung des Evangeliums. Der Apostel Paulus bekennt: „Was ich euch sagte und predigte,

---

190 Siehe hierzu die gute Zusammenstellung: *www.efghohenstaufenstr.de/
     downloads/bibel/bk_markusschluss.pdf.*

191 Um einen interdisziplinären Zugang zu dem Thema bemühen sich u. a.:
     Ritter; Albrecht 2007. Die Bedeutung der mitfolgenden Zeichen und Wun-
     der wird in der evangelikal-charismatischen Literatur hervorgehoben. Sie-
     he hierzu: Wimber; Springer 1982.

geschah nicht mit ausgeklügelter Überredungskunst, durch mich sprach Gottes Geist und wirkte seine Kraft" (1Kor 2,4). Der Geist ist es, der die Welt von Sünde überführt (Joh 16,8–9). Der Glaube basiert nicht auf einer Erkenntnis, die allein durch vernünftiges Argumentieren und aufgrund wissenschaftlicher Logik überzeugend wirkt. E. Brunner widmet sich dem Unterschied zwischen Erkenntnis und Glaube in seiner Erlösungslehre und summiert:

> *„Glaube ist die ihrem Gegenstand entsprechende Erkenntnis. [...] Er ist nicht Erkenntnis von der Art des Verstehens. Er kommt ja nur an der Grenze des Verstehens zustande, wo wir zwar uns als verantwortlich wissen, aber nicht verstehen, woher der Ruf, der uns verantwortlich macht, kommt. [...] Diese Erkenntnis ist auch darin von besonderer Art, dass sie nur durch die Selbsterkenntnis, dass ich ein Sünder bin, hindurch gewonnen werden kann, und dass sie im Gegensatz zum sonstigen Erkennen nicht allgemeiner Art, sondern streng persönliche Mitteilung ist, dass sie nur in der Du-Form vernommen und ausgesprochen werden kann. Es ist also viel eher Entgegennahme einer Mitteilung als ein Erkennen, in der ein anderer mir das Geheimnis, das nur er wissen kann, mitteilt."*[192]

Die evangelistische Verkündigung, die gleichsam in einer wissenschaftlich nachvollziehbaren Beweisführung erfolgt, trifft nicht den Kern der Sache.[193] Wohl ist der Dialog mit den naturwissenschaftlichen Fragestellungen zu suchen und das interdisziplinäre Gespräch kann hierbei die Zielrichtung des Evangeliums verdeutlichen. Der Heilige Geist setzt in seiner Überzeugungskraft jedoch nicht nur beim Denken des Menschen an, sondern bei seinem Inneren, bei seinem Herzen. Dieses vom Geist Gottes gewirkte Erkennen ist nicht nur kognitiv, sondern es wandelt die Existenz. Es ist ein Ergriffenwerden, ein Überwältigtsein, ein Berufenwerden und Erkanntsein. Subjekt und Objekt des in der Wissenschaft

---

192   Brunner 1964: 293–294.

193   „Darum lehnt der Glaube jede Beweisführung als eine Anmaßung des selbstherrlichen Menschen, als die Zumutung, Gottes Herrsein jener abstrakten Es-Welt ein- und unterzuordnen, *a limine* ab" (a.a.O.: 299).

sonst üblichen Erkenntnisweges werden geradezu ausgewechselt. Der vom Geist Gottes Ergriffene ist der von Gott erkannte Mensch.

Eine solche Erkenntnis ist allerdings nicht geschichtslos. Sie führt immer an den zentralen Punkt der Bekehrung, an den historischen Ort von Kreuz und Auferstehung Jesu. Der Heilige Geist wirkt dadurch Sündenerkenntnis und öffnet den Mund zum Sündenbekenntnis als ersten entscheidenden Schritt des Menschen im Prozess der Initiation. Der Geist ruft zum Kreuz und zur Auferstehung Jesu Christi. Welche der unterschiedlichen Bedeutungen dieses zentralen Christusgeschehens für den suchenden Menschen zuerst wichtig werden, ist dabei nicht einheitlich. D. Scheunemann zeigt die Bedeutung als Stellvertretung (1Petr 2,24; Joh 1,29; Jes 53,4f) und Rechtfertigung (Röm 3,23–28; 5,18; 2Kor 5,21) als besonders relevant auf, wenn es um das zur Buße führende Wirken des Geistes in der moslemischen Welt geht.[194] In der westlichen postmodern geprägten Kultur ist das Kreuz als Versöhnungsgeschehen (Röm 5,1; 2Kor 5,19) und als Erlösung (1Petr 1,18f) ansprechend. Religiös-ethisch engagierten Menschen schließt der Heilige Geist das Geheimnis der erneuernden Kraft des Kreuzesgeschehens auf (Röm 6,4–11; Gal 2,19f). Leidenden und Kranken eröffnet er die heilende Macht des Kreuzesgeschehens Jesu (Jes 53,4–6). Belasteten und Gebundenen erschließt sich die reinigende und befreiende Bedeutung von Kreuz und Auferstehung (1Joh 1,7; Hebr 9,22; Kol 2,14f; Eph 6,10–12).

Das vom Geist Gottes gewirkte Erkennen und Erkanntsein wiederum führt zur Frage, was menschlicherseits zu tun ist. „Tut Buße!" Dieser Aufruf verdeutlicht, dass die Umkehr immer auch eine menschliche Seite hat. Der vom Geist Gottes getroffene und betroffene Mensch wird aufgefordert, umzukehren und umzudenken. Der Begriff „Bekehrung" nimmt die Korrelation von göttlicher Offenbarung und Überführung und menschlicher Verantwortung auf.

Das AT kennt als zentralen Begriff der Umkehr *schub* im Sinn einer menschlich bewussten Abkehr vom bisherigen Weg und der Umkehr zu Gott. Im NT finden zwei Begriffe beim Bekehrungsgeschehen Anwendung. *Epistrephein* betont die sich Gott zuwendende Bewegung; *meta-*

---

194   Scheunemann 1980: 17.

noia kann umfassender die bewusste Abkehr des Menschen, eine Verwandlung bezeichnen. Es geht dabei nicht nur um etwas Moralisches und Negatives, sondern um einen „Totalakt der Person, die sich vom Bisherigen, Eigenen, ab- und Gott zuwendet."[195]

4.2   Die Erfahrung der Rechtfertigung aus Glauben

„Ich habe mich bekehrt. Ich bin zum Glauben gekommen", erklärte mir mein damals zehnjähriger Sohn Martin. Er war auf einer Jungschar-Freizeit gewesen. Dort hatte der Leiter zu einer Entscheidung für ein Leben mit Jesus aufgerufen, also: zu einer Bekehrung. Schnell holte Martin seine kleine Bibel aus dem Rucksack und schlug Johannes 1,12 auf. „Da steht es doch: ‚So viele ihn aber aufnahmen, denen gab er das Recht, Kinder Gottes zu werden.' Das habe ich getan. Ich habe Jesus aufgenommen!" Die Freude war groß und wir dankten Gott! Diese Entscheidung war für unseren Sohn wohl die wichtigste Entscheidung seines Lebens.

Wir erkennen aber auch, wie hier die biblischen Begriffe der Bekehrung – sprich *metanoia* – und des Glaubens in einem Atemzug genannt und auch in einer zeitlichen Dichte erfahren wurden. Die Buße führt allerdings nicht zwingend zu dem, was wir *Initiation* oder auch *Wiedergeburt* nennen. Buße kann in der Regel zu dem führen, was wir in der protestantischen Theologie als „Rechtfertigung aus Glauben" kennzeichnen. Wobei auch hier die Füllung dieser Begrifflichkeit ein breites Spektrum der Christwerdung bezeichnen kann.

In welcher zeitlichen Folge sind Buße, Glaube, Taufe, Geistempfang zuzuordnen? Sind sie überhaupt zuzuordnen im Sinn einer Heilsordnung, einer *Ordo Salutis*?[196] Handelt es sich bei der christlichen Grunderfahrung nicht um einen Vorgang, bei dem zwar unterschiedliche Elemente benannt und erfahren werden können, bei dem jedoch der Geist Gottes diese Elemente zu einer Einheit zusammenfügt? Am Ende dieses Prozesses steht das Bekenntnis: „Wir haben alle denselben Geist empfangen und gehören durch die Taufe zu dem einen Leib Christi, ganz gleich,

---

195   Brunner 1964: 174.

196   Zum Begriff „Heilsordnung" siehe: Köberle 2000: 190ff.

ob wir nun Juden oder Griechen, Sklaven oder Freie sind; alle sind wir mit demselben Geist erfüllt" (1Kor 12,13).

Das Bemühen, diesen Prozess der Initiation in eine bestimmte Heilsordnung zu bringen, kommt dem Bedürfnis der Menschen nach, diesen Prozess besser zu verstehen und ggf. auch zu kontrollieren. Die Festlegung der Ordo Salutis hat zu Trennungen und Verurteilungen in der Kirchengeschichte geführt. Die in der calvinistisch-reformierten Tradition begründete Prädestination, welche die Erwählung des Menschen als Voraussetzung für den Glauben postuliert, wird von großen Teilen der evangelischen Christenheit so nicht gesehen. Die Erwählung Gottes wird hier vielmehr darin deutlich, dass ein Mensch sich bekehrt und zum Glauben findet. Erwählung ist nicht Voraussetzung, sondern eine folgende Erkenntnis, die aus dem Glauben kommt. Diese unterschiedlichen „Platzanweisungen" des Ortes der Buße und des Glaubens haben dazu geführt, dass Christen einander ihren Glauben absprachen. Ähnlich verhält es sich auch mit der Reihenfolge von Glaube und Taufe (Baptismus) oder von Glaube und Geistempfang (Pfingstbewegung).

Es mag eigentümlich sein, dass ein baptistischer Theologe die Relativität dieser Ordnungsversuche der christlichen Grunderfahrung betont. Es ist mir wichtig, dass aus der Sicht der Pneumatologie die verschiedenen Elemente der christlichen Initiation miteinander korrespondieren und aufeinander bezogen sind. Ich selbst kann aus dem Studium der neutestamentlichen Schriften zwar nur zur der Erkenntnis gelangen, dass der Glaube eines Menschen bei seiner Taufe vorausgesetzt wird, ich kann aber nicht ausschließen, dass auch bei einer Säuglingstaufe Gottes Gnadenwirken und somit die Wirksamkeit des Heiligen Geistes gegeben ist. Dennoch halte ich die Taufpraxis, bei welcher der Täufling seinen eigenen Glauben bekennt, für die Praxis, die dem biblischen Zeugnis am meisten entspricht.[197] Wenn ich jedoch erkenne und wahrnehme, dass die Gabe des Geistes auch Menschen gegeben ist, die nicht diese

---

[197] „Wie immer die Frage beantwortet werden möge, ob es in neutestamentlicher Zeit Säuglingstaufe gegeben habe oder nicht – eines ist über allen Zweifel erhaben, dass die Tauflehre des NT nicht an der Säuglingstaufe, sondern an der Erwachsenentaufe orientiert ist und die Taufgnade nie vom empfangenden Glauben trennt." E. Brunner in: Brunner 1964: 306.

Art der Taufe empfangen haben, so komme ich zu dem Schluss, dass die Praxis der Taufe nicht ausschlaggebend ist, ob ein Mensch zum Leib Christi dazukommt. Die ökumenischen Gespräche über das konfessionelle Taufverständnis[198] sind notwendig und zu begrüßen, sollen jedoch an dieser Stelle nicht weiter kommentiert werden. Die Überlegungen zu einer Ordo Salutis sind hilfreich, um die einzelnen Elemente der christlichen Grunderfahrung zu kennzeichnen, aber sie sollen nicht zu einer Trennung im Leib Christi beitragen.

Das theologische Nachdenken über das „Zum-Glauben-Kommen" wird durch die differenzierte Begrifflichkeit der neutestamentlichen Texte bereichert. Der anhaltende Dialog über das Verhältnis von „Rechtfertigung aus Glauben" und „Wiedergeburt" zeigt, dass beide im NT vorkommenden Begriffe unterschiedliche Vorstellungen bei diesem einem grundlegenden Element der Christwerdung betonen. Die reformatorische Rechtfertigungslehre unterscheidet Rechtfertigung und Wiedergeburt nicht.[199] Der zentrale Begriff des Pietismus und der Erweckungsbewegungen der Neuzeit ist hingegen die Wiedergeburt, welche wiederum die Rechtfertigung aus Glauben beinhaltet oder voraussetzt.

---

198   Dialoge über die Taufe hat es zwischen Baptisten und Reformierten (1973–1976) sowie Lutheranern und Baptisten (1986–1989) gegeben (vgl. Geldbach 2004: 92–111). Die Mennonitische Weltkonferenz ist seit 2012 über die Bedeutung der Taufe im Trialog mit dem Lutherischen Weltbund sowie dem Vatikan. 1982 wurden vom Ökumenischen Rat der Kirchen (ÖRK) die Lima-Texte zu „Taufe, Eucharistie und Amt" verfasst, in denen Gläubigen- und Säuglingstaufe dialogisch aufeinander bezogen werden. In der aktuellen ökumenischen Diskussion in Deutschland wird der alle Christen verbindende Charakter der Taufe betont (Charta Oecumenica 2003; Konvergenzdokument „Voneinander lernen – miteinander glauben" 2009). In einer Erklärung zum Kirchenverständnis, die 2006 auf der 9. Vollversammlung des ÖRK verabschiedet wurde, heißt es: „Durch Gottes Gnade macht die Taufe sichtbar, dass wir zueinander gehören, auch wenn einige Kirchen noch nicht in der Lage sind, andere als Kirchen im vollen Wortsinn anzuerkennen." Dabei wird der Brückenschlag auch zu denjenigen Christen versucht, die keine Glaubenstaufe praktizieren. Die Kompromissformel lautet: „das gemeinsame Grundmuster einer in der Taufe gründenden christlichen Initiation".

199   Vgl. hierzu: Cremer 1907.

Das Wort „Wiedergeburt" (griech. *palingenese*) bzw. „Neugeburt"
(griech. *anagenese*) kommt nicht so häufig in den neutestamentlichen
Texten vor. Eine Wiedergeburt im Sinn einer Reinkarnation ist hier
nicht gemeint, sondern ein neues Geborenwerden des Menschen „von
oben" (Joh 3,3). Diese ist nicht nur punktuell und individualistisch zu
verstehen, sondern sie wird als Anteilnehmen der kosmisch-universa-
len Neugeburt der Welt verstanden. Sie ist nach den apokalyptischen
Texten bei Daniel mit dem Kommen des Menschensohnes verbunden
(Dan 7; vgl. Mt 19,28), der diese Welt richten wird. Die klassische Stelle
Tit 3,5–7 erläutert Wiedergeburt als eine „Erneuerung aus dem Geist"[200]
und beschreibt damit die Tauferfahrung des Glaubens: „Nach seiner
Barmherzigkeit machte er uns selig durch das Bad der Wiedergeburt
und Erneuerung des Heiligen Geistes, welchen er ausgegossen hat über
uns reichlich durch Jesus Christus, unseren Heiland, auf dass wir durch
seine Gnade gerecht und Erben seien des ewigen Lebens nach der Hoffnung" (Tit 3,5–7; LU). Wiedergeburt und Erneuerung geschehen aus
Gnade durch den Heiligen Geist, aufgrund der in Christus erschiene-
nen Barmherzigkeit des Vaters. Durch diese Erfahrung werden wir zu
Hoffnungsträgern, zu „Erben des ewigen Lebens".

Auch 1Petr 1,3f folgt diesem Gedankengang, betont jedoch die Auferstehung Jesu Christi von den Toten, die als Kraft der Neugeburt aktiv
ist: „Gelobt sei Gott, der Vater unseres Herrn Jesus Christus, der uns
nach seiner großen Barmherzigkeit wiedergeboren hat zu einer lebendigen Hoffnung durch die Auferstehung Jesu Christi von den Toten, zu
einem unvergänglichen und unbefleckten und unverwelklichen Erbe,
das aufbewahrt wird im Himmel für euch." Der geschichtliche Grund
der Wiedergeburt ist hier durch die Auferstehung Christi von den Toten
gegeben. Wird die Buße und Vergebung und Versöhnung im Prozess
der christlichen Initiation herausgestellt, so wird stärker auf die Heilsbedeutung des Kreuzestodes Christi verwiesen (Röm 4,25). Die erfahrene
Wirkung des Geistes beim Gläubigwerden ist somit eine doppelte: Es ist
die gnadenvolle Erfahrung der Vergebung der Sünde und der damit ver-

---

200 Erneuerung aus dem Geist (griech. *anakainosis*) kommt im NT zweimal
vor: Tit 3,5 und Röm 12,2.

bundenen Rechtfertigung durch Glauben, und es ist auch die Gnade der Neugeburt zu einer lebendigen Hoffnung durch die Einsetzung in das Erbe auf die Zukunft Gottes. „Die Vergebung der Sünden ist ein nach rückwärts gerichteter Akt. Der nach vorwärts gerichtete Akt der Rechtfertigung ist die Neuschöpfung des Lebens, die Erweckung der Liebe und die Wiedergeburt zur lebendigen Hoffnung."[201]

Die Rede von der Rechtfertigung aus Glauben darf nicht einseitig im Kreuzesgeschehen begründet werden, sondern hat die Auferstehungskraft als erneuernde Kraft der Wiedergeburt mit im Blick zu behalten. Sie ist auch eine pneumatologische Erfahrung und nicht nur ein akzeptierendes Zustimmen. Die Begrifflichkeit der Wiedergeburt weist zudem klar auf die eschatologische Dimension des Glaubens hin, auf das empfangene Erbe.[202] Der Glaubende wird vom Geist des Kreuzes und der Auferstehung ergriffen und durch ihn zu einer begründeten Hoffnung auf das ewige Leben wiedergeboren. Wird dieser Prozess als Rechtfertigung bezeichnet, so beschreibt er vorrangig den Buß- und Versöhnungsaspekt; wird er als Neugeburt bzw. Wiedergeburt gesehen, so kennzeichnet er stärker das Wirken des Heiligen Geistes. Beide Begriffe zielen auf die eine Grunderfahrung des „Zum-Glauben-Kommens" hin. Nur durch die Wirkung des Heiligen Geistes kann ein Mensch aus tiefstem Herzen bekennen: „Herr ist Jesus" (1Kor 12,3).

Wie aber soll diese Grunderfahrung des Glaubens beschrieben werden? Es wäre vermessen, die vielfältigen Erfahrungen hier auf nur einen Nenner bringen zu wollen. Da ist der Friede, der höher ist als unsere Vernunft (Phil 4,7), der das „unruhige Herz" zur Ruhe bringt und Heil (hebr. *schalom*) mit sich bringt; da ist die überschwängliche Freude und Lebensbejahung, die Liebe, die durch die erneuernde Kraft des Geistes ausgegossen ist in das menschliche Herz (Röm 5,5), und da ist auch die Hoffnung, die das Herz weit macht und Gottes unbegrenzte Möglichkeiten vor sich sieht. Schließlich ist da diese innere Gewissheit, die wir auch „Heilsgewissheit" nennen, welche durch die Perseveranz, die

---

201   Moltmann 1991: 163.

202   O. Weber weist darauf hin, dass die dogmatische Tradition diesen eschatologischen Charakter zu wenig berücksichtigt hat. Vgl. Weber 1962: 400f.

Beharrlichkeit, des inneren Zeugnisses des Geistes entsteht. Weil diese Neugeburt aus der Barmherzigkeit und Gnade Gottes kommt, bleibt sie beharrlich im Glaubenden verankert. Der Heilige Geist „versiegelt" die Kinder Gottes auf den Tag der Erlösung (Eph 1,13). J. Moltmann konstatiert: „Auch wenn man sich selbst verloren geht, geht man dem treuen Gott doch nicht verloren. Auch wenn man sich selbst aufgibt, gibt Gott einen nicht auf."[203]

Eine Heilsgewissheit, die sich eher als innerer Seelenfriede, eine unbewegliche Sicherheit oder als ein zweifelsfreier Raum versteht, ist nicht gemeint. Es ist eine innere Gewissheit, die als Geschenk Gottes an den menschlichen Geist zu deuten ist. „Gottes Geist selbst gibt uns die innere Gewissheit, dass wir Gottes Kinder sind" (Röm 8,16). Ein Gotteskind kennt auch Zweifel, Ängste und Anfechtungen (vgl 2Kor 4,7f; 6,4f). Es wird immer wieder neu zur Begegnung mit dem lebendigen Gott aufgefordert, um das Ziel der Vollendung zu erlangen. Es „jagt diesem Ziel nach, um es zu ergreifen" (Phil 3,12a), nicht weil der Glaube von Zweifeln zerstört ist, sondern weil der Glaube durch die Zweifel führt. Das Gotteskind ist „ergriffen" von Jesus Christus (Phil 3,12b).

Diese Wirkung des Heiligen Geistes, die zum Glauben führt, wird durch das innere Zeugnis des Heiligen Geistes bestätigt (Röm 8,16). Sie soll jedoch auch ein äußeres Zeugnis und Zeichen bekommen in der Taufe. „Wer glaubt und getauft ist, der wird gerettet werden. Wer aber nicht glaubt, der wird verurteilt werden" (Mk 16,15). Taufe und Glaube gehören zusammen. Die Taufe rettet nicht, sondern der Glaube bringt die Rettung. Die Taufe jedoch trägt und schützt den Glauben und sie markiert deutlich, dass der Glaube immer einbindet in die Gemeinschaft der Gläubigen, in die Ekklesia, die Gemeinde Jesu Christi. „Durch die Taufe wird das geistlich-personale Geschehen zugleich ein geistlich-soziales."[204]

Die Taufe ist keine Erfindung der Kirche, sondern eine Anordnung des Auferstanden. Die Taufe setzt auch nicht eine makellose Heiligung im Sinn einer eindeutigen christlichen Ethik voraus, sondern sie

---

203 Moltmann 1991: 170.
204 Brunner 1964: 311.

ermöglicht eine solche (vgl. Röm 6,1ff). Die Taufe signalisiert deutlich den Wechsel von einem Seinszustand in den anderen, vom Leben unter dem Gesetz des Todes zu einem Leben unter dem Gesetz des Geistes. Sie ist die sichtlich vollzogene und ganzheitlich erfahrene Berührung Gottes, das nasse, reinigende fühlbare „Ja" Gottes zum Menschen. Die Taufe ist neben dem Abendmahl wohl die ganzheitlichste Erfahrung der Nähe Gottes. Sie ist zugleich ein leuchtendes Signal an die sichtbare und unsichtbare Welt, dass der Täufling ganz unter dem Sieg und Schutz des dreieinen Gottes steht. Die Taufe erfolgt auf den Namen des Vaters, des Sohnes und des Heiligen Geistes (Mt 28,19). Sie geschieht im Auftrag und in der Kraft des dreieinen Gottes.

Die pneumatologische Dimension des Taufgeschehens wird in der dogmatischen Literatur zu wenig bedacht. Der Geist Gottes hat den Täufling schon den ganzen Weg bis hierhin im Blick gehabt, geführt, gelehrt. Er hat ihn zur Buße geführt und den Glauben gewirkt. Die Taufe ist nicht nur eine Antwort des Menschen, ein Akt des Gehorsams gegenüber dem Wort Gottes oder eine „Eintrittskarte in die Gemeinde Jesu". Die Taufe ist ein heiliger Moment, in dem Gott selbst in den äußeren Zeichen wirkt. Sie hat in diesem Sinne sakramentalen Charakter.

Ich bin immer wieder überrascht, wie intensiv diese Gottesnähe in der Taufe erfahren werden kann. Menschen erleben tiefe, ganzheitliche Berührungen Gottes durch den Geist. Wie viele habe ich bei der Hand gegriffen, als sie zitternd und schluchzend in das Taufwasser stiegen; aber mit einem Freudenjauchzer zog ich sie aus dem Wasser wieder hoch. Einige fingen spontan an zu singen, andere weinten vor Freude und Ergriffenheit. David Pawson, ein englischer Baptistenpastor, berichtete mir davon, wie bei der Taufe die Tätowierung eines jungen Mannes wie durch göttliche Hand abgewaschen wurde. Der Mann hatte sich in seinem „alten Leben" eine „Teufelsfratze" auf die Brust tätowieren lassen. Es war so, als ob Gott ihm während seiner Taufe auch eine neue Haut geschenkt hätte.

Immer wieder gibt es diese besonderen Momente in dem Taufgeschehen. Vor einiger Zeit taufte ich einen ehemals moslemischen Jugendlichen, der durch das Zeugnis seiner gläubigen Mutter zu Jesus gefunden hatte. Er hieß mit Vornamen Mohammed. Kurz vor dem Taufgeschehen befremdete es mich, nun einen Mohammed zu taufen. „Herr, ich möchte ihm einen Namen geben, den du für ihn hast. Was für ein Name kann das sein?", betete ich im Stillen. Sofort kam mir der Name „Daniel" in den Sinn. Als Mohammed nun im Taufwasser stand und ich meine segnende Hand vor der Taufe über ihn hielt, sprach ich es laut aus: „Mohammed, von heute an sollst du Daniel heißen – ich taufe dich auf den Namen des Vaters, des Sohnes Jesus Christus und des Heiligen Geistes!" Ich spürte, wie er berührt war und Tränen in seine Augen schossen. Auch seine Mutter, die im Gottesdienst in der vordersten Reihe war, hörte ich weinen. War es verkehrt gewesen, hier diesen Namen über ihm auszurufen? Nein, ich hatte mich nicht getäuscht. Es waren Tränen der Freude. Erst nach der Taufe berichtete mir die Mutter, dass sie ihren Sohn seit ihrer Bekehrung zu Jesus immer „Daniel" genannt habe. Ich als Täufer wusste davon jedoch nichts; aber ganz offensichtlich der Heilige Geist.

4.3   Der Empfang der Gabe des Heiligen Geistes

„Wann kommt es?" Ralph schaute mich erwartungsvoll an. Ich hatte ihm die Hände aufgelegt und darum gebetet, dass er mit dem Heiligen Geist getauft wird. „Herr Jesus Christus, du bist der, der uns mit dem Heiligen Geist tauft. Du siehst Ralph. Er hat dich von Herzen lieb. Er möchte mit dir ganz tief verbunden sein und sich von dir in den Dienst nehmen lassen. Bitte schenke ihm die Gabe des Geistes. Taufe du ihn mit dem Heiligen Geist!" So etwa lautete mein schlichtes Gebet, das ich über dem Jugendlichen sprach. Ralph war als Pastorensohn schon „lange mit Jesus unterwegs"; eigentlich konnte er noch nicht einmal sagen, wann und wie er sich bekehrt hatte. Vor einem Jahr ließ er sich taufen. Für ihn war es klar, dass Jesus für ihn ist und dass er ohne Jesus nicht leben möchte. Aber irgendwie spürte er ein Defizit, einen Mangel an Nähe. Seine Beziehung zu Jesus war anstrengend und geprägt von einigen Ritualen, die mehr einer frommen Gesetzlichkeit zuzuordnen sind als einem Ausdruck der Liebe.

Nun hatte Ralph das erste Mal davon gehört, dass es so etwas wie eine „Taufe im Heiligen Geist" gibt. Niemand hatte ihm zuvor davon erzählt und er hat auch keine biblische Orientierung dazu erhalten. Einige seiner Freunde hatten ihm berichtet, dass sie in einer charismatischen Jugendveranstaltung mit dem Heiligen Geist getauft worden seien. Sie erzählten Ralph von der neuen Freude, die sie empfangen hatten, und von der Erfahrung des Betens in Sprachen, von prophetischen Eindrücken und vielem anderen mehr. „Das ist Apostelgeschichte pur!", hatte ihm sein Freund Markus erzählt. Ralph wollte nun genau wissen, was er denn tun müsse, um diese „Taufe im Heiligen Geist" zu empfangen. Markus erzählte ihm davon, dass man sich am besten in einer der charismatischen Veranstaltungen segnen lassen sollte. „Die rufen dann auf, dass man nach vorne kommt, und sie legen einem die Hände auf den Kopf. Und dann kommt es. Ich habe es in dem Moment so erlebt, als würde jemand aus dem Himmel einen Eimer Segen über mich gießen. Mein ganzer Körper fing an zu prickeln und zu zittern. Es war, als ob jemand in mir das Licht angeschaltet hat. Ich fühlte mich unendlich leicht, fast so, als würde ich fliegen, und doch lag so etwas wie eine Schwere auf mir. Etwas, was mich auf den Boden zog, ohne dass es mich drückte. Es waren nur kurze Momente, die so intensiv waren. Als ich dann zurück zu meinem Platz ging, wusste ich, es war etwas mit mir passiert. An dem Abend konnte ich vor Freude kaum einschlafen. Ich ging noch einmal auf die Knie an meinem Bett und dankte Gott für diese tolle Erfahrung. Doch als ich betete, fehlten mir irgendwie die richtigen Worte, um Gott zu danken. Ich fing an zu singen. Allerdings kamen da Worte aus meinem Mund, die ich zunächst nur so dahingesungen habe. Doch dann merkte ich, dass ich jetzt in einer Sprache bete, die direkt aus meinem Herzen kommt; eine Sprache, die der Geist Gottes in mir gab. Je mehr ich in dieser Sprache betete und sang, umso mehr wurde ich mit Freude und einem tiefen inneren Frieden erfüllt. Es war so, als ob Jesus nicht mehr nur vor mir stand oder neben mir, sondern als ob er in mir war." Markus rang immer wieder um die richtigen Worte, sein Erleben an Ralph so weiterzugeben. „Das will ich auch", sagte dieser entschlossen.

Und so kam er nun in unsere Versammlung und wartete auf diesen „Eimer des Segens", der doch bei der Taufe im Heiligen Geist über einem ausgegossen werden sollte. Doch irgendwie wollte die Freude nicht aufkommen. „Ralph, Gott hat unser Gebet erhört!" sagte ich ihm. Der etwas verstört wirkende junge Mann erhob sich. Ich legte meinen Arm um seine Schulter und begründete meine Gewissheit mit einem Bibelwort: „Jesus hat gesagt: ‚Bittet Gott, und er wird euch geben! Sucht, und ihr werdet finden! Klopft an, und euch wird die Tür geöffnet! Denn wer bittet, der bekommt. Wer sucht, der findet. Und wer anklopft, dem wird geöffnet. Welcher Vater würde seinem Sohn denn eine Schlange geben, wenn er ihn um einen Fisch bittet, oder einen Skorpion, wenn er ein Ei haben möchte? Wenn schon ihr hartherzigen Menschen euren Kindern Gutes gebt, wie viel mehr wird der Vater im Himmel denen den Heiligen Geist schenken, die ihn darum bitten"' (Lk 11,9–13).

In diesem Moment fing Ralph herzzerreißend an, zu weinen. Er griff in seine Jackentasche und holte einen wunderschönen Glaskristall hervor. „Den habe ich gerade eben auf dem Weg in die Versammlung von einem Kronleuchter geklaut. Ich fand ihn so faszinierend. Aber ich habe ihn doch gestohlen!", sagte er. „Ja, Ralph, der Geist überführt dich weiter von Sünde. Er macht Platz für Jesus in deinem Herzen und in deiner Hosentasche! Bring den Kristall zurück und du wirst sehen, was der Geist Gottes weiter in deinem Leben wirkt!" Im Leben von Ralph schloss sich eine Woche an, in der eine Sache nach der anderen ans „Licht Gottes" gebracht wurde, aber mit jedem Tag wurde es heller in seinem Leben. Später berichtete er mir, dass auch er die Gabe der Glossolalie empfangen habe, als sie wenige Tage später gemeinsam im Jugendkreis beteten. Gott hat Ralph auch andere Gaben des Geistes geschenkt. Er ist ein tragender Mitarbeiter geworden.

Dieses ist nur eine von ungezählten Erfahrungen, wie der Empfang der Gabe des Geistes geschehen kann. Es wäre aber anmaßend, hierin die Grundlagen für eine Typologie des Geistempfangs zu sehen. Die Tatsache, dass bei Ralph dieses Getauftwerden im Geist erst ein Jahr nach seiner Wassertaufe geschehen ist, kann nicht zum Maßstab für andere gemacht werden. Ebenso wäre es anmaßend, wenn er seine massive Zeit der Reinigung und Sündenüberführung als etwas Schablonenhaftes für alle aufzeigen wollte, genauso wenig, wie Markus seine „Eimer-Erfahrung" zum Maßstab für andere machen kann.

In der klassischen Pfingstbewegung wurde der in der Heiligungsbewegung erstmals verwandte Begriff der „Geistestaufe"[205] im Sinn einer

---

205 Charles G. Finney (1792–1876) und andere Vertreter der Erweckungs- und Heiligungsbewegung, die am Oberlinseminar in Ohio/USA lehrten, verwandten den Begriff, um eine von Buße, Bekehrung und Wiedergeburt zu

„zweiten Erfahrung" (*Second Blessing*) nach der Bekehrung und Taufe angesehen, einer Erfahrung, die in der Regel mit dem Phänomen der Glossolalie verbunden ist. Theologische Vertreter der charismatischen Bewegungen in anderen konfessionellen Traditionen werden solche nachgerückten Erfahrungen der geistlichen Initiation vielfach nicht als eine „Geistestaufe" bezeichnen, sondern als ein neues „Erfülltwerden mit dem Heiligen Geist", eine „Geisterneuerung" oder „Geisterfahrung".[206] Sie können die Redeweise von einer „zweiten Segnung" oder einer „dritten Gabe"[207] nur als eine unzulässige Infragestellung der geistlichen Wirkungen der Buße, des Glaubens und der Taufe deuten.

Im Gegensatz zur Pfingstbewegung[208] verankern andere kirchliche Traditionen diese Erfahrung in der Taufe oder einer Firmung. In der katholischen Kirche wird die Firmung als Vollendung der Taufe gesehen. Taufe, Eucharistie und Firmung sind in der katholischen Lehre die drei Sakramente der christlichen Initiation.[209] Die Firmung wird als Gabe der Kraft des Heiligen Geistes an den Gläubigen verstanden. Nachdem der Firmling sein Taufversprechen erneuert hat, breitet der Firmspender, in der Regel der Bischof, die Hände über dem Firmling aus und betet um die Herabkunft des Heiligen Geistes und die Vermittlung der Gaben des

---

unterscheidende heiligende Erfüllung mit dem Geist Gottes zu beschreiben.

206   Die Katholische Charismatische Erneuerung verwendet den Begriff der „Geist-Erfahrung" (Baumert 1987: 36f.). In der Geistlichen Gemeinde-Erneuerung der Evangelischen Kirche finden wir den Ausdruck „Geisterneuerung" (Kopfermann 1983: 17).

207   In den Pfingstbewegungen wurde schon bald die Redeweise vom „Second Blessing" aufgenommen. Zur Geschichte der Pfingstbewegung legt P. Schmidgall eine umfassende Studienausgabe vor (Schmidgall 2012). H. Berkhof spricht von einer „dritten Gabe", welche nach der Erfahrung der Rechtfertigung und der Wiedergeburt zu einer umfassenden Freisetzung der Charismen führt. Er bemängelt allerdings die in den Pfingstkirchen zu einseitige Konzentration auf die Gabe der Glossolalie (Berkhof 1968: 96–106).

208   Vgl. Krust, Christian Hugo: Geistestaufe. In: Hollenweger 1971: 174–182.

209   Die Geistestaufe ist eine „Aktivierung des Firmsakramentes". H. Mühlen in: Mühlen 1974: 232. Vgl. Amougou 2001.

Geistes. Papst Paul VI. führte hierzu 1971 die pneumatologische byzantinische Segensformel als verbindlich ein „Sei besiegelt durch die Gabe Gottes, den Heiligen Geist." In der orthodoxen Tradition wird eine solche Firmung schon bei der Taufe vorgenommen, allerdings auch als ein von der Taufe eigenständiger sakramentaler Vorgang im Sinn einer Salbung. Katholische Charismatiker verstehen die Geistestaufe dementsprechend häufig als „Firmerneuerung".[210]

Die Kirchen der Reformation, welche die Säuglingstaufe praktizieren, haben diese Firmung im Sinn einer bewusst erfahrenen „Geisteinflößung" als Sakrament nicht weitergeführt, sondern sie erbitten die Gabe des Geistes bei der Taufe. Die gleiche Zuordnung wurde in den klassischen evangelischen Freikirchen vorgenommen, sodass es auch hier keine von der Taufe und Wiedergeburt eigenständige Betrachtung des Empfangs der Gabe des Geistes gab. Der baptistische Theologe Siegfried Großmann hingegen sieht in der christlichen Grunderfahrung der Initiation vier Schritte: Umkehr, Taufe, Geistempfang und Eingliederung in die Gemeinde. Er fordert, dass jeder Schritt seine eigene Bedeutung im Kontext der christlichen Grunderfahrung erhalten müsse. Jede christliche Kirche hat hier ihre blinden Flecken. „So ist es eine große Herausforderung für die Zukunft, dass alle christlichen Kirchen lernen, den Menschen die umfassende christliche Grunderfahrung zu verkündigen und anzubieten, und nicht nur einen konfessionell verengten Sektor."[211]

In den charismatischen Erneuerungsbewegungen, die ja in den bestehenden Kirchen ihren Sitz haben, schwanken die Zuordnungen zwischen einer pfingstlerischen Deutung einer „zweiten Erfahrung" und der theologischen Deutung als einer Neu-Erfüllung mit dem Geist. Lutherische Charismatiker sehen in dem Getauftwerden im Geist eine subjektiv erstmalige Erfahrung, die jedoch objektiv in der Taufe schon gegeben ist. Die Geistestaufe als eine zweite oder von der Wiedergeburt lösgelöste Stufe wird abgelehnt.[212] Diese würde dann weniger der Initiation zugeordnet, als vielmehr der erneuernden Kraft des Heiligen Geistes.

---

210 Mühlen 1974: 224.
211 Großmann 1995: 59.
212 Christenson 1989: 184. Vgl. Bittlinger 1964: 9.

Das zeitliche Auseinanderklaffen von Buße, Glaube, Taufe und Geistempfang belegen römisch-katholische Theologen unter anderen mit dem
Hinweis der besonderen Situation der Gläubigen in Samaria und Ephesus (Apg 8,14–17; 19,1–7). Genau diese Stellen werden auch von Theologen der Pfingstkirchen und der charismatischen Erneuerungsbewegungen angeführt, um eine „zweite Erfahrung" biblisch zu begründen. Ich
halte es für nicht so entscheidend, wie man einen solchen zeitlich „ver-
späteten" Geistempfang deutet oder zuordnet, sondern vielmehr, dass es
überhaupt ein neues Bewusstsein dafür gibt, dass ein solches zeitliches
Auseinanderklaffen in der Biographie eines Christen möglich ist.

Betrachten wir die neutestamentlichen Begriffe, die diesen Empfang der Gabe des Geistes beschreiben, so finden wir in der Vielfalt der
Begrifflichkeit auch einen versteckten Hinweis auf die unterschiedliche
Erfahrung eines solchen Geistempfangs. Der Geist wird empfangen,
gegeben, ausgeteilt, ausgegossen, gesandt. Er fällt über eine Versammlung. Menschen werden mit dem Heiligen Geist getauft oder gesalbt, sie
werden durch den Empfang der Gabe des Geistes versiegelt im Glauben.[213]

Drei Begriffe weisen deutlicher darauf hin, dass es sich bei dem Empfang der Gabe des Geistes nicht um eine sich wiederholende Erfahrung
handelt, sondern um eine Einmaligkeit, die am Anfang der Christwerdung steht: Salbung (2Kor 1,21; 1Joh 2,20–27); Versiegelung (Eph 1,13–14;
4,30; 2Kor 1,21–22) und Getauftwerden im Geist (Mt 3,11, Mk 1,7f; Lk 3,16;
Joh 1,32–33; Apg 1,5; 11,16; 1Kor 12,13). Das Substantiv „Taufe im Geist"
bzw. „Geisttaufe" kommt in den neutestamentlichen Texten nicht vor,
wohl aber die verbale Form. Dennoch gab es in der jungen Kirche offenbar eine ausgeprägte Lehre zu den verschiedenen Taufen (Hebr 6,1f).
Hier könnte neben der Taufe auf den Namen des Vaters, des Sohnes und
des Heiligen Geistes, die bekanntlich zum festen Bestandteil christlicher
Initiation gehört, auch die Bußtaufe des Johannes im Blick gewesen sein
(Mt 3,11) oder die Blutstaufe bzw. Leidenstaufe (Lk 12,49f; Mk 10,38f)
und schließlich auch eine Geistestaufe. Die Begrifflichkeit der Taufe legt
nahe, dass es sich um ein einführendes, bewusst erfahrenes Ereignis han-

---

213   Großmann 1995: 47f.

delt, das auf Einmaligkeit und Unwiederholbarkeit hinweist. Die Redeweise von der „Erfüllung mit dem Geist" kann hingegen ein sich wiederholendes Ereignis zum Ausdruck bringen.

Wir dürfen also davon ausgehen, dass es einen initiierenden Geistempfang am Anfang der Christwerdung gibt, der als Getauftwerden im Geist oder auch als Versiegelung und Salbung des Geistes beschrieben werden kann.[214] Mit eben solcher Eindeutigkeit können wir biblisch ausmachen, dass dieses Element der christlichen Initiation nicht immer zeitlich unmittelbar mit der Bekehrung oder der Glaubenstaufe zusammenfällt. Die Menschen in Samaria glaubten der Verkündigung des Philippus, sie wurden gläubig und ließen sich auf den Namen Jesu taufen. Von ihnen wird berichtet, dass sie offensichtlich trotz nicht infrage gestellter Gläubigkeit und des Empfangs der christlichen Taufe die Gabe des Geistes noch nicht empfangen hatten – das geschah erst, als die Apostel aus Jerusalem zu ihnen kamen. „Die beiden Apostel kamen nach Samaria und beteten für die Gläubigen, dass Gott ihnen seinen Heiligen Geist schenken möge. Denn bisher hatte keiner von ihnen den Geist empfangen, obwohl sie auf den Namen des Herrn Jesus getauft worden waren. Als ihnen aber die Apostel die Hände auflegten, empfingen sie den Heiligen Geist" (Apg 8,15–17). Ähnliches lesen wir von einer Begegnung in Ephesus. Dort treffen die Apostel auf Menschen, die an Jesus gläubig geworden waren und die von Lukas in seinem Bericht als „Jünger" bezeichnet werden; sie hatten jedoch lediglich die Bußtaufe des Johannes empfangen und waren auch noch nicht im Heiligen Geist getauft.

> „Während Apollos in Korinth war, reiste Paulus durch das kleinasiatische Hochland und kam nach Ephesus. Dort traf er einige Jünger. Er fragte sie:

---

214 Die Redeweise von der „Taufe im Heiligen Geist" wird vereinzelt auch von Theologen aufgenommen, die damit zum Ausdruck bringen wollen, dass eine solche Taufe nicht wie ein zweites, von der Bekehrung losgelöstes Ereignis zu betrachten ist. „Es ist nach all diesen Bibelstellen schwer, immer noch die Ansicht zu teilen, dass die Taufe mit dem Heiligen Geist ein zweites Ereignis nach der Bekehrung ist, welches nur einigen Christen zuteil wird, und nicht ein einführendes Geschehen, das alle Christen erleben, wenn sie sich bekehren." J. Stott in: Stott 1972: 29.

,Habt ihr den Heiligen Geist empfangen, als ihr begonnen habt zu glauben?'
,Nein', erwiderten sie, 'wir haben noch nicht einmal gehört, dass es einen Heiligen Geist gibt.' ,Welche Taufe habt ihr denn empfangen?', wollte Paulus jetzt
wissen. ,Die Taufe des Johannes', war die Antwort. Da erklärte Paulus: ,Wer
sich von Johannes taufen ließ, bekannte damit, dass er zu Gott umkehren
will. Johannes hat aber immer gesagt, dass man an den glauben muss, der
nach ihm kommt, nämlich Jesus.' Nachdem sie das gehört hatten, ließen sie
sich auf den Namen des Herrn Jesus taufen. Und als Paulus ihnen die Hände
auflegte, empfingen sie den Heiligen Geist. Sie beteten in anderen Sprachen
und redeten, was Gott ihnen eingab" (Apg 19,1–6).

In beiden Berichten fallen Buße, Glaube, Taufe und Geistempfang nicht
unmittelbar zeitlich zusammen. Auch auf den Bericht von der Christwerdung des Kornelius kann in diesem Zusammenhang verwiesen
werden. Während der Predigt des Apostels Petrus werden er und die
Zuhörenden mit dem Geist Gottes erfüllt. Später wird dieses als Taufe
mit dem Heiligen Geist gedeutet (Apg 11,16). Die Wassertaufe soll sich
nun dieser Geistestaufe anschließen. „Petrus hatte seine Rede noch nicht
beendet, da wurden alle, die zuhörten, mit dem Heiligen Geist erfüllt.
,Wer könnte ihnen jetzt noch die Taufe verweigern, wo sie genau wie wir
den Heiligen Geist empfangen haben?' Und er ließ alle auf den Namen
Jesu Christi taufen"(Apg 10,44–48).

Wir wissen nicht, wie groß die Zeitspanne zwischen den Erfahrungen
der einzelnen Elemente der christlichen Initiation war. Wir finden auch
keinen Hinweis darauf, dass der Glaube dieser Jünger, ihre Ernsthaftig-
keit in der Buße infrage gestellt wird. Wir erkennen jedoch aus diesen
Berichten, wie eindeutig die einzelnen Elemente der christlichen Grunderfahrung als eine Einheit verstanden wurden. Der Hinweis, dass es sich
bei diesen erzählenden Texten der Apostelgeschichte nicht um grundlegende Lehrtexte der Bibel handle und sie lediglich auf die Sondersitua-
tion der Ausgießung des Geistes auf nichtjüdische Menschen hinweisen
sollen, überzeugt nicht.[215] Es wäre jedoch auch unzulässig, diese Berichte
als Normalfall herauszustellen. Es handelt sich bei der christlichen Initiation offenbar um die Erfahrung der Buße, des Glaubens, der Taufe und
des Geistempfangs, die gemeinsam eine Einheit bilden und aufeinander

---

215   So z. B. Ewert 1998: 52–57. Stott 1972: 20f.

bezogen sind.[216] Diese Einheit ist nicht primär auf der Erfahrungsebene des Menschen anzusiedeln, sondern sie liegt bei dem handelnden Subjekt, bei dem dreieinen Gott. So ist der Geist Gottes schon bei der Buße und Taufe wirksam, wenn diese zuvor geschehen sind. Peter Zimmerling stellt fest:

> *„Glauben an Jesus als den Auferstandenen, Wassertaufe und Geistempfang waren unmittelbar miteinander verknüpft. Es war anscheinend für die Nachfolger und Nachfolgerinnen Jesu selbstverständlich, dafür zu sorgen, dass ein aus irgendwelchen Gründen nicht erfolgter Schritt so schnell wie möglich nachgeholt wurde. Dabei variierte zumindest die Reihenfolge zwischen Wasser- und Geistestaufe. Der erste Schritt war (aufgrund der Missionssituation) der Glaube an den Auferstandenen. Dass in allen Berichten mit spektakulärem Geistempfang besondere Umstände vorlagen, deutet darauf hin, dass es zwar Geisterfahrungen mit überwältigendem und unvergesslichem Erlebnischarakter gibt, dass dieser Charakter aber nicht zur Norm erhoben werden darf.“*[217]

Nun stellt sich jedoch die Frage, was ein „spektakulärer Geistempfang" ist? Gibt es auch „unspektakuläre" Geistestaufen, solche, die geradezu unbewusst erfahren werden? Ist der konstatierte Empfang der Gabe des Geistes bei einer Säuglingstaufe oder Firmung spektakulär oder nicht? Ist das Maß des Bewusstseins womöglich gar nicht wichtig? Woher weiß ein Mensch dann, ob er diese Gabe empfangen hat oder nicht? Wie konnten die Apostel dann nach einer solchen Erfahrung fragen?

Vertreter der klassischen Pfingstbewegung und der ersten charismatischen Erneuerungsbewegungen weisen in diesem Zusammenhang auf die auffallend häufige Erwähnung der Gabe der Glossolalie im Zusam-

---

216   D. Pawson weist darauf hin, dass manche Menschen in den Kirchen eine geistliche Geburt erlebt haben, die wie eine „schwierige Geburt" oder eine defizitäre Geburt erlebt wurde. Sie haben weder die intensive Tauferfahrung gemacht noch eine Bekehrung oder eine Geisterfahrung erlebt und erleben ein „ungesundes Christenleben". Pawson plädiert dafür, dass diese Erfahrungen nachgeholt werden sollten (Pawson 1991).

217   Zimmerling 2009: 66.

menhang mit dem Geistempfang hin.[218] Sie legen bei der Geistestaufe den Akzent auf spektakuläre Erfahrungen und gehen davon aus, dass sie in der Regel von der Glossolalie begleitet sein muss und dementsprechend auch wahrnehmbar und überprüfbar ist. Die Geistestaufe markiert ein punktuelles und datierbares Ereignis, das als zweites Erleben von der Bekehrung und Wiedergeburt unterschieden werden kann.[219] Eine Minderheit unter den traditionellen Pfingstkirchen, vor allem der *Mülheimer Verband Freikirchlich-Evangelischer Gemeinden* vertritt eine andere Auffassung, ohne dabei den Begriff der Geistestaufe aufzugeben. Er lehnt die Deutung als zweite Erfahrung, die von der Wiedergeburt unterschieden werden muss, ab und bestreitet die Glossolalie als das typisch wahrnehmbare Erkennungszeichen für eine Geistestaufe.[220]

Auch Vertreter der sog „Dritten Welle"[221] verwenden selten den Begriff der „Geistestaufe" noch stellen sie die Gabe der Glossolalie als Kennzeichen einer Geisterfüllung heraus. Stattdessen wird die Ausrüstung durch die Kraft des Geistes Gottes im Dienst der Mission betont. Gaben der Prophetie, der Kraftwirkungen, der Seelsorge und Heilungen sowie der Barmherzigkeit und Leitung stehen hier stärker im Focus. Jack

---

218   Vgl. Bennett 1973; Basham 1974. Sherills 1967.

219   Vgl. Hollenweger 1969: 25ff.

220   Vgl. Krust 1980. Auch Vertreter der großen Pfingstkirchen (Assemblies of God-Kirche) kommen inzwischen zu einer differenzierteren Beurteilung. „Zwar bin ich der Ansicht, dass die klassische pfingstlerische Lehre von der Sprachenrede als dem ‚beweiskräftigen Zeichen' für die Taufe im Heiligen Geist gut die Erwartungshaltung bei Paulus trifft, doch gebe ich zu, dass diese Lehrformel auch ihre Grenzen hat. Die Konzentration auf den Erweis kann zur Überbetonung einer einzelnen Wendeerfahrung führen." W. Menzies in: Menzies 2001: 154.

221   Der Missionswissenschaftler C. Peter Wagner hat den Begriff „Dritte Welle" geprägt. In der Zeitschrift *Christian Life* definiert er ihn 1986 folgendermaßen: „Die Dritte Welle begann um 1980, als sich eine zunehmende Anzahl traditionell evangelikaler Gemeinden und Einrichtungen für das übernatürliche Wirken des Heiligen Geistes zu öffnen begann, obwohl sie weder Pfingstler noch Charismatiker waren noch dies werden wollten. Eines der Merkmale der Dritten Welle ist das Fehlen von Uneinigkeit schaffenden Elementen" (Zitiert nach: Wimber; Springer 1988: 29).

Deere und Charles Kraft werden als leitende Theologen in der „Dritten Welle" angesehen, jedoch spricht keiner von beiden in Sprachen des Geistes. Die Vertreter der „Dritten Welle" ordnen die Geisterfahrung einer neuen Ausgießung des Heiligen Geistes zu, die zu einer neuen missionarischen Kraft wird. Diese Geisterfüllung wird im Sinn einer Neu-Erfüllung mit dem Geist geortet oder auch als eine bevollmächtigende Erfahrung zur Mission.

Vertreter der klassischen Pfingstbewegung sind hier herausgefordert, das Wirken des Heiligen Geistes in einer starken Freisetzung von charismatisch gewirkter Vollmacht zu deuten, wenn ein solches Wirken auch durch und in Menschen geschieht, die nach pfingstlicher Lehrtradition eigentlich keine „richtige" Geistestaufe erlebt haben können, da ja die Sprachenrede nicht gegeben ist. Dieses – in pfingstlerischer Theologie gedachte – Defizit wird damit erklärt, dass die Gabe wohl gegeben ist, aber sich nicht äußert.

Ich kann einer solchen Argumentation in gewisser Weise folgen, weil ich davon ausgehe, dass mit dem Empfang der Gabe des Heiligen Geistes auch die Anlage für alle Geistesgaben in jedem wiedergeborenen und geistgetauften Christen angelegt ist. Die Gabe des Geistes ist eschatologisch als ein „Angeld", eine Anzahlung der neuen Kreatur zu sehen. Sie ist christologisch als ein Anteilhaben an der unauslöschbaren, ewigen Lebensquelle der Auferstehung Christi zu deuten und wird als „Christus in mir" erfahren. Dieser „Christus in mir" trägt in sich auch alle Fähigkeiten und Begabungen, die exemplarisch als Geistesgaben und Gnadengaben gegeben werden. Unter den Geistesgaben, die wir im Zeugnis des NT finden, hat die Gabe der Sprachen, die Glossolalie, eine Art „Alleinstellungsmerkmal" durch den Hinweis, dass in der Praktizierung dieser Gabe auch eine „Selbstauferbauung" möglich ist. „Wer in unbekannten Sprachen redet, stärkt seinen persönlichen Glauben. Wer aber in Gottes Auftrag prophetisch spricht, stärkt die ganze Gemeinde" (1Kor 14,4). Die Praktizierung der Glossolalie kann in der Gegenwart Gottes dazu führen, dass Glaube, Frieden und Freude gestärkt werden und die innere Gewissheit der Gotteskindschaft wächst. Dieser „aufbauende" Charakter der Glossolalie[222] ist womöglich eine der Ursachen, warum diese Gabe sehr häufig auch zu Beginn der Christwerdung vom Geist Gottes gegeben wird.

Walter Hollenwegers Annahme, dass das starke Auftreten der Glossolalie mit der kulturellen Prägung in Verbindung zu bringen sei, etwa in dem Sinn, dass emotionalere Menschen hier leichter empfänglich seien, ist weder historisch belegbar noch anthropologisch nachvollziehbar.[223] Die Auffassung, dass die Gabe der Glossolalie etwas „Enthusiastisches", „Spektakuläres" habe, dass sie geradezu den rational-orientierten Menschen „demütige",[224] ist ebenso wenig überzeugend. Eine solche Argumentation mag mit einer mangelhaften Kenntnis des Phänomens der Glossolalie verbunden sein. Wohl handelt es sich um ein Reden, das nicht mit dem Verstand kontrolliert ist (1Kor 14,14), es ist damit jedoch nicht ein ekstatischer Vorgang beschrieben, bei welchem der Verstand geradezu ausgelöscht ist. Der Sprachenredner kann unter Kontrolle seines Verstandes einsetzen und auch aufhören; ebenso wie der prophetisch Redende (vgl. 1Kor 14,14ff). Dennoch wird der Glossolale in eine transrationale Erfahrung hineingenommen, die helfen kann, die neue Wirklichkeit der „Kräfte der zukünftigen Welt" (Hebr 6,5) wahrzunehmen.

Diese den menschlichen Geist öffnende und aufbauende Wirkung kann also ein Grund sein, warum die Glossolalie häufig im Zusammenhang mit dem Geistempfang bezeugt ist. Glossolalie ermöglicht eine neue Verständigung zwischen Mensch und Gott, und auch eine neue Verständigung unter den Menschen (Apg 2). Sie trägt so auch zu einer Kommunikation bei, die Gemeinschaft fördern und nicht belasten soll. Glossolalie ist jedoch kein Mittel oder eindeutiger Beleg der Geisterfahrung. Nach dem biblischen Zeugnis ist die Sprachengabe weder als einziges Merkmal für das Getauftwerden im Geist anzusehen, noch ist es unbedeutend, dass diese Gabe häufig im Zusammenhang mit dem Geist-

---

222   In diesem Zusammenhang ist auf die psychoanalytischen und medizinischen Deutungen des Phänomens der Glossolalie hinzuweisen. Vgl. Kelsey 1970. Theißen 1983. Hollenweger 1971: 183–205. Bittlinger 1969.

223   Hollenweger 1969: 380f.

224   W. Margies. In: Margies 1979: 101.

empfang benannt wird. Wenn der Geist Gottes diese Gabe auch heute in einem zunehmenden Maße bei dem Geistempfang bei Menschen freisetzt, so ist das zu begrüßen. Eine solche Erfahrung sollte jedoch nicht als Norm genommen werden, um die Echtheit einer Geisterfüllung zu beurteilen.[225]

Wenn die Glossolalie dementsprechend nicht als einziges Zeichen für den Geistempfang im Rahmen der christlichen Grunderfahrung anzuführen ist, so stellt sich weiterhin die Frage, wodurch ein solcher Geistempfang „belegt" werden kann. Die vielfach bezeugten mannigfaltigen Wirkungen bei einer Erfüllung mit dem Geist lassen alle Normierungsversuche fragwürdig erscheinen. Weder emotionale Intensität einer solchen Erfahrung kann zum Maßstab genommen werden, noch die Freisetzung bestimmter Geistesgaben, sondern das vom Geist gewirkte Zeugnis an den Geist des Menschen, dass er ein Kind Gottes ist (Röm 8,14–17). Der Geist verwurzelt den Glaubenden in Christus und bei der Vaterliebe Gottes in einer Tiefe, dass dieser bekennt: „Jesus Christus ist der Herr" (1Kor 2,3). „Nun lebe nicht mehr ich, sondern Christus lebt in mir" (Gal 2,20). „Abba, lieber Vater!" (Röm 8,17).

Hinzu kommt ein neues zunehmendes Bewusstsein des Geistgetauften, dass Jesus Christus nicht nur „für" ihn ist, sondern dass er „mit" diesem Christus auf eine unerklärbare Weise verbunden und vereint ist. Jesus Christus ist auch „in" dem Glaubenden und er lebt und handelt „im Namen Jesu" (Joh 15). Dieser Christus trägt in sich die große Leidenschaft Gottes, die Missio Dei. Dementsprechend ist der initiale Geistempfang auch zugleich eine Initiation zur Mission. Missionale Pneumatologie wird den Empfang der Gabe des Geistes bei der christlichen Grunderfahrung als eine Berufungs- und Befähigungserfahrung deuten. „Ihr werdet den Heiligen Geist empfangen und durch seine Kraft meine Zeugen sein in Jerusalem und Judäa, in Samarien und auf der ganzen Erde" (Apg 1,8). Der Geistbegabte wird hineingestellt in die Gemeinschaft der missionalen Gemeinde Jesu Christi. In der Kraft des Geistes, unter dem Einsatz der Geistesgaben, wird die Sendung der Liebe Gottes in diese Welt konkret.

---

225 Zimmerling 2009: 88–97.

4.4   Das Erfülltwerden mit dem Heiligen Geist

„Es ist ja nur die Anzahlung – erwarte nicht zu viel!" Ich kann mich gut an diese Worte erinnern, die mir ein Seelsorger auf den Weg gab. Ich war noch jung in meinem Dienst als Pastor und erlebte viele gute geistliche Aufbrüche. Ich erlebte aber auch die Grenzen, erfuhr die Ohnmacht und die Erschöpfung, die sich nicht nur körperlich und seelisch äußerte, sondern auch in einer schrumpfenden Hoffnung. Was ist denn wirklich in dieser Zeit schon zu erwarten vom Geist Gottes? Was bedeutet es, dass wir in der Vollmacht des Heiligen Geistes unser Leben und unseren Dienst tun können; dass unsere Verkündigung von mitfolgenden Zeichen und Wundern bestätigt werden würde? Warum geschah das so wenig? Einige hatten mir schon mit auf den Weg gegeben, dass ich offenbar zu wenig Glauben habe. Das half mir, offen gestanden, nicht weiter. Ich konnte ja nicht einfach noch „eine Schippe Glauben" nachlegen, woher denn? Ich konnte nur das an Glauben einbringen, was Gott mir auch gab. Ich erlebte, wie einige meiner Freunde geradezu innerlich „ausbrannten". Damals sprachen wir noch nicht vom „Burnout", wie wir es heute nennen würden. Brannten wir vielleicht sogar gerade deshalb aus, weil wir so „brennend im Geist" waren, so voller Eifer? Es war jedoch nicht nur ein somatisch-psychisches Ausgebranntsein, sondern der Glaubenstopf wurde immer leerer, die Erwartungen an Gott geringer und die Erwartungen an die Menschen und an uns selber immer höher. Auch die glorreichen Erinnerungen an bessere Tage waren in diesen Zeiten eher kontraproduktiv. Zu dem Empfinden der inneren Leere gesellte sich dann noch das Gefühl, an dem allen selbst schuld zu sein. Musste ich mich wirklich begnügen mit diesem mageren geistlichen Zustand in meinem Leben und in der Gemeinde? Mein Seelsorger meinte es sicher gut, als er mich auf den Angeld-Charakter der Gabe des Geistes hinwies und mir so den Geschmack auf die Zukunft Gottes, auf die eschatologische Dimension meines Christenlebens in Erinnerung brachte. Und dennoch hätte mir damals ein anderer Hinweis sehr viel weiter geholfen, nämlich die Aussicht auf die Möglichkeit, neu mit dem Heiligen Geist erfüllt zu werden.

Während der Empfang der Gabe des Geistes, die Taufe im Geist, zu den Basiselementen der christlichen Grunderfahrung gehört, berichten uns die biblischen Schriften von einer Erfüllung mit dem Geist, die offenbar häufiger im Christenleben geschehen kann und soll. Inzwischen kann ich mich in meinem Leben an mehrere solcher besonderen Zeiten erinnern, in denen ich dieses Erfülltwerden mit dem Heiligen Geist mindestens so intensiv erlebt habe wie bei meiner christlichen Grunderfahrung, meiner Taufe im Heiligen Geist.

Ich denke an den Tag, als ich voller Verzweiflung war, weil ich davon erfuhr, dass einige meiner engsten Mitarbeiter in der Gemeinde sich von uns trennen wollten. Wir gingen damals in der Ältestenschaft unserer Gemeinde auf die Knie und weinten und riefen Gott an. Die Gemeinde stand vor einer Zerreißprobe und wir selber auch. Doch mitten in diesem inneren Gebetsringen spürte ich, wie der Geist Gottes uns neu erfüllte. Aus unserem Weinen und Klagen wurde ein Danken und Loben, eine Zuversicht, dass Gott sich in dem allen verherrlichen wird. Der Geist nahm uns in seine Fähigkeit hinein, „loszulassen" und nicht verkrampft etwas festhalten zu wollen. Als wir dann die etwa 25 jungen Frauen und Männer aus unserer Gemeinde entließen, haben wir mit ihnen das Abendmahl gefeiert und sie dem Herrn anbefohlen. Es waren schmerzliche und doch auch beglückende Momente. Gott hat sie und auch uns weiter gesegnet.

Solche Krisenzeiten können Zeiten der neuen Erfüllung mit dem Heiligen Geist sein. Ich denke aber nicht nur an Krisenzeiten in meinem Leben, sondern auch an Situationen, in denen ich in eine neue Aufgabe und einen neuen Dienst geführt wurde. Auch in diesen Zeiten habe ich eine neue Erfüllung mit dem Heiligen Geist erleben können. Wenn der Geist Gottes uns einen Weg zeigt, dann gibt er uns auch die Kraft, diesen Weg zu gehen. Mit großer Dankbarkeit habe ich erlebt, was es bedeutet, dass leitende Frauen und Männer zu Beginn solcher neuen Berufungsphasen unter Handauflegung um eine Erfüllung mit dem Heiligen Geist gebetet haben. Wir kommen in unserem Christsein immer wieder in Situationen, wo wir wie ausgebrannt und ausgetrocknet sind und uns nach einer solchen Neuerfüllung mit dem Heiligen Geist sehnen. Manche Christen fragen in diesen Situationen immer danach, was sie denn falsch machen. Sie suchen nach einem neuen Schlüssel, der ihnen einen endgültigen Durchbruch in ihrem geistlichen Leben gibt. Die Krisen, die Zeiten der Ohnmacht und der Verzweiflung, die Zeiten der Neuorientierung, des Abschieds und der Weiterentwicklung – das sind die Zeiten, in denen uns der Geist Gottes neu erfüllen will.

Die Begrifflichkeit des „Erfülltseins" mit dem Heiligen Geist (griech. *plestheis*; Aorist part. von *pimplemi*, dt. füllen) wird im Zeugnis des NT verwandt, wenn damit eine starke Verbindung mit dem Geist Gottes gekennzeichnet werden soll. Von Zacharias wird berichtet, dass er vom Heiligen Geist erfüllt weissagte (Lk 1,5–8.41.67).[226] Von Johannes dem Täufer heißt es, dass er schon vom Mutterleib an erfüllt war mit dem Heiligen Geist (Lk 1,15–17). Von Jesus wird dieses Ausgefülltsein mit dem Geist Gottes berichtet (Lk 4,1; 3,22; 4,14.18).

Der Begriff findet besonders bei Lukas Anwendung, um die Verbindung des vom Geist Gottes Erfüllten mit der Autorität und den Absichten Gottes herauszustellen. Barnabas wird als ein „bewährter Mann, voll Heiligen Geistes" beschrieben (Apg 6,3; 11,24; 13,52). Ebenso lesen wir von Petrus, Paulus und Stephanus, dass sie „erfüllt vom Geist" waren.

Dieses Ausgefülltsein mit dem Geist assoziiert die fließende und bewegende Kraft des Heiligen Geistes und erinnert an die Ruach des AT. Es geht um die personale Gegenwart Gottes, um die immanente Lebenskraft und -autorität, und zugleich um den Raum, der sich auftut.[227] Dieses Erfülltsein mit dem Heiligen Geist wird in den Berichten der Apostelgeschichte häufig im Zusammenhang mit besonderen Herausforderungen und auch mit Leidenserfahrungen beschrieben. Der Märtyrer Stephanus (Apg 7,55), der sich vor dem Hohen Rat zu verantwortende Petrus (Apg 4,8.31) und auch Paulus, als er den Zauberer Ely-

---

226   Schmid 1987: 29ff.

227   „*Ruach* als Ereignis der personalen Gegenwart Gottes und *Ruach* als immanente Lebenskraft in allem Lebendigen reichen noch nicht aus, um den Sinngehalt des Wortes zu erschließen. Der Begriff ist aller Wahrscheinlichkeit verwandt mit *rewah* = Weite. *Ruach* schafft Raum, sie setzt in Bewegung, führt aus der Enge in die Weite und macht so lebendig. In der Erfahrung der *Ruach* wird das Göttliche nicht nur als Person und auch nicht nur als Kraft, sondern als Raum erfahren, und zwar als jener Raum der Freiheit, in welchem sich das Lebendige entfalten kann." J. Moltmann in: Moltmann 1991: 56.

mas zurechtwies (Apg 13,9), werden als Männer „voll des Heiligen Geistes" beschrieben.

Müssen wir aus diesen Beobachtungen nun den Schluss ziehen, dass die Apostel vor diesen besonderen Herausforderungen in ihrem Zeugendienst jeweils um eine neue Erfüllung mit dem Geist Gottes gebetet haben? Warum erwähnt Lukas diesen Zustand der Apostel in diesen besonderen Situationen? Es könnte darin ein Hinweis gesehen werden, dass sich die Fülle des Geistes gerade in den schwierigen und leidvollen Situationen des Christenlebens erweisen wird. Die Fülle des Geistes führt nicht unmittelbar aus den Situationen des Leides heraus, sondern sie hilft, diese in der Nähe und Einheit mit Gott, mit Christus zu tragen und zu bewältigen. Das „In-Christus-Sein" zeigt sich nicht nur in den Siegen, sondern auch in den Kämpfen, nicht nur im Leben, sondern auch im Sterben, nicht nur im Verorten, sondern auch im Bewegen, nicht nur im Erhalten, sondern auch im Loslassen. „Herr Jesus, in deine Hände befehle ich meinen Geist!", betet der vom Geist Gottes erfüllte Stephanus vor seinem Märtyrertod.

Die Begrifflichkeit des Erfülltseins mit dem Geist erinnert somit nicht nur an die alttestamentliche Ruach, sondern auch an die von J. Moltmann aufgezeigte Nähe zur *Schechina*, der im AT bezeugten „Einwohnung" Gottes. Schechina kennzeichnet die Anwesenheit Gottes in Person, seine „Empathie" und sein Leiden und Mitleiden. „In seiner Schechina verzichtet Gott auf seine Unverletzbarkeit und wird leidensfähig, weil er liebeswillig ist."[228] Das Erfülltsein mit dem Heiligen Geist kennzeichnet diese Verbundenheit mit Gott, besonders in Krisenzeiten und vor großen Herausforderungen. Es ist jedoch keineswegs nur auf solche Zeiten beschränkt. Die Verbindung zwischen dem Geist Gottes und dem Gläubigen soll sich in allen Lebenssituation bewähren. Durch die Taufe im Heiligen Geist ist der Christ zwar unwiderruflich mit der Gabe des Geistes Gottes beschenkt, aber sie wird in den unterschiedlichen Lebenssituationen immer wieder neu dankend erbeten und erfahren. Wenn der Glaubende sich leer und durstig fühlt, so fließt der Geist neu in das Leben hinein. *Spirit liquid* – der Geist als fließende erfahrbare

---

228   a.a.O.: 64.

Kraft und Gegenwart Gottes wird hier angesprochen. Die innere Leere entsteht dort, wo der Geist nicht mehr fließt. Die Fülle des Geistes wird nur da erfahren, wo der Geist auch wie „lebendiges Wasser" durch die Gläubigen weiterfließen kann. Diese Vorstellung liegt nahe, wenn wir an das Wort Jesu beim Laubhüttenfest denken, von dem Johannes in seinem Evangelium berichtet:

> „Am letzten Tag, dem Höhepunkt des großen Festes, trat Jesus wieder vor die Menschenmenge und rief laut: ‚Wer Durst hat, der soll zu mir kommen und trinken! Wer mir vertraut, wird erfahren, was die Heilige Schrift sagt: Von ihm wird Leben spendendes Wasser ausgehen wie ein starker Strom.' Damit meinte er den Heiligen Geist, den alle bekommen würden, die Jesus vertrauen. Den Geist bekamen sie erst, nachdem Jesus in Gottes Herrlichkeit zurückgekehrt war" (Joh 7,37–39).

Der Hinweis auf die Erfüllung mit dem Geist deutet zudem auf die unterschiedliche Intensität der Verbundenheit zwischen Geist und Mensch hin. Ein Mensch, der vom Geist Gottes erfüllt ist, spürt, wie dieser Geist durch sein Leben hindurchfließt. Ein Mensch, der sich diesem Geist verschließt oder ihn nicht „weiterströmen" lässt, wird auch eine zunehmende Distanz zu Gott erfahren. Für einen wiedergeborenen Christen, der die Taufe des Heiligen Geistes erfahren hat, bedeutet das nicht, dass er diese Gabe des Geistes verloren hat, aber sie ist – bildhaft gesprochen – „zugedeckt" durch Sünde, Angst oder Hochmut. Der Geist Gottes wird nur noch in einer „trüben Weise" erfahren, weil er „betrübt", „beleidigt" (griech. *lupeo*) wurde. „Beleidigt nicht den Heiligen Geist. Als Gott ihn euch schenkte, hat er euch sein Siegel aufgedrückt" (Eph 4,30). Die „Versiegelung" mit dem Geist, der Geistempfang, wird hier nicht infrage gestellt, sondern es wird ausdrücklich auf ihn verwiesen. So ist auch die Aufforderung des Apostels zu verstehen:

> „Seht nun genau zu, wie ihr wandelt, nicht als Unweise, sondern als Weise! Kauft die rechte Zeit aus! Denn die Tage sind böse. Darum seid nicht töricht, sondern versteht, was der Wille des Herrn ist! Und berauscht euch nicht mit Wein, worin Ausschweifung ist, sondern werdet voller Geist, indem ihr zueinander in Psalmen und Lobliedern und geistlichen Liedern redet und dem Herrn mit eurem Herzen singt und spielt! Sagt allezeit für alles dem Gott und Vater Dank im Namen unseres Herrn Jesus Christus!" (Eph 5,15–20; EB).

Durch die grammatikalische Form des Partizip Präsens, der Verlaufsform, macht der griechische Text deutlich, dass sich das Erfülltsein mit
dem Heiligen Geist ermunternd, singend, spielend und danksagend
äußert. Es wäre jedoch verkürzt argumentiert, hierin eine Anleitung
zur Erfüllung mit dem Heiligen Geist zu sehen. Der Text ist im Sinn
einer Paränese zu verstehen, die eine menschliche Offenheit und Kooperation mit dem Heiligen Geist betont. Gerade in Zeiten, in denen die
innere Leere durch alle möglichen Ersatzmittel gefüllt werden soll – etwa
durch Alkohol –, gilt die Ermahnung, sich mit dem Geist Gottes füllen
zu lassen. Alkohol betäubt die menschliche Verantwortung und führt
zur „Ausschweifung" (griech. *asotia*). Der Geist Gottes hingegen ist ein
Geist der Besonnenheit (griech. *sophronismos*; 2 Tim 1,7) bzw. der Selbstbeherrschung (griech. *enkrateia*; Gal 5,23). Das Erfülltsein mit dem Heiligen Geist äußert sich in der gemeinsamen Anbetung und Danksagung.

Rudolf Bohren prägte den Ausdruck vom „Lobenden Denken".[229] Es
geht dabei nicht um eine Selbstreflektion, ein Nachsinnen über die Ursachen eines defizitär empfundenen geistlichen Zustandes. „Das pneumatologische Denken leitet nicht zu einer neuen Selbsterfahrung an,
sondern zu der Erfahrung eines neuen Selbst. Es ist unterwegs zur Entdeckung der neuen Kreatur, zu einem neuen Ich."[230] Es wird nicht ein
„Lernprogramm" eingelegt, sondern ein spielendes Singen im Herzen.
Dieses Singen von Psalmen und bekannten Loblieder (griech. *hymnoi*)
sowie der vom Geist Gottes unmittelbar gewirkten Gesänge (griech.
odai pneumatikai) war möglicherweise eine feste Ausdrucksform in
den hellenistischen Gemeinden, um den Geist Gottes einzuladen (vgl.
Kol 3,16f). Der Duktus der Paränese ist geprägt durch eine dankbare
Freude, ein spielerisches Erinnern an Gottes Größe.

Das Erfülltsein mit dem Geistes äußert sich auch in der Gemeinschaft, in der sich einer dem anderen unterordnet (Eph 5,21f).[231] Eine
solche Unterordnung ist von gegenseitiger Wertschätzung und Ehrerbietung gekennzeichnet (Röm 12,10) und nicht von einem hierarchischen

---

229 Bohren 1981: 28ff.

230 a.a.O.: 29.

231 Vgl. Stott 1972: 47–50.

Anspruchsdenken. Sie trägt in sich den Charakter der trinitarischen Perichorese Gottes. Die Erfüllung mit dem Geist soll nicht nur in besonderen Zeiten der Krise, des Leides oder der Herausforderung offenbar werden, sondern sie soll das gesamte Leben eines Christen durchziehen, wie das tägliche Ein- und Ausatmen. Der mit dem Heiligen Geist erfüllte Christ tut alles „im Namen Jesu Christi und dankt Gott dem Vater durch ihn" (Kol 3,17). Genauso wenig, wie ich den Sauerstoff auf „Vorrat" einatmen kann, kann ich den Geist auf Vorrat einatmen. Es geht um einen tagtäglichen, immerwährenden Prozess der Verbindung mit dem Geist Gottes. Die Gabe des Heiligen Geistes ist ein großes „Angeld" und ich darf jeden Tag eine Auszahlung daraus empfangen. Es ist keine Vertröstung auf die zukünftige Herrlichkeit, sondern ein gegenwärtiges Anteilhaben an ihr.[232]

---

232   „Keineswegs wollte Paulus die herrliche Gegenwartserfahrung mit Christus gering schätzen. Beides war ihm wichtig: einmal die herrliche Gegenwart des Auferstandenen, zum anderen die Hoffnung auf die Vollendung. An dieser Stelle ist ihm das Wesen des Heiligen Geistes in einem neuen Licht erschienen. Er sieht den Heiligen Geist als jemanden, der die Gegenwart Christi ebenso wie die Zukunft Christi ,mitbringt'. Diesen Sachverhalt umschreibt er mit dem Begriff ,Angeld'." D. Schneider in: Schneider 1987: 111.

5. Der Geist der Liebe – Gotteskindschaft und Heiligung

Da saß er nun vor mir in seinem großen Sessel. Die Luft im Zimmer war dünn. Er rauchte ganz gern tagsüber seine Pfeife und gönnte sich auch das eine oder andere Glas Wein. Das Fernsehgerät war auf Knopfdruckweite und zerfledderte TV-Zeitungen bedeckten die Sofakante. Eigentlich war er geistig doch noch sehr rege und interessiert, aber nicht mehr so sehr an den „geistlichen Dingen". Sicher, den Glauben an Jesus hatte er nicht verloren, obwohl es in seinem langen Leben viele Schicksalsschläge gab. Zweimal stand er am Grab eines seiner Kinder und auch die Krankheiten hatten nicht vor seiner Tür Halt gemacht. Seinen Humor hatte er aber behalten. Wie gern hätte ich mich über Worte der Bibel mit ihm unterhalten, wie gern hätte ich von diesem hochbetagten Theologen gelernt, was er im Laufe seines langen Lebens mit Gott erfahren hatte! Jeder Versuch, ein Gespräch in diese Richtung zu beginnen, wurde bewusst oder unbewusst ignoriert. Wir kamen auf die „Alltagsthemen" zu sprechen, unterhielten uns über die steigenden Ölpreise, die schlechte medizinische Versorgung, über das Wetter und über die unmögliche Wette bei der Fernsehshow „Wetten dass?" am vergangenen Samstag. „Wollen wir noch miteinander beten?", fragte ich. „Bete du mal, das reicht schon!", kam prompt die Antwort.

5.1 Geisterfahrung als Anfangs- und Wachstumserfahrung

Als ich an diesem Nachmittag nach Hause fuhr, gingen mir so viele Gedanken durch den Kopf und durchs Herz. „Wie ist es möglich, dass dieser alte und reife Mann in einer solchen Interesselosigkeit und geistlichen Armut endet?", fragte ich mich. Jahrelang hatte er bei großen Konferenzen brillante Predigten gehalten, er war bekannt für seine herausragende Fähigkeit der geistlichen Leitung. Ein Mann Gottes! Oder war er jetzt ein gebrochener Mann Gottes? War er sich nicht mehr so bewusst, dass er „in Christus" ist, eine „neue Kreatur"? Das war doch sein großes

Thema, über das er so oft gesprochen und über das er Aufsätze und Bücher geschrieben hatte.

Ist die missionale Kraft des Geistes fast erloschen, wenn sich der Lebensraum nur noch auf den Sessel und das Bett reduziert? Was geschieht, wenn das geistliche Wachstum mit zunehmendem Alter dem Anschein nach stagniert? Wird ein Mensch, der im Geist beginnt, nicht auch im Geist weiter wachsen und reifen? Dominiert am Ende doch die gebrochene Körperlichkeit über den menschlichen Geist? Ist geistliches Wachstum nur möglich, wenn Menschen willensstark sind und entschlossen mit dem Heiligen Geist kooperieren? Kann ein Mensch, der unter starker Demenz leidet, voll des Geistes Gottes sein – und wie äußert sich ein solches geistliches Leben dann? Was bedeutet die Aufforderung in Hebr 13,7: „Denkt an die Leiter eurer Gemeinden, die euch Gottes Botschaft weitersagten! Vergesst nicht, wie sie Gott bis zu ihrem Lebensende die Treue gehalten haben. Nehmt euch ihren Glauben zum Vorbild"? Sollte mir das nun ein Vorbild sein?

Diese Fragen bedrohten mich geradezu, denn das, was ich soeben erlebt hatte, war für mich kein erstrebenswertes Ziel im Leben. Zum Glück erinnere ich mich auch andere Menschen, an Frauen und Männer, die mich ebenso als geistliche Vorbilder geprägt haben. An ihrem Sterbelager flossen immer noch diese „Ströme des lebendigen Wassers", da war eine geheiligte Atmosphäre, ein Zur-Ruhe-kommen vor dem „Anfänger und Vollender des Glaubens" (Hebr 12,2). Dennoch bleibt für mich die Frage, wie sich das neue Leben aus der Kraft des Heiligen Geistes in den unterschiedlichen Lebensphasen entwickelt. Gibt es hier Entwicklungsstufen, die im Sinn einer Reifung und Vertiefung des Glaubenslebens erkennbar sind?[233] Breitet sich diese neue vom Geist Gottes gewirkte Kreatur auch in allen Bereichen des Kreatürlichen aus?

Wir sprechen in diesem Zusammenhang auch von der „Heiligung" eines Menschen. Im AT finden wir häufig die verbale Form von *kadosh*, das „Heiligt euch!". Es geht darum, dass das von Gott erwählte Volk auch der Erwählung entsprechend lebt, also eine Ethik der Erwählung praktiziert. Ähnlich ist der Gedankengang im NT, obwohl hier der Haupt-

---

233   Siehe hierzu: Guardini 2010. Küstenmacher; Haberer 2010.

akzent auf der von Gott bereits geschenkten Gnade in Christus liegt. „Aus ihm aber kommt es, dass ihr in Christus Jesus seid, der uns geworden ist Weisheit von Gott und Gerechtigkeit und Heiligkeit und Erlösung; damit, wie geschrieben steht: ‚Wer sich rühmt, der rühme sich des Herrn!'" (1Kor 1,30; EB). „Heiligkeit" bzw. „Heiligung" (griech. *hagiasmos*) hat der vom Heiligen Geist neugeborene Mensch „in Christus" bereits empfangen. Es ist der Wille Gottes, dass ein Christ in dieser Heiligung lebt (1Thess 4,3ff).

Heiligung ist das „Gütesiegel", das ein Mensch empfängt, wenn er durch die Gabe des Heiligen Geistes ein Christuszugehöriger wird. Die empfangene Gabe des Lebens der Ewigkeit (Röm 6,23) will sich ausbreiten in die gesamte menschliche Existenz. Heiligung vollzieht sich immer konkret, z. B. im Denken, in der Kommunikation, in den physischen, psychischen und sozialen Dimensionen des Menschseins. Heiligung ist niemals nur eine Spiritualität, die sich in Bewusstsein abspielt, sondern sie ist erfahrbar, erkennbar und sie weist auf Jesus hin. Heiligung hat den Heilsobjektivismus des „Christus *für* uns" zur Grundlage und wird in der Erfahrung des „Christus *in* uns" zum Heilssubjektivismus. Die Alternative zwischen objektiv geschenktem Heil und subjektiv erfahrenem Heil wird überwunden, wenn man die eigene Geschichte in der Geschichte des Heiligen Geistes im persönlichen Leben wiedererkennt. Ohne diese Wahrnehmung des „Heiligen Geistes in uns" wird die Geschichte des „Christus für uns" nicht lebendig, geschweige denn der „Christus in uns".[234] Die ganze Ausstrahlung des christlichen Lebens ist ein Spiegelbild des Lichtes Gottes. „Wir alle aber stehen mit unverhülltem Gesicht vor Gott und spiegeln seine Herrlichkeit wider. Der Herr verändert uns durch seinen Geist, damit wir ihm immer ähnlicher werden und immer mehr Anteil an seiner Herrlichkeit bekommen" (2Kor 3,18).

Wie aber geschieht dieser Vorgang konkret? Welche Funktion hat der Mensch und welche Funktion hat dabei der Geist Gottes? Wenn die Heiligung als Geschenk schon vorhanden ist, so geht es dem Charakter nach hierbei um einen Entwicklungsprozess. Dieser zieht sich durch das ganze Leben eines Christen.

---

234   Vgl. hierzu: Moltmann 1991: 215–218.

Mir hilft dabei eine Erinnerung, die mir zum Gleichnis geworden ist. In meinem Elternhaus wurde in der Advents- und Weihnachtszeit viel gebacken. Gerne denke ich an den großen Küchentisch, auf dem unsere Mutter den süßen Teig für die Weihnachtsplätzchen knetete. In diesem Teig kamen all die wichtigen Bestandteile vor: das geschmeidige und sättigende Fett, die süßenden Gewürze und der Zucker, das bindende Mehl und vieles andere mehr. Da lag nun der große Teigkloß vor meinen Kinderaugen. Und nun nahm unsere Mutter noch einmal die Mehltüte und streute etwas davon über den ganzen Tisch. Dann ging es richtig los. Sie nahm die Backrolle und, schwuppdiwupp, breitete sich der Kloß zu einem großen Teigfladen auf dem ganzen Tisch aus. Dann durften wir mithelfen, die einzelnen Figuren auszustechen.

Soweit diese Erinnerung und nun meine gleichnishafte Übertragung: Der große Teigkloß mit all den leckeren Zutaten ist für mich die Gabe des ewigen Lebens, die substanziell identisch ist mit der Gabe des Heiligen Geistes. Ich empfange in der Geistestaufe dieses Leben aus der Ewigkeit Gottes, ein Leben, das niemals vergehen wird. Dieses Leben enthält alle „Zutaten", die ich auch im Leben Jesu ausmachen kann: Liebe, Freude, Friede, Sanftmut, Freundlichkeit, Geduld und vieles andere mehr. Einige dieser Zutaten werden beschrieben in der Aufzählung der Substanzen der „Frucht des Heiligen Geistes" (Gal 5,22). Zu den Zutaten gehören auch die Fähigkeiten, die Gaben des Geistes, die „Fähigkeiten aus der Wirklichkeit der Ewigkeit", wie sie auch im Leben Jesu wirksam wurden. Da ist u. a. Barmherzigkeit, Ermutigung und Ermahnung, Weisheit und Erkenntnis, Glaube und Weissagung. Auch hierbei kann ich an die Gaben des Geistes bzw. die Charismen denken, die exemplarisch in den Schriften der Bibel beschrieben werden. Alle diese, die Frucht und die Gaben des Geistes, sind in diesem „Teig aus der Ewigkeit" enthalten. Ich empfange diesen Teig nicht, weil ich mich danach so ausstrecke, sondern weil er mir zubereitet und geschenkt wird. Nun kommt die Backrolle. Diese vergleiche ich mit dem erzieherischen Wirken des Heiligen Geist. Sie funktioniert aber nur, wenn ich „mitmache". Der Geist Gottes möchte das Wesen und die Gaben des Geistes in meinem ganzen Leben verteilen. Er rollt diesen Teig des neuen Lebens in mein Denken und Fühlen, in meinen Körper, in meine Beziehungen, in mein Portemonnaie. Ja, auch in die Risse meines Lebens, dort, wo ich schwach und gebrochen bin, soll viel von diesem Teig hingelangen. Denn seine Kraft ist in den Schwachheiten mächtig (2Kor 12,9).

Heiligung entwickelt sich immer durch eine Kooperation mit dem Heiligen Geist. Dabei ist nicht an einen Synergismus zu denken, der sich selbst lobend auf die Schulter klopft oder der Gottes Handeln noch vervollständigen will. Es ist mehr an eine Art Handlangerdienst zu denken, wenn Paulus bekennt: „Wir sind Gottes Mitarbeiter" (griech. *synergoi*; 1Kor 3,9). Die „Entwicklungsarbeit" ist ein bewusstes und gewolltes Empfangen und ein „An-sich-geschehen-lassen". Es ist eine Einübung auf der Grundlegung des Gnadengeschenkes der neuen Schöpfung.[235]

In inhaltlicher Nähe zu dem Begriff der Heiligung stehen die Begriffe Jüngerschaft bzw. Nachfolge. Sie betonen, dass die Entwicklung der neuen Schöpfung, dieses ewigen Lebens nur in der Abhängigkeit von Jesus Christus geschehen kann. Jüngerschaft und Nachfolge weisen auch deutlich auf die menschliche Verantwortung in diesem Prozess hin. Nicht der Geist Gottes folgt nach, sondern der Mensch, der in die Jüngerschaft Jesu berufen wurde. Der Geist nimmt dabei die Rolle des Vermittlers, des Lehrers ein (Joh 16,12–15). Jüngerschaft ist allerdings kein Lernprogramm, das lediglich durch ein hohes Maß an Disziplin und menschlicher Willenskraft realisierbar ist. Manche Jüngerschaftsprogramme erwähnen nur in den Nebensätzen, dass es sich hierbei um einen vom Geist Gottes gesteuerten Entwicklungsprozess handelt, bei dem der Jünger Jesu durch Hingabe und Gehorsam gegenüber seinem Herrn wachsen kann. Allenfalls werden in diesen straffen Heiligungsprogrammen dem Heiligen Geist noch unterstützende Dienste zugeordnet oder er bildet den glorreichen Hintergrund für ein ansonsten sehr anstrengendes menschliches Geschehen.

Paul Schütz zeigt in seiner Wertung der Lehren Sören Kierkegaards die Sackgasse einer willensgesteuerten Religiosität auf, die letztlich bei einer Pönitenz (lat. *poenitentia* = Strafe, büßendes Wollen und Leiden) stehen bleibt. „Wäre somit die ‚Pönitenz' das letzte, was in der Existenz auf das Christliche hinwiese? Hieße dies, dass die Aufforderung zur

---

235   Eine hervorragende biblische Grundlage gibt hierzu W. Kopfermann (Kopfermann 2008).

Nachfolge ganz auf den Willen des Menschen zurückfiele und dass dieser Wille, auf sich selbst gewiesen, auf sein nur pathetisch-dialektisches Existierenkönnen entweder in der Gerechtigkeit der Pharisäer oder wiederum in der Pönitenz enden müsste?"[236] Einem solchen geradezu selbstzerstörerischen Vorgang gleicht die Heiligung und die Jüngerschaft keineswegs! Ein Wachsen in der Jüngerschaft geschieht jedoch auch nicht automatisch durch die Einbindung in ein aktives Gemeindeleben. Darauf hat in aller Klarheit die Reveal-Studie hingewiesen, die von der *Willow Creek Communitiy Church* im Nordwesten von Chicago erstmalig im Jahre 2004 durchgeführt wurde[237]. In den praktischen Auswertungen zum Ergebnis dieser Studie und den damit verbundenen Anregungen wird die Funktion des Heiligen Geistes leider nur am Rande bedacht. Jüngerschaftsbildung ist Herzensbildung.

Heiligung wird ohne den Geist Gottes zu einer anstrengenden und wenig nachhaltigen Veränderung des Herzens nach dem Bild Jesu führen. Aus diesem Grund ist die Pneumatologie dringlich in die Jüngerschaftsprogramme aufzunehmen und nicht nur hier, sondern auch in den großen ethischen Entwürfen des Christentums hat sie neu ihren Platz zu behaupten.

5.2   Geisterfahrung als ganzheitliche Transformation

Seit der Weltmissionskonferenz in Wheaton (1983) wurde der in vielen Wissenschaften bereits gebräuchliche Begriff *Transformation* auch zu einem Standardbegriff in der Missiologie.[238] Transformation (lat. *transformare* = umformen) kennzeichnet gemäß der biblischen Sicht Veränderungsprozesse, die durch das Anbrechen des Reiches Gottes in dieser Welt geschehen. Sie umfassen die ganzheitliche Veränderung des einzelnen Menschen ebenso wie gesellschaftliche Wandlungen. Es gibt keinen Aspekt des Lebens, der nicht von dieser transformierenden Kraft des Reiches Gottes erfasst werden sollte. Der Missionswissenschaftler

---

236   Schütz 1960: 195.

237   Hawkins; Parkinson 2010.

238   Bosch 1991.

Vinay Samuel kennzeichnet diese Transformation gut, wenn er schreibt: „Transformation ist die Ermöglichung, dass Gottes Vision in allen Beziehungen, sozialen, wirtschaftlichen und geistlichen, verwirklicht wird, dass Gottes Wille in der menschlichen Gesellschaft widergespiegelt wird und seine Liebe durch alle Gesellschaften erfahren wird, besonders von den Armen."[239]

Ich möchte den Begriff Transformation auch gern in der missionalen Pneumatologie verankern. Die Gabe der Heiligung, welche in der christlichen Grunderfahrung in der „Neugeburt aus Wasser und Geist" erfahren wird, ist die Grundlage dafür, dass sich die transformatorische Qualität des Reiches Gottes auch in Kirche und Gesellschaft umsetzt. Der Geist Gottes will bei dieser Ausbreitung des Reiches Gottes mit erneuerten Gotteskindern sein Werk tun, die als „Licht" und „Salz" auf dieser Erde leben und Leben gestalten.

Die ökumenische Missiologie hat ihr Augenmerk sehr stark auf die gesellschaftspolitische Dimension einer solchen Transformation gelegt und dabei die Veränderung des menschlichen Herzens zu wenig im Blick. Eine neue Welt wird es ohne neue Herzen nicht geben! Konsequenterweise muss ich allerdings auch fragen, ob das, was wir nach biblischem Zeugnis unter Heiligung verstehen dürfen, nicht weit mehr ist als eine Transformation des menschlichen Herzens. Es geht ja nicht nur um eine Umformung, eine strukturelle Veränderung, sondern um eine komplett neue Existenzgrundlage, die als „neue Schöpfung" beschrieben wird. Es geht darum, dass das „steinerne Herz" durch ein „neues Herz und einen neuen Geist" ausgetauscht wird (Hes 36,26). Aufgrund dieser geistlichen „Herztransplantation" ist die geistliche Transformierung des menschlichen Lebens erst denkbar und möglich. Diese Basiserfahrung ist in einer missionalen Pneumatologie zugleich auch die Grundlage für alle weiteren Überlegungen zur Transformation des menschlichen Lebens, der Gemeinden und der Gesellschaft.

Was aber ist konkret mit diesem „neuen Herz", dem „neuen Geist" und der „neuen Kreatur" gemeint? Wird beim Geistempfang nur ein inneres „Zentralorgan" des Menschen ausgewechselt und muss sich das

---

239 Samuel; Sugden 2003. In: Faix; Reimer; Brecht 2009: 15.

dann auf alle anderen Organe, auf den Körper und auch auf die Psyche, auf den Charakter[240], ja, auf das ganze Menschsein ausweiten? Wie
ist es zu deuten, dass auch vom Geist Gottes begabte Menschen sich
in ihrer konkreten Existenz mit ganzen Lebensbereichen abquälen, in
denen sie nur sehr wenig von der neuen Schöpfung erfahren? Die Ohnmacht gegenüber einer vom Tode gekennzeichneten Leiblichkeit und
einer kranken Psyche bringt nicht nur alternde und leidende Menschen
an die Grenzen des Denkens und Glaubens. Gilt es hier, im Sinn eines
heilsobjektivistischen Denkens, die Erlösungserfahrung lediglich im
Bereich des Bewusstseins und des Denkens anzusiedeln, sie allenfalls
in peripheren Bereichen der Leiblichkeit und der Psyche des Menschen
zu suchen, sie jedoch wie ein abstraktes Glaubensbekenntnis in einem
gebrochenen, sterbenden Leib vor sich herzutragen? Muss ein derar-
tig beharrliches Glaubensbekenntnis auf die Erlösung des ganzen Menschen angesichts der offensichtlichen Todesrealität und ihrer Vorboten
nicht geradezu in eine Schizophrenie führen?[241] Das wäre wohl der Fall,
wenn es da nicht diesen Beistand und Tröster, den Heiligen Geist gäbe,
der wie ein Kontinuum zwischen Leben, Tod und Auferstehung da ist.
Paul Schütz stellt fest:

> *„Die Entscheidung fällt im Leibe. Erst dort, wo die Leibeswelt wieder*
> *mitgenommen wird, ist Heilung der Spaltung in Sicht. Erst dort, wo*
> *der christliche Glaube aufhört, lediglich ein Phänomen des Bewusst-*
> *seins zu sein, wo er wieder die lebendige Kraft ist und hat, in Leib und*
> *Seele, Fleisch und Blut einzudringen, hat die wahre Lehre im ‚Beweis*
> *des Geistes und der Kraft' wieder ihre Heilsamkeit zurückgewonnen."*[242]

Wenn wir auf diese eingeforderte „Nagelprobe des Glaubens" eingehen
wollen, so werden wir theologisch an den Konflikt geführt, den Paulus
zwischen dem „Fleisch" und dem „Geist" beschreibt. Der Apostel geht
dabei von dem universalen Konflikt zwischen dem kommenden Äon des

---

240   Vgl. hierzu: LaHaye 1975.
241   Ich verweise hier vor allem auf Viktor von Weizsäckers Ausführungen
      (Weizsäcker 1986).
242   Schütz 1960: 174.

Heils und der Gerechtigkeit und dem vergehenden Äon der Sünde und
des Todes aus, stellt ihn aber vornehmlich auf der Erfahrungsebene der
Anthropologie dar (vgl. Röm 7). „Fleisch" (griech. *sarks*) hat für Paulus
eine mehrfache Bedeutung. Zunächst ist damit die Sphäre der Schöpfung allgemein gemeint. Diese ist endlich und vergänglich. In dieser
Hinsicht kennzeichnet Fleisch ebenso wie Kosmos die Vergänglichkeit
und Hinfälligkeit allen Lebens. Die „Nagelprobe des Glaubens" stellt sich
existenziell in der Anthropologie, sie betrifft aber ebenso die kosmologische Sicht. Fleisch kann bei Paulus auch als Sammelbegriff für eine Ethik
verwandt werden, die sich gemäß dieser Vergänglichkeit des Lebens orientiert und artikuliert. Eine solche Gesinnung des Fleisches führt konsequenterweise auch in den Tod. „Denn die Gesinnung des Fleisches
ist Tod, die Gesinnung des Geistes aber Leben und Frieden"(Röm 8,6).
Fleisch in diesem Sinn bezieht sich auf das gesamte Leben, nicht nur
auf die Leiblichkeit des Menschen. Die Sündenrealität ist nicht nur in
der Körperlichkeit, sondern auch in der Sinnlichkeit und im Denken
und Wollen des Menschseins vorzufinden. Durch die Anzahlung des
Geistes und die Kraft der Neuschöpfung wird die Krankheit des Seins,
die Todesverfallenheit des Lebens, erst richtig offenbar.

Aber nicht nur das, denn dann würden wir ja bei dieser leidvollen
schizophrenen Erfahrung enden. Der Geist ist der Geist der Auferstehung, der Neuschöpfung. Er sieht die Welt nicht nur in ihrer Unerlöstheit, sondern auch in ihrem Schreien, ihrem „Seufzen" nach Befreiung
und Erlösung (Röm 8,19f). Je näher dieser Tag der Vollendung des Reiches Gottes rückt, umso lauter wird dieses Schreien in dieser Welt zu
hören sein und umso stärker wird sich die Hoffnung der Christen mit
dem Glauben verbünden. Hier und jetzt erfährt der Glaubende schon
die Versöhnung und den Frieden mit Gott. Er wird nicht mehr losgelas-
sen von diesem Geist, der Christus von den Toten auferweckt hat. Die
Gabe des Geistes in ihm wird zur Gabe des Glaubens, die angesichts
von Ohnmachtserfahrungen am Grab bezeugt: Es gibt eine Auferstehung. Die pneumatologische Erfahrung trägt immer diesen eschatologischen Akzent. Zwar kann durch die Kraft des Geistes Gottes hier und
jetzt schon zeichenhaft etwas von dieser neuen Schöpfung in der Leiblichkeit aufleuchten, etwa durch die Erfahrung von Heilungen, Befreiungen und Totenauferweckungen. Aber die eigentliche Erfahrung der

Überwindung des Todes äußert sich in diesem Leben vorwiegend im Bekenntnis des Glaubens und nicht durch eine Vielzahl geöffneter Gräber. Das Seufzen der Schöpfung und das damit verbundene Schreien und Weinen wird erst endgültig in Gottes neuer Welt nicht mehr zu hören sein (Offb 21,4). Die „Nagelprobe des Glaubens" wird so zu einer „Nagelprobe der Hoffnung" und der sich darin bewährenden Liebe.

> „Wenn es keine Auferstehung der Toten gibt, dann kann ja auch Christus nicht auferstanden sein. Wäre aber Christus nicht auferstanden, so hätte unsere ganze Predigt keinen Sinn, und euer Glaube hätte keine Grundlage. Mit Recht könnte man uns dann vorwerfen, wir seien Lügner und keine Zeugen Gottes. Denn wir behaupten doch: Gott hat Christus auferweckt. Das kann ja gar nicht stimmen, wenn mit dem Tod alles aus ist! Wie schon gesagt, wenn die Toten nicht auferstehen, dann ist auch Christus nicht auferstanden. Wenn aber Christus nicht von den Toten auferweckt wurde, ist euer Glaube nichts als Selbstbetrug, und ihr seid auch von eurer Schuld nicht frei. Ebenso wären auch alle verloren, die im Glauben an Christus gestorben sind. Wenn der Glaube an Christus uns nur für dieses Leben Hoffnung gibt, sind wir die bedauernswertesten unter allen Menschen. Tatsächlich aber ist Christus als Erster von den Toten auferstanden. So können wir sicher sein, dass auch die übrigen Toten auferweckt werden. Der Tod ist durch die Schuld eines einzigen Menschen in die Welt gekommen. Ebenso kommt auch durch einen einzigen die Auferstehung" (1Kor 15,13–21).

Hier und jetzt schon bekennen wir mit dem Apostel: „Tod, wo ist dein Sieg? Tod, wo ist dein Stachel?" Mit ihm bezeugen wir, dass weder der Tod noch das Leben uns trennen können von der Liebe Gottes (1Kor 15,55; Röm 8,38). Dieser Geist, der Christus von den Toten auferweckt hat, wird auch die sterblichen Leiber der Glaubenden lebendig machen; und zwar, weil sie das Angeld des Geistes schon in sich tragen. „Ist der Geist Gottes in euch, so wird Gott, der Jesus von den Toten auferweckt hat, auch euren sterblichen Leib wieder lebendig machen; sein Geist wohnt ja in euch"(Röm 8,11). Die Kraft der Transformation macht also keineswegs halt vor der Leiblichkeit des Menschen, sie reicht allerdings über diese Weltzeit hinaus.

Eine solche Hoffnung auf das Jenseits, mit zeichenhaften Vorboten im Diesseits, könnte dazu führen, dass die notvolle platonische Trennung von Geist und Seele, von Geist und Körper immer wieder neu ihre Triumphe feiern will. Aber der Kernpunkt aller christlichen Hoff-

nung und allen christlichen Glaubens besteht ja gerade in der neuen
Kreatürlichkeit, die hier und jetzt schon ihren „Duft" (2 Kor 4,14), ihre
Vitalität ausbreitet. „Das Wirken des Geistes ist nicht weltflüchtig, sondern die Welt überwindend, Leben rettend und erneuernd. Der Geist
wirkt keine Weltflucht, sondern die Auferstehung des Fleisches und die
Teilhabe am Vergänglichen."[243] Eine vom Geist Gottes gewirkte transformierende Spiritualität ist deshalb auch nicht eine körperfeindliche,
weltflüchtige Spiritualität. Der Geist Gottes will schon hier und jetzt, bei
aller Vergänglichkeit des Lebens, Wohnung in unserer Leiblichkeit nehmen. So stimmen wir dem Apostel zu, wenn er den menschlichen Körper als einen „Tempel des Heiligen Geistes" bezeichnet (1Kor 6,19). Das
neue Leben, das wir mit der Gabe des Geistes empfangen haben, führt zu
einem geheiligten Umgang mit unserem Körper und unserer Psyche. Es
ist nicht egal, wie ich den von Gott gegebenen Rhythmus von Aktivität
und Ruhe (Sabbat) lebe. Es ist mir auch nicht gleichgültig, was und wie
ich esse, wie ich den Körper pflege und wie ich Sexualität lebe. Alles in
mir und an mir gehört zu diesem Gott, der mich erlöst hat. Jede Zelle in
meinem Körper steht hier und jetzt schon unter seiner Herrschaft. Auch
wenn sich der Keim des Todes in meinem Leib ausbreiten will, wenn das
Alter seinen Tribut fordert, auch dann gilt: Jeder Atemzug soll mich an
meinen Schöpfer und Erlöser erinnern.

Kürzlich hörte ich von einer betagten Diakonisse. Sie war durch viel
Krankheitsnot ans Bett gefesselt. Schließlich konnte sie sich aufgrund
einer Lähmung nicht mehr bewegen; doch ihr Geist war noch wach und
lebendig. Und es kam noch schlimmer; auch ihre Stimme wurde immer
gebrechlicher und sie konnte sich nur noch flüsternd verständigen. „Ich
atme für Gott und in meinem Gott!", flüsterte sie. „Das ist mein Gottesdienst. Dazu ist mein Körper und mein Geist noch auf dieser Welt!" Die
Transformation der Herzen ist nur der Anfang, die Transformation des
Körpers, ja des ganzen Kosmos wird folgen. Wenn diese Kraft der Heiligung also hier und jetzt schon meinen Körper in einen „Tempel des
Heiligen Geistes" verwandelt, so sollte mein ganzes Leben, mein Geist,
meine Seele, meine Beziehungen, vollständig und ganzheitlich auch von

---

243   Welker 1992: 245.

diesem Geist Gottes durchdrungen werden. „Er selbst aber, der Gott des
Friedens, heilige euch völlig; und vollständig möge euer Geist und Seele
und Leib untadelig bewahrt werden bei der Ankunft unseres Herrn Jesus
Christus! Treu ist, der euch beruft; er wird es auch tun" (1Thess 5,23f; EB).
So verstehe ich die Mahnungen und Erinnerungen, die das apostolische
Zeugnis mir mitgibt, als Aufforderung, dieser transformierenden Kraft
des Geistes Gottes nicht im Wege zu stehen, sondern mit dem Gott des
Friedens zu kooperieren.

5.3   Geisterfahrung als Gemeinschaftserfahrung

„Wir müssen erst mal Pause machen mit der Gemeinde!" Klaus und
Margret sind über viele Jahre sehr engagiert in ihrer Freikirche. Beide
sind in der Gemeindeleitung; sie leiten einen Hauskreis und sind auch
in der Eheseelsorge sehr gefragt. Und dann ist da ja auch noch das „normale Programm": Montags Gemeindechor, Donnerstags Frühgebet,
Samstags Evangelisation in der Stadt. Beide sind zudem sehr gefordert
in der gemeinsamen Arztpraxis. „Wir drehen nur noch am Rad! Und
jetzt kommen erste Anzeichen, die wir als Ärzte gut deuten können.
So geht es nicht weiter. Wir müssen einfach mal eine Gemeindepause
einlegen!" Wie gut ich die beiden doch verstehen kann und wie sehr
werden sie uns fehlen!

Machen wir irgendetwas falsch in diesem überaktiven Gemeindebetrieb? Nun sind ja nicht alle so engagiert dabei wie diese beiden Top-
Mitarbeiter. Doch wenn alle etwas mehr zulegen, würde sich dann „die
Last auf mehreren Schultern verteilen", wie wir so schön sagen? „Werdet
ihr uns nicht vermissen?", frage ich. Beide schauen sich an, so als wollten sie die Antwort von den Lippen des anderen ablesen. Margret schaut
zum Fenster hinaus, sie will mir bei dem, was sie sagt, nicht direkt in die
Augen sehen, weil sie mich nicht verletzten möchte. „Bitte, versteh es
jetzt nicht falsch! Aber was sollen wir denn vermissen? Die vielen Sit-
zungen? Die vielen Seelsorgegespräche mit Leuten, die sich zum Teil gar
nicht helfen lassen wollen? Die ungezählten Einsätze und Arbeitskreise?
Ja, wir werden die Gottesdienste vermissen, aber die kann man ja auch
mal woanders besuchen, oder?" Klaus stimmt ihr nickend zu. „Wir sind
hier doch so etwas wie ein Interessenverband geworden, eine missionari-

sche Stoßtruppe. Was wissen wir denn schon, wie es dem anderen wirklich geht? Wer von uns hat denn dem ‚Bruder und der Schwester' wirklich einmal das Herz aufgetan? Wann haben wir zusammen Momente gehabt, wo wir einfach nur fröhlich und gelassen zusammen sein konnten in der Nähe Gottes? Ich kann mich gar nicht mehr daran erinnern. Vor lauter Mission verlieren wir die Freude am Leben! Es gibt immer nur ‚große Herausforderungen', eine ‚ernste' Gebetsgemeinschaft. Alles war so wichtig, ja, so erdrückend wichtig! Wir waren ständig dabei, die vielen Verlorenen für Jesus zu gewinnen und haben uns dabei selbst verloren. Das, was ich vermissen sollte, das habe ich in diesem Gemeindebetrieb schon lange verloren: Gemeinschaft."[244]

Das Gespräch mit Klaus und Margret ist mir noch lange nachgegangen. Sie haben „ihre Pause" gemacht. Margret musste eine Kur nehmen, um neu zu Kräften zu kommen. Jetzt sind sie wieder dabei, aber anders. Sie haben zwei Abende in der Woche für Gemeindeveranstaltungen und sie sind auch Sonntags in den Gottesdiensten. Oft werden sie begleitet von ihren Freunden, mit denen sie nun auch mehr Zeit verbringen können. Nachfolge vollzieht sich nicht nur am Sonntag oder am Hauskreisabend, sondern Tag für Tag, Stunde für Stunde. Klaus und Margret haben mehr Zeit für sich, für ihre Ehe, für ihre erwachsenen Studentenkinder, für „den Rest der Familie", den sie sonst kaum noch gesehen haben. Sie laden ihre Nachbarn häufiger ein und verbringen Zeit mit ihren Freunden, die nicht zu unserer Gemeinde gehören. Nachfolge Jesu hat für sie mehr den Charakter bekommen, „zu den Füßen Jesu zu sitzen und auf ihn zu hören", anstatt ihn wie in einem „ekklesiologischen Arbeitslager" durch viele Dienste beeindrucken zu wollen.

Wir wollen oft so viel und erreichen doch so wenig, wenn wir übersehen, dass Veränderung immer mit Gemeinschaft zu tun hat. Jesus hat auch nicht nur Einzelpersonen in seine Jüngerschaft berufen, sondern eine Gruppe von zwölf Männern, die aus sehr verschiedenen Lebensbereichen kamen (Mt 10,2ffpar). In dieser Jüngerschar gab es auch leibliche

---

244 Alan Hirsch beschreibt diese verlorene Gemeinschaftsdimension in größeren Gemeinden und fordert zu einem Umdenken auf. Er plädiert für die Bildung von *Communitas*, von missional geprägten Gemeinschaften, die durch Veränderung entstehen (Hirsch 2011: 289–320).

Brüder, die sich schon ihr ganzes Leben lang kannten (Simon Petrus und
Andreas; Jakobus und Johannes). Es gab solche, die mit dem politischen
System auf Kriegsfuß standen (Simon, der Zelot) und solche, die mit
ihm kooperierten und selber für sich das Beste daraus machen wollten
(Matthäus, der Zöllner). Es gab laute und leitende Typen, und jene, die
kaum in Erscheinung traten (Bartholomäus und Thaddäus). Es gab die
Zögerlichen und die Zupackenden, Verheiratete und Ledige, Träumende
und Tragische. Sie alle wurden von Jesus in die Nachfolge gerufen, sie
alle wurden eingewiesen in die Logik des Reiches Gottes, sie alle wurden
mit dem Heiligen Geist erfüllt – bis auf Judas, der ihn verriet. Mit allen
hatte Jesus Gemeinschaft und er sehnte sich danach, mit ihnen das Pas-
sahmahl zu feiern (Lk 22,15). Heiligung entwickelt sich auch heute in der
gemeinsamen Nachfolge Jesu. Nachfolge ist etwas für unterwegs, nicht
ein Rückzugsmanöver in die Elfenbeintürme der Erkenntnissucher und
Mystiker. Heiligung ist nicht ein In-sich-gehen, sondern ein Aus-sich-
gehen, ein Mit-gehen mit Jesus.

„Die Gnade unseres Herrn Jesus Christus, die Liebe Gottes und
die Gemeinschaft des Heiligen Geistes sei mit euch allen" (2Kor 13,13).
Warum wird in dieser Segensformel die besondere Gabe des Geistes in der Gemeinschaft (griech. *koinonia*) gesehen? Der Geist nimmt
den Glaubenden in die Gemeinschaft mit dem Vater und dem Sohn auf
und er führt die Glaubenden in eine von ihm geprägte Gemeinschaft.
Das innere Wesen des Heiligen Geistes ist gemeinschaftsstiftend. Die
Genetivkonstruktion kann sowohl „Gemeinschaft des Geistes" als auch
„Gemeinschaft mit dem Geist" bedeuten. Der Geist gibt die Koinonia
und er ist Teil von ihr. Er gehört zur trinitarischen Gemeinschaft und er
öffnet sie für die glaubende Gemeinde, die sich als „Leib Christi" begreift.
Die Einverleibung in Christus durch die Taufe hat konsequenterweise
auch eine Gemeinschaft mit dem Vater und dem Geist zur Folge. Die
vom Geist Gottes geschenkte und gewirkte Gemeinschaft zeigt sich für
den Christen in seiner Verbindung zu Jesus: Er ist „in Christus" und
„mit ihm gekreuzigt und auferstanden". Diese Beziehung zu dem auferstandenen Herrn und damit auch zum Vater im Himmel wird durch die
gemeinschaftsstiftende Kraft des Geistes überhaupt erst möglich.

Die Gemeinschaft zwischen Gott und Mensch – Gott sucht diese
Beziehung in der Berührung der Schöpfung, in seiner immanenten Tran-

szendenz. Er verbalisiert diese Beziehung in seinem gesandten Logos, im
inkarnierten Wort: in Jesus Christus. Er implantiert diese Beziehung im
Menschen durch die Gabe des Heiligen Geistes. „Das Wort nahm leibliche Gestalt an, damit wir den Heiligen Geist erhalten. Gott wurde ein
Leibträger, damit die Menschen Geistträger werden", sagt Athanasius.[245]
Im verkündigten Wort, in Taufe und Abendmahl, nimmt der trinitarische Gott immer wieder neu die Beziehung zu den Menschen auf und
begegnet ihnen als Schöpfer und Neuschöpfer, als der, der von Anfang
an war, der ist und der da kommt. Gott sucht die Gemeinschaft mit allen
seinen Geschöpfen. Er ist der Liebhaber der Menschen. Er freut sich,
wenn wir mit ihm verbunden sind, wenn wir ihm unsere Herzen aus-
schütten im Gebet, wenn wir ihm auch unsere Liebe ausdrücken. Das ist
die höchste Berufung des Menschen: Gott zu lieben und den Nächsten
zu lieben wie sich selbst. Die Gottesliebe, die Selbstliebe und die Nächstenliebe sind immer ein Echo auf Gottes Liebe zu uns. „Wir lieben, weil
Gott uns zuerst geliebt hat"(1Joh 4,19).

Gemeinschaft mit Gott ist zugleich Gemeinschaft untereinander. Die
zwischenmenschliche Gemeinschaft ersetzt jedoch nicht die Gottesliebe
und die persönliche Beziehung des Einzelnen zu seinem Schöpfer und
Erlöser. Die Vertreter einer mystischen Spiritualität und auch die füh-
renden Theologen des Pietismus, der Erweckungsbewegungen des 18.
und 19. Jahrhunderts sowie der charismatischen Erneuerungsbewegungen der Gegenwart wurden nicht müde, auf diese persönliche Gottesbeziehung hinzuweisen. Die persönliche Andacht, Bibelbetrachtung und
Gebet sind die Grundlagen für eine fruchtbare gemeinschaftliche Erfahrung des Ausdrucks unserer Liebe zu Gott. Die Gottesliebe reduziert sich
eben nicht auf die Nächstenliebe, wie der neuzeitliche Humanismus uns
glauben machen will.[246] Sie reduziert sich allerdings auch nicht auf eine
individualistische Frömmigkeit, wie sie nicht nur in der Spiritualität der
Mystik zu finden ist, sondern auch in einer ichbezogenen Gottesbeziehung in den verschiedenen kirchlichen Traditionen. Die Betonung der
Bedeutung der persönlichen Wiedergeburt, wie wir sie z. B. vielfach im

---

245 Athanasius, De incarnatione verbi. Zitiert nach: Moltmann 1991: 245.
246 So z. B bei Ludwig Feuerbach. Vgl. Kern 2001.

Pietismus vorfinden,[247] hat zu einer solchen isolierten Gemeinschaftsbildung beigetragen. Die Gemeinschaft mit dem Geist führt jedoch zu
einer vom Geist gewirkten Gemeinschaft der Glaubenden und sie befähigt zu einer Schöpfungsgemeinschaft aller Geschöpfe. In der christlichen Grunderfahrung wird der Gläubige Teil des Leibes Jesu Christi,
der Ekklesia.[248] Die Taufe, das Mahl des Herrn, der Zuspruch der Vergebung – all das kann ein noch so frommer Mensch sich nicht selbst
gewähren, sondern er wird sie nur in der Glaubensgemeinschaft mit
anderen erfahren.

Die Liebe zum Schöpfer wird sich nur in einer Schöpfungsgemeinschaft ausdrücken können. Jürgen Moltmann betont die komplementäre
pneumatische Gemeinschaftserfahrung als Selbsterfahrung, Sozialerfah-
rung und Naturerfahrung. „Wer diese Schöpfungsgemeinschaft zugunsten einer Seelengemeinschaft abwertet, der dämpft den schöpferischen
Gottesgeist und verweigert ihm die Gemeinschaft, die dieser mit allen
geschaffenen Wesen sucht, um sie zu erlösen."[249] Der Ort der pneumatischen Gemeinschaft ist also keinesfalls auf die Ekklesia begrenzt. Sie
versteht sich allerdings als geschichtlicher Anfangsort des umfassenden
pneumatischen Geschehens, das wir als „Reich Gottes" bezeichnen. Die
Gemeinde Jesu hat kein Monopol auf die Gemeinschaft des Heiligen
Geistes. Es geht dem Geist Gottes um die Wiedergeburt, die Neuschöpfung aller Dinge. Die Gemeinschaft des Geistes erweitert das individuelle Bewusstsein der Gotteszugehörigkeit zu einem sozialen Bewusstsein, das menschliche Bewusstsein zu einem ökologisch-kosmischen
Bewusstsein.

Heiligung bezieht sich demgemäß nicht nur auf die Beziehung des
Menschen zu Gott, sondern auch zu dem, was Gott liebt: Zu seiner
Schöpfung, zu seinem Volk Israel, zu seiner Gemeinde. Ein heiliger

---

247 Vgl. Gremels, Georg: Wiedergeburt und Metamorphose. Die evangelische
     Ethik Philipp Jakob Speners. In: Imhof; Saroyan 2005: 317–331.

248 „Immer müssen die beiden Geisteskräfte des vertikalen Dynamismus und
     des horizontalen Personalismus zusammenfließen, wenn das gewirkt und
     in Erscheinung treten soll, was wir als Kommunität der Christen in dieser
     Welt erfahren." O. Dillschneider (Dillschneider 1978: 104).

249 Moltmann 1991: 234.

Mensch wird nicht das ignorieren können, was Gott liebt. Die Gemeinschaft des Geistes führt zu einem umfassenden Bewusstsein der Heiligung; einer Heiligung, die sich nicht nur im einzelnen Christen, nicht
nur in der jeweiligen Gemeinde und Konfession ereignet. Sie wird sich
auswirken auf alles Geschaffene. Sie wird nichtchristliche Partner und
Angehörige „mitheiligen" und sie unter den Einfluss des Erlösers bringen (vgl 1Kor 7,4). Sie wird befähigen zu einem Miteinander und bewahren vor einem Gegeneinander. Sie führt in die Freiheit gegenüber allen
Geschöpfen und befähigt durch diese Freiheit dazu, sich allen Geschöpfen dienend hinzugeben.

Diese Heiligung bewahrt vor einer Unterordnungsmentalität, die
durch Macht und Hierarchie bestimmt ist, und befähigt zu einer von der
trinitarischen Perichorese bestimmten gegenseitigen Hingabe und Wertschätzung. Der Geist Gottes verbietet unfreien Uniformismus und bezie-
hungslosen Pluralismus ebenso wie isolierenden Individualismus. Die
von ihm entwickelte Heiligung bringt eine Einheit in der Vielfalt hervor
und zelebriert die Einheit nicht auf Kosten der Vielfalt.[250] Sie beendet die
boxende Emanzipation zwischen den Geschlechtern und die fordernde
Erwartung zwischen den Generationen, die trennende Behauptung zwischen den Nationen. „Jetzt ist es nicht mehr wichtig, ob ihr Juden oder
Griechen, Sklaven oder Freie, Männer oder Frauen seid: In Christus seid
ihr alle eins" (Gal 3,28).

5.4   Abhängigkeit und Autorität

Der Empfang der Gabe des Heiligen Geistes führt die Gläubigen hinein
in eine neue Wirklichkeit, welche mit „Reich Gottes" bezeichnet wird.
Das Reich Gottes ist angebrochen, allerdings noch nicht vollendet. Diese
eschatologische Dimension äußert sich zum einen in der Erfahrung des
„Schon-jetzt", zum andern in der Erfahrung des „Noch-nicht". So real
das Reich Gottes schon durch den Empfang der Anzahlung, der Gabe
des Geistes begonnen hat, so wirklich wird er dieses Werk auch zur
Vollendung führen. Hier und jetzt erlebt die Gemeinde Jesu schon die

---

250   „Der schöpferische Geist liebt Originale, keine Imitationen" (a.a.O.: 246).

Logik und die dynamische Kraft der „Königsherrschaft Gottes" (griech. *basileia tou theou*). Der Christ erfährt, wie sich die durch die geistliche Neugeburt empfangene Heiligung in ihm vollzieht. Die jetzt schon erfahrene Wirksamkeit der Vergebung und Freiheit führen ihn in ein neues Glaubensbewusstsein und eine neue Qualität der Gemeinschaft. Die Innewohnung des göttlichen Geistes führt ihn auch zu einem neuen Selbstverständnis und einer von Gott geschenkten Autorität. Christen empfangen das Recht, die Autorität (griech. *exousia*), „Kinder Gottes" zu sein (Joh 1,11). Diese neue Identifikation geschieht dadurch, dass der Geist Gottes die Identität Jesu Christi in den neugeborenen Menschen schenkt. Christologisch wird dieses als „Sein in Christus" oder auch als ein Sein und Handeln „im Namen Jesu" bezeichnet. Pneumatologisch geschieht diese neue Identifikation durch den Heiligen Geist.

> „Denn welche der Geist Gottes treibt, die sind Gottes Kinder. Denn ihr habt nicht einen knechtischen Geist empfangen, dass ihr euch abermals fürchten müsstet; sondern ihr habt einen kindlichen Geist empfangen, durch den wir rufen: Abba, lieber Vater! Der Geist selbst gibt Zeugnis unserm Geist, dass wir Gottes Kinder sind. Sind wir aber Kinder, so sind wir auch Erben, nämlich Gottes Erben und Miterben Christi, wenn wir denn mit ihm leiden, damit wir auch mit zur Herrlichkeit erhoben werden" (Röm 8,14–17; LU).

In dem Stand (*exousia*) als Kind und Erbe Gottes lebt der Christ in und aus der Kraft (griech. *dynamis*) Gottes. Die Differenzierung der Zuordnung der Begriffe *exousia* zur Sendung und *dynamis* zur Salbung hebt zwar hervor, dass die Dynamis als eine energetische Kraft erfahren wird, aber nicht auf eine solche reduziert werden kann. Auch von Jesus wird gesagt, dass er in der Kraft (*dynamis*) des Geistes die Wunderwerke getan hat (vgl. Apg 2,22; 19,11). Der Geist ist nicht nur Energie, sondern auch durch dynamische Kraft handelndes Subjekt im Glaubenden. Diese innewohnende jesuanische Identität ist im Glauben erfahrene Wirklichkeit, die mit der noch vorfindlichen menschlichen Identität der Gegenwart korrespondieren muss. Die Zerbrochenheit des somatischen und psychischen Lebens löst aufgrund der Offenbarung der Gegenwart Gottes im Leiden und in der Finsternis nicht aus der neuen Identität heraus. Der Christus in mir ist nicht nur der Siegende und Überwindende, sondern auch der Leidende und Ohnmächtige; der Christus in mir ist nicht nur der Gebietende, sondern auch der Dienende. Als dienender und sich hingebender, in seiner Kenosis sich verschenkender Herr, wird er auch in der Hingabe, im Dienst und Leiden des Glaubenden erfahren. Die Exousia derer, die Jesus angenommen haben (Joh 1,11), offenbart sich in der dynamischen Kraft des Geistes, die auf mannigfache Weise erfahren wird und die besonders in der Schwachheit des Menschen ihre überwindende Kraft entwickelt (2Kor 12,9).

Die im Johannesevangelium überlieferten Abschiedsreden Jesu (Kap 13–17) zeigen auf, dass die Autorität sich auch im Leben seiner Nachfolger fortsetzen soll. Als Jesus gefragt wurde, in welcher Exousia er handele, zeigte er unmissverständlich auf, dass diese Vollmacht aus seiner Verbindung mit dem Vater kam. Hierzu wird die Wendung „im Namen des Vaters" verwandt (z. B. Joh 5,43; 10,25).[251] Jesus begründet seine Vollmacht in seiner Abhängigkeit vom Vater. Von ihm weiß er sich gesandt und autorisiert. Vom Vater empfängt er seine Lehre und die Taten, die er tut. „Ich sage euch die Wahrheit: Von sich aus kann der Sohn gar nichts tun, sondern er tut nur das, was er auch den Vater tun sieht. Was aber der Vater tut, das tut auch der Sohn!" (Joh 5,19). Die Worte, die er spricht, sind vom Vater (Joh 14,10, 5,30; 3,34). Durch diese Abhängigkeit vom Vater ist Jesus auch souverän und frei. Er ist nicht auf die Anerkennung und Ehre der Menschen angewiesen (Joh 5,34.41). Jesus unterwirft sich in seinem Willen vollkommen dem Vater. „Nicht mein Wille, sondern dein Wille geschehe!" (Mt 26,39; vgl. Joh 4,34). Jesus war auf den Vater fixiert und in ihm gegründet. In gleicher Weise sollen seine Jünger auf ihn fixiert und gegründet sein. In den Abschiedsreden Jesu bei Johannes finden wir ähnliche Formulierungen in den Sendungsformeln Jesu und der Jünger.[252] Jesus überträgt seine Sendung auf seine Jünger: „Wie mich der Vater gesandt hat, so sende ich euch!" (Joh 20,17; vgl. Joh 17,18). So wie er „im Namen des Vaters" gesprochen und gehandelt hat, sollen auch sie „im Namen Jesu" ihre Autorität verankert sehen

---

251 Die vergleichbaren synoptischen Texte zeigen auf, dass Jesus die Begründung seiner Vollmacht gegenüber den kritisch Fragenden vorenthielt (vgl. Mk 11,27–22par).

252 Vgl. hierzu: Miranda 1977.

(Joh 14,13; 16,24; Mk 16,17; Lk 10,17; Apg 3,6; 16,18; Kol 3,17). Dabei handelt es sich nicht nur um das Aussprechen einer Formel, sondern um den Ausdruck einer übertragenen Autorität und eines Zustandes der inneren Einheit mit Jesus, dem gekreuzigten und auferstandenen Kyrios. Gleichwie der Vater im Sohn gesprochen und gehandelt hat, wird der Sohn in seinen Jüngern weiterwirken zur Ehre des Vaters.

„Wer an mich glaubt, wird die gleichen Taten vollbringen wie ich – ja, sogar noch größere; denn ich gehe zum Vater. Worum ihr in meinem Namen bitten werdet, das werde ich tun, damit durch den Sohn die Herrlichkeit des Vaters sichtbar wird. Was ihr also in meinem Namen erbitten werdet, das werde ich tun" (Joh 14,12–14). Die Aussage Jesu über die „größeren Taten" sollte nicht im Sinn der Qualität, sondern der Quantität interpretiert werden. Herausragend wird das Verhältnis von Abhängigkeit und Autorität in der Gleichnisrede vom Weinstock dargelegt. So wie Jesus nichts von sich aus tun konnte, es war ihm denn vom Vater gegeben, so können auch die Jünger getrennt von ihm nichts vollbringen (Joh 15,4). „Bleibt in mir und ich in euch!" (Joh 15,3). Diese ineinander verwobene Einheit ist eine Einheit der Sendung und auch der Vollmacht. Sie wird möglich durch den Empfang der Gabe des Heiligen Geistes. „Es ist besser für euch, wenn ich gehe. Sonst käme der nicht, der euch an meiner Stelle helfen soll. Wenn ich nicht mehr bei euch bin, werde ich ihn zu euch senden" (Joh 16,7). Der Geist Gottes bevollmächtigt die Jüngerschaft nach der Auferstehung Jesu, „im Namen Jesu Christi" zu sprechen und vollmächtig zu handeln (Apg 3,6; 16,18). In dieser geistlichen Vollmacht beten und predigen sie; aber auch ihr ganzer Lebenswandel soll davon geprägt sein (Kol 3,17). Die Vollmacht, „im Namen Jesu Christi" zu handeln, wurde in den unterschiedlichen kirchlichen Traditionen sehr schnell auch mit dem Thema „Charisma und Amt"[253] in Verbindung gebracht. Alle Kirchen kennen das „Priestertum aller Gläubigen bzw. der Getauften".[254] Die vom Geist Gottes gewirkte Autorität der

---

253   Brockhaus 1987.

254   In den Kirchen der Reformation bedeutet „Priestertum aller Gläubigen", dass alle Gläubigen unmittelbar zu Gott sind und dass das öffentliche Predigtamt (Pastor, Pfarrer) keinen Weihestand konstituiert. In Freikirchen der evangelischen Tradition wird mit dem Begriff hervorgehoben, dass

Exousia der Kinder Gottes zeigt sich nicht nur in vollmächtigen Taten, in dem Zuspruch der Vergebung, in einer vollmächtigen Verkündigung oder im machtvollen Gebet, sondern vor allen Dingen in dem neuen Bewusstsein der Kinder Gottes.[255] Sie verstehen sich nicht als der Fußabtreter der Welt, sondern als durch Christus autorisierte und beauftragte Dienerinnen und Diener, als Licht der Welt und Salz der Erde. Im Glauben eröffnen sich ihnen die Möglichkeiten Gottes. So werden sie zu Hoffnungsträgern und aus ihrem Leben fließen „Ströme des lebendigen Wassers" (Joh 7,38–39). Sie verstehen sich als die „Bevollmächtigten des Auferstandenen" (O. S. v. Bibra). Das bedeutet nicht, dass ihnen Verfolgung und Ablehnung, Leid und Trübsal in dieser Welt erspart bliebe. Durch den Geist Gottes empfangen sie Weisheit und Kraft in solchen Situationen (Joh 15,18ff; 2Kor 4,9; 12,10). Sie deuten die Widerstände auch im Horizont eines geistlichen Kampfgeschehens (Röm 15,30; 1Tim 6,12; Hebr 10,32; 12,1;), in dem sie mit dem „Schwert des Geistes" kämpfen:

> „Werdet stark, weil ihr mit dem Herrn verbunden seid, mit seiner Macht und seiner Stärke! Greift zu den Waffen Gottes, damit ihr alle heimtückischen Anschläge des Teufels abwehren könnt! Denn wir kämpfen nicht gegen Menschen, sondern gegen Mächte und Gewalten des Bösen, die über diese gottlose Welt herrschen und im Unsichtbaren ihr unheilvolles Wesen treiben. Darum nehmt die Waffen Gottes! Nur gut gerüstet könnt ihr den Mächten des Bösen widerstehen, wenn es zum Kampf kommt. Nur so könnt ihr das Feld behaupten und den Sieg erringen. Rüstet euch gut für diesen Kampf!

---

jeder Gläubige der Gemeinde die Aufgaben, die in anderen Kirchen der Pfarrer bzw. Priester ausübt, selbst übernehmen kann. In der römisch-katholischen Kirche wird seit der Dogmatischen Konstitution des Zweiten Vatikanischen Konzils über die Kirche *Lumen Gentium* 1964 ebenfalls ein „gemeinsames Priestertum der Gläubigen" gelehrt, das sich darin äußert, dass „sie in allen Werken eines christlichen Menschen geistige Opfer darbringen und die Machttaten dessen verkünden, der sie aus der Finsternis in sein wunderbares Licht berufen hat". Dieses Priestertum unterscheide sich aber vom hierarchischen Priestertum „dem Wesen und nicht bloß dem Grade nach" (Lumen Gentium, 10).

255 Zu diesen Themen wäre eine Vielzahl von Büchern zu nennen. Ich verweise exemplarisch auf: Schniewind 1988. Bibra 2002. Hahn 1999. Kasper 2008.

Die Wahrheit ist euer Gürtel und Gerechtigkeit euer Brustpanzer. Macht euch auf den Weg, und verkündet überall die rettende Botschaft, dass Gott Frieden mit uns geschlossen hat. Verteidigt euch mit dem Schild des Glaubens, an dem die Brandpfeile des Teufels wirkungslos abprallen. Die Gewissheit, dass euch Jesus Christus gerettet hat, ist euer Helm, der euch schützt. Und nehmt das Wort Gottes. Es ist das Schwert, das euch sein Geist gibt" (Eph 6,10–17).

Die Vollmacht in der Auseinandersetzung mit den Mächten des Bösen wird gewonnen in der Verbindung mit dem Herrn, in der Macht seiner Stärke. Aus der Abhängigkeit von ihm erwächst die Autorität der Kinder Gottes.

6. Der Geist der Versöhnung – Gemeinschaft und Kirche

Schon wieder liegt eine Einladung auf meinem Schreibtisch. Nicht, dass ich etwas gegen Einladungen hätte, aber irgendwie muss ich mir ja auch überlegen, wo ich meine Zeit am sinnvollsten einsetze – im wahrsten Sinn des Wortes. Es geht nämlich um eine Einladung zu einem „Forum". Da sitzen wir eben sehr viel zusammen, manchmal bilden wir auch Gruppen oder bewegen uns diskutierend und austauschend im Saal. Bei diesem Forum soll es um die neuen Formen von Gemeinde gehen. Die „Gemeinde der Zukunft" ist „gesellschaftsrelevant", „missional", „emergent". Sie ist „die große Alternative" zu den rissigen sozialen Netzwerken; die neue „Heimat" der vielen transzendent Obdachlosen; die „Geburtsstation zum neuen Leben" und eine „Schmiede für eine zukünftige Leitergeneration" in dieser Gesellschaft.

Diese Überschriften und Konferenzthemen sind nicht gerade bescheiden formuliert. Meistens komme ich von solchen Foren und Konferenzen auch inspiriert und ermutigt wieder nach Hause. Doch in letzter Zeit hat mein Interesse an diesen verbalexplosiven Events nachgelassen. Die vielen großartigen Thesen von einer alternativen Gemeindekultur, von der transformierenden Gemeinde Jesu Christi und dem Umbruch, dem Aufbruch und Durchbruch kommen mir zuweilen doch so vor wie Luftblasen, die zwar gut gedacht sind, aber doch so wenig Veränderung bringen.

Was verändert sich denn wirklich in Deutschland, in Europa in der kirchlichen Landschaft? Sicher wird es sehr massive Umbrüche geben müssen und ganz sicher werden diese Umbrüche nicht immer nur mit den sanften Tönen einer wohlwollenden Erneuerungsbewegung daherkommen. Die großen Kirchen lehnen sich noch sehr an ihre alten mürben Kirchenmauern an, die sie über die Jahrhunderte hindurch gestützt haben. Die Freikirchen klopfen sich immer noch gern gegenseitig auf die Schultern und loben sich als „Gemeinde nach dem NT". Und nun kommen da die neuen Basisbewegungen, die Hauskirchen, die kleinen missionalen Stoßtruppen, die sich in den Wohnungen treffen und sich

schon sehr bald als „City-Church" oder als „Lebenszentrum" bezeichnen.
Da werden nicht nur die Großkirchen etwas verschnupft, sondern auch
die etablierten Freikirchen, die doch „für jeden offen sind", oder nicht?
Doch nun verlassen nicht wenige Freikirchler ihre Gemeinden; nicht
etwa, weil sie vom Glauben abgefallen wären, sondern weil sie in ihren
Kirchen etwas vermissen[256].

„Wir haben doch immer gedacht, wir wären des Herrn letzter Clou,
aber nun kommen diese neuen Bewegungen daher, zudem noch mit
Titeln wie ‚emergent', ‚missional', ‚transformativ' – die kein normal
Gebildeter gleich verstehen kann – und treten mit einer Keckheit auf,
dass man sich nur wundern kann! Die wollen die Gemeinde wohl ganz
neu erfinden!" Mein freikirchlicher Pastorenkollege ist sichtbar verär-
gert über die fünf jungen Erwachsenen in seiner Gemeinde, die ihm
freundlich mitgeteilt haben, dass sie am gleichen Ort nun eine Haus-
kirche starten werden und deshalb aus der Freikirche austreten werden.
„Was fehlt euch denn hier? Warum wollt ihr uns verlassen?", hat mein
Kollege bei den Ausreißern gezielt nachgefragt. Und ebenso gezielt kam
die Antwort: „Es geht nicht um die Frage, was uns hier fehlt, sondern ob
der Geist Gottes uns sendet!"

Macht der Geist Gottes so etwas? Zieht er engagierte Frauen und
Männer aus ohnehin schon wackelnden und schwächelnden Gemeinden ab, um mit ihnen dann unbeschwert neu zu beginnen? Der Geist
Gottes ist doch nicht ein Geist der Trennung, sondern ein Geist der Versöhnung! Da müssen wir es doch miteinander aushalten, auch wenn
die Unterschiedlichkeit und Vielfalt uns ziemlich an die Substanz geht,
oder?

Die neuen Gemeindebildungen und ekklesiologischen Auswürfe der
Reformbewegungen vergangener Jahrhunderte werfen immer wieder
ähnliche Fragen auf. Warum gelingt es so wenig, eine versöhnte Vielfalt zu leben? Warum die Abgrenzungen, Verwerfungen, Verletzun-

---

256   Vgl hierzu meine Ausführungen in: Rust 2010: 9–33.

gen, das „Anathema",[257] die Kriege, die im Namen Gottes geführt werden? Zuweilen bin ich wirklich müde, wenn ich über die *Ecclesia semper reformanda* – die sich ständig erneuernde Kirche – nachdenken soll. „Nicht schon wieder!", sage ich mir. Vielleicht liegt es ja auch daran, dass ich nun schon so lange im „Geschäft der Erneuerung" engagiert bin. Was mir vor allem Not macht, ist dieser mitunter geradezu verächtliche Unterton, den ich nicht nur bei den Reformatoren der Vergangenheit, sondern auch der Gegenwart entdecke, das geradezu vernichtende Urteil über eine Kirchenbewegung, die angeblich weder dem biblischen Anspruch noch den gegenwärtigen Herausforderungen entspräche.[258]

Nun trennen wir uns heutzutage nicht mehr durch militante Glaubenskriege, sondern eher im Modus einer vornehmen – aber scharfzüngigen – Verabschiedung von etwas Ausgedientem oder Modischem. Steht hinter diesen Reform- und Erneuerungsbewegungen wirklich der treibende Geist Jesu Christi? „Wie hat Jesus Gemeinde gewollt?", fragt Gerhard Lohfink.[259] Heute fragen Christen vielfach nicht mehr nach dem

---

257 Die Ursprungsbedeutung des Wortes ist „Aufgestelltes" im Sinn von „Gott ausgeliefert", „dem Urteil Gottes übergeben". In dieser Bedeutung erscheint das Wort mehrmals im NT (Gal 1,8 ; 1Kor 12,3 ; 1Kor 16,22 ; Röm 9,3). Der Schwerpunkt seines ursprünglich dualistischen Segen- und Fluchcharakters lag bereits in der Septuaginta und vor allem im NT auf dem Fluch. Damit war die Aussonderung aus dem göttlich geschützten Bereich gemeint, verbunden mit der Preisgabe an das Urteil Gottes. Die Orthodoxe Kirche definiert immer noch strikt nach der ursprünglichen Bedeutung, dass ein Anathema keine Verfluchung durch die Kirche ist, sondern der Betreffende wird außerhalb der Kirche sich selbst überlassen. Das Anathema war seit dem NT die traditionelle Reaktion der Kirche auf Häresie sowie auf schwerwiegende Fälle von Sünde ohne Willen zur Umkehr (vgl. 1Kor 5,12f.). Seit der Synode von Elvira (um 306 n. Chr.) wurden konziliare Lehrverurteilungen durch die Anathemaformel ausgesprochen.

258 A. Hirsch und M. Frost gehen in ihrem Erneuerungseifer z. B. davon aus, „dass das institutionalisierte Christentum ekklesiologisch und missionstheoretisch gesehen durch die kulturellen Veränderungen der Gesellschaft ein Auslaufmodell, ja, auf Dauer gesehen ein gescheitertes Experiment darstellt [ ]. Das historische Christentum entsprach ohnehin nicht dem biblischen Verständnis von Kirche" (Hirsch; Frost 2008: 35–36).

259 Lohfink 1982.

„Wie?", sondern noch radikaler, „ob" Jesus überhaupt Gemeinde gewollt hat. Die Feststellung, dass es an Jesus Christus glaubende Menschen auch außerhalb der verfassten institutionellen Kirchen und Gemeinden gibt, hat die Redeweise von der „sichtbaren und unsichtbaren Kirche" (Origenes), der „institutionellen und universalen Kirche" (Vatikanum II) oder die Differenzierung zwischen „Christentum und Kirche" (Moltmann) hervorgebracht. In welchem Verhältnis stehen Christologie und Soteriologie zur Ekklesiologie? Ist vom Geist Gottes gewirkte Gemeinschaft immer auch sogleich vom Geist Gottes gewirkte Kirche?

6.1   Die Berufung zur Gemeinschaft der Glaubenden

Die Unsicherheit der theologischen Deutung der vom Geist Gottes gestifteten Koinonia zeigt sich u. a. auch in der differenzierten Verwendung der Begriffe „Gemeinschaft", „Gemeinde", „Versammlung" oder auch „Kirche". Kirche ist ein deutsches Lehnwort des griechischen Wortes *kyriakos* (dem Herrn gehörend). Kirche (griech. *kyriake*) ist von daher bezogen auf den Kyrios, den Herrn. Im NT finden wir dafür meist das Wort *ekklesia* (das Herausgerufensein). Die *ekklesia tou theou* bezeichnet die von Gott herausgerufene Versammlung (vgl. z. B. Röm 16,5; 1Kor 16,19) oder auch die Ortsgemeinde (1Kor 1,2; Mt 18,17). Die griechische Übersetzung des AT, die Septuaginta, übersetzt das hebräische Wort *qahal* mit *ekklesia*. Die *qahal Jahwe* bezeichnet das im Bundesschluss begründete Volk Gottes. Schon dieser kurze Blick auf die biblischen Begriffe zeigt den engen Zusammenhang zwischen Israel und der neutestamentlichen Gemeinde auf. Der neue Bund in Jesus wurzelt in dem Alten Bund mit Israel; er ist eine Fortführung und Konkretisierung des Bundesschlusses (vgl. Röm 9–11).

Die Gemeinde Jesu Christi ist also fest im AT verwurzelt und bleibt auf das Volk Israel verwiesen. Gemeinsam mit dem alttestamentlichen Gottesvolk sieht sich die neutestamentliche Gemeinschaft als herzugerufene Gemeinschaft zugehörig zum Volk Gottes (1Petr 2,9). Diejenigen, die eine gemeinsame Gotteserfahrung teilen, gehören auch zusammen. Dabei gilt nicht das vordergründige Motiv „Gleich und Gleich gesellt sich gern". Das Volk Gottes hat sich nicht selber zusammengestellt; die Gemeinde Jesu hat sich nicht selbst berufen, sondern sie wurde von dem Herrn der Gemeinde erwählt (Joh 15,16.19). In der Erwählung liegt der Entschluss des trinitarischen Gottes, nicht allein mit sich zu bleiben. Seine Geschöpfe gehören zu ihm. Die Gemeinde Gottes ist deshalb ein Zeichen des Gemeinschaftswillens und der Gemeinschaftsstiftung Gottes. Sie selbst trägt in sich sakramentalen Charakter. In dieser Absicht formuliert das 2. Vatikanische Konzil: „Die Kirche ist ja in Christus gleichsam das Sakrament, das heißt Zeichen und Werkzeug für die innigste Vereinigung mit Gott wie für die Einheit der ganzen Menschheit."[260] Damit betont diese konziliare Selbstdefinition Kirche als Ausdruck der „innigsten Vereinigung mit Gott", einer Einheit, die Gott mit der ganzen Menschheit sucht und die zeichenhaft in der Kirche zum Ausdruck kommt.[261]

Eine solche zeichenhafte, verbündete Vereinigung Gottes mit der Ekklesia wird theologisch konsequent als das Werk des Geistes Gottes, der zugleich der Geist Jesu Christi ist, gewertet. Eine zu enge christologische Begründung und Herleitung der Ekklesiologie hat zu einseitigen Fragestellungen geführt, z. B.: „Wie hat Jesus die Gemeinde gewollt?" Eine stärker pneumatologische Verankerung der Kirchenlehre führt zu einer breiteren Sicht der von Gott gestifteten Gemeinschaft. Zu Recht haben im Umfeld des Vatikanums II vornehmlich orthodoxe Theologen auf das pneumatologische Defizit der westlichen Ekklesiologie hingewiesen.[262]

Jürgen Moltmann legt in seinem Buch „Kirche in der Kraft des Heiligen Geistes"[263] den Entwurf einer pneumatologischen Ekklesiologie aus protestantischer Sicht vor. Er fokussiert darin drei wesentliche Perspektiven der Kirche, und zwar die christologische, die pneumatologische und die eschatologische. Der Daseinsgrund der Kirche ist für ihn zweifelsfrei Christus selbst, ihre Bestehenskraft wird in der Präsenz des Heiligen Geistes und ihre Zukunft im vollendeten Reich Gottes verankert. Der

260   Lumen Gentium 1.
261   Zum sakramentalen Verständnis der Kirche aus katholischer Sicht Vgl. Senn 2009: 215–312.
262   Vgl. Munteanu 2003: 241–247. Albergio; Congar; Pottmeyer 1982.
263   Moltmann 1989.

Heilige Geist wirkt auf die Vollendung des Reiches Gottes, die „universale Einwohnung Gottes in seiner Schöpfung" hin.[264] Die Kirche ist zwischen dem ersten Kommen Jesu und seiner Parusie wie ein „Übergangsmodell". Moltmanns pneumatologische Auslegung der Ekklesiologie basiert auf diesem eschatologischen Verständnis der Kirche als Gemeinschaft mit Christus, der durch die Auferstehung zur ersten eschatologischen Person geworden ist und durch die Gabe des Geistes präsent ist. „Die Kirche ist darum als geschichtliche Christusgemeinschaft eschatologisches Geistgeschöpf."[265] Der Geist ist jedoch nicht nur wirksam in der Ekklesia, sondern er ist auf alles Fleisch ausgegossen. Die Kirche hat „kein Monopol auf das Wirken des Heiligen Geistes […] Es geht dem Heiligen Geist nicht um die Kirche an sich, es geht ihm mit der Kirche wie mit Israel um das Reich Gottes, die Wiedergeburt des Lebens und die Neuschöpfung aller Dinge."[266] Die Gemeinde Jesu ist die vorrangige „Dienstgemeinschaft im Reich Gottes". Sie versteht sich als geschichtlicher Anfang der Neuschöpfung, als „Moment".[267] Ihr kommt im vollendeten Reich Gottes nicht mehr diese Bedeutung zu.

Jede vom Geist Gottes gewirkte Gemeinschaft außerhalb der verfassten institutionellen Kirchen ist auch als solche zu würdigen. Von diesem differenzierten Verständnis der „Gemeinschaft der Heiligen" her bildet die These von der Heilsnotwendigkeit der Kirche „*extra ecclesiam nulla salus*" (Cyprian) keine unüberwindbare Schwierigkeit mehr. Dort, wo Menschen die christliche Grunderfahrung der Neuschöpfung durch den Geist miteinander teilen, geschieht Gemeinde Jesu – und auch nur dort. Wenn diese Erfahrung jedoch außerhalb der institutionell verfassten Kirchen gemacht wird, so ist sie dennoch als eine Erfahrung innerhalb der Ekklesia zu werten.

---

264   Moltmann 1995: 336.
265   Moltmann 1989: 49. Moltmann übernimmt den Begriff „Geistgeschöpf" von H. Küng (Küng 1967: 181ff).
266   Moltmann 1991: 243.
267   Moltmann 1989: 81.

6.2 Die Einheit in der Vielfalt

Die pneumatologische Dimension der Ekklesiologie wird nicht die christologische Dimension ersetzen. Gerade in der Gemeindelehre zeigt sich die absolute Interdependenz zwischen Pneumatologie und Christologie, welche die Einheit in der Gemeinde begründet. Durch den Heiligen Geist wird die sich auf Christus gründende Gemeinde gebildet.

a. Die Einverleibung durch den Geist Gottes

In der Taufe wird die Gemeinde vom Geist Gottes als Leib des gegenwärtigen Christus konstituiert. Das Bild vom „Leib Christi" nimmt neben den sonst vorfindlichen ekklesiologischen biblischen Metaphern – Haus der lebendigen Steine (1Petr 2,4ff); Tempel Gottes (1Kor 3,16f); Braut Christi (Offb 19,7.9; 22,17); Arche der Rettung (1Petr 3,20); Salz der Erde und Licht der Welt (Mt 5,13–16) – einen breiten Raum ein. Es beschreibt deutlich die in Christus neu gegründete und im Geist ermöglichte neue Soziologie der Gemeinde Jesu (Röm 12,5; 1Kor 10,16; Kol 1,18; Eph 1,23; 3,6; 4,12; 5,30).

Bei der Vorstellung einer viele Individuen umfassenden Gesamtpersönlichkeit kann Paulus zurückgreifen auf die alttestamentliche inkorporierende Redeweise von der Gestalt des Stammvaters oder auch des Gottesknechtes. Ebenso war die Inkorporationsmethapher „Leib" (griech. *soma*) in der hellenistischen Popularphilosophie, besonders in der stoischen Literatur, bekannt.[268] Paulus verwendet sie bildhaft und auch als eine Realaussage. Die Gemeinde ist nicht nur mit einem Leib vergleichbar, sondern sie ist der Leib Christi. Der Inkorporationsvorgang ist durch die christliche Grunderfahrung gegeben: „Denn in einem Geist sind wir alle zu einem Leib getauft worden" (1Kor 12,13; EB). Diese Formulierung lässt zu, dass Paulus hierbei sowohl an die Wassertaufe als auch an das Getauftwerden mit dem Geist denkt. Wie dem auch sei: Der Geist Gottes hat bei der Einverleibung in den Corpus Christi gehandelt. In dieser *corporate personality* ist die Grundlage für ein vom Geist Jesu

---

268 Vgl. Mirbach 1998. Brockhaus 1987: 164–175.

geprägtes Selbstverständnis und soziales Miteinander gelegt. Am ausführlichsten beschreibt Paulus dieses alternative soziale Beziehungsgeflecht in 1Kor 12,12–27:

> „So wie unser Leib aus vielen Gliedern besteht und diese Glieder einen Leib bilden, so besteht auch die Gemeinde Christi aus vielen Gliedern und ist doch ein einziger Leib. Wir haben alle denselben Geist empfangen und gehören durch die Taufe zu dem einen Leib Christi, ganz gleich, ob wir nun Juden oder Griechen, Sklaven oder Freie sind; alle sind wir mit demselben Geist erfüllt. Nun besteht ein Körper aus vielen einzelnen Gliedern, nicht nur aus einem einzigen. Selbst wenn der Fuß behaupten würde: ‚Ich gehöre nicht zum Leib, weil ich keine Hand bin!‘, er bliebe trotzdem ein Teil des Körpers. Und wenn das Ohr erklären würde: ‚Ich bin kein Auge, darum gehöre ich nicht zum Leib!‘, es gehörte dennoch dazu. Angenommen, der ganze Körper bestünde nur aus Augen, wie könnten wir dann hören? Oder der ganze Leib bestünde nur aus Ohren, wie könnten wir dann riechen? Deshalb hat Gott jedem einzelnen Glied des Körpers seine besondere Aufgabe gegeben, so wie er es wollte. Was für ein sonderbarer Leib wäre das, der nur einen Körperteil hätte! Aber so ist es ja auch nicht, sondern viele einzelne Glieder bilden gemeinsam den einen Leib. Darum kann das Auge nicht zur Hand sagen: ‚Ich brauche dich nicht!‘ Und der Kopf kann nicht zu den Füßen sagen: ‚Ihr seid überflüssig!‘ Vielmehr sind gerade die Teile des Körpers, die schwach und unbedeutend erscheinen, besonders wichtig. Wenn uns an unserem Körper etwas nicht gefällt, dann geben wir uns die größte Mühe, es schöner zu machen; und was uns anstößig erscheint, das kleiden wir besonders sorgfältig. Denn was nicht anstößig ist, muss auch nicht besonders bekleidet werden. Gott aber hat unseren Leib so zusammengefügt, dass die unwichtig erscheinenden Glieder in Wirklichkeit besonders wichtig sind. Unser Leib soll eine Einheit sein, in der jeder einzelner Körperteil für das andere da ist. Leidet ein Teil des Körpers, so leiden alle anderen mit, und wird ein Teil geehrt, freuen sich auch alle anderen. Ihr alle seid der eine Leib Christi, und jeder Einzelne von euch gehört als ein Teil dazu.“

Diese Inkorporationswahrheit, dass die Gemeinde in all ihrer Vielfalt und Unterschiedlichkeit den Leib Christi ausmacht, wurde mir vor einigen Jahren besonders bewusst. Als Jugendlicher war ich in der kleinen Baptistengemeinde in Bückeburg beheimatet. Ich litt oft unter der Kleinheit und den bescheidenen Umständen, wie sich diese Gemeinde seinerzeit mir darstellte. Oft ging ich ins Gebet und klagte Jesus meine Not. Als ich eines Tages wieder einmal meinen ganzen Gemeindefrust in den Gebeten vor Gott ausbreitete, war es mir, als hörte ich die Stimme

Jesu ganz klar zu mir reden: „Was hast du eigentlich gegen mich?" Ich war sehr verstört und sagte laut: „Jesus, ich habe nichts gegen dich, aber gegen dein Bodenpersonal. Da muss sich doch was ändern!" Doch dann erinnerte mich der Geist Gottes an diese große Wahrheit, so, als würde er es mir in mein Herz und meine Gedanken meißeln: „Vergiss es niemals: Das ist der Leib Christi! Du hast mit Jesus über seinen Leib gesprochen!". Wenn ich heute vielleicht noch viel klarer die Mangelerscheinungen und Krankheiten der Gemeinde Jesu in unserem Land wahrnehme und auch benennen kann, so bleibt in mir immer noch diese Gewissheit: Es ist der Leib des Herrn! Solange das Haupt lebt, solange gibt es immer noch Hoffnung für den Leib!

b. Die Soziologie des Geistes Gottes

Der Geist Gottes hat keine andere Soziologie als Jesus und der Vater. Der Typus ist vorgegeben in der Perichorese des trinitarischen Gottes. Hier wird die Einheit beschrieben, die nicht zur Auflösung von Identität führt, sondern zu ihrer Entfaltung. Einer achtet den anderen und ehrt ihn. Der Vater gibt dem Sohn alle Macht im Himmel und auf Erden; und der Sohn betet: „Nicht mein Wille, sondern dein Wille geschehe." Jesus wird vom Geist Gottes gezeugt, geführt und ausgerüstet. Er ehrt den Geist, weil er weiß, dass es nützlich ist, dass er selbst zurückgeht zum Vater, weil sonst der Geist nicht kommen würde. Der Geist nimmt nichts von sich, sondern alle Offenbarung kommt von Jesus, der wiederum alles vom Vater empfängt.

Diese perichoretische wertschätzende Einheit der Trinität liegt zugrunde, wenn Jesus von dem neuen Gebot der Liebe spricht (Joh 13,34; 15,12), einer Liebe, in welcher einer den anderen höher achtet als sich selbst. Die Qualität des Zusammenlebens und -wirkens soll von diesem Geist der Demut, der Dienstbereitschaft, der Hingabe geprägt sein. Die Gemeinde soll gerade darin erkannt werden, dass es hier keine hierarchischen Strukturen gibt. In dem Leib Christi gibt es keine bevormundenden Ämter, keine Entmündigung der angeblich weniger wichtigen Glieder. Alle haben ihre Berechtigung und ihren Wert und ihre Funktion am Leib Christi. Niemand lebt auf Kosten des anderen und doch weiß sich jeder vom anderen getragen. Wie die Glieder am Leib miteinander korrespondieren, so gibt es ebenso eine Zugehörigkeit, die durch das gemeinsame Hören und Gehorchen auf das Wort Jesu geprägt ist. Diese soziale Gotteserfahrung eint die Gottesliebe, die Selbstliebe und die Nächstenliebe. Sie hat den Charakter eines von Gottes Geist gestifteten und in Christus begründeten Bundes. Der Geist ist ein Geist der Liebe (2Tim 1,7). Die Liebe Gottes ist durch den Geist in die Herzen der Neugeborenen ausgegossen (Röm 5,5). Die Nächstenliebe ist das Echo auf die Erfahrung des Geliebtseins durch Gott in Jesus Christus (1Joh 4,19).

Die Leibmetapher zeigt gleichfalls auf, dass der Körper in sich nicht selbstgenügsam ist, sondern auch Funktionen wahrnimmt. Jedes einzelne Glied am Leib hat seine spezifische Bestimmung. Dementsprechend entfaltet Paulus das Leibmotiv im Zusammenhang mit der Charismenlehre und den damit vom Geist Gottes gewirkten und gesetzten unterschiedlichen Diensten. Die Einheit löst nicht die Eigenheit des Individuums auf, sondern das Individuum, das einzelne Glied am Leib, kann seine Berufung und Individualität nur im Kontext der Berufungen anderer erfahren. Die Unterschiede führen nicht zur Trennung, sondern sie bereichern die Einheit.

Konformität ist nicht angesagt. Michael Welker vertritt die Ansicht, dass der „Pluralismus des Geistes" eine „Kultur der Differenz" fördert.[269] Das gilt in Bezug auf das Verhältnis zwischen den Geschlechtern ebenso wie zwischen den Generationen, den Nationen und Menschen unterschiedlicher gesellschaftlicher Stellung. Die in der Schöpfung gesetzten Unterschiede werden durch die Neuschöpfung in Christus nicht nivelliert, aber sie sind von untergeordneter Relevanz. „Jetzt ist es nicht mehr wichtig, ob ihr Juden oder Griechen, Sklaven oder Freie, Männer oder Frauen seid: In Christus seid ihr alle eins" (Gal 3,28).

Unsere Tochter Julia war gerade 8 Jahre alt. Sie hatte ja von klein auf die Geschichten von Jesus gehört und wollte sich nun endlich auch „bewusst" bekehren. Ganz offiziell bat sie mich um einen Termin. Wir vereinbarten das für den gleichen Abend. Als ich nach Hause kam, erwartete sie mich, gekleidet in ihrem schönsten Sommerkleid und ganz aufgeregt. Wir gingen in ihr Zimmer. „Papa, ich möchte mich bekehren

---

269   Welker 1995: 163.

zu Jesus", sagte sie freudestrahlend. Natürlich freute ich mich über ihren zwar kindgemäßen, aber doch konsequenten Entschluss. Ich erklärte ihr nochmals die Grundlagen des Evangeliums und fragte sie: „Julia, hast du das verstanden?". „Ja, klar, Papa, das weiß ich doch schon längst." Anschließend knieten wir uns nieder und Julia sprach ein Gebet der Übergabe ihres Lebens an Jesus als ihren Herrn und Heiland. Nach dem „Amen" schaute sie mich freudestrahlend an und sagte: „So, Papa, jetzt bist du nicht nur mein Vater, sondern auch mein Bruder, oder?" Wie Recht hatte sie doch! Und wie oft musste ich daran denken, wenn in den Folgejahren die Erziehung nicht immer so gut lief. Es war, als wenn der Geist Gottes mich immer wieder zur Seite nahm und mich erinnerte: „Denk daran, du bist nicht nur ihr Vater, sondern auch ihr Bruder!" Die Neuschöpfung löst nicht unsere schöpfungsgemäßen Berufungen und Stellungen auf, aber sie gibt ihnen einen anderen Stellenwert.

Der Leib Christi ist nicht auf eine Kultur, eine Nationalität oder eine sonstige soziale Zuordnung reduziert, sondern er eint alle, die durch die Einwohnung des Geistes zu einem Leib getauft sind. Das Glaubensbekenntnis von Nicäa und Konstantinopel markiert diese Erfahrung der Einverleibung durch zwei tragende Eigenschaften der Ekklesia,[270] dem Merkmal der Einheit und der Katholizität. Die Katholizität ist hier nicht im konfessionalistischen Verständnis zu deuten, sondern im ursprünglichen Wortsinn. Das griechische Wort *katholos* bedeutet allumfassend, universal. Gedeutet wird das Pfingstereignis von Petrus mit dem Hinweis auf die Joel-Verheißung (Apg 2,17f; Joel 3,1ff). Der Geist wird auf alle Generationen, auf Frauen und Männer und auch auf alle jene ausgegossen, die gesellschaftlich keinen freien Stand haben. Im Leib Christi werden auch die Momente der Freude und der Leiden gemeinsam empfunden und getragen (Röm 12,15; 1Kor 12,26). Die gesetzte Vielfalt und Unterschiedlichkeit führt nicht zur Distanzierung und Konkurrenz, sondern zur Kongruenz, zur Übereinstimmung in der gemeinsamen Gna-

---

270   Das Glaubensbekenntnis von Nicäa und Konstantinopel spricht von der „einen, heiligen, katholischen und apostolischen Kirche" und nennt so die vier klassischen Wesensmerkmale der christlichen Kirche: Einheit, Heiligkeit, Katholizität (Universalität) und Apostolizität.

denerfahrung der Versöhnung, der Gerechtigkeit, der Freiheit und der Liebe Gottes. In der Einheit entfaltet sich der Einzelne in seiner Berufung und trägt mit dazu bei, dass der „ganze Leib" gesund ist.

Wenn ich diese Konturen der vom Geist Gottes gewirkten sozialen Gotteserfahrung beschreibe, so könnte man denken, das klingt alles gut, aber das ist ja keine Realtheologie; es ist zu schön, um wahr zu sein! Hier mag es helfen, wenn wir die Beobachtung machen, dass Paulus den Leibgedanken häufig auch im Zusammenhang mit einer ausführlichen Paränese verbindet. Die Einverleibung durch den Geist in der Taufe ist pures Gnadengeschenk, welches jedoch herausfordert, gemäß der erfahrenen Gnade zu leben. Der Indikativ der Leibzugehörigkeit führt zum Imperativ, gemäß dem Leib Christi zu leben. Durch die gemeinsame geistliche Grunderfahrung ist die Gemeinschaft der Gläubigen als Gemeinschaft der Heiligen zu sehen. Diese Aussage wird in der ekklesiologischen Eigenschaft der Heiligkeit aufgenommen. Heiligkeit bezeichnet das Verhältnis der Zugehörigkeit und nicht einen Zustand an sich. Aus der Heiligkeit erfolgt die Aufgabe der Heiligung. Die Zugehörigkeit zu dem Leib ist gleichfalls auch Berufung.[271] Das wird in den Ausführungen der biblischen Paränesen deutlich, u. a. in Röm 12,4–16:

> „Unser Körper besteht aus vielen Teilen, die ganz unterschiedliche Aufgaben haben. Ebenso ist es mit uns Christen. Gemeinsam bilden wir alle den Leib Christi, und jeder Einzelne ist auf die anderen angewiesen. Gott hat jedem von uns unterschiedliche Gaben geschenkt. Hat jemand die Gabe, in Gottes Auftrag prophetisch zu reden, dann muss dies mit der Lehre unseres Glaubens übereinstimmen. Wem Gott einen praktischen Dienst übertragen hat, der soll ihn gewissenhaft ausführen. Wer die Gemeinde im Glauben unterweist, soll diesem Auftrag gerecht werden. Wer andere ermutigen kann, der nutze diese Gabe. Wer beauftragt ist, die Armen zu versorgen, soll das gerecht und unparteiisch tun. Wer eine Gemeinde zu leiten hat, der setze sich ganz für sie ein. Wer Kranke und Alte zu pflegen hat, der soll es gern tun. Eure Liebe soll aufrichtig sein. Und wie ihr das Böse hassen müsst, sollt ihr das Gute lieben. Seid in herzlicher Liebe miteinander verbunden, gegenseitige Achtung soll euer Zusammenleben bestimmen. Bewältigt eure Aufgaben mit Fleiß, und werdet nicht nachlässig. Lasst euch ganz von Gottes Geist durchdringen, und dient Gott, dem Herrn. Seid fröhlich in der Hoffnung darauf, dass Gott seine

---

271   Vgl. Moltmann 1991: 188–189.

Zusagen erfüllt. Seid standhaft, wenn ihr verfolgt werdet. Und lasst euch durch nichts vom Gebet abbringen. Helft anderen Christen, die in Not geraten sind, und seid gastfreundlich! Bittet Gott um seinen Segen für alle, die euch verfolgen, ja, betet für sie, anstatt sie zu verfluchen. Freut euch mit den Fröhlichen! Weint aber auch mit den Trauernden! Seid einmütig untereinander! Strebt nicht hoch hinaus, und seid euch auch für geringe Aufgaben nicht zu schade. Hütet euch vor Selbstüberschätzung und Besserwisserei."

Die soziale Einheit der Gemeinde ist konstituiert in der gemeinsamen Erfahrung der Neuschöpfung im Geist und durch das gemeinsame Bekenntnis (Ortho*doxie*); sie wird zu einer missionalen Kraft in der gelebten Liebe (Ortho*praxie*). Jesus sagt: „Heute gebe ich euch ein neues Gebot: Liebt einander! So wie ich euch geliebt habe, so sollt ihr euch auch untereinander lieben. An eurer Liebe zueinander wird jeder erkennen, dass ihr meine Jünger seid" (Joh 13,34f).

c. Der konfessionelle Sündenfall und die Ökumene der Herzen

Die leidvolle Geschichte der Kirchentrennungen und -spaltungen hat zu einer verheerenden Schwächung der missionalen Kraft der Gemeinde Jesu geführt. Die Orientierungen an den vier Grundeigenschaften der Ekklesia (*notae ecclisiae*) sind eben nicht so eindeutig wie erwünscht. Die Rechtgläubigkeit wurde einseitig im Sinn der Orthodoxie verhandelt; ungeachtet des gemeinsamen missionarischen Auftrags und auch ungeachtet der gemeinsamen Gnadenerfahrung des Getauftseins im Heiligen Geist. Wie sehr habe ich als Vater darunter gelitten, wenn unsere drei Kinder daheim sich stritten; und wie groß muss der Schmerz Gottes sein über eine Christenheit, die immer noch aufgrund unterschiedlicher Überzeugungen keine Mahlgemeinschaft haben kann.

Wem sagt denn der Herr: „Das ist mein Leib, der für euch hingegeben wird. So oft ihr dieses Brot esst, denkt an mich und an das, was ich für euch getan habe!" (1Kor 11,24)? Sagt Jesus es nur einer Kirche, die an die Realexistenz des Leibes Jesu im Brot glaubt? Hat er sein Blut nur vergossen für jene Kirche, die auch in der richtigen apostolischen Sukzession steht? Was bedeutet es für mich, wenn der Geist Gottes die Gnade der christlichen Grunderfahrung auch jenen schenkt, die nicht meine konfessionellen Überzeugungen vertreten und die auch nicht mein

Gesangbuch lieben? Missionale Pneumatologie relativiert die Orthodoxie durch die Würdigung der „Gemeinschaft des Geistes" auch außerhalb
der verfassten Kirchen und im Blick auf die gemeinsame Bestimmung
der „Gemeinschaft der Heiligen". Die Liebe Gottes ist doch nicht nur in
die Herzen der Rechtgläubigen ausgegossen, sondern auch da sichtbar,
wo sie in der Orthopraxie gelebt wird.

Ende der 1980er-Jahre nahm ich als Vertreter der Charismatischen
Erneuerungsbewegung im Bund Evangelisch-Freikirchlicher Gemeinden in Deutschland an der „European Charismatic Leaders Conference" teil, bei der sich Delegierte aus den verschiedenen Kirchen und
Gemeinschaften trafen. Wie gut kann ich mich noch an meine Ersterfahrung erinnern. Wir begannen die Konferenz mit einer gemeinsamen
Zeit der Anbetung. Zu meiner Rechten stand ein junger Priester aus
Belfast und zu meiner Linken erhob ein Priester der russisch-orthodoxen Kirche seine Hände zum Lobpreis. Wir sangen die neuen international bekannten Chorusse und vor allem sangen wir auch gemeinsam
in Sprachen, unter Einsatz der Gabe der Glossolalie. Es berührte mich
zutiefst, dass wir in einer Einheit vor unserem Herrn standen und wir
seine Gegenwart in unserer Mitte priesen. Ich fühlte die Freude, die bei
Gott war, aber auch den Schmerz, der in der Zerrissenheit des Leibes
Christi blieb. Wie konnte der Geist Gottes in einem jungen Priester der
römisch-katholischen Kirche sein, wo diese doch in den Bürgerkrieg in
Irland verwickelt ist? Wie ist es möglich, dass der Geist Gottes meinen
russisch-orthodoxen Bruder mit einer solchen Liebe und Inbrunst im
Lobpreis beschenkte? Noch heute höre ich seine mächtige Stimme, mit
der er Gott in Sprachen lobte.

Ich fasste mir ein Herz und nach dieser Zeit der Anbetung nahm ich
John, den katholischen Priester, zur Seite. „John, wie ist es möglich, dass
du in dieser katholischen Kirche bist, die so vieles hat, was Gott doch
offenbar nicht gefällt, oder?" John flossen die Tränen über das Gesicht
und dann erzählte er mir von seinem Dienst. „Auch ich hadere oft mit
unserem Herrn und manchmal möchte ich mein Priestergewand an den
Nagel hängen", gestand er. „Ich bin nicht glücklich über alle Lehren unserer Kirche und erst recht nicht über den Zustand unserer Kirche. Als ich
eines Tages wieder vor Gott mein Leid klagte, sprach der Heilige Geist
zu mir. ‚Steh auf und geh in das nahe gelegene Seniorenheim der Kirche.

Ich muss dort mit dir sprechen!' Der Impuls war so stark, dass ich mich schnell aufmachte. Etwas verstört saß ich nun da in der Eingangshalle unseres Seniorenheimes. Erst war ich für eine Zeitlang ganz allein. Ich setzte mich in eine Ecke und betete: ‚Nun, Herr, was soll ich hier? Was möchtest du mir sagen?' Da öffnete sich eine Tür. Eine alte, völlig verwirrte Frau kam auf mich zu. Sie hatte unter sich gemacht und der Speichel floss ihr aus dem Mund. Sie stank entsetzlich. Mich ekelte geradezu und ich schämte mich dafür. Ich konnte kaum noch hinsehen. Doch dann hörte ich eine Stimme. Es war eine Pflegerin aus dem Heim. Sie lief auf die alte Dame zu, lächelte sie an, küsste sie und umarmte sie. ‚Da sind Sie ja; wir haben sie schon überall gesucht! Kommen Sie, ich führe Sie zurück in ihr Zimmer!' Sie nahm die alte Dame bei der Hand, drehte sich nochmals nach mir um, und grüßte mich freundlich. ‚Siehst du', hörte ich dann meinen Herrn zu mir reden, 'Auch wenn meine Kirche in deinen Augen so ist wie diese alte Frau: Ich liebe sie und werde nicht aufhören, sie zu lieben. Willst du mir dabei weiter helfen?' Deshalb bin ich immer noch katholische Priester", sagte John. „Und du? Wie hältst du es denn eigentlich bei den Baptisten aus? Kann bei euch jeder glauben und denken, was er will, Hauptsache, er liest in der Bibel? Weißt du, ich wundere mich jedes Mal, dass Gott seinen Geist auch an diese kirchlichen Gemeinschaften verschenkt. Aber so ist er wohl!" Ziemlich beschämt und doch zugleich innerlich berührt und beglückt über diese ökumenische Liebe Gottes gingen wir in die nächste Zusammenkunft, in der wir die Berichte von den charismatischen Aufbrüchen in der Orthodoxen Kirche hörten.

Die Einheit im Geist Gottes bezieht sich nicht nur auf die eigene konfessionelle Kirche oder lediglich auf die Ortsgemeinde. Der Geist Gottes ist ausgegossen „auf alles Fleisch". Es geht um eine ökumenische Einheit, um das Bemühen um die interkonfessionelle Ökumene, um das Aufspüren gemeinschaftlicher Geisterfahrungen in und auch außerhalb der verfassten institutionellen Kirchen. „Ökumene" bedeutet vom Wort her „die ganze bewohnte Erde". Es geht beim Engagement für die Einheit also um die Ökumene im umfassenden Sinn, um eine Ökumene der Glaubenden und auch eine Ökumene der Herzen. Das Feld der offiziellen ökumenischen Zusammenarbeit zwischen den verschiedenen christlichen Denominationen hat in unseren Breitengraden eine über 100-jäh-

rige Geschichte.[272] Auslösend war nicht die Übereinstimmung in den
gemeinsamen Bekenntnissen, sondern das Wissen um die gemeinsame
Mission. Leider ist bis heute eine eucharistische Gemeinschaft der Kirchen der Reformation mit der katholischen Kirche offiziell von katholi-
scher Seite nicht erlaubt. In den letzten Jahren wurde das ökumenische
Gespräch massiv belastet durch den restaurativen Kurs des katholischen
Lehramtes, das den Reformationskirchen das Kirchesein abspricht.[273]
Die vom Geist Gottes gewirkte Gemeinschaft der Heiligen wird nach
meiner Einschätzung in einem zunehmenden Maße nicht an der lehrmäßigen Einheit gemessen werden und sich ereignen, sondern in der
Orthopraxie und in der gemeinsamen Partizipierung an der Missio Dei.
Die Apostolizität kann und darf nicht zu Lasten der Einheit, der Heiligkeit und Katholizität (Universalität) der Ekklesia zum dominierenden
ekklesiologischen Merkmal erhoben werden. Eine solche Priorisierung
der Ekklesiologie kann auch ihren Ursprung in einer mangelnden pneu-

---

272   Der Start der gegenwärtigen offiziellen ökumenischen Konsultationen
      wird mit der Missionskonferenz in Edinburgh gesetzt. Sie führte 1948 in
      Amsterdam zur Gründung des Ökumenischen Rates der Kirchen (ÖRK),
      dem heute 345 Mitgliedskirchen mit ca. 550 Millionen Mitgliedern ange-
      hören. Viele der kleineren evangelikalen Kirchen, auch die meisten Kir-
      chen aus dem Bereich der Pfingstbewegung, sind keine Mitglieder des
      ÖRK. Die römisch-katholische Kirche gehört dem ÖRK nicht an, da nach
      Auffassung der katholischen Kirchenleitung Kirchenbild und Ekklesiolo-
      gie nicht kompatibel seien. Sie arbeitet aber in mehreren Bereichen mit
      dem ÖRK zusammen und ist Vollmitglied zweier seiner Kommissionen:
      Glauben und Kirchenverfassung sowie Weltmission und Evangelisation.

273   Vgl. z. B. die jüngeren Erlasse der Kongregation für die Glaubenslehre
      zu ekklesiologischen Fragen: Erklärung „Dominus Jesus" vom 6. August
      2000. In der Erklärung wird das traditionelle römisch-katholische Ver-
      ständnis von Kirche erläutert und bekräftigt. So wird insbesondere der
      Ursprung der Kirche in Jesus Christus, ihre Einzigkeit und Einheit sowie
      ihre Rolle für das Heil der Menschen (Sakramentalität) erläutert. Im Hin-
      blick auf die verschiedenen christlichen Konfessionen unterscheidet die
      Erklärung im Unterpunkt 17 zwischen der „einen einzigen Kirche Christi,
      die in der katholischen Kirche subsistiert", den „Kirchen", „echten Teilkir-
      chen" (z. B. orthodoxen Kirchen) und den reformatorischen Konfessio-
      nen. Diese werden als „kirchliche Gemeinschaften" bezeichnet.

matologischen Sicht haben. Vielleicht werden wir schon bald Zeitzeugen einer neuen ökumenischen Bewegung, welche die Orthopraxie, die Mission und die Gemeinschaft des Heiligen Geistes als Grundlage der Einheit fördert und feiert. Ansätze hierfür sind z. B. erkennbar in der Bewegung „Miteinander für Europa"[274].

6.3 Die verheißene Gegenwart des Geistes Gottes

Das Verwobensein von Christologie und Pneumatologie in der Ekklesiologie ist nur in den Konturen zu erfassen. Die ganze Tiefe dieser Einheit weist auf das Geheimnis des Glaubens und auf die Grenzen unserer Erkenntnisfähigkeit hin. Unser Erkennen bleibt Stückwerk und trägt den Charakter des Vorläufigen (1Kor 13,9–12). Wir dürfen von einer Bindung des Wortes Gottes an den Geist Gottes und umgekehrt von einer Bindung des Geistes an das Wort ausgehen. Bindet sich Gott in seiner Gegenwart an das Wort, und in welcher Weise geschieht das? Wie ist die Eigenschaft der Apostolizität der Ekklesia zu deuten? Hat das Wort an sich, das verkündigte Evangelium von Jesus Christus in sich schon so etwas wie eine sakramentale Relevanz? Wie wirkt der Geist Gottes in der Taufe, im Abendmahl, in der Beichte? Wie verhalten sich Charisma und Amt bzw. Dienst zueinander?

In der Dogmengeschichte spielt in diesem Zusammenhang der Begriff des Sakraments eine wesentliche Rolle. Das Wort „Sakrament" stammt ab vom kirchenlateinischen Begriff *Sacramentum* (dt. Heilszeichen, sichtbares Zeichen der verborgenen Heilswirklichkeit). Die lateinische Wurzel *sacer* bedeutet „heilig, unverletzlich". Sakrament wird in der Theologie als lateinische Übersetzung des griechischen *mysterion* (dt.

---

274 Die Initiative „Miteinander für Europa" (vgl. www.miteinander-wie-sonst. de/de/hintergrund.html) ist ein internationales Netzwerk von rund 250 christlichen Bewegungen und Gemeinschaften aus ganz Europa. Sie entstand 1999 und verbindet evangelische, katholische, anglikanische und orthodoxe Christen ebenso wie Mitglieder von Freikirchen und neuen Gemeinden.

Geheimnis) verwendet. Sakramente sind „verdichtete Zeichen der religiösen Tiefendimension unseres Lebens, also Zeichen der Nähe Gottes."[275]

In der praktischen Anwendung kennzeichnet die Sakramentenspendung eine umfassende Relevanz, weil sie neben der Verkündigung des
Wortes Gottes der wesentliche Auftrag der Kirche und die wesentliche Begründung ihrer Existenzberechtigung als Institution überhaupt
ist. An die formale Darreichung eines Sakramentes wird eine von Gott
zugesagte, Heil bringende oder fördernde geistige Wirkung geknüpft. Je
nach Glaubensrichtung wird die Legitimation für die Sakramentspen-
dung von „aus den eigenen Reihen" dazu Berufenen abhängig gemacht –
bis hin zu jedermann, der anerkannt christlich getauft ist und taufen
kann. Die gegenseitige Anerkennung der Gültigkeit und Wirksamkeit
der jeweils gespendeten Sakramente findet nur teilweise statt. Die Zahl
der Sakramente und ihr Verständnis ist in der orthodoxen und der
römisch-katholischen Kirche einerseits und in den aus der Reformation
hervorgegangenen Kirchen andererseits unterschiedlich.[276] Innerhalb
des reformatorischen Zweiges wiederum gibt es starke Differenzen, die
jahrhundertelang als kirchentrennend empfunden wurden.[277] Es scheint
mir müßig zu sein, über die Sinnhaftigkeit des Begriffs Sakrament nachzudenken; vielmehr habe ich Interesse an der sich dahinter verbergen-
den Frage, wie stark sich der Geist Gottes an Zeichen und Handlungen
bindet, durch die der Glaube geweckt und gestärkt wird. Als Kriterium
für ein heiligendes Geschehen kann nicht nur die offizielle Aufforderung
und Einsetzung durch die Worte Jesu gelten. Eine missionale Pneuma-

---

275 Senn 2009: 229.

276 Die orthodoxen Kirchen und die römisch-katholische Kirche nennen sie-
     ben Sakramente (Taufe, Firmung bzw. Myronsalbung, Eucharistie, Beich-
     te/Bußsakrament, Weihe, Krankensalbung und Ehe). Die Kirchen der
     Reformation bezeichnen Taufe, Abendmahl und Beichte als Sakramente,
     wobei der Ordination (Weihe) und der Ehe auch sakramentaler Charak-
     ter zugeordnet wird. Viele evangelische Freikirchen lehnen die Auffassung
     des Sakraments als Heil vermittelnde Handlung ab. Sakramente werden
     stattdessen analog zur evangelisch-reformierten Tradition als Zeichen
     ohne sakramentale Bedeutung verstanden.

277 Im Abendmahlsverständnis kam es so zur Kirchentrennung zwischen
     evangelisch-lutherischer und evangelisch-reformierter Kirche.

tologie fragt danach, in welchem Zusammenhang die Wirksamkeit des Heiligen Geistes verheißen ist und erwartet werden kann.

a. Das Wort Gottes und die Verkündigung

Die Kirche, die auf das Wort Gottes hört und Christus verkündigt, existiert ganz aus der Kraft des Heiligen Geistes. Die Worte sind nicht aus der menschlichen Weisheit gekommen, die Verkündigung geschieht nicht in der Kraft der Redekunst, sondern in der Kraft des Geistes. Paulus bekennt: „Was ich euch sagte und predigte, geschah nicht mit ausgeklügelter Überredungskunst, durch mich sprach Gottes Geist und wirkte seine Kraft" (1Kor 2,4). Nach reformatorischer Vorstellung ist die Kirche als „Wortgeschöpf" (lat. *creatura verbi*) zu sehen. Die orthodoxe Tradition betont die Anrufung des Heiligen Geistes (Epiklese), wenn es um die Präsenz der Gegenwart des auferstandenen Christus geht. Diese beiden Perspektiven ergänzen sich, denn wo das Wort ist, da ist auch der Geist, „sonst ist es nicht das Wort Gottes, und wo der Geist ist, da strahlt er aus dem Wort und erleuchtet den Verstand des Glaubens, sonst ist er nicht der Geist Gottes."[278]

Das Wort des Evangeliums vergegenwärtigt Jesus Christus. „Wer auf euch hört, der hört auf mich. Und wer euch ablehnt, der lehnt mich ab" (Lk 10,16). Bedeutet das nun, dass jegliche Predigt, und sei sie noch so unklug, noch so unweise und unrhetorisch, immer als Wort Gottes angesehen werden muss? Ist das prophetische Wort, das ja bewusst mit dem Anspruch der göttlichen Offenbarung an die Gemeinde weitergegeben wird, nicht mehr hinterfragbar? Sicher ist das Wort Gottes immer auch in der Gestalt des menschlichen Wortes zu sehen und dementsprechend gilt für die neutestamentliche hörende Gemeinde die Aufforderung zur Prüfung, zur Wertung des Gehörten. Nicht jeder Lehre ist zu glauben, die mit christlichem Vokabular daherkommt, nicht jeder Prophetie, die sagen möchte: So spricht der Herr! „Prüfet alles, das Gute behaltet!" (1Thess 5,21).

---

278 Moltmann 1991: 244.

Es ist zu beklagen, dass aus dem *sola scriptura* der Reformation eine Alleinwirksamkeit des verkündigten Wortes abgeleitet wird und die Gemeinde geradezu entmündigt werden soll, das Gehörte anhand der Schrift zu prüfen. Gerade in pfingstlerischen und charismatischen Gruppierungen wird zuweilen eine kritische Frage zur Predigt oder zu einer gegebenen Prophetie als Infragestellung des Wortes Gottes, ja als menschlich anmaßend betrachtet. Wie viel Unsinn und oberflächliches Gerede, wie viel menschliche Eitelkeit und Schlaubergerei versteckt sich hinter dem Anspruch der Prediger und Propheten, die sich mit erhobenem Zeigefinger auf die Bibel beziehen, jedoch kaum eine überführende und vom Geist Gottes zeugende Kraft in ihren Worten haben! Christus ist zwar das lebendige Wort, aber das Wort über ihn kann nicht mit ihm identisch sein. Es bedarf der hermeneutischen Gegenwart des Heiligen Geistes, um in der Verkündigung des Wortes über Jesus ihn als das lebendige Wort selber zu hören. Der Heilige Geist ist der eigentliche Hermeneut, der uns verheißen ist und uns in alle Wahrheit führt. Die pneumatologische Dichte eines verkündigten Wortes wird immer an seiner Nähe zum biblischen Wort und an seiner Wirksamkeit zu beurteilen sein. Die Gegenwart des Geistes im Verkündigungsgeschehen ist nicht nur auf der Seite der Verkündigenden, sondern ebenso auf der Seite der Hörenden anzusiedeln. Der Geist Gottes füllt oft die schwächsten Worte mit seiner Kraft und er entlarvt die brillanteste Rede als dummes und leeres Geschwätz. Die Kirche Jesu Christi geht aus der Wechselwirkung zwischen dem Sohn und dem Geist Gottes sowie dem Geist und dem Wort Gottes hervor. Diese Wechselseitigkeit der Beziehungen verbietet einen geistvergessenen Verbalismus ebenso wie einen wortvergessenen Spiritualismus.

b. Die Taufe

> „Denn in einem Geist sind wir alle zu einem Leib getauft worden" (1Kor 12,13; EB).

Der Taufe wird in jeder kirchlichen Tradition eine sakramentale Bedeutung beigemessen, wenngleich sie in den reformatorischen Freikirchen und Pfingstkirchen gemäß der reformierten Theologie stärker eine symbolisch-zeichenhafte Bedeutung hat. Dennoch wird auch hier erwartet, dass im Taufvollzug Gott selbst handelt.[279] Wie stark die Taufe und der Geistempfang zeitlich zusammenfallen, soll an dieser Stelle nicht nochmals erläutert werden.[280] Die orthodoxe und römisch-katholische Tradition kennt neben der Taufe auch das Sakrament der Myronsalbung bzw. der Firmung, das für den Geistempfang steht. In der Taufe wird die neue Geburt durch „Geist und Wasser" erfahren. Im Taufgeschehen soll die Wiedergeburt nicht nur zeichenhaft erfahren, sondern als ein unaufgebbares Element der Neuschöpfung verstanden werden. Bleibt sie aus oder geschieht sie lediglich als Ritual ohne jeglichen Glauben, so ist sie ihrer Kraft beraubt. Die Wiedergeburt hat zum einen jenen pneumatologischen Charakter, denn sie geschieht aus der Kraft des Geistes Gottes, zum anderen hat sie eine christologische Orientierung. Während Buße, Glaube und Geistempfang in der Regel nicht an bestimmte Rituale und Zeichen gebunden sind, so ist das Grundelement der Wassertaufe wie ein „Durchgangsritus" (A. Pohl) im sichtbaren und bewussten Vollzug verortet.[281]

In der Taufe wird der Täufling einverleibt in den Leib Christi. Diese Integration in die Gemeinschaft mit Christus hat nicht nur eine vergangenheitsbezogene Ausrichtung, sondern sie weist auf eine Zukunft hin. Die Taufe signalisiert die Verbindung mit dem gekreuzigten, auferstandenen und wiederkommenden Christus. Sie ist eine „Antizipation der Auferstehung und der Herrlichkeit Gottes" mitten in der Geschichte des menschlichen Lebens. Der Heilige Geist verbindet in dem Taufgesche-

---

279 Vgl. Swarat 2010.

280 Ich verweise auf die Ausführungen in Kapitel 4.3.

281 Allerdings ist der Ort der Wiedergeburt nicht auf die Wassertaufe zu reduzieren. Darauf weist der baptistische Theologe Adolf Pohl hin: „Für einen unbefangenen Bibelleser mutet es schon etwas exzentrisch an, aus diesem umfassenden Zusammenhang einen Punkt herauszugreifen, nämlich die von uns Menschen anberaumte und durchgeführte Wassertaufe, und unbesehen alle anderen Aspekte in sie einzulegen. Es muss doch wohl entschieden dabei bleiben, dass der dreieinige Gott selbst den Durchgang anführt, begleitet und vollendet und dies im klaren, ja scharfen Gegenüber zu dem, was Menschen dabei tun, sei es Verkündiger, Täufer oder Täufling." In: Pohl, Adolf: Taufe als Durchgangsritus. In: Swarat 2010: 106.

hen den Täufling mit der eschatologischen Person Christi. Sie ist somit ein „Wahrzeichen der Neuschöpfung".[282] Durch die Taufe erhalten die Glaubenden Anteil an einem neuen Leben im Dienst des Reiches Gottes, in seiner Missio Dei.

c. Das Abendmahl

„Ich verstehe das einfach nicht!" Bernd, ein junger Naturwissenschaftler, ist nun schon seit einigen Jahren dabei. Er hat eine starke Lebenswende erfahren, die wir als geistliche Neugeburt bezeichnen dürfen. „Jedes Mal, wenn ich das Abendmahl empfange, dann bin ich dem Herrn besonders verbunden. Aber ich komme mir auch irgendwie komisch vor. Esse ich dabei wirklich ‚den Leib' Christi und trinke ich wirklich ‚sein Blut'?" Nun, was sollte ich Bernd jetzt erzählen? Sollte ich ihm die leidvolle Geschichte der Abendmahlstreitigkeiten erklären? Die unterschiedlichen Auffassungen zur Transsubstantiation (Verwandlung) von Brot und Wein? Würde es ihm helfen oder Jesus besonders ehren, wenn wir das „Mysterium" mit immer wieder neuen Begriffen und Worten zu erklären versuchen? Ich fragte also noch einmal bei Bernd selbst nach. „Was hast du denn konkret erfahren? Beschreib es doch einmal."

Er suchte nach Worten. „Es ist manchmal so, als würde ich ein Teil von Jesus werden; manchmal spüre ich so etwas wie eine dynamische Kraft, die durch meinen Körper strömt. Oft bin ich einfach auch gefühlsmäßig so stark berührt, dass mir die Tränen kommen. Es gibt auch Momente, wo ich irgendwie total ruhig und still bin, so als wäre ich in einer anderen Sphäre. Ich werde mir der unverdienten Gnade bewusst, dass mir alle meine Sünden vergeben sind und ich ganz zu Gott gehöre. Auch Freude ist dabei, besonders die Freude, dass ich durch Jesus so viele Schwestern und Brüder habe, eine geistliche Familie. Es geht anderen wohl so ähnlich, oder? Kürzlich hörte ich von einer älteren Frau, die im Gottesdienst neben mir Platz nahm. Sie war wohl sehr gebrechlich und ich hatte sie lange nicht gesehen in unseren Versammlungen. ‚Ich kann ja nicht mehr jeden Sonntag kommen', erklärte sie mir, ‚aber das Abendmahl will ich

---

282   Moltmann 1989: 261.

nicht verpassen. Davon kann ich dann erst einmal wieder zehren und ich erfahre seelische und körperliche Kraft dadurch.' Die Worte dieser Frau haben mich sehr berührt. Und dennoch würde ich es doch gern etwas besser verstehen, was beim Abendmahl eigentlich geschieht."

Wie bei allen sakramentalen Vorgängen handelt es sich bei der Mahlfeier um ein Geschehen, welches wir mit den Vernunftmaßstäben dieser Welt nicht ermessen können. Und dennoch handelt es sich um eine Wirklichkeit, eine Realität, die auf so starke Weise erfahren werden kann. Wie ausgiebig wurde von den Theologen aller Zeiten darüber diskutiert und disputiert, was wohl unter den von Paulus überlieferten Einsetzungsworten zu verstehen ist.

> „Denn Folgendes habe ich vom Herrn empfangen und euch überliefert: In der Nacht, in der unser Herr Jesus verraten wurde, nahm er das Brot, dankte Gott dafür, brach es und sprach: ‚Das ist mein Leib, der für euch hingegeben wird. So oft ihr dieses Brot esst, denkt an mich und an das, was ich für euch getan habe!' Nach dem Essen nahm er den Kelch und sprach: ‚Dieser Kelch ist der neue Bund zwischen Gott und euch, der durch mein Blut besiegelt wird. So oft ihr aus diesem Kelch trinkt, denkt an mich und an das, was ich für euch getan habe!' Denn jedes Mal, wenn ihr dieses Brot esst und aus diesem Kelch trinkt, verkündet ihr, was der Herr durch seinen Tod für uns getan hat, bis er kommt" (1Kor 11,23–27).

Die *römisch-katholische Kirche* und die Kirchen des Ostens gehen von der substanziellen Verwandlung von Brot und Wein aus. Gemäß dem Konzil von Trient (1545–1563) sind Messopfer und Kreuzesopfer identisch. Derselbe, der sich damals am Kreuz opferte, opfert sich in der Messfeier. Diese ist nach katholischer Auffassung Vergegenwärtigung (*repraesentatio*), Gedächtnis (*memoria*) und Zuwendung (*applicatio*). Die katholische Messe ist weit mehr als eine bloße Erinnerungsfeier.

Orthodoxe Kirchen sind der Auffassung, dass Brot und Wein wirklich Leib und Blut Christi sind, es gibt jedoch keine Transsubstantiationslehre und keine Wandlungsworte. Das Mysterium vollzieht sich vielmehr in der Anrufung des Heiligen Geistes, in der Epiklese.[283] Auf eine philo-

---

283   Während der abendländische Katholizismus die Epiklese im Hochgebet, sofern es eine solche enthält, den Einsetzungsbericht umrahmen lässt (als

sophische Klärung des „Wie" der Wandlung wird verzichtet, der Begriff Transsubstantiation wird nicht verwendet. Die Eucharistie ist die Vergegenwärtigung des Opfers Christi.

In ähnlicher Weise wird in *lutherischer Lehrtradition* an der Realpräsenz Christi in Brot und Wein festgehalten. Realpräsenz bedeutet, dass in der Substanz von Brot und Wein Jesus Christus mit seinem Leib und seinem Blut real gegenwärtig ist. Die sinnlich erfassbaren Bestandteile (*Akzidenz*) von Brot und Wein bleiben jedoch unverändert. Gemäß der Konkordienformel von 1577 geschieht nach lutherischer Auffassung nicht eine Transsubstantiation, sondern eine Konsubstantiation, bei der Brot und Wein nach der Einsetzung und Weihung (*Konsekration*) zwar in ihrer äußeren Gestalt erhalten bleiben, aber in ihrer Substanz verwandelt werden zum Leib und Blut Christi. Auch die Vorstellung der Darbringung eines Opfers während der Eucharistie findet in der lutherischen Abendmahlslehre keine Resonanz, da das Opfer Jesu Christi ein für allemal erfolgt ist und nicht der Wiederholung oder der Ergänzung bedarf.

Der Abendmahlsstreit zwischen Luther und Zwingli führte schließlich zur Trennung der reformierten Tradition von der lutherischen Abendmahlslehre.[284] *Reformatorische Kirchen*, die der Lehre von Ulrich Zwingli (1484–1531) und Johannes Calvin (1509–1564) folgen, vertreten die Auffassung, Brot und Wein seien „Zeichen" für Christi Leib und Blut. Wenn Jesus sagt: „Das ist mein Leib", dann sei dieses „ist" (griech. *estin*) als „bedeutet" zu verstehen, so Zwingli. Das Abendmahl gilt als reines

---

sog. Wandlungs- und Kommunion-Epiklese), stellt sie die orthodoxe und ostkirchlich-katholische Praxis hinter die Einsetzungsworte und rückt sie theologisch in den Mittelpunkt. So heißt es in der – von Orthodoxen wie Katholiken gebrauchten – Chrysostomos-Liturgie nach den (laut gesungenen) Einsetzungsworten in stillem Gebet: „... und rufen und bitten und flehen zu dir: sende herab deinen Heiligen Geist auf uns und die vorliegenden Gaben ... und mache dieses Brot zum kostbaren Leib deines Christus! Das aber in diesem Kelch zum kostbaren Blut deines Christus! ... verwandelnd durch deinen Heiligen Geist! Amen, Amen, Amen!" (Vgl. Schumacher 2009.)

284   Das Marburger Streitgespräch über das Abendmahl fand vom 1.–4. Oktober 1529 statt.

Gedächtnismahl zum Gedenken an den Opfertod Christi. Für Zwingli ist das Fleisch (Joh 6,63) „nichts nütze", es könne unseren Geist nicht nähren. Gott handle vielmehr als Geist im Geiste des Menschen. Die Vorstellung der Transsubstantiation ist für ihn daher ein Wahn. Auch für Calvin sind Brot und Wein beim Abendmahl lediglich „Zeichen und Zeugnisse" der Gegenwart Christi, den wir leiblich aber nur in der „Höhe", im Himmel finden. Dort allein ist er zu Hause. Es hat daher keinen Sinn, ihn hier auf Erden im Brot und Wein zu suchen. Erfahrbar wird der himmlische Leib Christi allein durch den Glauben an ihn und durch das Band des Heiligen Geistes. Zwingli hielt an dem symbolischen Charakter der Zeichen von Brot und Wein fest und lehnte die Auffassung von der Realpräsenz und Transsubstantiation strikt ab. Calvin versuchte allerdings den sakramentalen Charakter dadurch aufzuwerten, indem er konstatierte, dass im Moment des Verzehrs Kraft auf den Gläubigen herabströme und er in die dynamische Gegenwart Christi geführt würde.[285]

Die meisten evangelischen Freikirchen und auch jene aus den pfingstlichen und charismatischen Traditionen schließen sich der reformierten Auffassung vom symbolischen Charakter des Abendmahls an und sehen in dem Abendmahl eine Feier der Vergegenwärtigung im Sinn des Gedächtnisses, ohne dass eine Realexistenz Christi in Brot und Wein angenommen wird.

Alle kirchlichen Abendmahlstraditionen – ob katholisch, orthodox, anglikanisch, lutherisch oder reformiert – berufen sich auf die Wirksamkeit des Heiligen Geistes beim Vollzug, unabhängig davon, wie die Identifizierung Christi mit Brot und Wein genauer zu fassen und zu deuten ist, und auch unabhängig davon, welcher Stellenwert dem Spender zugeordnet wird (Priester, Pastor oder Gemeindemitglied). Alle kirchlichen Traditionen weisen darauf hin, dass im Vollzug der „Anamnese" (1Kor 11,14) nicht nur eine gewöhnliche, menschlich-vollzogene Erinnerung geschieht, sondern eine spirituelle „Vergegenwärtigung".

Der Straßburger Reformator Martin Bucer (1491–1551), der auch bei dem Marburger Abendmahlsgespräch (1529) zugegen war, bemühte sich in der Kirche Englands um eine Abendmahlsauffassung, die besonders

---

285 Vgl. Hoppe 2008.

diese pneumatologische Dimension aufnimmt. Bucer lehnte einerseits eine durch die Sinne wahrnehmbare Gegenwart Christi im Abendmahl ab, andererseits vertrat er die Auffassung, dass Christus in den Elementen Brot und Wein gegenwärtig sei.[286] Er unterschied zwischen dem Äußerlichen und dem Geistlichen. Bucer spricht ebenfalls von einem vom Heiligen Geist bewirkten Vorgang, bemüht sich jedoch nicht weiter, das Abendmahl als ein trinitarisches Geschehen zu deuten.

Die Trennung zwischen einem inneren und einem äußeren Vorgang, wie Bucer es vorschlägt, ist gerade beim Abendmahl, bei dem Christus in seiner Nähe „zu schmecken" ist, also körperlich erfahrbar wird, nur wenig nachvollziehbar.[287] Der Geist Gottes wirkt nicht nur am menschlichen Geist. Die Vergegenwärtigung Christi durch Brot und Wein ist ebenso wie die „Einverleibung" in der Taufe als ein trinitarisches Geschehen zu deuten. Der Geist Gottes fügt Christus und seine Gemeinde in einer Weise zusammen, die der Wirklichkeit der trinitarischen Einheit Gottes entspricht. Diese analoge, perichoretische Einheit, wie sie in der trinitarischen Pneumatologie entfaltet wird, kann Denkhilfen geben, um das Mysterium der Aussage: „Dies ist mein Leib" zu deuten. Die Epiklese, die Anrufung des Heiligen Geistes beim Abendmahl, ist somit nicht nur eine Formel, die dem Heiligen Geist auch einen Platz am „Tisch des Herrn" zuweist, sondern sie weist auf den Geist als entscheidendes handelndes Subjekt hin. Christus vergegenwärtigt sich durch die Wirksamkeit des Heiligen Geistes in den Zeichen von Brot und Wein. Die Erinnerung wird durch die Epiklese zu einer Begegnung mit dem gekreuzigten, auferstandenen und erhöhten Herrn.[288] Sie ist zugleich ein Gedenken des Todes, ein Bekenntnis seiner Gegenwart und eine Hoffnung auf sein Kommen in Herrlichkeit. Das Abendmahl ist ein „Vorgeschmack" auf die Vollendung, beim wahrsten Sinn des Wortes. Der erhöhte Christus gibt kraft des Heiligen Geistes seiner Gemeinde jetzt schon Anteil an seiner Zukunft. Diese pneumatologischen Aspekte des Abendmahls sind

---

286   Vgl. Arnold; Hamm 2003.

287   Vielfach wird Bucer in seiner Abendmahlsauffassung deshalb auch in der Nähe der Mystiker angesiedelt.

288   Vgl. Moltmann 1989: 281f.

meines Erachtens in den lehrmäßigen Auseinandersetzungen zu wenig bedacht; sie könnten weitere Brücken schlagen zwischen den konfessionellen Gräben, die in Bezug auf die Eucharistie immer noch den Leib Christi trennen wollen.

d. Charisma und Amt

Das Nachdenken über den Zusammenhang von Sakrament und Pneumatologie wird je nach konfessioneller Zuordnung sehr unterschiedlich ausfallen. Macht sich der Heilige Geist überhaupt von irgendwelchen Riten und Zeichenhandlungen abhängig, um seine Wirkung zu vollbringen? Sind die Sakramente so etwas wie eine christologisch-pneumatologische Inkarnation? Da werden Menschen berührt, sie sprechen etwas aus oder sie nehmen etwas zu sich, und in diesen bewussten Zeichen soll auf irgendeine Weise – wie durch ein Mysterium – Christus durch die Kraft des Heiligen Geistes wirken. Dabei ist jedoch von vornherein ein magisches Verständnis abzuwehren, als ob Sakramente unabhängig von der menschlichen Glaubenspraxis das Heil bewirken oder den Glauben fördern könnten. Die Wirkung geschieht nicht „*ex opere operato*" (durch den Vollzug).[289] Kann etwa der Zuspruch der Vergebung der Sünde nach vollzogener Beichte generell geschehen? Wie muss ein solches Bekennen sich vollziehen und wer kann eine solche Beichte „abnehmen"? Wem gilt das Wort Jesu: „Wem ihr die Sünde erlasst, dem ist sie erlassen. Und wem ihr die Schuld nicht vergebt, der bleibt schuldig" (Joh 20,23)? Wer hat dabei die Legitimation zur Sakramentenspendung und kann gleichsam wie ein Assistent des vergebenden und lösenden Herrn funktionieren,

---

289 In der katholischen Dogmatik ist der Begriff die Bezeichnung für die objektive Wirkungsweise der Sakramente aufgrund ihres richtigen Vollzugs, unabhängig von der sittlichen Disposition des spendenden Priesters. Die Wirksamkeit eines Sakramentes tritt dann ein, wenn der Empfänger dem nicht entgegenwirkt. Diese Sichtweise der katholischen Kirche wird auch von den orthodoxen und anglikanischen Kirchen geteilt. Die entgegengesetzte Meinung, dass die Wirksamkeit der Sakramente von der Einstellung des Spenders bzw. Empfängers abhängt, wird durch die lateinische Formel *ex opere operantis* ausgedrückt.

wenn es heißt: „Was ihr auf der Erde binden werdet, das soll auch im Himmel gebunden sein. Und was ihr auf der Erde lösen werdet, das soll auch im Himmel gelöst sein" (Mt 18,18)? Ist ein solches Handeln im Namen Jesu nur denen vorbehalten, die in einer unmittelbaren Sukzession zu den Aposteln stehen, oder gar nur zu dem einen Apostel Simon Petrus, dem nach den Worten Jesu die „Schlüssel zum Himmelreich" (Mt 18,19) übergeben wurden? Bindet sich Christus so sehr an Menschen und an Handlungen, dass er damit nicht mehr souverän ist?

Zunächst sei hier vermerkt, dass die Vergebung der Sünde nicht ausschließlich auf diese Stellen zu beziehen ist; demzufolge wäre ja eine Vergebung ohne einen solchen Lösungsspruch in apostolischer Autorität unmöglich. Der Zuspruch der Vergebung ist vielmehr ein seelsorgerliches Moment, das dem bußfertigen Sünder als Gnadenzusatz gegeben werden kann, jedoch nicht als Gnadenvoraussetzung zu sehen ist.

„Kann ich bei Ihnen beichten?", fragte mich eine ältere Dame nach dem Gottesdienst. Sie kam schon längere Zeit in unsere freikirchlichen Gottesdienste, war jedoch als Kind in einem katholischen Umfeld aufgewachsen. Dort hatte sie davon gehört, dass es so etwas wie eine Beichte gibt und dass man sie bei einem „Geistlichen" – sprich einem kirchlichen Amtsträger – „ablegen" könne. Diese ritualisierte und sakramentalisierte Form der Buße ist einem Freikirchler fremd, zumal, wenn sie lediglich auf die von der Gemeinde dazu berufenen Pastoren und Leiter begrenzt sein soll. Selbstverständlich kennen auch wir das Buß- und Beichtgespräch, in dem wir Menschen nach erfolgter Buße die Vergebung im Namen Jesu zusprechen dürfen. Aber ein solcher Dienst ist jedem Christen zuzuordnen.

Vielleicht ist es auch an der Zeit, dass in den reformatorischen und freikirchlichen Konfessionsfamilien Beichte wieder neu entdeckt und praktiziert wird, allerdings in einer reformatorischen Freiheit. Ich selbst habe immer wieder erfahren, wie hilfreich es ist, wenn ich nach dem Bekennen meiner Sünde in der Gegenwart eines Zeugen dann auch den Zuspruch der Vergebung hören durfte. Es hat meinen Glauben gestärkt.

Kann aber jeder Christ, jede Christin so zu einem Beichtvater, einer Beichtmutter werden? Ist jeder vom Geist getaufte Mensch zugleich auch ein Beauftragter und Bevollmächtigter des Christus? Eine missionale Pneumatologie geht in aller Konsequenz auf diese allgemeine

Funktionalität der Ekklesia ein. Hier ist jedoch nicht eine Autorisierung entscheidend, die durch eine Ordination oder eine speziell sukzessiv vermittelte Weihe vermittelt wird. Eine Bevollmächtigung und Beauftragung, eine Einsetzung zu einem Dienst geschieht immer durch den Heiligen Geist und kann allenfalls durch die Gemeinde nachvollzogen werden. Dabei kann die Form der Handauflegung symbolisch sein, sie sollte jedoch nicht im Sinn einer Weitergabe von Autorität oder einer Übertragung von geistlicher Energie verstanden werden. Die leidliche Geschichte der Institutionalisierung und Hierarchisierung der Kirche zeigt mit erschreckender Deutlichkeit auf, wie es zu Amtsanmaßungen und zum Missbrauch kirchlicher Ämter kam. Der Ursprung für eine patriarchalisch-hierarchische Kirchenordnung ist freilich multikausal; er ist allerdings ganz gewiss auch in einem hierarchischen Verständnis der Trinität und einer mangelhaften Entwicklung der Pneumatologie auszumachen.[290] Wo ausschließlich Abhängigkeit und Hierarchie, Unterordnung und Macht gesehen wird, wo sich der Geist dem Sohn, und der Sohn dem Vater unterordnet, wird das Wesen der Trinität zu einseitig wahrgenommen. Die perichoretische Einheit der Trinität und die geradezu mütterliche Zuwendung des Geistes Gottes hat so in der Kirchengeschichte kaum ihren Niederschlag gefunden.[291]

Fernerhin ist die Tatsache nicht zu übersehen, dass der Geist Gottes in allen wiedergeborenen Gläubigen wohnt und wirkt. Eine Bevormundung oder geradezu eine Entmündigung des Gottesvolkes, das lediglich dazu autorisiert sei, ein „Amen" zu sprechen,[292] missachtet nicht nur

---

290 In seiner ausgeprägten Pneumatologie begründet der orthodoxe Theologe D. Staniloas allerdings die hierarchisch-instutionalisierte Leitung soteriologisch in dem Sinn, dass sie den Heiligen Geist und seine Gaben den Gläubigen vermittelt. Eine solche Vorstellung unterstützt eine monarchische Ekklesiologie mit pneumatologischer Begründung. Vgl. Munteanu 2003: 243f.

291 Eine pneumatologische Begründung des monarchischen Episkopats hängt mit dem Patriarchalismus zusammen, der Vorherrschaft des Mannes in der Kirche. Vgl. hierzu: Moltmann 1991b: 98–100.

292 Diese Auffassung vertritt J. Zinziloaus in: Beeing as Communion. Studies in Personhood and the Church. New York 1985. S. 121. Zitiert nach: Munteanu 2003: 218.

die biblischen Aussagen und damit die ekklesiologische Eigenschaft der
Apostolizität, sondern knebelt die Kirche als „Geistgeschöpf" und führt
zur Lähmung und zur Erkrankung des Leibes Christi in dieser Welt. Das
Priestertum aller Glaubenden steht diametral zu dem vorfindlichen Ins-
titutionalismus in den Kirchen. Dabei denke ich nicht nur an jene Kirchen, die das Sakrament der Weihe oder Ordination kennen. Ich denke
auch nicht nur an die zusätzlichen Subordinationsordnungen wie etwa
das katholische Primat des Bischofs von Rom bzw. die Erklärung des
Vatikanum I zur Unfehlbarkeit des Papstes.[293] Ich habe dabei auch die
subtileren Formen von Hierarchie und Entmündigungsgebaren in freikirchlichen und auch pfingstlich-charismatischen Gruppierungen vor
Augen, das vorfindliche Amtsgehabe der „Berufenen", der „Ältesten und
Pastoren", der „Apostel und Propheten". Manche nennen sich bescheiden
„Hauptamtliche", aber sie beanspruchen genauso wie Vertreter des Episkopats die Amtshoheit in Leitung, Lehre und Seelsorge einer Gemeinde.
Dem ist entgegen zu halten, dass die ganze Ekklesia als ein prophetisches, priesterliches und königlich-messianisches Volk anzusehen und
somit zur Missio Dei berufen ist.

Der gemeinsame Geistempfang schließt jegliche Art von Herrschafts-
ansprüchen einer Hierarchie aus. J. Moltmann lehnt aufgrund dieser
pneumatischen Bevollmächtigung der gesamten Gemeinde das monarchische Episkopat strikt ab, weil die Trennung des Amtes vom Volk
zur Entmündigung der Gemeinde führt. Er hält die hierarchische und
„aristokratische Amtsbegründung" für ekklesiologisch falsch, weil sie
die Entfaltung der charismatischen Gemeinde behindert.[294] „Alle Glieder der messianischen Gemeinde sind geistbegabt und also ‚Amtsträger'.
Es gibt keine Trennung von Amtsträgern und Volk [...]. Die Witwe, die
Barmherzigkeit übt, handelt ebenso charismatisch wie ein Bischof."[295]

Kirche erschöpft sich nicht darin, dass Christen zu Gottesdienst-
gängern und Hauskreis- und Gruppenbesuchern werden, sondern sie
kommt in der gemeinsamen Berufung, „Licht und Salz" in dieser Welt zu

---

293   Vgl. Küng 1998.

294   Moltmann 1989: 331.

295   a.a.O.: 324.

sein, zum Ausdruck. Die mittelalterliche Unterscheidung zwischen Klerus und Laien hat dazu geführt, dass die theologisch nicht speziell ausgebildeten und nicht ordinierten Laien sich lediglich noch als Schafe verstehen, die dem Pastor, dem Hirten, folgen sollten. Diese hierarchischen Strukturen der Kirche entsprechen nicht der vom Geist Gottes gestifteten Gemeinschaft und sie verleiten zu einer „Versorgungsmentalität".[296] Die im Vatikanum II stark geforderte Einbeziehung der Pneumatologie in die Ekklesiologie hat dazu geführt, dass auch in der katholischen Kirche vermehrt vom allgemeinen Priestertum aller Glaubenden gesprochen wird und auch allen Gläubigen eine eingeschränkte Teilhabe am dreifachen Amt der Kirche zugesprochen wird (priesterliche Heiligung, königliche Leitung und prophetische Lehre).[297] Das Konzil hat damit die Stellung der Laien innerhalb der Kirche entscheidend aufgewertet. Leider hat diese theologische Gewichtsverlagerung noch kaum eine kirchenrechtliche Entsprechung gefunden. Sämtliche neu geschaffenen Laiengremien – insbesondere der Pfarrgemeinderat – haben ausschließlich beratende Funktion und Stimme.[298]

Nun soll nicht infrage gestellt werden, dass die katholische Kirche, zu der immerhin etwa 17 % der Weltbevölkerung gehören, auch eine ins-

---

296 Moltmann 1991: 259.

297 Im 2. Vatikanischen Konzil wird insbesondere in der Dogmatischen Konstitution *Lumen Gentium* das allgemeine Priestertum aller Getauften betont und zugleich in Beziehung zum besonderen Priestertum der geweihten Priester gesetzt: „Das gemeinsame Priestertum der Gläubigen aber und das Priestertum des Dienstes, das heißt das hierarchische Priestertum, unterscheiden sich zwar dem Wesen und nicht bloß dem Grade nach. Dennoch sind sie einander zugeordnet: das eine wie das andere nämlich nimmt je auf besondere Weise am Priestertum Christi teil (16). Der Amtspriester nämlich bildet kraft seiner heiligen Gewalt, die er innehat, das priesterliche Volk heran und leitet es; er vollzieht in der Person Christi das eucharistische Opfer und bringt es im Namen des ganzen Volkes Gott dar; die Gläubigen hingegen wirken kraft ihres königlichen Priestertums an der eucharistischen Darbringung mit (17) und üben ihr Priestertum aus im Empfang der Sakramente, im Gebet, in der Danksagung, im Zeugnis eines heiligen Lebens, durch Selbstverleugnung und tätige Liebe" (2. Vatikanisches Konzil: *Dogmatische Konstitution Lumen Gentium, Nr. 10*).

298 Vgl. Senn 2009: 304–306.

titutionelle Führung braucht. Nicht nur eine Weltkirche dieser Größe, sondern auch kleinere kirchliche Einheiten brauchen gute geistliche und funktionale Leitung, die sich an der konkreten Berufung und Begabung von Menschen orientiert. Die Charismenlehre des Paulus beinhaltet bezeichnender Weise auch die Gaben der Leitung (1Kor 12,18 [griech. *kybernesis*]; Röm 12,8 [griech. *prohistami*]). Paulus fordert in 1Thess 5,12 dazu auf, jene anzuerkennen, die der Gemeinde im Herrn vorstehen und die Gemeinde zurechtweisen (vgl. 1Tim 3,4f.12; 5,17; Röm 16,2; Tit 3,8). Wir lesen im NT weiter von den leitenden Funktionen der Apostel, Propheten, Evangelisten, Lehrern und Hirten (Eph 4,11). Fernerhin ist von Diakonen und Aufsehern (griech. *episkopoi*) die Rede (Phil 1,1f; 1Tim 3,1–13; 1Petr 5,1–4;).

Die aufgeführten Leitungsfunktionen weisen jedoch eine gewisse Unschärfe in ihren Abgrenzungen auf. Älteste nehmen Hirtenfunktionen wahr, Hirten und Lehrer versorgen die Gemeinde mit guter Verkündigung; Apostel werden auch als Propheten bezeichnet. Dennoch ist festzuhalten, dass es dauernde, anerkannte und zum Teil sogar vergütete Leitungsdienste mit festen Funktionsträgern in neutestamentlicher Zeit gab. Die Leitungsfunktionen wurden auch in den verschiedenen Regionen der frühen Christenheit unterschiedlich benannt und wahrgenommen. Das, was in den paulinischen Schriften als Leitung definiert ist, kann als ein „Durchgangsstadium" interpretiert werden.[299] Das NT liefert also nicht nur ein Modell, das als einziges Grundmuster für die Wahrnehmung von Leitungsverantwortung dienen kann, sondern zeigt unterschiedliche Formen und Ausprägungen auf.[300] Die Leitungsämter sind als Leitungsdienste zu verstehen und sie stehen offenbar nicht im Gegensatz zu einer charismatischen Leibstruktur der Ekklesia, in der einer den anderen höher als sich selbst achtet (Röm12,10). Die Ausübung eines Leitungsdienstes ist gemäß den neutestamentlichen Schriften gleichwohl immer an die charismatische Begabung gebunden.

---

299   Goppelt 1962: 128.
300   Vgl. hierzu: Brockhaus 1987. Rust 1999: 20–33.

6.4 Der bleibende Auftrag der Gemeinde Jesu Christi

Die Gemeinde Jesu Christi ist geprägt von der Vergegenwärtigung des gekreuzigten, auferstandenen, erhöhten Christus, dessen Wiederkunft sie erwartet. Diese Vergegenwärtigung geschieht in der Kraft des Heiligen Geistes. Sie wird persönlich in der christlichen Grunderfahrung und Heiligung erfahren. Sie äußert sich in dem neuen Sein in Christus, das dadurch geprägt ist, dass die Liebe Gottes in die Herzen der Glaubenden ausgegossen ist (Röm 5,5). Diese Grunderfahrung von Buße, Glaube, Taufe und Geistempfang führt zu einer neuen Gemeinschaft in Gottes angebrochener Wirklichkeit des Reiches Gottes. Die Ekklesia findet sich nicht nur in der vorfindlichen Gestalt der verfassten institutionellen Kirchen, sondern überall dort, wo die Grundeigenschaften (*notae ecclisiae*) gegeben sind. Durch das Gnadengeschenk der Taufe verbindet der Geist Gottes die Ekklesia im Glauben, in der Liebe und in der Hoffnung. Die Gestalt der konkreten Gemeinde hat sich bereits in urchristlicher Zeit auch in einer Vielfalt dargestellt, wenngleich die *notae ecclisiae* immer gegeben waren. Es scheint so zu sein, dass der Geist Gottes selbst dieses Wesen der Gemeinde Jesu Christi immer wieder neu aktualisiert und belebt: Die *Apostolizität*, die sich auf die historisch belegte Bezeugung des Evangeliums gründet und dieses weiter verbreitet; die *Heiligkeit*, die durch die Vergegenwärtigung des Herrn der Gemeinde durch Wort und Geist erfahren wird, u. a. in der Grunderfahrung der Buße, des Glaubens und im Geschehen der Taufe und des Geistempfangs sowie im Abendmahl. Ebenso wird Christus erfahren in der vom Geist Gottes gewirkten Gemeinschaft aller Heiligen weltweit (*Katholizität*), die sich als Könige, Priester und Propheten im Sinn des allgemeinen Priestertums aller Glaubenden verstehen. Die *Einheit* der Ekklesia bewirkt der Heilige Geist durch die neue Soziologie des Reiches Gottes, in welcher die Vielfalt und die Interdependenz im Geist der Versöhnung erfahren werden. Diese Grundeigenschaften bleiben in der Ekklesia durch den Heiligen Geist erhalten, er ist der Bewahrer der Wahrheit.

Als solche ist die Gemeinde Jesu Christi aber nicht für sich selbst da, sondern sie ist zwischen Pfingsten und der Wiederkunft Christi hinein-

genommen in die große *Missio Dei*,[301] die Ausbreitung des Reiches Gottes in dieser Weltzeit. Wäre diese Mission nicht ebenso als eine Grundeigenschaft der Kirche auszuweisen? Es verwundert, dass der Gedanke der
Sendung der Kirche weder im Apostolischen Glaubensbekenntnis noch
im Nicänum-Konstantipoletanum explizit aufgenommen wird, etwa in
einer Formulierung: „Ich glaube an den sendenden Gott, an die Ausbreitung des Reiches Gottes." Es mag daran liegen, dass die Vorstellung
herrscht, dass immer dort, wo diese Grundeigenschaften der Ekklesia
gegeben sind, auch schon die Missio Dei geschieht. Die Christenheit
glaubt nicht an die Mission, sondern sie ist durch den Glauben Teil der
Missio Dei. Kirche treibt nicht Mission, sondern sie ist Mission.

Diese Dimension der Ekklesiologie wird in jüngerer Missionswissenschaft aufgegriffen unter dem Begriff der Missionalität der Gemeinde
Jesu Christi.[302] In den älteren, klassischen ekklesiologischen Entwürfen
wird die Sendung der Gemeinde allerdings – wenn überhaupt – eher
unter den Begriffen der „Grundvollzüge" bzw. „Grundfunktionen" der
Ekklesia berührt. Als Grundvollzüge bezeichnet man die Hauptfunktionen, die den Sinn und Zweck von Kirche begründen. Die katholische
Tradition beschreibt in Anlehnung an Apg 2,42–47 drei Grundvollzüge: *Martyria* – Zeugnis, Verkündung und Verbreitung des Evangeliums; *Liturgia* – Gottesdienst, gemeinsames Gebet, insbesondere Feier
der Eucharistie; *Diakonia* – Dienst an den Menschen, zum Beispiel die
Linderung von Not und Armut in der Welt.

Seit dem 2. Vatikanischen Konzil wird eine vierte Grunddimension
der Kirche beschrieben, die Gemeinschaft (*Koinonia*), in der die christliche Gemeinde ebenfalls ihren Ausdruck findet. In der im 20. Jahrhundert sich entwickelnden Missionswissenschaft (Missiologie) spielten

---

301   Seit den 1950er Jahren fußen die meisten Missionstheologien auf der Missio Dei (Gottes Mission) und sehen somit nicht mehr die Kirche als Subjekt der Mission, sondern Gott selbst. Dieser Begriff setzte sich in der
       Folge der Weltmissionskonferenz von 1952 in Willingen (Deutschland)
       schnell durch und wurde vor allem von Georg Vicedom verbreitet, der ihn
       später um die Actio Dei erweiterte, um das Handeln Gottes herauszustellen. Vgl. Vicedom 1958. Vicedom 1975.

302   Vgl. Hardmeier 2009.

diese Grundvollzüge eine herausragende Rolle, um zu verdeutlichen, dass Mission nicht gleichzusetzen ist mit Evangelisation, der Verkündigung des Evangeliums, sondern umfassender zu verstehen sei.[303] Die Internationalen Missionskonferenzen des Ökumenischen Rates der Kirchen und der Lausanner Bewegung nahmen zunehmend die theologische Stimmen der Länder der sog. *Zwei-Drittel-Welt* wahr. Zusätzliche Impulse für die Missiologie kamen durch die Weiterentwicklung der Praktischen Theologie an den Theologischen Seminaren und Universitäten, besonders im Bereich der *Christian Education* (Gemeindepädagogik).

So wurde schon bald eine weitere Grundfunktion der Mission formuliert: Die Jüngerschaft (*Didaskalia*). Sie bildet eine Differenzierung der Martyria als tragendem Begriff der Außenverkündigung, wohingegen Didaskalia die innerkirchliche Lehre und Zurüstung für die Mission im Blick hat. Diese nunmehr fünf missionalen Grundfunktionen der Ekklesia – Martyria, Leiturgia, Diakonia, Koinonia und Didaskalia – finden heute in vielen Leitbildern von evangelischen Kirchen, Freikirchen und Gemeinschaften ihren Niederschlag.[304]

Mission ist zunehmend zu einem Kernthema der Ekklesiologie geworden. Diese umfassende Missio Dei ist allerdings nur biblisch angemessen zu beschreiben, wenn sie eine pneumatologische Grundlage findet.[305] Das Dilemma der Missionswissenschaften und vieler neuerer missionarischer Gemeindeaufbaukonzepte liegt meines Erachtens darin, dass sie sich zu sehr an dem menschlich Machbaren und Umsetzbaren orientieren. Bis in die Sprache hinein orientieren sich moderne Gemeindebilder an den Erfahrungen säkularer Organisationen. Wenn aber die Ekklesia eine „analogielose Größe" (E. Brunner) ist, so ist z. B. auch ein

---

303 Vgl. Schirmer 2012.

304 Prägend ist hierzu auch Rick Warren zu erwähnen, der zwar die klassischen Begriffe formell nicht aufnimmt, sie jedoch in der Sache als die eigentlichen Grundvollzüge der Ekklesia beschreibt (Warren 1998).

305 Die Weltmissionskonferenz in Athen (2005) stand unter dem Motto: „Komm, Heiliger Geist, heile und versöhne!" Der Akzent lag allerdings auch hier auf dem Thema der Gemeinschaft und weniger in der Pneumatologie.

noch so gutes Change-Management nicht gleichzusetzen mit den Ver-
änderungs- und Transformationsprozessen, die in der Kraft des Geistes
Gottes geschehen.

Welche Funktion kommt dem Geist Gottes zu, bei allem Nachdenken über die Grundfunktionen, die Grundvollzüge, die große Missiologie der Gemeinde? Wie ist es möglich, dass christliche Mediatoren
und Konfliktberater z. B. die Kategorie der Sünde und Vergebung kaum
noch thematisieren?[306] Dass Gemeindeberater einen Zielfindungspro-
zess begleiten, aber die Grundeigenschaften der Ekklesia noch nicht
einmal benennen können? Ist der Geist Gottes doch zu mystisch, zu
unberechenbar, zu wenig thematisierbar? Muss er sich irgendwie selbst
zwischen, mit und unter all den vielen Aktivitäten und Orientierungen seinen Weg bahnen? Das auch in meinen bisherigen Ausführungen
immer wieder angedeutete Unvermögen, pneumatologische Vorgänge
überhaupt in Sprache und mit menschlicher Logik zu kennzeichnen,
hat immer wieder dazu geführt, dass die beklagte Geistvergessenheit in
Gemeinde und Theologie sich neu artikuliert. In der klassischen systematischen Theologie hat sie denn auch bis dato nur eine Zuordnung
zu einer breit entwickelten Ekklesiologie oder sie kommt als Unterpa-
ragraf oder Exkurs in den anderen großen Themen der systematischen
Theologie vor. E. Brunner lehnt eine eigene Lehre vom Heiligen Geist
sogar ab und postuliert: „Eine unvoreingenommene neutestamentliche
Forschung zeigt, dass es die biblische Lehre vom Heiligen Geist nicht
gibt."[307]

Ähnliches können wir auch in den Bereichen der Praktischen Theologie feststellen, wobei der Bezug zum Heiligen Geist häufig benannt,
jedoch nicht entfaltet wird. Die Definition von Missionalität, einer ganzheitlichen missionarischen Existenz der Ekklesia, kommt in missionaler neuerer Literatur auch ohne eine deutliche Bezugnahme zum Heili-

---

306   Als ich vor einigen Jahren bei einem Schulungstag mit ca. 40 Gemeinde-
      beratern und Mediatoren danach fragte, ob sie in ihren Konzepten das
      Thema Sünde und Vergebung berücksichtigt hätten, sowohl von der Be-
      grifflichkeit als auch von der Sache her, war es doch erstaunlich, dass kei-
      ner der Anwesenden dieses Thema bislang so aufgenommen hatte.

307   Brunner 1964: 17.

gen Geist aus.[308] Die brillanten Bücher über missionale Gemeinden der Zukunft ignorieren die tragende Relevanz der Pneumatologie geradezu. Diese Ignoranz mag zum einen auf das immer noch beklagenswerte Defizit an guter pneumatologischer Theologie zurückzuführen sein, zum anderen trägt auch eine häufig nicht bewältigte und reflektierte Praxis des geistlichen Lebens in den neuen pfingstlichen und charismatischen Aufbrüchen dazu bei, dass man möglichst keine neuen Fronten zwischen den konfessionellen Gruppierungen haben möchte. Die Missiologie soll sozusagen die unterschiedlichen konfessionellen Lager neu einen. Wie aber soll das ohne eine reflektierte und in der Christologie gegründete Lehre vom Heiligen Geist geschehen? Wie ist es möglich, dass dicke Bücher über Gottesdienstreformen, neue Gemeinschaftsformen, über die Relevanz der Evangelisation und Diakonie verfasst werden, ohne dass dabei die herausragende Bedeutung des Geistes Gottes dargelegt wird?

Die Geistvergessenheit, die seinerzeit Karl Rahner in Bezug auf die Theologie und Kirchenpraxis beklagte, beklage ich auch heute, wenn ich die neuere Literatur der Missionswissenschaft und der missional aufgestellten Ekklesiologie lese. R. Hardmeier beschreibt in seiner missionalen Ekklesiologie einleitend die drei Neuerungen, welche die Missiologie im ausgehenden 20. Jahrhundert erlebte: Die Einbeziehung des Kontextes der Mission; die Begründung der Mission in einer umfassenden Christologie und die Heranziehung alttestamentlicher Aussagelinien für das Missionsverständnis.[309] Sicher wären hier noch einige Ergänzungen nötig und eine vierte Neuerung wird durch die Wiederentdeckung der Pneumatologie in der Missiologie notwendig werden. In der Vorstellung der Missio Dei wird die Mission trinitarisch verankert, nicht nur christologisch. Durch diese trinitarische Verankerung der Mission, die auch von orthodoxen und katholischen Kirchen begrüßt wird, sollen Engführungen und Einseitigkeiten überwunden werden. Mission ist nicht

---

308 So definiert z. B. Alan Hirsch „missional" wie folgt: „Der Versuch, einen ganzheitlichen Missionsbegriff zu finden, der soziales und kulturelles Engagement mit einschließt und die Sendung Gottes als zentrales Ordnungsprinzip zu verstehen." Hirsch 2011: 336.

309 Hardmeier 2009: 7–9.

mehr eine Veranstaltung der Kirche, sondern die Kirche unterstellt sich der Mission Gottes, der Zuwendung Gottes zur Welt. Gott-Vater-Sohn-Geist selbst ist das Subjekt der Mission. Wenn ich nunmehr den Versuch unternehme, die pneumatologische Dimension in der Missio Dei aufzuzeigen, so kann das im Rahmen meiner Ausführungen nur punktuell und konturenhaft geschehen.

a. Leiturgia – Die Anbetung und der Gottesdienst

Das griechische *leiturgia* bezeichnet zunächst einfach den Dienst oder eine Leistung für den Staat, also den Staatsdienst; im religiösen Zusammenhang bezeichnet es den Gottesdienst und die damit verbundenen Dienste und Wirkungen des Heiligen Geistes. Es geht um das gemeinsame Gebet und Anbetung. Diese Dimension der Grundvollzüge der Ekklesia findet sich deutlich in Apg 2,42–47:

> „Alle in der Gemeinde ließen sich regelmäßig von den Aposteln im Glauben unterweisen und lebten in enger Gemeinschaft, feierten das Abendmahl und beteten miteinander. Eine tiefe Ehrfurcht vor Gott erfüllte sie alle. Er wirkte durch die Apostel viele Zeichen und Wunder. Die Gläubigen lebten wie in einer großen Familie. Was sie besaßen, gehörte ihnen gemeinsam. Wer ein Grundstück oder anderen Besitz hatte, verkaufte ihn und half mit dem Geld denen, die in Not waren. Täglich kamen sie im Tempel zusammen und feierten in den Häusern das Abendmahl. In großer Freude und mit aufrichtigem Herzen trafen sie sich zu gemeinsamen Mahlzeiten. Sie lobten Gott und waren im ganzen Volk geachtet und anerkannt. Die Gemeinde wuchs mit jedem Tag, weil Gott viele Menschen rettete."

Die urchristliche Gemeinde traf sich regelmäßig, um Gott zu loben, zu beten und gemeinsam das Abendmahl zu feiern. Die Gottesdienste waren offenbar geprägt von der heiligen Gegenwart Gottes, denn „eine tiefe Ehrfurcht vor Gott erfüllte sie alle". Bei allem Bemühen um Gottesdienstreformen[310] und bei aller Wertschätzung guter Tradition, erweisen sich viele Gottesdienste unserer Zeit als behäbig und nur wenig spiritu-

---

310   C. Möller spricht von einer „Sturzflut von Gottesdienstexperimenten". Zitiert bei: Zimmerling 2009: 152.

ell einladend. Obwohl heutzutage viele Menschen eine Berührung, eine spirituelle Erfahrung suchen, erleben sie im Großteil der Kirchen der Reformation eine vorwiegend den Intellekt ansprechende Gottesdienstpraxis. In orthodoxen und katholischen Gottesdiensttraditionen bietet sich dem transzendent obdachlos Suchenden zwar ein breiteres Spektrum der Erfahrung, das allerdings rituell verschlüsselt und von einer exklusiven Ausstrahlung ist.

Was erfahren wir, wenn wir Gott anbeten und ihn loben? Die charismatischen Aufbrüche haben in puncto Anbetung und Gesang neue Akzente gesetzt, sie verstehen sich wie eine „liturgische Befreiungsbewegung".[311] Eine Fülle von neuen Lobpreisliedern (Chorussen) und kontemporären Musikformen hat Eingang in die gottesdienstlichen charismatischen Versammlungen gefunden. Und dennoch haben die meisten Gottesdienste den Charakter eines Events, vergleichbar mit einer Theaterveranstaltung. Sie sind dominiert von nur wenigen Akteuren; zumeist agieren die Hauptamtlichen der Kirche oder Gemeinschaft. Die gegenwärtige Gottesdienstpraxis in den meisten etablierten Freikirchen Deutschlands ist weit von den partizipierenden Strukturen des in 1Kor 14,26–33 beschriebenen Modells entfernt. Andererseits haben charismatische Gottesdienste auch ihre Defizite. P. Zimmerling beklagt: „Viele Charismatiker verkennen mit ihrer pauschalen Ablehnung der traditionellen Liturgie, dass diese ein vorzügliches Kommunikationsmittel zwischen Gott und Menschen darstellt. Ihr entsprechendes Potential wird gegenwärtig in traditionellen Gottesdiensten nicht im Entferntesten ausgeschöpft. Die Liturgie besitzt den Charakter eines Kunstwerkes, zu dem die unterschiedlichen Menschen Zugang bekommen können."[312] Das Plädoyer Zimmerlings zu einer Integration charismatischer Elemente in den traditionellen Gottesdienst weist allerdings auch die Einseitigkeiten desselben auf. Er wünscht sich eine stärkere Öffnung des Gottesdienstes für das spontane Wirken des Geistes in Lob und Anbetung, Zeugnissen und Charismen, eine stärkere aktive Beteiligung der Gemeinde am Gottesdienstgeschehen, die Entdeckung einer ganzheit-

---

311 Christenson 1989: 293.
312 Zimmerling 2009: 158.

lich ausgerichteten Gottesdienstkultur, das Angebot von Veranstaltungen mit Exerzitiencharakter und schließlich die Erkenntnis, dass sich liturgisch geprägte und spontane Gottesdienstformen ergänzen und befruchten können.[313]

Ich unterstütze Peter Zimmerlings Forderung nach einer gegenseitigen Bereicherung der verschiedenen Gottesdienstmodelle. Dennoch wird eine neue Form und die Einführung von anderen Elementen nicht automatisch eine stärkere Präsenz des Geistes Gottes zur Folge haben. Der wesentliche Akzent liegt nicht so sehr auf den Formen, ob nun Liturgie oder nicht; auch nicht so sehr bei der Gottesdienstkultur, die sich im verwendeten Musikstil und der Sprache ausdrückt; relevant ist die innere Glaubenserwartung und Offenheit der einzelnen Gottesdienstteilnehmer. So rate ich als Gemeindepastor der Gemeinde immer wieder, sich betend auf die Gottesdienste einzustellen. Jeder Einzelne ist hier wichtig. Es geht um ein offenes, wachsames Wahrnehmen und Aufspüren der Gegenwart Gottes in den unterschiedlichen Elementen. Hier tut sich ein großes Lernfeld auf, für alle kirchlichen Traditionen und charismatischen Gruppierungen, unabhängig von der Größe einer Versammlung.[314]

Es ist schon erschreckend, wie schnell auch in geistlich erweckten Gruppierungen sich eine Regelmäßigkeit in den gottesdienstlichen Zusammenkünften einstellt, die den Hauch der Langeweile verbreitet, aber nicht unbedingt dem Atem Gottes Raum gibt. Ich erlebe es häufig in charismatischen Gruppierungen und auf Konferenzen der charismatischen Erneuerungsbewegungen, dass bestimmte ursprünglich als spontan aufgenommene Bewegungen des Heiligen Geistes schnell ritualisiert werden und zuweilen auch gedankenlos tradiert werden. Da gibt es z. B. die stark partizipatorische Segnung, bei der Menschen im Gottesdienst eine persönliche Segnung empfangen dürfen. Diese „Ministry-Zeit", wie sie häufig genannt wird, sieht so aus, dass einzelne Beter sich in der Versammlung für ein segnendes Gebet zur Verfügung stellen. In fast allen

---

313   a.a.O.: 163–164.

314   Vgl. Rust, Heinrich Christian: Anbetung und Gottesdienst in großen Gemeinden. In: Spincke; Kannwischer 2012: 55–70.

Gottesdiensten in der Braunschweiger Friedenskirche haben wir diese Form eingeführt und sie wird auch gut angenommen. Es ist jedoch nicht die einzige Form, in der Segnungen Gottes erfahren werden können. Ich merke, wie schwer es ist, solche jungen gottesdienstlichen Traditionen immer wieder neu zu prüfen und offen zu sein für andere Wege.

Als ein weiteres Beispiel möchte ich die Praxis anführen, die in der Zeit des Lobpreises und der Anbetung in den charismatisch geprägten Kirchen und Gemeinschaften vorzufinden ist. Hier ist es üblich geworden, dass die Gemeinde zum „Lobpreis" aufsteht, was häufig dazu führt, dass diese längeren Zeiten auch körperlich nicht für alle Teilnehmer gut zu bewältigen sind. Auch die Überzeugung, dass die Anbetungszeiten in einem zeitlich konzentrierten Teil des Gottesdienstes stattfinden sollen (Lobpreisblock), wird in charismatischen Kreisen geradezu als selbstverständlich vorausgesetzt. Da mit dem Gesang auch die Emotionalität angesprochen wird, empfinden einige diese Lobpreiszeiten zu kurz oder zu lang, je nachdem, ob sie nun mit allen ihren Sinnen schon in der Anbetung „angekommen" sind, oder nicht. Hier gibt es so etwas wie eine Ritualisierung bzw. Liturgisierung der angeblich „liturgischen Befreiungstheologie" (L. Christenson) der Charismatiker.[315] Ich bin gar nicht prinzipiell dagegen, will jedoch betonen, dass diese äußeren Formen und Zeiten nicht ausschlaggebend dafür sind, ob ein Gottesdienst eine pneumatische Konzentration hat oder nicht. Der Geist Gottes kann Orgel und Schlagzeug, er kann kurz und lang; er kann laut und leise. Diese Worte könnten zur Verunsicherung führen, aber sie zeigen uns auf, dass der Geist Gottes sich nicht an bestimmte Formen bindet, sondern dass er die offenen Herzen der Gläubigen sucht.

Wenn ich meine Ausführungen über die Leiturgia hier auf die gottesdienstliche Versammlung konzentriert habe, so will ich dennoch

---

315 „Ich zögere, von einer charismatischen Hymnologie zu sprechen, obwohl es im Raum der charismatischen Bewegungen regelrechte ‚Lobpreislehrer‘, ‚Lobpreisseminare‘ und ‚Lobpreisschulungen‘ gibt. Man konzentriert sich dabei jedoch fast ausschließlich auf die eigene Lobpreispraxis, ohne bisher den Versuch zu unternehmen, die eigenen Erfahrungen mit der hymnologischen Praxis und Lehre der traditionellen Konfessionen in Beziehung zu setzen." P. Zimmerling in: Zimmerling 2009: 154.

betonen, dass dieser missionale Grundvollzug sich nicht auf diese beschränkt. Anbetung und Gebet sind ein missionaler Lebensstil, der sich auch im Alltag des Glaubenden fortsetzt. Es geht um die innere Ausrichtung und Verbundenheit zu Gott. Die Leiturgia bewahrt den Glaubenden vor einer Problemfixierung und einer Weltfremdheit zugleich. In der Gegenwart und im Anschauen Gottes erfährt er selbst eine Verwandlung und die inneren Augen des Herzens werden für Gottes Wirklichkeit in dieser Welt, für sein Reich, geöffnet und blank geputzt (2Kor 3,18; Eph 1,18). In der Leiturgia wird der transzendent suchende Zeitgenosse in die Gegenwart Gottes eingeladen. Er erfährt den Glanz des Himmels, den Vorgeschmack des himmlischen Sabbats, der in aller Alltagshektik wie ein Labsal ist – oder neudeutsch ausgedrückt: wie eine „Wellness-Oase" für Geist, Seele und Leib wahrgenommen wird. Die erfrischende und vitalisierende Kraft der Anbetung ist nicht zu überschätzen, wohingegen die Verlässlichkeit bestimmter gottesdienstlicher Riten und Gestalten leider viel zu häufig überschätzt wird. Die Epiklese, die Anrufung des Heiligen Geistes, ist nicht nur in der Mahlfeier von Bedeutung, sondern für jede gottesdienstliche Zusammenkunft. Ohne den Heiligen Geist ist Leiturgia nicht möglich, weder in der Versammlung, noch im persönlichen Alltagsleben.

b.   Koinonia – Die Gemeinschaft

„Die Grundlage für echte geistliche Gemeinschaft ist die Gabe des Heiligen Geistes."[316] Mit diesen Worten überschreibt einer der Hauptsprecher des Internationalen Kongresses für Weltmission in Lausanne (1974) das Nachdenken über die missiologische Bedeutung der Gemeinschaft. Das Nachdenken über diesen Grundvollzug der Ekklesia steht immer wieder neu im Mittelpunkt der missiologischen Überlegungen. Die Koinonia (lat. *Communio*) wird zuweilen auch als die eigentlich verbindende Kraft aller missionarischen Anstrengungen gesehen, sieht man denn die Liebe als das Erkennungsmerkmal der Ekklesia gegenüber einer säkularisierten Welt. „Ein neues Gebot gebe ich euch, dass ihr euch untereinander

---

316   Snyder 1978: 81.

liebt, wie ich euch geliebt habe, damit auch ihr einander lieb habt. Daran wird jedermann erkennen, dass ihr meine Jünger seid, wenn ihr Liebe untereinander habt" (Joh 13,34–35; LU). Nun kann ich an die bereits dargelegte pneumatologische Dimension der „Gemeinschaft des Heiligen Geistes" erinnern, an die perichoretische Einheit in der Vielfalt, an die neue Soziologie des Reiches Gottes, in der nicht mehr die vorfindlichen sozialen Strukturen dieser Welt und der Schöpfung den Vorrang haben, sondern die in der Neuschöpfung angelegte soziale Qualität des „Seins in Christus". Wir können geradezu ins Schwärmen kommen über den großartigen Ausführungen der neutestamentlichen Schriften zu dieser neuen Qualität des Zusammenlebens.

Allerdings werden uns durch die gleichen Schriften ebenso die Augen dafür geöffnet, dass es nicht nur die Erfahrungsberichte der Apostelgeschichte gibt, wo der erstaunte Beobachter der Ekklesia sagt: „Seht, wie haben sie einander so lieb!" Nein, es gibt auch jene Passagen, die uns das „Noch-nicht" der geistgewirkten Koinonia darlegen. Da soll man sich nicht zickig und streitsüchtig verhalten, vor Spaltungen wird gewarnt und die Christen sollen einander nicht „beißen". Diese bissige und rissige Gemeinschaftsrealität ist leider auch durch alle Generationen der Kirchengeschichte hin zu beklagen. Sie ist auch nicht durch einen neuen zeitgemäßen Appell einfach zu überwinden; es braucht ein tiefes Ergriffensein vom Geist des Friedens und der Versöhnung, von dem Geist der *Kenosis*, der sich entäußernden trinitarischen Gottesliebe. So mancher gibt es auf, eine solch dichte Gemeinschaftserfahrung in der Institution Kirche zu suchen; es werden Orden und Gemeinschaften gebildet, die in der Ekklesia eine *Ekklesiola* bilden. Es werden Erneuerungsbewegungen ins Leben gerufen, die eine geistliche Erneuerung der Gemeinschaftsqualität möglich machen sollen, und es werden Notbünde zur Rettung einer desolat wirkenden Kirche ins Leben gerufen.

Sehr ehrlich denkt Dietrich Bonhoeffer über die Qualität der pneumatischen Gemeinschaft nach. Er betont, dass das Zerbrechen der idealistischen Gemeinschaftsvorstellungen in christlichen Kreisen geradezu wie ein Nadelöhr zu einer tieferen Gemeinschaft der Heiligen sein kann, ein Durchgangsstadium zu einer tiefen Erfahrung der vom Geist Jesu gewirkten Koinonia. „Christliche Gemeinschaft ist nicht ein Ideal, das wir zu verwirklichen hätten, sondern es ist eine von Gott in Christus geschaffene Wirklichkeit, an der wir teilhaben."[317]

Man muss sich nicht nur die rückgängigen Besucherstatistiken der Kirchen anschauen, um sich darüber klar zu werden, dass eine Neu-orientierung notwendig ist. Die Kirchen haben die missionale Kraft der Gemeinschaft weitestgehend vertauscht mit einem Vereinswesen, das auf Kosten der Freiheit des Einzelnen geht. Sie sind verkümmert zu kirchlichen Gemeinden ohne Koinonia-Kraft. Keith Miller beschreibt diesen Zustand wie folgt:

> *„Es gibt in unseren Gemeinden lauter Menschen, die nach außen zufrieden und ausgeglichen aussehen. Ihr Inneres aber schreit nach jemand, der sie liebt, und zwar so liebt, wie sie sind – verwirrt, enttäuscht, oft verängstigt, schuldbewusst und unfähig zum Kontakt selbst mit der eigenen Familie. Und die anderen in der Gemeinde sehen ebenso glücklich und zufrieden aus. So hat keiner den Mut, zum anderen hinzugehen und ihm seine Nöte einzugestehen. Was ich damit sagen will? Dass wir unsere Masken fallen lassen sollen und uns voreinander in der Gemeinde unverhüllt zeigen mit all unseren heimlichen Begierden, unserem Hass, unserer gegenseitigen Abneigung? Nein, sondern wir müssen erkennen, dass unsere Gemeinschaft heillos verkrüppelt ist, solange wir uns nicht darüber klar werden, dass wir allen ständig etwas vormachen – Gott, den anderen und uns selbst."*[318]

Aus eben diesem Zustand der verkrüppelten, erkrankten Gemeinschaft wollen sich die neuen emergenten Bewegungen, die Hauskirchen und missionalen Gemeinschaften herausbewegen. Sie leiden nicht unter einem Zuviel an Verbindlichkeit und Gemeinschaft in den vorfindlichen Kirchen und Freikirchen, sondern an einem Zuwenig der „Gemeinschaft des Heiligen Geistes". Es ist bereits angeklungen, dass wir hier beson-ders sorgfältig fragen sollten, wie wir mit Menschen in der Postmoderne Gemeinschaft pflegen können. In dieser spätmodernen Ära spielt das Individuum eine viel größere Rolle als in früheren Zeiten. Wir können

---

317   Bonhoeffer 1979: 30.

318   Miller, Keith: So fingen wir als Christen an. Zitiert nach: Snyder 1978: 82.

den starken Individualismus beklagen oder auch begrüßen, auf alle Fälle
dürfen wir ihn nicht ignorieren und sollten ihn stärker berücksichtigen bei der Gemeinschaftsbildung in den Gemeinden. Verbindlichkeit,
Treue zueinander und das Bedürfnis, gemeinsam etwas gestalten und
erleben zu können, sind in der aufbrechenden Postmoderne keinesfalls
verschwunden.[319] All diese Grundpfeiler von Gemeinschaftsbildung zeigen sich jedoch in einer für die meisten modern geprägten Gemeindekulturen noch ungewöhnlichen und befremdlichen Art.

Wir können heute nicht mehr davon ausgehen, dass das Zusam-
mensitzen in kleinen Gruppen – nennen wir sie nun Hauskreise, Zellgruppen[320], Communitas[321] oder wie auch immer – dem Wunsch nach
Gemeinschaft entspricht. Sicher, wir sitzen da nicht nur zusammen, aber
wir halten die Gruppe von fünf bis zwölf Personen für das Schwungrad
christlicher Gemeinschaftsbildung. Die meisten freikirchlichen Gemeinden sind „vergruppt", aber nicht wirklich vernetzt. Es gibt auch so etwas
wie einen „Gruppen- oder Gemeindeindividualismus". Wir haben viele
Projektgruppen, aber wenig Partnerschaften. Man kommt zusammen,
um Ziele zu verwirklichen, aber weniger, um das Leben und den Glauben miteinander zu teilen, zu genießen und zu feiern.

Es muss uns doch nachdenklich stimmen, dass all das „Gruppenge-
wese", das wir in den herkömmlichen Kirchen und Freikirchen finden,
im Zeugnis des NT nicht vorkommt, zumindest nicht in dieser Art. Da
ist nicht von Frauengruppen, Männergruppen, Kindergruppen, Jugendgruppen oder Seniorengruppen die Rede. Da finden wir die Gemein-
schaftsform des Treffens in den Häusern und die des gemeinsamen
Tempelgottesdienstes. Im klassischen kirchlichen und freikirchlichen
Gemeindeaufbau haben wir hingegen als tragendes Element die alters-
und geschlechtsspezifischen Gruppen. Eine „anständige" Kirche ohne

---

319 Vgl. Baumann 1995. Baumann 2009. Auch die 15. Shell-Jugendstudie weist
darauf hin, dass Verbindlichkeit und Treue hohe ethische Werte unter jungen Leuten in Deutschland sind. In: Hurrelmann; Albert 2006.

320 Vgl. Kreider 2004.

321 A. Hirsch verwendet diesen Begriff, um die missionale Koinonia zu beschreiben (Hirsch 2011: 289–323).

Kinder- oder Jugendgruppe, ohne Seniorengruppe ist doch geradezu undenkbar.

Leider haben wir nur wenige generations- und milieuübergreifende Gemeinschaftsformen. Die Integration von Menschen aus unterschiedlichem Migrationshintergrund gelingt nur selten richtig gut. Eine zunehmende Anzahl von Migranten hat sich in den letzten Jahren in Gemeinden mit eigenen Gemeindekulturen zusammengeschlossen. Julia Duin weist in ihren Studien über die Begründung von Austritten aus den evangelikalen Gemeinden in den USA nach, dass auch eine große Anzahl von Singles und Alleinerziehenden in den Kirchen nicht den Gemeinschaftsraum finden können.[322] Gerade die abendlichen Hauskreise sind für Einelternfamilien mit kleinen Kindern zumeist nicht lebbar.

In der Gesellschaft finden wir einen ständig steigenden Prozentsatz von Frauen, Männern, Kindern und Jugendlichen, die nicht in einer so genannten intakten heilen Familie leben können. Die Zahl der Menschen, die das Scheitern ihrer Ehe erleben mussten, ist nach wie vor dramatisch ansteigend. Eine zunehmende Anzahl von Menschen hat Nöte, ihre sexuelle Orientierung angesichts der Gender-Diskussion noch auszumachen. Eine Gemeinde, die sich in ihrer Gemeinschaftsbildung vorrangig an der klassischen heilen, christlichen Familie orientiert, wird in der Postmoderne nur sehr eingeschränkte missionarische Möglichkeiten haben. Auch der wöchentliche Rhythmus von Treffen ist angesichts der mobilen Gesellschaft, die mit immer mehr Unregelmäßigkeiten zurechtkommen muss, neu zu bedenken. Eine zunehmende Anzahl von berufstätigen Frauen und Männern hat keine regelmäßig einplanbaren berufsfreien Zeiten. Die Anzahl derer, die wochentags an einem anderen Ort leben und arbeiten und nur am Wochenende bei Familie und Gemeinde sind, nimmt zu.

Wie können in diesen postmodernen Lebensstrukturen verbindliche Gemeinschaften entstehen? Sicher gibt es hier keine Patentlösungen. Ich spreche mich aber dafür aus, dass neben dem guten Gruppensystem und Hauskreisangeboten auch ergänzende Gemeinschaftsformen

---

322   Duin, Julia: The Loneliest Number. Singles over Thirty-five are saying Good-bye. In: Duin 2008: 83–100.

gefördert und entwickelt werden müssen. Hierzu könnten Zweier- und Dreierschaften gehören, jeweils zwei bis drei Menschen, die einander mit einem hohen Maß an Verbindlichkeit für eine gewisse Zeit ihres Lebens begleiten und fördern. Auch die Weiterentwicklung von generations-übergreifenden Partnerschaften, die auch als Mentorenschaft gestaltet werden können, hat m. E. eine Zukunft. Das Zusammenleben in kommunitären Verbänden oder im Rahmen eines Mehrgenerationenhauses kann weitere Aspekte der Gemeinschaft eröffnen.

Zudem müssen wir erkennen, dass im Zeitalter von Internet und neuen Medien Gemeinschaft auch anders erlebt werden kann, als sich das unsere Eltern noch vorstellen konnten. Ein Internet-Chat-Raum ist für viele junge Leute eine intensivere Gemeinschaftserfahrung, als mit einigen Menschen in Stuhlreihen zu sitzen und dabei auf die Meinung eines einzelnen Menschen zu hören. Unser Gemeinschaftswert wird zunehmend bestimmt werden von der Kompetenz einer Gemeinde, zu teilen und die Wohnungen und Häuser füreinander zu öffnen.

Ein Schlüsselwort für die Gemeinschaftsbildung ist nach wie vor „Gastfreundschaft". Dabei wird es nicht nur darum gehen, hier und da Essenseinladungen auszusprechen und einen netten Abend mit Gästen zu verbringen, sondern auch Wohn- und Lebensraum, Essen und Trinken für eine längere Zeit miteinander zu teilen. Angesichts wachsender Armut in unseren Städten wird dieser Art von Gastfreundschaft eine zunehmende Bedeutung zuwachsen. Schließlich werden wir uns wohl darauf einzustellen haben, dass es nicht mehr die klassische freie Zeit der gesamten Bevölkerung bzw. der Gemeinde gibt. Die Tagesarbeitszeit wird in der postmodernen Gesellschaft 24 Stunden am Tag sein und die Tagesfreizeit wird ebenso 24 Stunden am Tag sein. Auch die Ekklesia muss zu einem neuen Lebensrhythmus finden, in dem sie verpflichtende Zeitpläne weitgehend durch dynamische Zeitpläne ersetzt. Immer mehr Menschen werden nicht mehr nur einen Job haben, sondern parallel zwei oder drei Arbeitsverhältnisse wahrnehmen müssen, um ihren Lebensunterhalt zu bestreiten. Das bedeutet, dass wir z. B. nicht einfach davon ausgehen können, dass die Wochenenden für alle frei sind oder die Abende selbstverständlich gut für besondere Veranstaltungen geeignet sind. Warum nicht auch zunehmend Gemeinschaftsangebote am frühen Morgen, am Nachmittag oder auch in der Nacht entwickeln?

All diese Überlegungen zeigen an, dass die vorfindliche Gestalt der Koinonia der Gemeinde Jesu in einem starken Umbruch steht. Diese Erschütterungen von traditionell tragenden Gemeinschaftsformen können jedoch dazu beitragen, dass Koinonia neu „nachbuchstabiert" wird.[323] Der Geist Gottes legt durch seine Gegenwart jeder Generation ihr eigenes Gepräge von Gemeinschaft ins Herz. Was jedoch von Bestand ist, ist diese Gemeinschaft des Geistes (2Kor 13,13). Sie kann in einer postmodernen Gesellschaft geradezu vorbildlich sein. Sie verbindet Freiheit und Sicherheit in einer immer unfreier und unsicherer werdenden Welt.[324]

c. Martyria – Das evangelistische Zeugnis

Das Zeugnis der Apostel und der ersten Christen war offenbar von einer starken pneumatischen Präsenz geprägt. Es wirkte attraktiv und einladend. Die ersten Christen „waren im ganzen Volk geachtet und anerkannt. Die Gemeinde wuchs mit jedem Tag, weil Gott viele Menschen rettete" (Apg 2,46f). Das konsequente Zeugnis hatte jedoch auch schon früh seinen Preis, wie die Rede und das Martyrium von Stephanus zeigen (Apg 7). Der missiologische Grundvollzug der Kirche ereignet sich dort, wo die Botschaft vom Kreuz, von der Auferstehung und Wiederkunft Jesu bezeugt und verkündigt wird. Die Martyria-Vollmacht wird biblisch in doppelter Hinsicht belegt: Zum einen gab es das vollmächtige verbale Zeugnis, zum anderen die vom Geist Gottes gewirkte Erfahrung der mitfolgenden Zeichen und Wunder. Die Predigt war nicht aufgrund einer überführenden Redekunst und Weisheit überzeugend, sondern durch die Kraft, die *Exousia*, die darin zum Ausdruck kam. Es waren nicht die beherrschten zeitgemäßen, kulturrelevanten Themen, die im

---

323 Vgl. Stockmann 2003.

324 Siehe hierzu: Moltmann, Jürgen: Kontrolle ist gut – Vertrauen ist besser. Freiheit und Sicherheit in der „freien Welt". In: Moltmann 2010: 231–240. Diese Ausführungen Moltmanns wirken geradezu wie eine christliche Antwort auf die von Z. Baumann geforderte neue Qualität der Gemeinschaft in der Postmoderne.

Kern des evangelistischen Zeugnisses standen, sondern das Wort vom Kreuz (vgl. 1Kor1,18).

Paulus bezeugt: „Ich wollte von nichts anderem sprechen als von Jesus Christus und seinem Tod am Kreuz. Dabei war ich schwach und elend und zitterte vor Angst. Was ich euch sagte und predigte, geschah nicht mit ausgeklügelter Überredungskunst, durch mich sprach Gottes Geist und wirkte seine Kraft. Denn euer Glaube sollte sich nicht auf Menschenweisheit gründen, sondern auf Gottes rettende Kraft" (1Kor 2,2–5).

„Kommen heute Menschen anders zum Glauben an Jesus Christus als früher?" Mit dieser Frage überraschte mich vor einiger Zeit Gordon MacDonald, einer der bekanntesten evangelikalen Autoren der Gegenwart. Ein interessantes Gespräch über postmodern geprägte Zeitgenossen und ungewöhnliche Wege der Evangelisation schloss sich an. In dem Artikel „Gedanken zur Theologie in der Postmoderne" zeigt der Schweizer Theologe Mike Bischoff einige Akzente auf, die auch für die Evangelisation ihre Bedeutung haben. Treffend skizziert er die anders gestellte Frage nach Wahrheit:

> „Der Mensch ist subjektiv gebunden an Vorstellungen und Prägungen seiner Umwelt und kann darum keinen Metastandpunkt einnehmen, der ihm gestatten würde, eine absolute Wahrheit zu erkennen [...] Denn wer absolute Werte vertritt, ist gefährlich und treibt geistigen Imperialismus, der alle anderen Meinungen unterdrückt. Alle Religionen sind Versuche, dieser Wahrheit näher zu kommen [...] Deshalb ist ,Toleranz' das postmoderne Schlagwort im Umgang mit der Sache ,Religion"".[325]

Wahrheit wird immer in ihrer Beziehung gesehen. Für das von der Aufklärung geprägte theologische Denken in klaren Systemen, in Kategorien wie „richtig" und „falsch", scheint das wie eine Zumutung oder ein Angriff auf die Autorität der Heiligen Schrift zu klingen. Und dennoch liegt auch gerade hier die große Chance des Evangeliums von Christus.

---

325 Bischoff, Mike: Gedanken zur Theologie der Postmoderne. In: Faix; Weißenborn 2007: 112.

Jesus Christus selbst stellt sich mit den Worten vor: „Ich bin der Weg, die Wahrheit und das Leben" (Joh 14,6).

Wahrheit ist nicht wie ein Denksystem zu bewerten, sondern wie eine Person, der man begegnen muss, damit sie sich erschließen kann. Evangelistische Verkündigung in der Postmoderne wird dementsprechend auch stärker die ganze Person des Adressaten der Botschaft vor Augen haben. Das Evangelium kann nicht allein argumentativ, durchdrungen von modern geprägter Logik und Kausalität, vermittelt werden. Es geht um eine Begegnung mit der Wahrheit, die eine Person ist, um eine ganzheitliche Begegnung mit Jesus Christus. Es geht weniger darum, dass eine Person von dieser Wahrheit im Sinne intellektuellen Verstehens überzeugt wird oder sie diese Wahrheit als solche begreift, sondern dass ein Mensch von eben dieser Wahrheit ergriffen und schließlich selbst ein Zeuge derselben wird. Das wiederum ist ein pneumatisches Geschehen.

Was würde sich aber nun konkret in der Art der Evangelisation ändern? Wir haben zu bedenken, dass die Vermittlung dieser Wahrheit durch Geschichten, eben durch Zeugen geschieht. Das persönliche authentische Zeugnis der Christuserfahrung sollte deshalb gefördert werden. Christen müssen es neu lernen, ihre Geschichte mit dem Gekreuzigten und Auferstandenen zu erzählen und dabei auch auf das im Evangelium gegebene Deuteparadigma von Kreuz und Auferstehung hinzuweisen. Die persönliche Evangelisation wird demnach einen zunehmend hohen Stellenwert erhalten. In diesem Zusammenhang ist auch die Freundschaft zwischen Christen und Nichtchristen von Bedeutung.[326]

Neben dem verbalen Zeugnis wirkt die nonverbale Erfahrung der Kraft Gottes überführend und hinführend zum Gekreuzigten und Auferstandenen. Dabei geht es u. a. um Befreiung von dämonisierten Menschen, um Heilungen, bis hin zu Totenauferweckungen. Etwa ein Drittel aller Evangelientexte berichten von Heilungen durch Jesus Christus. Sie sind Zeichen des angebrochenen Reiches Gottes. Eine Zählung der

---

326   Ich verweise auf die Ausführungen J. Moltmanns zum Thema Freundschaft, die er in den Zusammenhang einer vom Geist Gottes gewirkten Koinonia stellt. In: Moltmann 1991: 267 ff.

berichteten Heilungen in den Evangelien ergibt – nach Abzug der Parallelberichte – die Zahl von 41.[327] Davon sind 27 Einzelheilungen und 14 summarische Erwähnungen. Dämonenaustreibungen werden in 7 Einzelfällen und 5 Summarien genannt. Nur 12 von 41 Heilungsberichten stehen im Zusammenhang mit einer Dämonisierung.[328] In der Apostelgeschichte lesen wir von 18 Heilungen, die als wichtiges Merkmal des Wirkens Jesu gedeutet werden (Apg 10,38).

Heilungen und Befreiungen können als die „Missionsaktiva" (Helge K. Nielsen) bezeichnet werden. J. Moltmann schreibt: „Die Heilung der Kranken ist neben der Verkündigung des Evangeliums das wichtigste Zeugnis Jesu vom anbrechenden Reich Gottes. Es ist nach Mt 10,8 auch Auftrag der Jünger Jesu und darum auch wesentlicher Bestandteil des Apostolats der Kirche."[329] M. Welker stellt fest: „Übereinstimmend berichten die Evangelien, dass Jesus von Nazareth nicht nur das Reich Gottes verkündigt, sondern auch Menschen geheilt und Dämonen ausgetrieben hat. Diese Vollmacht wird auf die Jünger Jesu übertragen und soll Menschen zuteilwerden, die zum Glauben kommen."[330] Ebenso konstatiert der reformierte Theologe Wolfgang J. Bittner, dass Krankenheilung zu den Grundfunktionen des Auftrags Jesu gehört.[331]

Es macht schon nachdenklich, dass Evangelisation zu einer Großveranstaltung verkümmern kann, in der ein einzelner Prediger das Evangelium verkündigt, geradezu in einem rauschenden verbalen Appell an den Verstand der Zuhörer, doch endlich eine Entscheidung für Jesus zu fällen, damit sie Anteil am neuen Leben in Christus bekommen. Die menschliche Entscheidung kann ja immer nur ein Echo auf die Ansprache und die von Sünde überführende Kraft des Heiligen Geistes sein. In den meisten veranstaltungsorientierten Evangelisationen gibt es jedoch

---

327 Vgl. Scharfenberg 2005: 383–403.

328 Diese Feststellung verbietet zum einen, Heilungen prinzipiell *nicht* in einem Zusammenhang mit Befreiung zu sehen, zum anderen, sie *überwiegend* als Befreiungen zu deuten.

329 Moltmann 1991: 202.

330 Welker 1995: 185.

331 Vgl. Bittner 2007.

auch jenen verbalen Überhang, der zudem leider nur selten von der Exousia apostolischer Zeiten geprägt ist. Meinen wir ernstlich, wir könnten heute auf die „mitfolgenden Zeichen" verzichten, die den Christuszeugen folgen werden (Mk 16,16–18)?[332]

Für einen postmodern geprägten Menschen ist nicht „wahr", was er denken kann, sondern was er erfahren kann. Das, was für einen von der Aufklärung geprägten Denker der Moderne noch als unglaubliches Wunder angesehen oder auch abgelehnt wird, ist für einen postmodernen Zeitgenossen weniger ein Problem. Er rechnet mit der Erfahrung spiritueller Wirklichkeit, die sich für sein gegenwärtiges Denken nur schwerlich erschließen lässt. In diesem Zusammenhang werden m. E. auch die Geistesgaben eine wichtige Rolle bei der Martyria der Gemeinde Jesu Christi spielen. Bei den charismatischen Wirkungen geht es vielfach um Phänomene, die nach den Maßstäben moderner Wissenschaftstheorien nur als Unfug oder anthropologische Sonderheit zuzuordnen sind. Heilungen, Dämonenaustreibungen, Kraftwirkungen, das Reden in Sprachen (Glossolalie) – gerade diese Phänomene werden jedoch als die „mitfolgenden Zeichen" denen verheißen, die das Evangelium von Jesus Christus weitergeben und die an ihn glauben.

Ich gehe davon aus, dass der Einsatz von allen im NT bezeugten Charismen gerade im missionalen Grundvollzug der Martyria in der Postmoderne eine zunehmende Bedeutung haben wird. Wenn wir nur intellektuelle Überzeugungsreden oder einladende Gemeinschaftsangebote haben, aber ansonsten im Bereich der Kraftwirkungen, der Dynamis des Geistes, wie Analphabeten dastehen, wird Martyria zu einer menschlichen Anstrengung, die nur wenig Frucht bringt.

---

332   E. Käsemann weist auf das Herausfordernde des neutestamentlichen Zeugnisses über Heilungen und Dämonenbefreiungen hin, das sich nicht mit den Maßstäben heutiger Wissenschaftlichkeit verdrängen lässt. Vgl. Käsemann, Ernst: Die Heilung der Besessenen. In Käsemann 1982: 189f. Siehe auch: Rust 2007.

d. Diakonia – Der Dienst am Nächsten

Zu den nonverbalen Missionsaktiva gehören nicht nur die angedeuteten Zeichen und Wunder, sondern vor allen Dingen auch die von der Liebe Gottes geprägten Taten der Nächstenliebe. In einem viel beachteten Referat geht der baptistische Neutestamentler André Heinze im November 2008 auf die Fragestellung ein, welche urchristlichen Impulse wir für unsere heutige Praxis der Evangelisation wahrnehmen können. Dabei betont er einen weiteren Akzent, der angesichts der starken Beziehungsorientierung in der Postmoderne bedeutsam ist: Es geht um die enge Verknüpfung von evangelistischem und diakonischem Handeln.

„Wenn wir in unseren Gemeinden über Evangelisation und Mission nachdenken, dann ist der Blick auf die Not der Menschen um uns herum das Erste und Wichtigste und mit diesem Blick die Frage verbunden: Was können wir ihnen Gutes tun? Hierzu gehört die Nähe zu den Menschen. Die Tageszeitung wird zur missionarischen Lektüre, der Besuch in der Kneipe zum Raum des Hörens, die Mitarbeit in der Elternvertretung zur missionarischen Aktion – ohne dass überhaupt vom Glauben gesprochen werden muss [...] Die Not der Menschen wird unsere Not, die wir mit unseren Mitteln versuchen zu lindern, und wir müssen vielleicht viel Phantasie entwickeln, um dieses zu können. Wir werden die Position des Belehrenden aufgeben und zu solchen werden, die mitleben und die dann gemeinsam mit diesen Menschen vielleicht lange Wege gehen. Wir werden unter ihnen leben, so wie es Jesus getan hat und so wie ich es bei den frühen Christen auch sehe. Dann wird unsere evangelistische Predigt eine Grundlage in unserem Leben haben und hierdurch glaubhaft.“ [333]

Ähnlich wie die Evangelisation hatte auch die Diakonie in den Anfängen vieler freikirchlicher Denominationen ihren festen Stellenwert. Darauf weist die Diakoniewissenschaftlerin Astrid Giebel in ihrer 2000 veröffentlichten Dissertation über die Ursprünge der Diakonie im deutschen Baptismus hin.[334] Heute finden wir größere diakonische Einrichtungen,

---

333   Heinze, André: Urchristliche Impulse für unsere Evangelisation heute. Zitiert nach: Rust 2010: 49.

334   Giebel 2000.

die sich zum Teil in den Verbänden der Caritas oder des Diakonischen Werkes zusammengeschlossen haben. Daneben entwickelt sich zunehmend eine „gemeindenahe Diakonie". Sie beinhaltet sowohl den Dienst an Bedürftigen in der eigenen Kirchengemeinde als auch den Dienst an hilfsbedürftigen Menschen außerhalb der Gemeinde.

Wurde in früheren Jahren in vielen evangelikalen Kirchen Evangelisation mit Mission gleichgesetzt, so hat sich in den letzten Jahren ein umfassenderes Missionsverständnis entwickelt, welches Evangelisation und Diakonie als Ausdruck der umfassenden Missio Dei sieht. Zu diesem neuen Ansatz diakonischer Arbeit haben sowohl die Weltmissionskonferenzen des ÖRK als auch die Abschlusserklärung des Weltkongresses für Evangelisation in Lausanne (1974) beigetragen. Im Artikel 5 der *Lausanner Verpflichtung* heißt es:

> *„Wir bekräftigen, dass Gott zugleich Schöpfer und Richter aller Menschen ist. Wir müssen deshalb Seine Sorge um Gerechtigkeit und Versöhnung in der ganzen menschlichen Gesellschaft teilen. Sie zielt auf die Befreiung der Menschen von jeder Art von Unterdrückung. Da die Menschen nach dem Ebenbild Gottes geschaffen sind, besitzt jedermann, ungeachtet seiner Rasse, Religion, Farbe, Kultur, Klasse, seines Geschlechts oder Alters, eine angeborene Würde. Darum soll er nicht ausgebeutet, sondern anerkannt und gefördert werden. Wir tun Buße für dieses unser Versäumnis und dafür, dass wir manchmal Evangelisation und soziale Verantwortung als sich gegenseitig ausschließend angesehen haben. Versöhnung zwischen Menschen ist nicht gleichzeitig Versöhnung mit Gott, soziale Aktion ist nicht Evangelisation, politische Befreiung ist nicht Heil. Dennoch bekräftigen wir, dass Evangelisation und soziale wie politische Betätigung gleichermaßen zu unserer Pflicht als Christen gehören. Denn beide sind notwendige Ausdrucksformen unserer Lehre von Gott und dem Menschen, unserer Liebe zum Nächsten und unserem Gehorsam gegenüber Jesus Christus. Die Botschaft des Heils schließt eine Botschaft des Gerichts über jede Form der Entfremdung, Unterdrückung und Diskriminierung ein. Wir sollen uns nicht scheuen, Bosheit und Unrecht anzuprangern, wo immer sie existieren. Wenn Menschen Christus annehmen, kommen sie durch Wiedergeburt in Sein Reich. Sie müssen versuchen, Seine Gerechtigkeit nicht nur darzustellen, sondern sie inmitten einer ungerechten Welt auch auszubreiten. Das Heil, das*

wir für uns beanspruchen, soll uns in unserer gesamten persönlichen und sozialen Verantwortung verändern. Glaube ohne Werke ist tot."[335]

Es ist sehr begrüßenswert, dass gerade in den letzten Jahren besonders in den freikirchlichen Denominationen in Deutschland das Bewusstsein für die Notwendigkeit diakonischen Handelns gewachsen ist und auch gefördert wird. Eine Gemeinde, die den Menschen nicht mehr dient, verliert ihre Kraft und Vollmacht. „Wer bei Gott eintaucht, taucht bei den Armen wieder auf" (Paul Zulehner). Das haben ganz offenbar viele Gemeinden in Zukunft noch stärker in den Blick zu nehmen. Hier können wir unendlich viel voneinander lernen.

Was haben die Menschen in einem Ort davon, dass es dort eine Gemeinde gibt? Was würden sie vermissen, wenn es diese Gemeinde nicht mehr gäbe? Wie dienen wir den Armen in unserem Ort? Sind wir noch bei denen, die bedürftig sind? Die Mission Gottes hat immer diese beiden Beine: Die Evangelisation und die Diakonie. Beides gehört zusammen und nur so werden wir auch die Menschen in unserer Zeit mit dem Evangelium erreichen. Wie gehen wir etwa auf die unzähligen Menschen zu, die in Patchwork-Familien leben? Wie dienen wir Menschen, die in ihrer sexuellen Disposition zerbrochen sind? Wie dienen wir den Alten und den Kindern? Wie dienen wir denen, die keine Arbeit haben? Wie dienen wir den Flüchtlingen, den Migranten und denen, die in den Systemen unserer westlichen Informationsgesellschaft zerrieben werden? Da reicht es sicher nicht, zu meinen, wir könnten durch eine Einladung zum Gottesdienst den Dienst schon für beendet erklären.

Die Braunschweiger Friedenskirche hat in den letzten Jahren eine starke diakonische Entwicklung gehabt. Es gab zwar immer schon einige diakonische Aktivitäten, die zum Teil jedoch lediglich die gemeinde-interne Diakonie voran brachte (z. B. Besuchskreis für Kranke). Erst nach und nach kamen andere Einrichtungen dazu, die auch die Bedürfnisse der Bevölkerung stärker im Blick hatten (Beratungsstellen, Sportverein, eine Arbeit unter Gefangenen in der Justizvollzugsanstalt, „Neues Land" –eine christliche therapeutische Arbeit unter drogenabhängigen

---

335   Siehe hierzu die erläuternden Ausführungen von J. Stott in: Stott 1975.

Menschen oder auch eine Musikschule). Schließlich nahmen wir einen Dienst im Auffanglager für Flüchtlinge in unserer Stadt auf und begannen mit der Refugee-Arbeit. Wir kooperierten mit den Seniorenheimen im Umfeld unserer Kirche und starteten einen ambulanten Besuchsdienst, eine Hausaufgabenhilfe für Schüler, eine Schuldnerberatung u. v. a. m. Immer mehr Menschen unserer Kirche sahen ihre Begabungen im diakonischen Bereich und fanden in den vielfältigen Projekten eine Möglichkeit, missional-diakonisch aktiv zu sein. Wir gründeten schließlich den Verein „Netzwerk Nächstenliebe", der all diese verschiedenen diakonischen Aktivitäten bündelte und auch die Zusammenarbeit mit anderen sozialen Einrichtungen der Region suchte.[336] Zurzeit bauen wir ein großes sozial-diakonisches Zentrum, in dem ein Familienzentrum, eine Kinderkrippe, ein Tagescafé, verschiedene Beratungsstellen und auch ein Musikkolleg und eine offene Erwachsenenbildungsarbeit angeboten werden können. Es ist eine Freude zu sehen, wie immer mehr Menschen in der praktizierten Nächstenliebe einen Hinweis auf die Gottesliebe erkennen.

Nun könnte man den Eindruck haben, dass all diese Aktivitäten ebenso auch von Menschen getan werden könnten, die sich nicht von der Liebe Gottes inspirieren lassen, sondern die sich aus humanistischen oder anderen Beweggründen für das Wohl anderer Mitmenschen stark machen. Genau dieser Eindruck trifft auch zu. Nächstenliebe ist nicht das Alleinstellungsmerkmal der Christen. Und dennoch gibt es da einen Unterschied, nicht nur in der Motivation, sondern auch in der Art und Weise und im Bewusstsein, wie Diakonie stattfindet.

Ich frage danach, wie stark die Diakonie eigentlich vom Geist Jesu geprägt ist. Diese Frage stellt sich auch angesichts einer zunehmend institutionalisierten Diakonie in den Kirchen. Die meisten Diakoniewerke haben in ihren Leitbildern einen erfreulich klaren Bezug zum christlichen Glauben. Hier hat die spirituelle Dimension der Diakonie ihren Platz behalten. Umso bedenklicher ist es, wenn es in letzter Zeit immer häufiger negative Schlagzeilen gibt. Wir hören von sexuellem Miss-

---

336 Vgl. hierzu die Ausführungen von A. Hirsch „Sinnzusammenhangs-Netze schaffen" in: Hirsch 2011: 223–225.

brauch oder Veruntreuung von Spendengeldern. Der einst so glänzende Vorzeigewagen der Kirchen, die Diakonie bzw. die Caritas, bekommt immer mehr Schrammen. Da helfen auch keine kleineren Reparaturmaßnahmen, sondern eine umfassende Neubesinnung und Reform in der Diakonie ist vonnöten.[337]

Durch gesetzliche Vorgaben, die Zusammenlegung von Einrichtungen und den immer stärker werdenden Kosten- und Leistungsdruck in den karitativen Einrichtungen bleibt kaum noch Zeit für die Patienten und Hilfesuchenden. Regiert hier Mammon oder der Geist Jesu? Die Verantwortlichen ringen ernsthaft um neue überzeugende diakonisch-christliche Konzepte in den Einrichtungen, die sich immer mehr zu einem professionellen Sozialunternehmen entwickeln müssen. Der Druck steigt mit der zunehmenden Pflegebedürftigkeit einer immer älter werdenden Bevölkerung. In „christlichen Häusern" fehlt es vielfach an christlichem Personal. Fachkompetenz wird eingefordert, die religiöse Ausrichtung ist der fachlichen Kompetenz vielfach aus Personalmangel nachgeordnet.

Es hat den Anschein, dass das Miteinander von Spiritualität und Diakonie in den Leitbildern zwar noch klar definiert und gewünscht wird, allein die Leute und die Zeit für die Umsetzung dieser Ziele fehlen immer häufiger. Umso mehr ist es zu würdigen, wenn große diakonische Einrichtungen neu ihre Akzente für eine klare christliche Ausrichtung setzen. Die Aussagen von in der Diakonie tätigen Menschen mögen zwar die starre Fassade einer tragenden Definition in Sachen Diakonie bejahen, allein jedoch die Schönheit und der Reiz in dieser Wahrheit zu leben, das Haus der Diakonie auch wirklich zu betreten und im Geist Jesu gestalten zu können, lassen nach. Diakonie wird vielfach nur noch zu einem ernsten und schweißtreibenden Dienst. Da geht es um Zahlen, um Fakten und um Probleme – aber kaum noch um die Tränen des Mitleides und der Liebe! Da muss die Nächstenliebe in den Abrechnungs- und Kostenrahmen eingepasst werden, alles andere scheint von Übel zu sein!

---

337   Gute Impulse hierzu gibt K. D. Hildemann in: Hildemann 2008.

Schon wird der Ruf nach neuen Modellen diakonischen Handels laut, die Kirchen entdecken die gemeindenahe Diakonie. Was aber macht Diakonie zur Diakonie? Es ist doch wohl die Tatsache, dass hier Menschen vom Geist Jesu Christi erfüllt sind, die in seinem Namen, in seinem Auftrag und in seiner Gesinnung einen Dienst tun. Es handelt sich also um ein pneumatisches Geschehen. Dieses schärft in dem diakonisch Handelnden auch das missionale Bewusstsein, dass alle Nächstenliebe „im Namen Jesu" geschieht. In der klassischen Sichtweise der Diakonie sind da die Starken, Begabten, Reichen, Gesunden, Erwachsenen, Wissenden die von Gott Beauftragten. Sie dienen den weniger Starken, Schwachen, Kranken, weniger Begabten, den Armen und Unwissenden, den Kindern und Schutzlosen. Wie sollte es denn auch anders sein? Das sollte ja nicht nur ein Sozialparadigma für das Reich Gottes sein, sondern auch für das Zusammenleben auf diesem immer enger werdenden Globus. Wir sehen, dass da Menschen um uns sind, dass sich uns ganze Schöpfungszusammenhänge auftun, die von Schwachheit, ja von Tod und Zerbruch gekennzeichnet sind. Das Seufzen der Schöpfung ist laut geworden.

Hier ist nicht nur an den pflegerischen, seelsorgerlichen oder den politischen Auftrag zu denken, sondern auch an die bildende und auch kulturschaffende Dimension der Diakonie. „In der zerrissenen Welt von heute kann dieses soziale und diakonische Engagement nicht mehr nur karitativ bleiben, sondern es beinhaltet auch ein gesellschaftspolitisches Engagement für gerechtere Strukturen und Beziehungen."[338] Immer aber sind es an dieser Seite des Handlungskorridores der Diakonie die Starken, die den Schwachen im Namen Jesu helfen. Gott hat eben eine Schwäche für die Schwachen!

Wir finden im Zeugnis des Evangeliums aber auch den anderen Horizont des diakonischen Handelns. Da identifiziert sich der Lebendige und Barmherzige eben nicht allein und in erster Linie mit dem Starken und Helfenden, sondern mit dem Schwachen und Hilfsbedürftigen. Gott wohnt bei denen, die im „Stall dieser Welt" gelandet sind. Dort begegnet er uns auch. Aus den Augen der Kinder, der Waisen schaut er uns an; mit

---

338   Senn 2009: 299.

den Worten der Unwissenden lehrt er uns; mit der Schwäche des Kranken heilt er unsere Oberflächlichkeit; mit dem Licht der Armut stellt er unseren Reichtum in den Schatten. Die Beschenkten sind wir. Die Empfangenden sind wir. Wer dient hier wem? Wer Gott begegnen will – und das ist ja wohl der Kern aller Spiritualität –, der sollte ihn immer auch bei den Schwachen suchen. Wir treffen hier auf die gekreuzigte Logik des Auferstandenen, auf die Logik der Kenosis des trinitarischen Gottes. Viele würden die Nächstenliebe als das Kennzeichen christlicher Diakonie sehen. Ohne Liebe kann ich nicht wirklich im Sinne Jesu dienen. So mancher meint sogar, man könne Gott überhaupt nicht losgelöst von der Nächstenliebe lieben. So gewiss diese beiden Dimensionen der Liebe gerade in der Diakonie zusammen gehören, umso deutlicher sollten sie auch voneinander unterschieden werden.[339]

Man kann offensichtlich sein ganzes Leben verzehren, aber wenn es ohne diese Liebe Gottes geschieht, so ist es ein wertloses Geschehen (vgl. 1Kor 13). Während seines ganzen Lebens betrachtet Jesus seine Verbundenheit mit dem Vater als Mitte seines Dienstes. Alles, was er sagt und tut, tut er im Namen des Vaters. Er kommt vom Vater und geht zum Vater zurück. Es liegt auf der Hand, dass Jesus diese Verbundenheit, diese Liebe zum Vater nicht aufrechterhält als Mittel zum Zweck, sozusagen, um seine Aufgaben zu erfüllen. Im Gegenteil: Seine Verbundenheit mit dem Vater ist der Kern seines Dienstes. Das Gebet, Tage des Alleinseins mit Gott oder Augenblicke der Stille sollten daher niemals als heilsame Kunstgriffe gesehen werden, um Energie für unseren Dienst zu sammeln. Nein, dies alles ist schon Dienst. Gerade in der Nähe zu Gott entwickeln wir eine größere Nähe zu den Menschen und gerade in der Stille und Einsamkeit des Gebetes berühren wir wirklich das Herz des menschlichen Leidens, dem wir dienen wollen. Das Gebet als Ausdruck unserer Liebe zu Gott ist die Grundlage für unsere Nächstenliebe; es ist die Grundlage für christliche Diakonie. Die Gottesliebe erschöpft sich eben nicht allein darin, dass wir unseren Nächsten lieben wie uns

---

339 Vgl. Moltmann, Jürgen: Nächstenliebe und Selbstliebe in der Gottesliebe. In: Moltmann 1991: 261–263.

selbst. Die Gottesliebe steht am Anfang aller vom Geist Gottes gewirkten Nächstenliebe und Selbstliebe.

Wie hoch mag der Anteil der von Burnout bedrohten Mitarbeiter in der Diakonie sein? Wir wissen, dass Menschen, die in helfenden Berufen tätig sind, hiervon besonders oft bedroht werden.[340] Die Not nimmt ja kein Ende, sie nimmt eher noch zu. Und wenn jemand dann aus seinem Dienst auch noch seinen Selbstwert, seine Anerkennung bezieht, dann liegt es auf der Hand, dass hier Grenzen überschritten werden. Nun sollen wir zwar mit ganzer Leidenschaft Christus dienen, aber eben nicht allein aus unserer eigenen Kraft und schon gar nicht allein aus dem Motiv heraus, es uns oder anderen hier beweisen zu müssen. Wir haben alle unsere Grenzen und Schwächen. Die Kraft Gottes kann sich nicht nur in unseren Stärken zeigen, sondern besonders auch in unseren Schwachheiten, in unserem Angefochtensein. Wir haben es hier offenbar mit einer Kraft zu tun, die sich aus anderen Quellen speist, nämlich aus den himmlischen Quellen.

Vielen von uns ist sicher bewusst, dass wir in der Mission, in der Evangelisation ohne die Kraft des Heiligen Geistes nicht zurechtkommen. Dann mutiert unsere Mission zu einer kräfteverzehrenden Eventkultur, die jedoch wenig ausrichtet. Das Gleiche gilt für die Diakonie. Von unserer ganzen Existenz sollen Lebensenergien fließen, soll Jesuanisches, Himmlisches ausgehen. Die Diakonie ist geprägt durch das Tun und Sein und weniger durch das Reden. Ein christlicher Arzt, eine christliche Altenpflegerin oder auch jemand, der ein gutes Fachreferat bei einer Schulung weitergibt, kann ja dabei nicht ständig von Jesus reden. Aber Jesus sollte immer aufspürbar sein (vgl. Joh 7,38). Es kann doch nicht die Frage sein, wie viel Heiligen Geist wir in unserem Leben zulassen, wie viel Heiligen Geist wir in einer christlichen diakonischen Einrichtung zulassen! Der Geist rüstet uns mit geistlichen Gaben aus. Wir sind es gewohnt, die sog. natürlichen Gaben, die wir schon durch unsere Eltern mitbekommen haben, zu sichten und zum Einsatz kommen zu lassen. Das gleiche gilt aber auch für die Charismen. Zuweilen könnte der Eindruck entstanden sein, die Geistesgaben seien sozusa-

---

340   Siehe: Driller 2008.

gen nur für den missionalen Grundvollzug der Leiturgia oder auch der Martyria oder für den gemeindeinternen Gebrauch gegeben. Das ist eine absolute Verkürzung des Einsatzes der Geistesgaben! Ich habe mir oft vorgestellt, wie es wohl wäre, wenn alle Geistesgaben auch in den unterschiedlichen Berufen und Diensten, eben auch in der Diakonie, zum Einsatz kämen. Hier würden Spiritualität und Diakonie eng miteinander korrespondieren. Wir brauchen mehr von Jesus, mehr von seinem Geist in der Diakonie, wenn wir die pneumatologische Dimension der Diakonie stärken wollen; aber nur so werden wir auch neue Horizonte für die Zukunft haben.

e. Didaskalia – Die Lehre und die Jüngerschaft

Zu einem gesunden missionalen Gemeindeaufbau zählt auch der Grundwert der Lehre und Jüngerschaft. In den meisten Kirchen und Gemeinden hat es auch hier in den letzten Jahren einige Umbrüche gegeben. In den evangelischen Landeskirchen werden Glaubenskurse empfohlen. In den freikirchlichen Gemeinden gab es lange Zeit neben den oft auch lehrmäßig ausgerichteten Predigten am Sonntag zusätzlich die wöchentlich stattfindende Bibelstunde. Hier traf man sich, las gemeinsam in der Bibel, hörte eine Auslegung zu dem Text und kam miteinander darüber ins Gespräch. Als zunehmend Hauskreise in den freikirchlichen Gemeinden entstanden, verlagerte sich dieses Bibelgespräch in die kleineren Hausgruppen. Der Versuch, eine Gemeindebibelschule nach dem Vorbild amerikanischer *Sunday-Schools* einzuführen, wurde anfänglich gut aufgenommen, hat sich jedoch nicht durchsetzen können.[341] Ein Großteil freikirchlicher Gemeinden führt nun – im Sinne eines zeitlichen Kompromisses – jeweils im Wechsel eine wöchentliche Bibelstunde für alle und einen Hauskreisabend durch. Aber auch hier bleibt der Besuch weitgehend unter den Erwartungen. So beschränken sich die biblische Unterweisung und das jüngerschaftliche Lernen für die Mehrzahl freikirchlicher Christen auf die Predigt am Sonntagmorgen. Wenn diese zunehmend auch noch gästeorientiert – sprich evan-

---

341   Wieske 1977.

gelistisch – ausgerichtet ist, wird der Grundwert Jüngerschaft viel zu
wenig bedacht. Die Erfahrung, dass Gemeinden zwar ein umfassendes
Gemeindeprogramm aufweisen, aber nur wenig zur geistlichen Reifung
ihrer Mitglieder anbieten, ist keine Ausnahme.

Seit Jahren ist der Ansatz der *Willow Creek Community Church* in
South Barrington (Chicago, USA) für viele evangelische Kirchen und
Freikirchen richtungweisend im Blick auf Gemeindeentwicklung und
zeitgemäße Evangelisation. Vereinfacht gesagt, hat Pastor Bill Hybels seit
über 30 Jahren bedürfnisorientierten missionarischen Gemeindeaufbau
betrieben, getragen von einem konsequenten geistlichen Lebensstil aller
Mitarbeitenden. Die Gemeinde zählt mittlerweile zu den zehn größten
Kirchen der USA – mit über 20.000 Besuchern pro Woche. Das Willow-
Creek-Konzept wurde zum Vorbild für viele Gemeinden in aller Welt.
Nun hätten die Verantwortlichen sich selbstgefällig zurücklehnen können. Doch das Gegenteil ist der Fall, wussten sie doch von Anfang an,
dass regelmäßige Überprüfungen und Veränderungen ihrer Arbeit für
bleibende Erfolge notwendig sind. So gaben sie den Auftrag, eine umfassende Studie vorzunehmen, die im Jahr 2007 unter dem Titel „Reveal
where you are"[342] veröffentlicht wurde.

Als Bill Hybels die Ergebnisse dieser Studie zur Kenntnis nahm, war
er nach eigenen Angaben geschockt. Hier wurde deutlich, dass ein nicht
unerheblicher Teil der Gemeindemitglieder mit ihrem geistlichen Leben
nicht zufrieden ist. Auch bei regelmäßiger Teilnahme an Gemeindeveranstaltungen erlebt ein Viertel der Befragten kein erkennbares geistliches
Wachstum. So gaben 16 % an, aufgrund persönlicher Probleme in ihrem
Glauben nicht weiterzukommen. 9 % fühlen sich durch die Angebote
von Willow Creek unterfordert. Sie sehnen sich nach mehr Spiritualität
und größeren Herausforderungen. Das Ziel geistlichen Wachstums wird
dabei beschrieben als zunehmende Liebe zu Gott und den Mitmenschen
(nach Mt 22).

Bill Hybels und sein Team reagierten, indem sie ihre Gemeindeglie-
der zu mehr Eigenverantwortung für ihr geistliches Leben ermutigten.
Generell wird überlegt, wie ein besser funktionierendes Netzwerk für

---

342   Vgl. Hawkins; Parkinson 2010.

Seelsorge und Coaching eingerichtet werden kann. Die Gemeindegottesdienste mittwochabends haben sich dahingehend verändert, dass nach einer halbstündigen gemeinsamen Gottesdienstzeit die Teilnehmenden für den restlichen Abend zwischen verschiedenen Seminarangeboten wählen können.

All das sind nur erste und vorläufige Antworten auf die Frage, wie in christlichen Gemeinden heute, in einer postmodernen Welt, Jüngerschaft gelebt werden kann. Hier ist viel Kreativität und Experimentiergeist erforderlich. Wie lernt eine Gemeinde in unserer postmodernen Zeit? Hat sich die Art zu lernen aufgrund der veränderten kulturellen Entwicklung auch geändert? Welche Rolle spielen die neuen Medien dabei? Wie können wir das Internet noch besser in die Aufgabe der Jüngerschaft einbeziehen? Auch die interaktiven Kurse und Gruppen werden eine zunehmende Rolle spielen. Lernen geschieht nicht nur *ex cathedra*. Schließlich sei hier auf die Wiederentdeckung von Lernpartnerschaften, von Mentorendiensten hingewiesen. Lernen ist ein sehr vielschichtiges Geschehen und wir dürfen nicht meinen, dass Leute, die nicht oder nicht mehr zu unseren klassischen Bibelstunden und Hauskreisen kommen, nicht lernwillig seien.

Wie aber geschieht Lehre und Jüngerschaft aus pneumatologischer Sicht? Ein Lernen, dass zum einen ganzheitlich ist, also die ganze Person im Blick hat, und sich nicht nur Erkenntnis, sondern Heiligung zum Ziel setzt, kann nicht ohne die Wirkungen des Heiligen Geistes geschehen. Wie finden wir zu Formen des Lernens, die auch pneumatologische Gesichtspunkte einbeziehen,[343] etwa die Frage des Verhältnisses von Orthodoxie und Orthopraxie, von Denken und Erfahren oder den herausfordernden Zusammenhang von „Leben verlieren" und „Leben gewinnen" (Kenosis)? Diese Art von Lernen kann nicht allein durch Vorträge oder Bibelgespräche geschehen. Es braucht Begleitung, Lebenspraxis und auch die Charismen der Lehre, des Wortes der Erkenntnis und der Weisheit. Alan Hirsch stellt vieles von dem, was ich unter der Überschrift der missionalen Grundvollzüge der Ekklesia zusammenfasse,

---

343 Ich verweise auf meine Ausführungen in Kapitel 2.1: Erfahrung und Offenbarung.

unter den Begriff der „missionalen DNA". Der Wert der Jüngerschaft und Lehre hat für ihn dabei strategische Bedeutung. „Alle Elemente der mDNA gehören zusammen, und sie müssen in deutlicher Ausprägung vorhanden sein, um den Apostolischen Genius zu offenbaren. Aber meiner Erfahrung und Beobachtung nach ist dieses Element, das der Jüngerschaft und des Jüngermachens, das vielleicht wichtigste der mDNA. Denn es ist die zentrale Aufgabe von Jüngerschaft, die Botschaft Jesu, des Gründers, zu verkörpern. Mit anderen Worten: Es handelt sich hier um das strategische Element und ist deshalb ein guter Bereich, um zu beginnen."[344]

Als wir vor einiger Zeit im Vorstand der Braunschweiger Friedenskirche ausführlich über diese Aussage von Alan Hirsch sprachen, war uns klar, dass auch wir an dieser Stelle zulegen wollen. Ich stimme allerdings A. Hirsch nicht zu, dass der Didaskalia eine Vorrangstellung unter den missionalen Grundvollzügen der Ekklesia zukommt. Andere sehen den Vorrang bei der Diakonia und bei der Martyria,[345] wieder andere betonen die tragende Kraft der Koinonia und der Leiturgia, denn ohne Sammlung gibt es keine Sendung.

Ich bin allerdings davon überzeugt, dass der Geist Gottes in allen fünf missionalen Grundvollzügen der Ekklesia gleichermaßen aktiv ist und dass keines dieser Elemente auf Dauer vernachlässigt werden darf, wenn es zu einer gesunden Gemeindeentwicklung kommen soll. Der Geist Gottes ist der Geist der Sendung, der Mission. Er ist die Kraft, in der die Jünger Jesu nach Pfingsten ihren Missionsauftrag ausführen sollen. Er ist der Geist, der Menschen beruft (Apg 13,1f) und zum Dienst begabt (1Kor 12,4–11; Röm 12,6–8). Wie ein spiritueller Navigator öffnet und verschließt er die Türen in der Mission (Apg 16,9). Der Heilige Geist sensibilisiert für die jeweilige Kultur und führt die Inkulturation

---

344   Hirsch 2011: 138.

345   „Die Reich-Gottes-Botschaft Jesu entspricht dem kirchlichen Grundvollzug der Verkündigung, die Reich-Gottes-Praxis Jesu entspricht der Diakonie. Von daher kommt den beiden Grundfunktionen der Verkündigung (Martyria) und der Diakonie eine deutliche Priorität zu. Liturgie und Gemeinschaft stehen im Dienst von Verkündigung und Diakonie." F. Senn in: Senn 2009: 299.

des Evangeliums fort. Davon erzählen ebenfalls die Missionsberichte der Apostelgeschichte, man denke nur an das Auftreten von Paulus in Athen. In der Missio Dei vollzieht sich die im Kommen Jesu in Kreuz, Auferstehung und Erhöhung angebrochene Ära des Reiches Gottes.[346]

---

346 Vgl. Warrington 2011.

7. Der Geist der Gnade – Charisma und Dienst

„Ich bin auch ein Charismatiker!", betonte ein Kollege, als ich ihm von meinen Erfahrungen mit den Gaben des Heiligen Geistes berichtete. „Allerdings, nicht so wie du", fügte er dann hinzu. „Ich stütze mich in meinem Dienst ebenfalls allein auf die Gnade Gottes und ich habe ebenfalls das Charisma des ewigen Lebens empfangen. Ich habe auch nichts gegen die vielen Gaben des Geistes, aber sie sind nicht unbedingt notwendig." Mit dieser Auffassung steht er als Pastor nicht alleine da. Wie oft habe ich diese oder ähnliche Aussagen von Menschen gehört, denen ich in keiner Weise absprechen will, dass sie in einer treuen Jesusnachfolge stehen und auch vielen Menschen zum Segen geworden sind.

Sie haben das „Grund-Charisma"[347] der Gabe des ewigen Lebens aus Gnade empfangen (Röm 6,23). Und dennoch bin ich der Meinung, dass uns im biblischen Zeugnis eine andere Haltung gegenüber den Charismen entgegengebracht wird. Man kann doch nicht die eine Gnadenwirkung des Geistes Gottes fröhlich bejahen und eine andere zurückweisen oder gar ablehnen! Es ist immer der „Geist der Gnade" (Sach 12,10; Hebr 10,29), der in einer trinitarischen Einheit sein Werk vollzieht. Wenn der Geist Gottes sein evangelistisches Wirken in der christlichen Grunderfahrung in einem Menschen vollendet hat und dieser bekennen kann: „Herr ist Jesus!" (1Kor 12,3),[348] so ist die Grundlage für alle weite-

---

347 Hasenhüttel 1969: 131.

348 Ich teile nicht die Auffassung von N. Baumert, dass es sich bei diesem Bekenntnis um eine Auslegung einer Sprachenrede handle. „Kein im Geist Gottes laut verständlich Redender (= Glossolale) meint inhaltlich einen Ausschluss Jesu und keiner kann dann in einer geistgewirkten Auslegung, ob der Betreffende selbst (14,3) oder ein anderer, inhaltlich ein Bekenntnis zu Jesus sprechen, außer in heiligem Geist" (Baumert 2007: 186). Das Grundbekenntnis zu Jesus ist als Folge der von Sünde überführenden und Jesus offenbarenden Wirkung des Geistes zu deuten und es geschieht in der Regel als bewusster sprachlicher Ausdruck des glaubenden Menschen.

ren Wirkungsweisen des Geistes gelegt. Durch den Empfang des Geistes wohnt Christus in dem Neugeborenen und der aufbauende Dienst des Geistes der Heiligung beginnt. Erlösung und Heiligung sind Gnadenerweise Gottes und nicht das Verdienst des Menschen.

Insofern sind alle vom Geist Gottes wiedergeborene Menschen Charismatiker. Durch die Einverleibung in die Ekklesia findet der Christ sein Zuhause im Reich Gottes – konkret in der „Missionsstation" der Gemeinde in dieser Welt. Diese Zugehörigkeit zum Reich Gottes bewirkt in ihm eine Sehnsucht nach der „bleibenden Stadt", dem neuen, ewigen Jerusalem. „Denn auf dieser Erde gibt es keine Stadt, in der wir für immer zu Hause sein können. Sehnsüchtig warten wir auf die Stadt, die im Himmel für uns erbaut ist" (Hebr 13,14). Das Gnadenwirken des Geistes hat immer auch diese eschatologische Dimension (vgl. Röm 8,23).

Die Charismen sind für die Ausbreitung des Reiches Gottes in dieser Weltzeit gegeben, sie werden nicht für die erwartete und ersehnte Erfüllung und für den neuen Himmel und die neue Erde gegeben. In der Gemeinschaft des Geistes findet der Glaubende Halt und Zuversicht, aber auch die Sendung, in die er einbezogen ist. Der Gnadengeist ist der Zeugengeist (Apg 1,8). Die Charismenlehre gehört somit in der systematischen Theologie nicht primär in die Lehre der Heiligung, geschweige denn zur Soteriologie, sondern sie hat ihren Ort in der missionalen Ekklesiologie.[349] Charismen sind gegeben, damit der erhöhte Christus in uns durch die Kraft seines Geistes die Missio Dei weiterführen kann. Die pneumatologische Bewegung geht vom *Christus für uns* (Soteriologie) zum *Christus in uns* (Heiligung und Ekklesiologie) und weiter zum *Christus durch uns* (Missiologie). Für die „Indienstnahme" werden geistlich Wiedergeborene vom Parakleten mit den Gaben des Geistes (griech. *pneumatika*), die als Gnadengaben (griech. *charismata*) erfahren werden, ausgerüstet. D. Scheunemann betitelt diese Gnadenwirkung des Geistes als „charismatischen Dienst des Geistes".[350] Mit die-

---

349   Ähnlich Zimmerling: Die Charismen „gehören systematisch-theologisch in den Bereich der Heiligung, sind der Frage nach der Erlösung also nachgeordnet." In : Zimmerling 2009: 271.

350   Scheunemann 1980: 68–73.

ser Gnade muss der Mensch verantwortlich, wie ein Haushalter (griech. *oikonomos* = Ökonom) umgehen.[351]

7.1 Begriff und Wesen der Charismen

Wenn wir heute von einer „charismatischen" Führergestalt sprechen, so soll damit angezeigt werden, dass hier ein Mensch eine außerordentliche Begabung besitzt. Auch in der Kunst oder in unterschiedlichen Disziplinen hören wir oft den Satz „Diese Person hat Charisma". Der Begriff hat im gegenwärtigen Sprachgebrauch durchaus seinen Platz, allerdings mehr in einem sehr allgemein und breit gefächerten Bedeutungsrahmen. Ein Charisma bezeichnet somit in der Regel eine außergewöhnliche Begabung eines Menschen.

In der griechischen Sprachgeschichte taucht der Begriff *Charisma* relativ spät auf. 17 Mal finden wir ihn im NT wieder, davon 16 Mal bei Paulus und einmal bei Petrus.[352] *Charisma* wird abgeleitet von *Charis*, dem tragenden Wort für Gnade. Dieses Wort ist verwandt mit dem griechischen Wort für Freude (*chara*). In der Gnade liegt immer ein heller und frohmachender Ton und nicht etwa eine Problemanzeige. Ein Charisma ist die Gabe oder auch Wirkung der mannigfachen Gnade, die ein Mensch empfangen kann. Es ist die unverdiente Zuwendung, das Geschenk. Dieses wiederum hat nicht nur seinen Ursprung in der Gnade, sondern weist in seiner Wirkung auch auf die Gnade hin.

In diesem Sinne eignet sich der Begriff hervorragend, um zu beschreiben, wie sich die Gnade Gottes im Leben eines Menschen entfaltet und wie sie in ihm und durch ihn wirkt. In der Antike wurde der Ausdruck direkt als Gegensatz zu Lohn oder Verdienst gestellt. Die Gabe ist keine Auszeichnung, kein Ergebnis von langen Bemühungen oder Arbeit. Sie

---

351   S. Großmann stellt seine Charismenlehre unter diesen Titel: „Haushalter der Gnade Gottes". Siehe: Großmann 1977.

352   J. Moltmann spricht auch von einer lukanischen Charismenlehre, obgleich Lukas den Begriff „Charisma" nicht verwendet. Gemeint ist hier die Erwähnung der Praxis der Geistesgaben wie Lehre, Prophetie, Glossolalie, Heilungen, Kraftwirkungen u. a. Vgl. Moltmann 1991: 195. Der Ausdruck „Charisma" kommt außer 1Petr 4,10 ausschließlich bei Paulus vor.

ist auch keine Herausstellung des Gabenempfängers und nicht im Sinne eines geistlichen Ranges zu verstehen.[353] Das Charisma soll nicht auf den Gaben*träger* hinweisen, sondern auf den Gaben*geber*, auf den lebendigen Gott. Leider gibt es immer wieder Christen, die das Maß ihrer charismatischen Begabung als eine Art Auszeichnung und Belohnung für ihr Leben mit Christus deuten. Schnell breiten sich Stolz und Hochmut aus, sodass bei der Anwendung der Gaben die von Gott gewünschte Wirkung ausbleibt, ja, dass es auch einmal zum Schaden für das Reich Gottes wird. Wo hochbegabte Menschen mit ihren Gaben werben und sich einen Namen machen, da verfehlt das Charisma den Sinn. Der Einzige, der über einem Charisma gerühmt werden soll, ist der Herr selbst.

Wenn Menschen von Gott in Vollmacht unter Einsatz der verschiedenen Charismen gebraucht werden, wird ihnen auch die eigene Bedürftigkeit und Abhängigkeit von der Gnade Gottes deutlich. Viele Christen meinen immer noch, dass Gott sie nur gebrauchen könne, wenn sie auch gut sind. Gott segnet uns jedoch nicht, weil wir gut sind, sondern weil er gut ist! Er gebraucht auch Menschen, die in der Heiligung manchmal sehr nachlässig sind. Hochbegabte und hochbegnadete Charismatiker können durch den Einsatz der Gaben Menschen im Namen Jesu dienen, und dennoch können sie doch in ihrer Verbindung zu Jesus gestört sein. So ist es auch zu verstehen, wenn Jesus davon redet, dass hier und da Menschen auftreten und in seinem Namen weissagen, Dämonen austreiben oder Zeichen und Wunder tun, aber dennoch muss er ihnen am Ende der Tage sagen: „Ich kenne euch nicht, denn ihr habt nicht nach meinem Willen gelebt. Geht mir aus den Augen!" (Mt 7,23)

Das Maß einer charismatischen Begabung sagt demzufolge nichts über den Gabenempfänger aus. Gerade dieses ernste Wort des Herrn will darauf hinweisen, dass der Gabenträger in der engen Gemeinschaft mit dem Herrn und in der Heiligung leben soll, denn daran wird es liegen, ob seine Gabe auch Frucht bringt.

---

353   Ich weise auf folgende Untersuchungen zum Begriff „Charisma" hin: Käsemann, Ernst: Amt und Charisma im Neuen Testament. In: Käsemann 1960: 109–134. Knoch 1975/2012. Hasenhüttl 1969: 101ff. Brockhaus 1987: 128ff. Großmann 1995: 62–70.

Wir halten fest: Der Begriff *Charisma* deutet auf diese unverdiente vielgestalige Gnade Gottes hin. P. Zimmerling plädiert dementsprechend für eine „doxologische Ausrichtung der Charismen":

> *„Indem die Bedeutung der menschlichen Aktivität für den Empfang der Charismen überschätzt wird, verschiebt sich der Schwerpunkt von Gott als Geber der Gaben auf den Empfänger der Gaben. Indem bestimmte Charismen als Zeichen des Geisterfülltseins fungieren, rückt die Gabe an die Stelle des Gebers. Die Folge ist ein regelrechter Gaben- und Begabtenkult. Dieser würde sich in dem Moment erübrigen, wo die doxologische Ausrichtung der Charismenlehre die Verherrlichung Gottes als Zweck des Charismas wie auch des Charismatikers klarer erkennen ließe."*[354]

Betrachten wir die 17 neutestamentlichen Stellen, so klingt diese vielseitige Gnade Gottes an. Die verschiedenen Charismen werden von Paulus in einen Sinnzusammenhang mit der gegebenen Charis (Gnade) gestellt. „Da wir aber verschiedene Gnadengaben haben, nach der uns gegebenen Gnade, so lasst sie uns gebrauchen" (Röm 12,6; EB). Und auch Petrus betont diese theologische Verankerung, wenn er schreibt: „Wie jeder eine Gnadegabe empfangen hat, so dient damit einander als gute Verwalter der verschiedenartigen Gnade Gottes!" (1Petr 4,10; EB). Im charismatischen Dienst lässt der Heilige Geist diese vielfältige Gnade Gottes zum Schwingen kommen; sie gewinnt Hand und Fuß; sie wird konkret benannt und erfahren.

Studieren wir die 17 neutestamentlichen Stellen genauer, so machen wir die Entdeckung, dass sich der Begriff Charisma nicht nur auf Gaben und Befähigungen bezieht, die der Mensch durch die Innewohnung Jesu Christi und des Heiligen Geistes empfängt, sondern dass er breiter angelegt ist. So redet Paulus vom *Charisma Christi*, wenn er damit die umfassende Wirklichkeit der Gabe der Vergebung der Sünden und die Rechtfertigung des Sünders allein durch den Glauben bezeichnen will (Röm 5,15f); oder er spricht von dem *Charisma Gottes*, dem ewigen Leben (Röm 6,23). In diesem Sinne ist jeder wiedergeborene Christ

---

354   Zimmerling 2009: 276.

ein Charismatiker. Noch umfassender verwendet Paulus die Bezeichnung Charisma, wenn er von der Gabe der Ehe oder Ehelosigkeit spricht (1Kor 7,7). Diese natürliche Fähigkeit zur Ehe oder zur Ehelosigkeit legt der Schöpfergeist in dem natürlichen Menschen an. Durch die Innewohnung des Christus in der Kraft des Heiligen Geistes kann er diese als ein Gnadengeschenk Gottes deuten.

Ich sehe gerade in dieser Stelle ein Paradebeispiel dafür, wie eine natürliche Gabe des Menschen, die Gott schon durch die Schöpfung in ihm angelegt hat, als Charisma erkannt werden kann, wenn ein Mensch seine Existenz in Christus deutet. In ähnlicher Weise kann es auch mit anderen sog „natürlichen" Begabungen und Talenten gehen. Sie werden dadurch als Charisma gesehen, weil der Mensch hinter dieser Gabe den Gnadenursprung des Schöpfers erkennt und diese Gabe auch für ihn zum Einsatz bringen will.

Zum anderen ist deutlich, dass auch der Pneumatiker nicht aus seiner schöpfungsgegebenen Begrenzung und Prägung herausfällt. Charismatische Äußerungen werden immer auch durch die Persönlichkeit, den Charakter und die Kultur eines Gabenträgers geprägt sein. Es gibt kein „pneumatisch reines" Charisma. Es gibt nur „vermittelte Unvermittelbarkeiten", wie Karl Rahner betont.[355] Die Unterscheidung zwischen natürlichen und übernatürlichen Gaben[356] ist somit nur wenig hilfreich und wegweisend, denn auch die Pneumatika sind bestimmte Befähigungen, die ähnlich wie menschlich-naturgegebene Begabungen wahrgenommen werden.[357] Sie unterscheiden sich jedoch durch ihren Ursprung, ihre Herkunft. Durch ihre Erscheinungsformen sind sie nicht von natürlichen Gaben zu unterscheiden.[358]

Die mannigfaltige Gnade Gottes wirkt sich in der Vielfalt der Gnadengaben aus. Während in dem Gabenkatalog in Röm 12,3–7 mehr praktische Gaben des Handelns angeführt werden, überwiegen in der Aufzählung in 1Kor 12 die verbal-kognitiven Gaben. Inwiefern Paulus

---

355   Rahner 1960: 55.

356   Vgl. Lang 2011.

357   Vgl. hierzu die Ausführungen bei M. Baumert. In: Baumert 2011.

358   Vgl. Großmann 1995: 64–65.

selbst eine unterschiedliche Typisierung der Gnadengaben vor Augen gehabt hat, lässt sich schwerlich sagen. Er betont: „Es gibt Verschiedenheiten (griech. *diaresis*) von Geistesgaben (griech. *pneumatikon*)" (1Kor 12,4). Inwiefern der differenzierte Gebrauch von Charismata bzw. Pneumatika bei Paulus unterschiedliche Typisierungen der verschiedenen Gaben meint, lässt sich dem Text nicht eindeutig entnehmen. Aus diesem Grund möchte ich auch auf eine Zuordnung in unterschiedliche Gruppen oder Typen von Gnadengaben verzichten.[359]

7.2   Vielfalt der Charismen

Bevor ich weiter auf die Bedeutung der Charismen eingehe, ist es mir wichtig, der Frage nachzugehen, wie viele Charismen es denn nun eigentlich gibt. Wir finden in der Literatur zu unserem Thema ein breites Spektrum: Einige sprechen von 9 Geistesgaben, andere von 12 oder 15 und wieder andere können 25 und mehr Charismen[360] benennen und ausmachen. Die meisten Bibelausleger sind sich jedoch in zwei Punkten einig: Zum einen gehen sie davon aus, dass die in der Bibel erwähnten Charismenlisten nicht den Anspruch auf Vollständigkeit erheben, und zum anderen unterscheiden sie nicht penetrant zwischen kreatürlichen Gaben und solchen Gaben, die vom Geist Gottes in den Dienst genommen werden.[361]

Ich halte beide Aspekte für sinnvoll, zumal ich in meinen bisherigen Ausführungen konsequent einen Ansatz verfolgt habe: Alle Charismen sind in dem vom Geist neu geborenen Menschen durch die Innewohnung Jesu potentiell angelegt. Ich könnte es auch so sagen: Eigentlich gibt

---

359   Wir finden solche Kategorisierungen bei S. Großmann oder auch in einschlägigen pentekostalen Darstellungen wie z. B.: Ulonska 1993.

360   Vgl. Wagner 1987. J. Stott fasst zusammen: „Im Neuen Testament werden mindestens 20 Geistesgaben genannt, und der lebendige Gott, der die Vielfalt liebt und ein großzügiger Geber ist, kann noch viele, viele Gaben mehr verleihen." In: Stott 1972: 82.

361   J. Stott summiert: „Aufgrund biblischer Aussagen sind wir also davor gewarnt, zu voreilig eine Trennungslinie zwischen natürlichen Begabungen und Geistesgaben zu ziehen" (a.a.O.: 86).

es nur ein großes, alles umfassendes Charisma: Es ist der Christus in mir; oder mit anderen Worten: es ist das Charisma des Lebens der Ewigkeit in mir (Röm 6,23). Aus diesem Grund-Charisma schöpft der Geist Gottes, wenn er einzelne Begabungen und Begabungsprofile zuteilt.

Eine natürliche Begabung des Menschen ist demnach nicht automatisch eine Geistesgabe. So ist es schon etwas eigenartig, wenn mir jemand sagt, er habe die Geistesgabe des Kochens oder des Humors. Hier gibt es zudem eine gewisse Unschärfe in der Zuordnung: Was ist eher ein Charakter- oder Persönlichkeitszug eines Menschen und was ist eher als eine Begabung auszumachen? Sicher, das Begabungsprofil wird auch das Persönlichkeitsprofil eines Menschen prägen, und dennoch sollten wir versuchen, hier zu differenzieren.

Natürliche Begabungen werden dann zu einem Charisma, wenn der Geist Gottes diese Begabung weckt, entwickelt und im Dienst für Jesus gebraucht. J. Moltmann schreibt: „Was in den Dienst seiner befreienden Herrschaft gestellt werden kann, das ist Charisma, ist Gabe, die zur Aufgabe wird: Da kann alles mir Charisma werden. Es wäre nicht nur töricht, sondern auch eine Schmälerung der Ehre Christi, der alles erfüllen will, wollte ich Bereiche des Natürlichen, Geschlechtlichen, Privaten, Sozialen aus seinem Machtbereich herausnehmen."[362] Der Grundgedanke des Charismatischen spielt dabei eine wesentliche Rolle: Ich bin mir dessen bewusst, dass ich etwas kann, weil Gott mir dazu Gnade geschenkt hat. Nicht *ich* stelle Gott meine Gaben zur Verfügung, sondern *Gott* gebraucht mich mit den Begabungen die er mir aus Gnade geschenkt und anvertraut hat. Ein Charisma wird erkennbar, wenn der Heilige Geist eine Begabung in mir weckt oder entfaltet und ich diese für Jesus einsetze. Als ein so Begabter gehe ich davon aus, dass Jesus selbst in seiner Gnade Hand und Fuß, Wort und Zeit verleiht, indem er mich gebraucht.

Die starke Einheit von Christologie und Pneumatologie kommt hier zum Tragen. Die Gabe des Geistes und das Charisma Gottes, das ewige Leben (Röm 6,23), beschreiben von der Substanz her die gleiche Innewohnung Jesu im Gläubigen. Die Geistesgaben sind Gaben Christi, sie

---

362   Moltmann 1991: 196.

haben die „DNA" der Ewigkeit; die natürlichen Gaben haben die DNA der Vorgenerationen, die allerdings auch vom Schöpfer sind. Die Geistesgaben sind nicht durch die persönliche und natürliche DNA in mir angelegt, sondern sie kommen aus dem „Persönlichkeits-Code" Jesu. Jemand hat Durchblick wie Jesus und ist mit prophetischen Gaben beschenkt; ein anderer heilt wie Jesus und ist mit Gaben der Heilungen ausgerüstet; wieder ein anderer hat Barmherzigkeit wie Jesus oder die Fähigkeit, zu leiten wie der Herr. Immer ist es Jesus in Aktion, wenn ein Charisma zum Einsatz kommt. Die natürliche Veranlagung kann durch die Gnade Gottes in der Hingabe an Jesus zu einer Gnadengabe werden, wenn sie im Sinn der Missio Dei eingesetzt wird.

Die verschiedenen Aufzählungen der „mannigfachen Gnade", der „Verschiedenheiten der Gaben", zeigen dieses Spektrum auf, erheben aber nicht den Anspruch, es bis in alle Ecken und Einzelheiten hin auszuleuchten. Dennoch ist es hilfreich, einmal zu sichten, welche Gaben und Charismen in den Gabenkatalogen des NT aufgeführt werden. Ich beschränke mich hierbei auf die Texte Röm 12,4–8; 1Kor 12,1–31 und Eph 4,11. Sicher liegt ein gesondertes Interesse immer wieder an bestimmten Gaben, so z. B. an den Gaben der Prophetie, der Krankenheilungen, der Kraftwirkungen oder auch der Glossolalie. Im Rahmen meiner Ausführungen in diesem Buch werde ich nicht ausführlich auf jedes einzelne Gabenprofil eingehen, sondern verweise auf frühere Veröffentlichungen von mir zu dem Thema.[363] Ein Überblick und eine jeweilige Definition sollen an dieser Stelle jedoch nicht fehlen.

Die Gabe der Prophetie – Röm 12,6; 1Kor 12,10.28.39

Prophetie ist die Gabe, Informationen und Erkenntnisse auszusprechen, die Gott in bestimmten Situationen durch seinen Geist offenbart hat.

---

363 In meinem Buch „Charismatisch dienen. Gabenorientiert leben" erläutere ich 15 Gabenprofile ausführlich. Ich definiere das jeweilige Profil und führe dazu Beispiele aus der Bibel und aus der Kirchen- und Missionsgeschichte an. Zudem gebe ich Hilfestellung, wie die jeweilige Gabe erkannt, gefördert und gesund praktiziert werden kann (Rust 2006).

Die Gabe der Diakonie und Hilfeleistung – Röm 12,7; 1Kor 12,28

Diakonie und Hilfeleistung ist die Gabe, unterstützend und helfend einzelnen Menschen, Gemeinden und Gemeindeeinrichtungen im Namen Jesu Christi zu dienen.

Die Gabe der Lehre – Röm 12,7; 1Kor 12,28f

Lehre ist die Gabe, geistliche Erkenntnisse und Inhalte treffend verständlich zu machen und zu vermitteln, sodass Menschen lernen und in ihrem Leben im Sinne Jesu geformt werden.

Die Gabe der Leitung – Röm 12,8; 1Kor 12,28

Leitung ist die Gabe, Menschen und Organisationen im Namen Jesu und in der Kraft des Heiligen Geistes zu führen und zu verwalten.

Die Gabe der Seelsorge – Röm 12,8

Seelsorge ist die Gabe, Menschen durch Trost, Ermahnung, Ermutigung und Nähe Lebenshilfe im Namen Jesu Christi zu geben.

Die Gabe des Teilens – Röm 12,8

Teilen ist die Gabe, Eigentum, Begabungen und Ressourcen im Namen Jesu Christi mit anderen zu teilen.

Die Gabe der Barmherzigkeit – Röm 12,8

Barmherzigkeit ist die Gabe, mit anderen Menschen im Namen Jesu Christi mitzufühlen und sich ihnen zuzuwenden.

Die Gabe des Wortes der Weisheit – 1Kor 12,8

Das Wort der Weisheit ist die Gabe, in bestimmten Lebenssituationen aus der durch den Geist Gottes bewirkten Einsicht ein lösendes und wegweisendes Wort im Namen Jesu Christi zu sagen.

Die Gabe des Wortes der Erkenntnis – 1Kor 12,8

Das Wort der Erkenntnis ist die Gabe, vom Geist Gottes geschenktes Erkennen über Gott, Gottes Schöpfung und Gottes Wort sowie über den Menschen in konkrete Situationen hinein im Namen Jesu Christi auszusprechen.

Die Gabe des Glaubens – 1Kor 12,9

Glauben ist die Gabe, mit einem außergewöhnlichen Maß an Zuversicht das zu erkennen und für möglich zu halten, was Gott im Namen Jesu wirken will.

Die Gaben der Heilungen – 1Kor 12,9.28.30

Heilungen sind die Gaben, im Namen Jesu Christi und in der Kraft des Heiligen Geistes mit Menschen so zu beten, dass ihnen die heilende Zuwendung Gottes zuteil wird.

Die Gaben der Kraftwirkungen – 1Kor 12,10.28.29

Kraftwirkungen sind die Gaben, im Namen Jesu Christi und in der Kraft des Heiligen Geistes außergewöhnliche, mächtige Taten hervorzubringen mit dem Ziel der Verherrlichung Gottes.

Die Gabe der Geisterunterscheidung – 1Kor 12,10

Geisterunterscheidung ist die Gabe, im Namen Jesu Christi und durch die Offenbarung des Heiligen Geistes, in besonderer Klarheit zu erkennen, von welchem Geist ein Mensch inspiriert, motiviert und geprägt ist.

Die Gabe der Glossolalie – 1Kor 12,10.28.30

Glossolalie ist die Gabe, in einer vom Geist Gottes geschenkten und nicht erlernten Sprache mit und vor Gott zu kommunizieren.

Die Gabe der Auslegung von Glossolalie – 1Kor 12,10

Auslegung von Glossolalie ist die Gabe, die Inhalte einer geistgewirkten Sprachenrede durch die Offenbarung des Heiligen Geistes in einer allgemein verständlichen Sprache wiederzugeben.

Diese Aufstellungen erheben nicht den Anspruch auf Vollständigkeit. Ich gehe davon aus, dass alle hier erwähnten Gaben auch heute noch vorhanden sind und im Dienst der Missio Dei eingesetzt werden sollen.[364] Es gibt im Zeugnis der Bibel keinen einzigen Hinweis darauf, dass die Charismen heute erloschen seien.[365] Allerdings wird deutlich, dass sie in der eschatologischen Vollendung aufhören werden (1Kor 13,10).

7.3   Empfang und Entwicklung der Charismen

Es war ein sehr inspirierendes und gelungenes Wochenende. Einige Leute aus unserer Gemeinde hatten sich zu einer Tagung angemeldet, die uns mehr Aufschluss über die Vielfalt der Geistesgaben geben sollte. Wir hatten so viele Fragen: Was für Gaben gibt es überhaupt? Sind einige Charismen heute nicht mehr vorhanden? Wie erkenne ich die Gaben, die Gott mir geschenkt hat? Zwar waren wir alle neugierig, was uns während des Wochenendes wohl erwarten würde, aber unsere Neugier war gepaart mit einem leicht schlechten Gewissen. Wie oft hatte ich den Satz gehört: „Über die eigenen Begabungen redet man nicht! Das macht nur hochmütig!" So hatte ich den Eindruck, dass es geistlich unschicklich ist, nach dem eigenen Gabenprofil zu fragen. Dennoch hatten wir uns entschlossen, zu dieser Tagung zu fahren, und auf der Rückfahrt hatten wir alle unsere „kleine Liste" in der Hand. „Ich habe die Gabe der Weisheit, der Barmherzigkeit und des Sprachengebetes", freute sich jemand. „Und bei mir sind es Prophetie und Kraftwirkungen", tönte ein anderer. Jeder hatte mindestens ein oder zwei Charismen in seinem Leben ausmachen können, oder sie waren uns im Gebet zugesprochen worden.

Das war am Anfang der charismatischen Aufbrüche in Deutschland. Später kamen die Gabentests und Gabenseminare hinzu. Die Gemeindewachstumsbewegung versorgte auch die evangelikalen Gemeinden mit genügend Material in dieser Hinsicht. Heute ist es mehr oder weniger

---

364   Diese Auffassung wird nicht von allen Theologen und Bibellehrern geteilt. Siehe hierzu meine Ausführungen zum *Cessationismus* in Kapitel 1.1.e.

365   J. Stott argumentiert, dass der Begriff Apostel schon in biblischer Zeit nicht in der allgemeinen Weise verwandt wurde. Er sieht darin den Beweis, dass eine Geistesgabe auch von Gott zurückgenommen werden kann. Seiner Argumentation kann ich weder exegetisch noch von der Sache her folgen (Stott 1972: 91f).

normal, dass man nach den Begabungen und Neigungen und Talenten eines Mitarbeiters fragt und ihn dementsprechend in den Gemeinden fördert und einsetzt.[366]

„Strebt nach den Gaben des Geistes, die der Geist Gottes gibt" (1Kor 14,1). In dieser Aufforderung des Apostels Paulus klingt schon das ganze, oft spannungsreiche Spektrum an, wenn es darum geht, über den Empfang und die Entwicklung der Charismen nachzudenken. Immer wieder treffe ich auf Gläubige, die sich besonders nach ganz bestimmten Gaben ausstrecken und danach sehnen, ja, die danach „eifern" (griech. *zelotein*). Und dennoch werden ihnen bestimmte Gaben nicht gegeben. Ich denke an eine junge Frau, die sich sehr danach sehnt, die Gabe der Barmherzigkeit zu empfangen. Sie macht viele Besuche in der Gemeinde, aber oft tut sie diesen Dienst ohne jede Gemütsbewegung und ohne diese vom Geist Gottes gewirkte Barmherzigkeit. Strebt sie nicht genug nach dieser Gabe? Oder ich habe die vielen Frauen und Männer vor Augen, die sich nach Schulungsseminaren über das prophetische Charisma sehr danach ausstrecken, die Gabe der Prophetie zu empfangen, um damit auch dienen zu können.

Und dennoch bleibt die Frage des Apostels: „Sind etwa alle Apostel? Alle Propheten? Alle Lehrer? Haben alle Wunderkräfte? Haben alle Gnadengaben der Heilungen? Reden alle in Sprachen? Legen alle aus?" (1Kor 12,29; EB). Das ist ganz offensichtlich nicht der Fall. Es sind immer Einzelne, bei denen die jeweiligen Gaben geweckt werden, sodass die Glieder am Leib Christi aufeinander angewiesen bleiben. Darf man nach der „Logik" fragen, nach welcher der Geist Gottes die Gaben schenkt, weckt und austeilt? Eine solche Frage ist brisant, weil wir ja darin begrenzt sind, das göttliche Wirken logisch zu erfassen. Ausschlaggebend scheinen mir hierbei allerdings zwei Aspekte zu sein: Zum einen geht es dem Geist Gottes um die *Missio Dei* und zum anderen geht es um die *Ehre Gottes*;[367] die missiologische und die doxologische Ausrichtung sind entscheidend.

---

366 Vgl. Hybels; Bugbee; Cousins 2008. Schwarz 2001. Obenauer 2011.

367 Die Pfingsttheologen William und Robert Menzies stellen der menschlichen Anspruchs-und Erwartungshaltung drei Prinzipien gegenüber,

Die Ausrüstung mit bestimmten Gaben ist kein Orden und keine Aufwertung der Persönlichkeit, sie hat eher den Charakter einer Indienstnahme. Eine solche Indienstnahme und damit auch eine Befähigung durch den Geist Gottes kann eine unterschiedliche Reihenfolge haben: Es kann erst zur Weckung von Gaben kommen, die dann in den missionalen Dienst führen, oder umgekehrt kann es erst zu einer Beauftragung kommen, für die dann Gaben gegeben werden. Der alleinige Hinweis auf das souveräne Wirken des Geistes entlässt den Gläubigen allzu schnell aus der Grundhaltung der Hingabe, der „Hineingabe" in den Dienst.

Peter Wagner führt eine „Theologie der Hingabe" an, um zu verdeutlichen, dass sich die Gaben des Geistes durch eine solche Auslieferung an Gott ereignen.[368] So finden wir genügend Anlass zu der Annahme, dass unser eigenes Verhalten, unsere Hingabe, unser Beten und Streben nicht unerheblich sind, wenn Gott wirken will. Denken wir allein an die vielfachen Aufrufe, Gott um etwas zu bitten. Wenn das Wirken Gottes nur als ein souveränes Geschehen gedeutet werden müsste, so würden sich unsere Gebete im Wesentlichen auf die Hingabe und die Anbetung beschränken. Der Gott, der sich in der Bibel offenbart, möchte aber, dass seine Geschöpfe mit ihm kommunizieren, ja, dass sie etwas von ihm erbitten. Das gilt gerade in Bezug auf den Heiligen Geist. So betont Jesus:

> „Bittet Gott, und er wird euch geben! Sucht, und ihr werdet finden! Klopft an, und euch wird die Tür geöffnet! Denn wer bittet, der bekommt. Wer sucht, der findet. Und wer anklopft, dem wird geöffnet. Welcher Vater würde seinem Sohn denn eine Schlange geben, wenn er ihn um einen Fisch bittet, oder einen Skorpion, wenn er ein Ei haben möchte? Wenn schon ihr hartherzigen Menschen euren Kindern Gutes gebt, wie viel mehr wird der Vater im Himmel denen den Heiligen Geist schenken, die ihn darum bitten" (Lk 11,9–13).

Viele Bücher über das charismatische Wirken des Heiligen Geistes legen großen Wert darauf, die menschliche Seite zu beleuchten, wenn es um den Empfang und die Entwicklung der Gaben des Geistes geht. Betrach-

---

welche das souveräne Handeln des Geistes und die hingebungsvolle und dienstbereite Haltung des Menschen vereinen: Das Gnadenprinzip, das Erbauungsprinzip und das Teilungsprinzip. Vgl. Menzies 2001: 194–200.

368   Wagner 1987: 17.

ten wir die Aussagen des NT zu dieser Frage, so finden wir allerdings keine detaillierte und für alle Situationen verbindliche Vorgabe, wie denn das Zusammenwirken des souveränen Geistes mit dem Menschen aussieht.

Einige Formulierungen betonen eher das Wirken des Geistes, andere setzen den Akzent auf die menschliche Seite. So heißt es einerseits, dass der Geist über eine Versammlung fällt und als Folge dieser Tatsache, Gaben des Geistes empfangen werden (Apg 10,44–46). Die Souveränität des Geistes in der Zuteilung und Weckung der Charismen wird ebenfalls von Paulus hervorgehoben, wenn er schreibt: „Dies alles bewirkt ein und derselbe Geist. Und so empfängt jeder die Gabe, die der Geist ihm zugedacht hat" (1Kor 12,11; vgl. auch 12,18). Andererseits finden wir Hinweise darauf, dass der Mensch aktiv mitwirken kann bei der Weckung der Geistesgaben. Denken wir an die Aussage in 1Tim 4,14: „Setz die Gabe ein, die Gott dir schenkte. Er hat dich ja durch eine Prophetie für diese Aufgabe bestimmt, und die Leiter der Gemeinde haben dir die Hände aufgelegt und dich gesegnet."

Wenn ich in den folgenden Ausführungen die menschliche Seite beim Empfang und der Entwicklung der Geistesgaben beschreibe, so geschieht das immer im Bewusstsein, dass der Geist Gottes selbst der Souverän in der Austeilung und Weckung der Gaben bleibt. Dennoch halte ich es für hilfreich, drei Schritte herauszustellen, die in diesem Zusammenhang zu bedenken sind.

a. Empfangen

Ich habe immer wieder die Sätze gehört: „Wir sind offen für den Heiligen Geist" oder „Wir sind offen für die Charismen." Diese Offenheit signalisiert ja die Überzeugung, dass die Gaben des Heiligen Geistes auch heute noch vorhanden sind und zum Einsatz gebracht werden sollen. Diese Überzeugung ist allerdings eine Grundvoraussetzung dafür, dass eine Gemeinde überhaupt nach den Gaben eifert. Wenn Paulus die Gemeinde in Korinth, die offenbar bereits viele Erfahrungen mit den unterschiedlichen Gaben macht, ermahnt, nach den geistlichen Gaben zu eifern, um wie viel mehr sollte der Aufruf heute in vielen Gemeinden gehört werden, die mit manchen Gaben so gut wie gar keine Erfahrungen mehr haben!

Der griechische Begriff *zeloutein* zeigt ein aktives menschliches Streben und Eifern an. Eifern ist mehr als nur offen sein für den Geist und seine Gaben! Das Eifern für die Gaben kann allerdings auch zu einem Krampf werden. So mancher wünscht sich ganz energisch beistimmte Charismen und stellt diesen Wunsch über alles andere. So habe ich es mehrfach erlebt, wie das Verlangen, die Gabe des Sprachengebetes zu bekommen, Menschen völlig mit Beschlag belegt und sie kaum noch offen sind, für ein anderes Reden und Wirken des Geistes. Ohnehin sollten wir auf die Motivation in unserem Streben nach den Gaben besonders Acht haben. Wir blockieren den Geist Gottes, wenn wir uns nach Gaben ausstrecken, um damit anzugeben oder in der Gemeinde mehr Beachtung zu finden oder gar unsere Defizite in der Heiligung zu übertünchen. Entscheidend sind die Grundhaltung der Hingabe und die Bereitschaft, Jesus, dem Herrn, zu dienen.[369]

Der Geist Gottes schöpft diese Gaben, die potentiell durch die Innewohnung Christi in jedem Christen angelegt sind. Gottes Geist teilt diese Gaben zu. Das Zuteilen erfolgt aus der Gabe des Christus in uns. Der Geist teilt die Gaben so zu, wie sie für uns persönlich, für die Gemeinde und für den Dienst für Jesus gut und erforderlich sind. Dabei kann es auch geschehen, dass jemand ein Charisma empfängt, zu dem er keinen inneren Zugang findet oder das er möglicherweise sogar ablehnt. Kürzlich sprach ich mit einem Mann, der inzwischen im internationalen Dienst als Prophet unterwegs ist. Er berichtete offen darüber, dass er die Gabe der Prophetie zunächst nicht haben wollte und sich innerlich dagegen gesperrt habe, als er im hörenden Gebet vernahm, dass Gott ihm diese Gabe anvertrauen wird. Es habe fast zwei Jahre gedauert, bis er ein klares Ja dazu gefunden habe. Andere Personen haben mir gesagt, sie würden sich über jede Gabe freuen, jedoch möchten sie nicht unbedingt die Gabe der Glossolalie haben, weil sie sich dabei schlichtweg dumm

---

369 „Geistesgaben sind keine Erkennungsmerkmale für geistliche Reife. Sie zeichnen niemanden als Mitglied einer geistlichen Elite aus, sondern zeigen Gottes gnädige Zuwendung zu seiner Kirche und können von allen Gläubigen empfangen werden." W. u. R. Menzies in: Menzies 2001: 195.

vorkämen. Und dennoch geschieht es, dass der Geist Gottes auch Gaben zuteilt, nach denen wir uns zunächst nicht ausstrecken. Er weiß, was gut für uns und für das Reich Gottes ist.

Das Streben nach den Geistesgaben im persönlichen Leben findet zunächst ganz schlicht in der Gebetsbitte an Gott statt. Wir dürfen davon ausgehen, dass jeder Christ von Gott beschenkt und begabt ist. Bei dem einen kommen viele Gaben zum Vorschein, bei dem anderen konzentriert der Geist Gottes die Begabung. In der Bitte um einzelne Gaben werden wir normalerweise auch unsere persönlichen Wunschvorstellungen mit einbringen dürfen. Mancher Christ schämt sich geradezu, Gott seine Wünsche vorzutragen, und er hält es für unheilig und unverschämt, so konkret zu bitten. Aber ich denke, dass Gott auch mit unseren unheiligen und unverschämten Bitten schon zurechtkommt. Wenn unsere Wünsche nicht seinem guten Willen entsprechen, werden sie auch nicht zur Erfüllung gelangen. Häufig ist es jedoch so, dass schon darin der Geist wirksam wird, indem er in dem einzelnen Gläubigen ein bestimmtes Interesse für diese oder jene Begabung weckt.

In meinem Leben war es zumindest so. Schon als kleiner Junge habe ich mich interessiert für das Prophetische. Ich liebte die Geschichten von Elia und Elisa und in mir wuchs der Wunsch, doch auch einmal prophetisch reden zu können. Als Gottes Geist dann die prophetische Begabung in mir weckte, ging ein Herzenswunsch in Erfüllung und ich diene bis heute gerne mit dieser Gabe. Andere Begabungen, nach denen ich mich ausstreckte, hat der Geist Gottes in meinem Leben nicht ausgeteilt. Wie gerne hätte ich die Gabe der Barmherzigkeit oder der Hilfeleistungen, gerade wenn ich als Gemeindepastor in seelsorgerliche Dienste genommen bin. Dieses Gabenprofil hat Gottes Geist mir jedoch nicht zugeteilt. Ich bin angewiesen auf andere Christen, die mich in dieser Weise ergänzen. Hier kommt der Gedanke des Leibes Christi zum Tragen, in dem jedes Glied am Leibe Christi seine von ihm vorgegebene Funktion hat (1Kor 12).

Bei der Bitte um die Weckung einzelner Charismen ist es ohnehin hilfreich und gut, das Gespräch und Gebet mit anderen Christen zu suchen. Häufig sehen sie in uns bereits Gaben, die wir selbst noch nicht so klar wahrgenommen haben. In Gebetsversammlungen fällt mir häufig auf, wie Menschen prophetisch beten, ohne dass sie sich dessen bewusst sind. Oft habe ich Einzelne darauf hingewiesen und sie ermutigt, mehr auf die prophetischen Impulse des Geistes Gottes zu achten. Andere sehen es als „ganz normal" an, dass sie ständig zupacken, helfen und in der Gemeinde Dienstleistungen verrichten. Auch ihnen muss manchmal deutlich gemacht werden, dass Gott in ihnen ein Charisma geweckt hat. Eine besondere Rolle kann das Gebet der geistlichen Leiterschaft spielen, wenn es darum geht, Gaben zu empfangen. Ich habe mit ungezählten Frauen und Männern gebetet und ihnen gemeinsam mit anderen Gemeindeältesten die Hände aufgelegt und ihnen unter Weissagung Gaben und Beauftragungen des Geistes zusprechen dürfen (vgl. 1Tim 4,14) Es handelt sich dabei aber um ein sehr sensibles Geschehen. Wenn immer möglich, sollte das in der Gemeinschaft mit mehreren Leitern oder mit anderen Mitchristen erfolgen, damit auch hier die Weissagung geprüft werden kann. Auch ein erfahrener prophetisch begabter Christ ist nicht davor geschützt, Fehler zu machen.[370]

b. Entwickeln

Wird uns bewusst, dass Gott uns mit bestimmten Gaben ausgerüstet hat, so fängt für uns ein langer Lernprozess an. Die Gaben Gottes sind wie Instrumente, mit denen wir lernen müssen umzugehen. Die Gabe Gottes ist nicht unvollkommen oder schlecht, vielmehr geht es um einen Entwicklungsprozess, der beim Gabenträger einzusetzen hat.[371]

Unser Sohn Martin wünschte sich schon als kleiner Junge immer wieder ein Schlagzeug. Endlich war der Zeitpunkt gekommen: Unter dem Weihnachtsbaum stand das lang ersehnte Instrument. Dieses war

---

370 S. Großmann bemerkt: „Es ist möglich, dass jemandem auf prophetische Weise eine Gabe direkt zugesprochen wird, aber ich habe dabei bisher mehr Probleme als Hilfen erlebt; zu leicht nisten sich menschliche Überlegungen oder Einschätzungen in ein prophetisches Wort ein und verändern es damit unzulässig, vor allem dann, wenn man sich kennt" (Großmann 1995: 153).

371 Die schöpfungsgemäßen Voraussetzungen und damit auch die Notwendigkeit der Prüfung und des Lernens im Umgang mit den Gaben hat besonders H. Mühlen hervorgehoben (Mühlen 1974: 235ff).

nicht mangelhaft, es war auch nicht gebraucht, es war voll funktionsfähig. Allein unser Sohn hatte nun eine mehrjährige Musikausbildung vor sich und Stunden über Stunden verbrachte er fortan am Schlagzeug. Heute ist er ein guter Hobby-Musiker und wir freuen uns über sein Können. Am Anfang war es allerdings manchmal eine Zumutung für die Umwelt, wenn geübt wurde.

In dieser Weise können wir uns auch vorstellen, dass es nach dem Empfang einer Gabe darum gehen wird, den Umgang mit dieser Gabe einzuüben. Da werden sicher auch Fehler gemacht und manchmal wird es auch eine Zumutung für unsere Mitmenschen sein, wie wir mit dieser Begabung umgehen. Wohlgemerkt, man kann Gaben nicht dadurch empfangen, indem man sie einfach einübt, aber man kann den guten Gebrauch einüben, sodass die Gabe auch zu ihrer vollen Wirkung kommt.

In einigen Kreisen herrscht die Auffassung, man könne gewisse Gaben antrainieren, und dann würden sie auch kommen, im Sinne eines Gabenempfangs. Von einem solchen Vorgehen halte ich nichts, liegt doch hier der Gedanke nicht fern, dass wir Menschen es letztlich in der Hand hätten, welche Gabe wir da einüben bzw. einsetzen können.

Häufig herrscht Unsicherheit darüber, ob Gott uns denn nun ein bestimmtes Charisma anvertraut hat oder nicht. Wie kann ich herausfinden, ob ich z. B. die Gabe der Seelsorge, der Kraftwirkungen, des Wortes der Erkenntnis oder der Glossolalie habe? Wie soll ich erkennen, ob Gott mir ein Charisma der Leitung anvertraut hat? Der Empfang eines Charismas geschieht ja nicht immer in einem geradezu enthusiastischen Erleben, das keinerlei Zweifel am Empfang der Gabe mehr zuließe. Viel häufiger – und vielleicht auch für die gesamte Persönlichkeitsentwicklung angemessener – ist es, wenn der Geist Gottes einen Menschen langsam, sozusagen in kleinen Schritten, mit dem Charisma vertraut macht, das er in ihm zugeteilt hat.

Solche kleinen Schritte können z. B. darin bestehen, dass ich mich für bestimmte Aufgaben und Dienste zur Verfügung stelle, um herauszufinden, ob eine Gabe sich bei mir zeigt. So kann jemand im diakonischen Bereich mithelfen, um zu entdecken, ob die Gabe der Diakonie in seinem Leben vorhanden ist. Bei einigen Gaben ist es unverfänglich, solche „Testphasen" zu haben, bei anderen Gaben ist ein solches Testen

nur schwerlich möglich. Man kann ja nicht einfach einmal die Gabe der
Kraftwirkungen ausprobieren oder jemandem Prophetien weitergeben
oder jemanden „versuchsweise" heilen. Hier sind auch deutliche Grenzen gesetzt. Gerade am Anfang des charismatischen Dienstes braucht es
deshalb eine gute Zuordnung und Begleitung dessen, der eine Gabe einbringen möchte. Der Umgang mit einigen Gaben des Wortes kann auch
gut in kleinen und überschaubaren, vertrauten Kreisen, in Gebetsgruppen oder Hauskreisen gelernt werden. Hier sollte ein Klima der Offenheit und des Vertrauens dazu helfen, dass der Umgang mit einem Charisma immer reifer wird. Wer z. B. die Gabe der Lehre hat, wird nicht
gleich vor Hunderten von Menschen predigen müssen, sondern er kann
in einem Bibelkreis oder einer Jugendgruppe seine ersten Erfahrungen
machen.

Wichtig ist in diesem Zusammenhang, dass der Gabenträger auch
offen ist und bleibt für die Korrektur. Auch jemand, der in seinen prophetischen Wahrnehmungen häufig gut und aufbauend wirkt, kann einmal völlig daneben liegen. Der Geist Gottes nimmt uns dieses Lernfeld
nicht ab, aber gerade hierin erweist er sich als der Beistand, der Päda-
goge Gottes, der uns zurechtweist, ermutigt und tröstet. Dabei gebraucht
der Geist Gottes auch Mitchristen und Leiterpersönlichkeiten in einer
Gemeinde. Es ist ein Zeichen von geistlicher Unreife, wenn ein Begabter
nicht mehr offen ist für Korrektur. Fehler werden nicht nur am Anfang
des Umgangs mit einer Gabe gemacht, sondern sie können immer wieder auftreten. Auch ein erfahrener Bibellehrer kann im Einsatz der Gabe
der Lehre Fehler machen; auch ein begnadeter Leiter kann seine Begabung so handhaben, dass eine Gruppe oder Gemeinde darunter leidet,
anstatt dass sie auferbaut wird, und auch jemand, der viele Erfahrungen im prophetischen Dienst hat, muss sich der Deutung und Prüfung
des prophetischen Wortes stellen. Leider habe ich es viel zu häufig erleben müssen, dass der Dienst von bekannten Propheten oder Menschen,
die mit der Heilungsgabe dienten, nicht mehr geprüft oder zugeordnet
wurde. Die vielen Frauen und Männer, die im überregionalen Dienst
stehen und häufig keine Verantwortungsebene in der konkreten Orts-

gemeinde haben, sind hier besonders gefährdet. Ich sage das aus eigener Erfahrung.[372]

Dass ich Fehler machen werde und auch Fehler machen darf in der Praxis einer charismatischen Gabe, wurde mir schon am Anfang meines prophetischen Dienstes sehr bewusst. Ich hatte aufgrund vieler positiver Rückmeldungen inzwischen mehr und mehr Freiheit gewonnen, auch in öffentlichen Versammlungen prophetische Eindrücke und Worte weiterzugeben. Eines Tages war ich zu Gast in einer Gemeinde. Ich wusste, dass diese Gemeinde offen war für alle Gaben des Heiligen Geistes. In der Zeit des Lobgesangs der Versammlung meinte ich, ein Wort Gottes zu empfangen. Als der Leiter des Gottesdienstes danach fragte, ob jemand etwas weitergeben wolle, meldete ich mich zu Wort. „Hier ist jemand, der Gott in einer ganz bestimmten Entscheidungssituation um ein Zeichen gebeten hat, und der nun unsicher ist, ob das im Sinne Gottes ist. Ich möchte dir im Namen des Herrn sagen: Du sollst dieses Zeichen der Vergewisserung in der kommenden Woche von Gott empfangen, gleich wie einst Gideon ein Zeichen empfing, damit sein Glaube gestärkt wurde!", so lautete mein „prophetisches" Wort. Als ich auf dem Weg zurück zu meinem Sitzplatz war, vernahm ich innerlich einen sehr klaren Impuls des Geistes Gottes. Ich hörte, wie er mir folgende Gedanken ins Herz trieb:„Das, was du da eben gesagt hast, das kommt nicht von mir. Vorhin – als du meintest, ich würde dir ein prophetisches Wort geben, wollte ich dich ganz persönlich an diese Geschichte von Gideon erinnern, um dir persönlich Mut zu machen. Du aber hast diesen Impuls wohl gehört, hast dir dann aber deine eigenen diensteifrigen Gedanken dazu gemacht. Du musst viel mehr Sorgfalt walten lassen, wenn es darum geht, einen Impuls richtig zuzuordnen. Frage in Zukunft klarer danach, für wen und wann und in welcher Weise du einen Impuls weitergeben sollst. Damit

---

[372] H. Berkhof betont in Sonderheit die Bedeutung der Gabe der Prophetie und zeigt auf, dass ein Missbrauch bzw. mangelnde Beurteilung und Aufzeigen solcher Fehler dazu führen kann, dass eine Gabe gemieden wird. „Der Missbrauch, wie er sich vor allem in der montanistischen Bewegung fand, verursachte ein Schwinden dieser Gabe. Aber wie die Römer richtig wissen, *abusus non tollit usum*, Missbrauch sagt nichts über den rechten Gebrauch" (Berkhof 1968: 105).

die Gemeinde jedoch nicht verwirrt ist, sollst du wissen, dass ich das Wort, was du nun weitergegeben hast, nutzen werde. Es ist schon jemand angesprochen und er wird am kommenden Sonntag hier sein Zeugnis dazu geben. Du aber sollst wissen, dass ich es ursprünglich anders vorhatte. Lerne es, mit der Gabe der Prophetie umzugehen!" Man kann sich sicher vorstellen, dass ich mit weichen Knien und Tränen in den Augen meinen Sitzplatz einnahm. Als am darauf folgenden Sonntag wirklich jemand ein Zeugnis gab und auf das „prophetische Wort" von mir Bezug nahm, dachte ich nur: „Ach, wie gut, dass niemand weiß, was hier wirklich geschehen ist!"

Nun werden sicher nicht alle Fehler so „heimlich" vom Geist Gottes wieder gut gemacht. Für manche Worte musste ich mich auch öffentlich entschuldigen und eingestehen, dass ich aus menschlichem Eifer etwas hinzugefügt hatte oder nicht sorgfältig genug war. Ich würde mir wünschen, dass gerade Menschen, die so manches Mal im prophetischen, lehrhaften, seelsorgerlichen oder auch im heilenden Dienst sehr vollmundig und überzeugt aufgetreten sind und deren Zusagen oder Weissagungen sich als Irrtum oder als Anmaßung entpuppten, ihre Fehler auch öffentlich eingestehen würden. Das gilt im Übrigen nicht nur für Menschen im prophetischen Dienst, das gilt für den Einsatz aller Gaben. Jemand, der in der Leitung, der Lehre, der Diakonie, der Auslegung von Sprachen, der Unterscheidung von Geistern oder einer der anderen Gaben Fehler im Lernprozess macht, sollte dazu stehen und sich der Gemeinde stellen. Die Gemeinde hingegen ist aufgerufen zur Vergebung und zur Korrektur. Leider kommt es auch auf Seiten der Gemeinde zu überzogenen Verurteilungen und verachtenden Dämpfungen des Geistes, wenn hier und da Fehler eingeräumt werden. Dann wird jemand schnell bezichtigt, er wolle die Gemeinde verführen, er habe einen Geist von unten oder er sei überhaupt kein Christ.[373] Es wäre wünschenswert, wenn sich die Gemeinde als Ganzes mehr und mehr als eine Gemeinschaft der Lernenden verstehen würde, die gemeinschaftlich in einen

---

373   Das Urteil der „Berliner Erklärung" zieht immer noch eine Spur von Verurteilungen und zum Teil auch theologisch hemdsärmeligen Pauschalisierungen nach sich.

Lernprozess genommen wird, in dem der Geist Gottes der eigentliche Lehrer ist.

Theologisch nicht nachvollziehbar ist es immer dann, wenn eine Gemeinde nur für bestimmte Gaben des Geistes offen ist, andere jedoch als unbequem oder gefährlich ablehnt, zurücksetzt oder als nicht mehr existent einstuft. So finden wir nicht selten Gemeinden, die alle Dienstgaben willkommen heißen, jedoch Gaben der Glossolalie, der Kraftwirkungen, der Heilungen oder auch der Prophetie mehr oder weniger ablehnen. Wie soll sich das ganze Spektrum der Gnadengaben entwickeln, wenn in einer Gemeinde die Leitung oder auch das gesamte Klima einer Gemeinde für jene Seite der Gnade verschlossen bleiben will? Der Geist der Gnade wird nur Einzug halten, wo er auch willkommen ist.

In den charismatischen Aufbrüchen der vergangenen Jahre hat es sich gezeigt, dass einige sog. Charismatiker ihre Gaben dann wie auf einer Spielwiese bei Tagungen, Konferenzen oder Einsätzen außerhalb ihrer Gemeinde praktizieren. Das trifft insbesondere für die Christen innerhalb der charismatischen Bewegungen in den klassischen Kirchen und Freikirchen zu. In einigen Gemeinden gilt offiziell die Devise: Die „spektakulären Gaben" sollten bitte nur in Hauskreisen oder speziell dafür eingerichteten Gottesdiensten eingebracht werden. Ansätze dafür finden wir in der sogenannten Bewegung der „Dritten Welle".[374] Abgesehen davon, dass ich die Redeweise von einer „Dritten Welle" für unangemessen halte, betrachte ich solche Wege für halbherzig und auf Dauer bringen sie Frustration. Stellen wir uns vor, wir würden in einer Gemeinde das Motto herausgeben: „Die Gabe der Lehre, der Diakonie und der Leitung dürfen nur in Hauskreisen oder in speziellen Gottesdiensten zur Anwendung kommen!" Es mag aus missionarischen und seelsorgerlichen Erwägungen durchaus einmal Phasen geben, in denen derartige Hilfskonstruktionen sinnvoll sein können. Auf Dauer halte ich diesen Weg der Zuordnung von expliziten Lernfeldern zur Einübung in die Charismen jedoch nicht für zukunftsweisend. Die charismatischen Erneuerungsbewegungen haben somit auch ihre bevorzugten Gemein-

---

374 Vgl. Wimber; Springer 1988: 29–32.

schaftsformen in ausgelagerten Gebetskreisen,[375] in Lobpreis-Gottes-
diensten, in Seminaren und Kongressen, weniger im normalen Gemeindealltag eingenommen.[376]

Ich frage mich auch, ob die Angst vor Spaltungen und schmerzhaften
Erneuerungsprozessen in einer Gemeinde so dominierend sein kann,
dass dadurch der Geist Gottes lieber ausgegliedert wird. Wenn dann
Mitglieder einer Gemeinde ihre Unzufriedenheit zum Ausdruck bringen, werden sie als Störenfriede gebrandmarkt, die keine Geduld mit
denen haben, welche die Charismen ablehnen; sie werden als lieblos und
überheblich angesehen. Die Einheit der Gemeinde wäre gestört. Sicher,
wenn eine Gemeindeführung auf Dauer das Gesamtspektrum biblisch
bezeugter Charismen zurückweist und sich nur für einzelne Begabungen öffnet, stellt sich die Frage, inwieweit ein Gemeindemitglied, das in
diesem Punkt eine andere Erkenntnis hat, dauerhaft und aufbauend in
einer Gemeinde wirken kann. Manche entscheiden sich, die Gemeinde
zu wechseln und sich einer Versammlung anzuschließen, mit deren Charismenlehre und -praxis sie auch übereinstimmen. Andere bleiben in
ihrer Gemeinde, wissend, dass Gottes Geist auch dort weiterhin wirksam
ist, auch wenn nicht alle Gaben gewollt und gefördert werden.

Es erfüllt mich mit Traurigkeit, wenn in solchen schwierigen Situationen gegenseitige Verurteilungen und „Verteufelungen" vorkommen,
wenn Glaubensgeschwister sich den Glauben absprechen oder sich über-
einander erheben. Es ist offenbar so, dass Gott Gemeinden segnet, in
denen das ganze Gabenspektrum gefördert und praktiziert wird, und
dass auch Gemeinden Segensträger in einer Stadt sein können, die
sich gegen die Praxis bestimmter Gaben ausgesprochen haben. Fehler und Missbrauch von Gaben geschehen ja nicht nur bei Charismen
wie Sprachengebet, Heilungen oder Prophetie, sondern auch verstärkt
in der Praxis der Gaben der Lehre oder auch der Leitung. Die meis-

---

375   F. Sullivan nennt für die katholische charismatische Erneuerung vier
      Kennzeichen der Gebetsgruppen: Lobpreis, Glossolalie, Prophetie und
      Geistestaufe. In: Sullivan 1986.

376   Vgl. Zimmerling, Peter: Das charismatische Gottesdienstverständnis. Die
      bevorzugte Gemeinschaftsform. In: Zimmerling 2009: 123–136. Ebenso:
      Reimer 1987: 74ff.

ten Gemeindespaltungen geschehen nicht aufgrund der „spektakulären" Geistesgaben, sondern aufgrund von lehrmäßigen Differenzen, Lieblosigkeit und Missbrauch der Gabe der Leitung. Die Gemeinde bleibt für alle Gaben des Geistes ein großes Lernfeld. Sie ist das große „Entwicklungslabor" des Geistes Gottes, der „zuteilt, wie er will".

c. Einsetzen

Wer seine Gaben anwendet, stellt sich mehr und mehr darauf ein, von einer Gabe zu einer Aufgabe zu finden.[377] So selbstverständlich es zu sein scheint, so notwendig ist doch die Aufforderung, die Charismen auch anzuwenden – und zwar in den dafür zugeordneten Rahmen. Paulus fordert hierzu auf, wenn er schreibt: „Da wir aber verschiedene Gnadengaben haben nach der uns gegebenen Gnade, so lasst sie uns gebrauchen: es sei Weissagung, in der Entsprechung zum Glauben; es sei Dienst, im Dienen; es sei, der da lehrt, in der Lehre; es sei, der ermahnt, in der Ermahnung; der mitteilt, in Einfalt; der vorsteht, mit Fleiß; der Barmherzigkeit übt, mit Freudigkeit" (Röm 12, 6–8; EB).

Hier gilt nicht nur der Aufruf, die einzelnen Gaben einzusetzen und zu gebrauchen, sondern der Apostel gibt zu den hier aufgeführten Charismen auch einzelne Rahmenbedingungen an. Diese können zum einen so verstanden werden, dass es sich hierbei um den Ort des Gabeneinsatzes handelt oder dass auch Platzanweisungen gegeben werden, z. B. in der Lehre zu lehren. Der mit dem Charisma der Lehre Beschenkte wird seine Gabe nicht gleichermaßen in allen Dienstbereichen der Gemeinde entfalten können. Das gleiche gilt von anderen Gaben. Zum anderen fügt Paulus Rahmenbedingungen hinzu, die verdeutlichen können, wie sich das gegebene Charisma besonders gut entfaltet und worauf der so

---

377   „Wer seine Gaben anwendet, stellt sich mehr und mehr darauf ein, nicht irgendetwas zu tun, sondern von seiner Gabe zu seiner Aufgabe zu finden […] Dadurch steigt die ‚Leistungsfähigkeit' seines Dienstes, aber nicht in der Richtung der Anpassung an gesellschaftliche Normen, sondern in Richtung auf eine wachsende Einheit zwischen dem Schöpfungsentwurf Gottes für sein Leben und dem wirklichen Lebensvollzug" (S. Großmann in: Großmann 1995: 156).

Begabte besonders achten sollte; so gehört z. B. zum Vorstehen Fleiß oder zur Barmherzigkeit die Freudigkeit. Wird eine von Gott geschenkte Begabung in einem falschen Rahmen eingesetzt oder mit einer der Gabe konträr gegenüberstehenden Grundhaltung praktiziert, so kann es ebenfalls zu Enttäuschungen und Entgleisungen kommen. Verliert jemand, der die Gabe der Barmherzigkeit hat, dabei die Freude am Dienst, so wird auch diese Gabe nicht ihre gewünschte Wirkung zeigen. Denken wir einmal daran, dass jemand ein ausgeprägtes Gabenprofil im Bereich der Diakonie, der Barmherzigkeit und der Hilfeleistungen hat, nun aber aufgrund dieser starken Begabung in der Gemeinde zu einem Leitungsdienst berufen wird. Wahrscheinlich wird er die Gemeinde nur widerwillig leiten, wenn er nicht zugleich auch eine Gabe der Leitung empfängt. Paulus hat das Bild vor Augen, das auch im Petrusbrief so auf den Punkt gebracht wird: „Und dient einander, ein jeder mit der Gabe, die er empfangen hat, als die guten Haushalter der mancherlei Gnade Gottes: Wenn jemand predigt, dass er's rede als Gottes Wort; wenn jemand dient, dass er's tue aus der Kraft, die Gott gewährt, damit in allen Dingen Gott gepriesen werde durch Jesus Christus. Sein ist die Ehre und Gewalt von Ewigkeit zu Ewigkeit" (1Petr 4,10f).

7.4 Ausprägung und Intensität der Charismen

Die Vielgestaltigkeit der charismatischen Praxis weist auf die unterschiedlichen Variationen geistlicher Begabungen hin. Es ist Paulus offenbar wichtig, die ganze Unterschiedlichkeit der Gnadenwirkungen in der Zuteilung der verschiedenen Charismen herauszustellen und zugleich die Einheit des Zusammenwirkens der Gaben zu betonen. „Es sind verschiedene Gaben; aber es ist ‚ein' Geist. Und es sind verschiedene Ämter; aber es ist ‚ein' Herr. Und es sind verschiedene Kräfte; aber es ist ‚ein' Gott, der da wirkt alles in allen" (1Kor 12,4–6; LU).

Diese Vielfalt wird schnell erkennbar, wenn wir einzelne Gabenprofile ausmachen: Da gibt es Charismen, die im konkreten Handeln ihren Ausdruck finden, und andere Gaben sind im Wesen eher Gaben der Erkenntnis, der Wahrnehmung und Deutung. Aber auch innerhalb eines Gabenprofils gibt es Unterschiede. Sie werden schon in den Gabenlisten in Röm 12 und 1Kor 12 deutlich. Manchmal gebraucht Paulus auch bewusst den Plural, um die verschiedenen Akzentuierungen einer Gabe zu markieren.

So spricht er z. B. von den „Gaben der Heilungen". Dieser doppelte Plural weist darauf hin, dass es sowohl verschiedene Begabungen als auch unterschiedliche Heilungen geben kann. In der Praxis der Heilungsgaben gibt es immer wieder Menschen, die anscheinend eine besondere Begabung für bestimmte Leiden oder Krankheiten haben. Der eine mag eher im Bereich der Heilung psychischer, ein anderer mehr im Bereich körperlicher Krankheiten vom Geist Gottes zum Heilungsdienst gebraucht werden. Es gibt Heilungsbegabte, die besonders bei lebensbedrohlichen Erkrankungen ihre Gabe zum Einsatz bringen können, andere haben die Gnade, im Namen Jesu den Schmerzen zu gebieten oder bei der Diagnose einer Krankheit Durchblick zu erhalten. Auch die Praxis der Gabe wird unterschiedlich erlebt. Während der eine immer den körperlichen Kontakt durch die Auflegung der Hände ausübt, ist für einen anderen das laute Gebet ausschlaggebend.

Die Variationen dieser Heilungsgaben scheinen besonders vielfältig zu sein, aber ich denke, dass es ähnliche Ausprägungen und Akzente einer Begabung in allen charismatischen Zuteilungen gibt. Paulus nutzt z. B. auch für die Gaben der Leitung zwei unterschiedliche Begriffe. In 1Kor 12,28 spricht er von der Gabe der *Kybernese*, wörtlich „Steuermannskunst". Es ist die Ausprägung einer visionären Leitungsbegabung, wir können auch von der Befähigung zur Führung sprechen. Einen anderen Begriff finden wir in Röm 12,8: „Wer vorsteht, tue es mit Fleiß". *Prohistemi* (vorstehen) ist ein typischer Verwaltungsbegriff, der ursprünglich aus der Welt der Banken stammt. Er legt den Akzent auf die Sorgfalt in der Verwaltung und Zuteilung. Hier geht es eher um eine verwaltende, diakonische Leitungsbegabung. Beide Ausprägungen der Leitungsgabe sind hilfreich und für den Gemeindeaufbau von großem Wert. Da wir davon ausgehen dürfen, dass die Gabenlisten des NT nicht die ganze Gabenvielfalt aufzählen, nehme ich an, dass in jeder Gabe auch unterschiedliche Ausprägungen und Akzente liegen können.

Die Unterschiedlichkeit der Gnadenwirkungen wird aber nicht nur deutlich in der Verschiedenheit der Gabe an sich, sondern vor allen Dingen auch in der Unterschiedlichkeit der Gabenträger. Gott hat die Menschen verschieden geschaffen. Die neue Geburt in Christus hat nicht das

Ziel, diesen Reichtum der Vielfalt auszulöschen. Die Gaben des Geistes werden sich in den verschiedenen Menschen mit ihrer jeweiligen Prägung auch unterschiedlich darstellen. Ein reflektierter und wortgewandter Mensch wird ein Wort der Weisheit anders weitergeben als ein praktisch orientierter, wortkarger Zeitgenosse. Ein cholerischer Charakter wird die Gabe der Seelsorge anders füllen als ein Phlegmatiker. Und ein reifer, älterer Mensch wird die gleiche Begabung möglicherweise anders einsetzen als ein unerfahrener.

Diese individuelle „Verpackung"[378] eines Charismas bringt eine Vielgestaltigkeit der Gnade hervor, auf die wir nicht verzichten sollten. Manchmal muss ich schmunzeln, wenn ich erlebe, wie gerade diese individuelle Färbung in der Praxis der Geistesgaben von Menschen übernommen wird, weil sie denken, diese Gabe müsse genau so praktiziert werden, wie sie es bei jemand anderem wahrgenommen haben. Das geht bis in äußere Formen hinein. Einige wünschen sich dadurch vielleicht unbewusst, die Echtheit ihrer Begabung zu untermauern. Ich kann mich an Versammlungen erinnern, in denen die prophetisch Redenden immer den Tränen nahe waren und ihre Weissagung in einer unangemessenen Lautstärke weitergaben. Dass eine Weissagung auch mit wenig emotionalem Engagement und in einer ruhigen Art weitergegeben werden kann, ist dann meist nur schwerlich zu vermitteln. Schwierig wird es besonders dann, wenn ein persönliches Profil zum Maßstab für andere wird.[379]

An einem persönlichen Beispiel möchte ich das verdeutlichen: Ich meine, dass Gott mir eine gewisse Begabung zum Lehren gegeben hat. Aufgrund meiner Persönlichkeitsstruktur ist für mich eine Lehre dann gut, wenn sie klar strukturiert und logisch nachvollziehbar ist. Ein Vor-

---

378   S. Großmann spricht davon, dass das jeweilige Charisma in die eigene Person integriert werden muss. Vgl. a.a.O.: 157.

379   Die Art der persönlichen Gabenprojektion, die sich nicht nur auf die Gabe an sich, sondern auch auf den Umgang mit dieser Gabe bezieht, ist besonders schwer zu entlarven. Ich habe in meinem Buch „Charismatisch dienen" deshalb bei jedem der dort dargestellten Gabenprofile auch auf die Gefahr des Missbrauchs und der spezifischen Gabenprojektion hingewiesen. Vgl. Rust 2006.

trag sollte eine überschaubare Gliederung haben und klare Thesen bein-
halten. So versuche ich jedenfalls die Lehrgabe zu praktizieren. In den
80er-Jahren waren meine Frau und ich Mitglieder in einer Gemeinde,
deren Pastor eine völlig andere Ausprägung der Lehrbegabung hatte.
Er liebte es, Geschichten zu erzählen, Parabeln und Bilder auszumalen. Wenn er in seiner Predigt zum „Amen" kam, hatte ich oft gar nicht
verstanden, was er eigentlich aussagen wollte. Und ich hatte es längst
aufgegeben, die wesentlichen Gedanken mitzuschreiben, um sie später
noch einmal zu vertiefen. Nach einiger Zeit kam ich innerlich zu dem
Entschluss, dass dieser Pastor wohl nicht die Gabe der Lehre, sondern
eher andere Gaben des Geistes habe. Doch ich habe mich offensichtlich
getäuscht, denn viele Menschen schätzten gerade die bildhafte und tiefe
Verkündigung und Lehre dieses Pastors. Er hatte eine ausgesprochene
Lehrbegabung, aber in einer völlig anderen Ausprägung als ich.

Betrachten wir noch die Gabe der Leitung als ein weiteres Beispiel. In
vielen Büchern über die geistliche Gabe der Leitung wird von der Füh-
rungsgabe im Verständnis der Kybernese ausgegangen. Wer kein Visio-
när ist, dem wird schlichtweg die Gabe der Leitung abgesprochen. Das
ist Blindheit in Bezug auf das breite Zeugnis der Schrift. Noch schwieri-
ger wird es, wenn jemand meint, alle, die die Gabe der Führung haben,
müssten diese so ausüben, wie man es selbst tut.[380] Es gibt Visionäre, die
ihre Zeiten des Rückzugs und der Besinnung brauchen, um neu das Ziel
und die Richtung zu erkennen; andere haben eine von Gott geschenkte
Intuition, die sie nicht in Zeiten des Rückzugs oder der Klausur empfangen, sondern sie bekommen die besten Ideen oft völlig unverhofft mitten
im Alltag, z. B. während sie Auto fahren oder unter der Dusche stehen.
Sie führen auch nicht mit langfristig gesteckten Zielen, sondern sie sur-
fen durch die Chancen und Möglichkeiten hindurch, die Gott ihnen vor
ihrem inneren Auge zeigt. Ihnen gelingt es, andere zu begeistern und
mitzunehmen auf dem Weg. Manchmal werden sie sogar als „chaotisch"
empfunden, obwohl sie eine gewisse Genialität in der Ausprägung des

---

380 Eine gewisse Einseitigkeit im Verständnis der Lehre über Führung sehe
     ich in den frühen Ausführungen von Bill Hybels. In späteren Veröffent-
     lichungen kommt er zu einer differenzierteren Darlegung und erläutert
     seinen persönlichen Führungsstil. Vgl. Hybels 2003. Hybels 2009.

Charismas der Kybernese an den Tag legen. Wieder andere haben eine ausgeprägte seelsorgerliche Hirtenbegabung in der Leitung.[381] Sie führen primär durch Menschenführung und weniger dadurch, dass sie strategische Ziele aufzeigen.

Die Gnade ist und bleibt vielfältig und wir müssen uns davor hüten, sie auf unser persönliches Niveau einzuschränken. Wenn jemand sein persönliches Gabenprofil zum Maßstab für andere erhebt, steht er in der Gefahr der Gabenprojektion. Er sucht in dem anderen immer genau das Gabenprofil, was er selbst hat oder sich wünscht. Gerade geistliche Leiterpersönlichkeiten müssen aufpassen, dass sie ihr eigenes Profil nicht unbewusst oder gar bewusst auf andere übertragen oder zu hoch bewerten. Ich kenne geistliche Leiter, die schlichtweg behaupten, die Gabe der Leitung sei die wichtigste aller Gaben. Nun ist es unumstritten, dass die Gaben der Leitung für den Gemeindeaufbau eine hohe Relevanz haben. Dennoch gibt uns das Zeugnis des NT keine Rangfolge an, welche Gabe nun die wichtigste sei. Die Aufzählungen in den Gabenkatalogen bilden ja keine Wichtigkeitsstufen, wenngleich Paulus auch von der unterschiedlichen Bedeutung der Gaben weiß, wenn er die Korinther dazu auffordert, nach den „größeren Gnadengaben" zu streben (1Kor 12,31). Ebenso argumentiert er: „Wer aber weissagt, ist größer, als wer in Sprachen redet, es sei denn, dass er es auslegt, damit die Gemeinde Erbauung empfange" (1Kor 14,5; EB. Vgl. auch 1Kor 14,1).

Der Stellenwert einer Gabe wird gemessen werden an der Wirkung der Auferbauung für die Gemeinde. Es kann durchaus in bestimmten Situationen wichtiger sein, dass jemand mit der Gabe der Barmherzigkeit und der Hilfeleistung aktiv wird, als dass jemand die Gabe der Lehre oder Leitung zum Einsatz bringt. Es hängt von der jeweiligen Situation ab, welche Gabe vorrangig gebraucht wird. Keinesfalls ist das unterschiedliche Gabenprofil ein Maßstab für den unterschiedlichen Wert des Gabenträgers. Paulus liegt gar nichts daran, eine Rangordnung zwischen denen zu schaffen, in denen der Geist Gottes Gaben weckt. Er betont deshalb auch, dass gerade die anscheinend geringen Gaben und Funktionen im Leib Christi besondere Beachtung finden sollen. Die einzelnen

---

381   Vgl. Leman; Pentak 2010.

Glieder am Leib Christi sollen ihre jeweilige Funktion wahrnehmen, wissend, dass sie aufeinander angewiesen sind und nur im Zusammenspiel mit anderen Gliedern ihre volle Funktion ausüben können.

> „Aber so ist es ja auch nicht, sondern viele einzelne Glieder bilden gemeinsam den einen Leib. Darum kann das Auge nicht zur Hand sagen: ,Ich brauche dich nicht!' Und der Kopf kann nicht zu den Füßen sagen: ,Ihr seid überflüssig!' Vielmehr sind gerade die Teile des Körpers, die schwach und unbedeutend erscheinen, besonders wichtig. Wenn uns an unserem Körper etwas nicht gefällt, dann geben wir uns die größte Mühe, es schöner zu machen; und was uns anstößig erscheint, das kleiden wir besonders sorgfältig. Denn was nicht anstößig ist, muss auch nicht besonders bekleidet werden. Gott aber hat unseren Leib so zusammengefügt, dass die unwichtig erscheinenden Glieder in Wirklichkeit besonders wichtig sind. Unser Leib soll eine Einheit sein, in der jedes einzelne Körperteil für das andere da ist" (1Kor 12,20–25).

Die Unterschiedlichkeit der Begabungen führt auch zur Stärkung der Abhängigkeit voneinander und damit auch zur Einheit des Leibes.[382]

Was für den Einzelnen gilt, kann auch für eine ganze Gemeinde gelten. Ich habe den Eindruck, dass auch eine konkrete Ortsgemeinde durch ihre Zusammensetzung und die Austeilung der Gaben des Geistes ein ganz bestimmtes Gabenprofil haben kann, das wiederum auf Ergänzung hin angelegt ist. So habe ich eine Gemeinde vor Augen, in der außerordentlich viele Menschen mit der Gabe der Diakonie und Seelsorge sind; andere Begabungen kommen kaum zum Tragen, obwohl eine Offenheit dafür gegeben ist. Eine solch diakonisch ausgerüstete Gemeinde wird auf die Ergänzung ihres Zeugnisses durch andere Gemeinden angewiesen sein. Auch im Leben des Einzelnen kommt meist nicht nur eine Gabe zum Tragen, sondern mehrere. Es fällt auf, dass es häufiger gewisse Gabenkombinationen gibt, die dann zu einem konkreten Dienst oder einer Berufung werden. Paulus spricht von einer solchen Kombination in Bezug auf das Zusammenwirken von der Gabe der Glossolalie und

---

382 „Die Einheit aller Charismata ist in Christus vorgegeben. Ihre Gemeinschaft liegt in dem einen Geist, der einen Berufung, der einen Taufe. Ihr Kriterium ist die Herrschaft des Gekreuzigten. Ihr Maß ist die Gemeinschaft des Heiligen Geistes." J. Moltmann in: Moltmann 1989: 324.

der Gabe der Auslegung. Ich habe vielfach wahrgenommen, dass Menschen mit einer Heilungsgabe oft auch die Gabe der Erkenntnis über Einzelne haben. Auch die Gabenkombination von Leitung und Lehre finden wir in den unterschiedlichen Berufungen häufiger. Der Hauptpastor der Willow Creek Gemeinde in Chicago, Bill Hybels, unterscheidet die dominanten Gaben, die vorhandenen Gaben und die schlummernden Gaben in einem Menschen. Dabei wird ein Christ beim Einsatz seiner vorrangigen Gaben Freude und Kraft empfangen, wohingegen es ihn immer mehr Kraft kostet, je weniger eine Gabe ausgeprägt ist. Ähnliche Stufenmodelle finden wir in den unterschiedlichen Gabentests. Bei aller Relativität der Aussagekraft solcher Tests können sie dennoch helfen, die primären Begabungen von den weniger augenscheinlichen zu unterscheiden.

Wir sollten uns bei all diesen Überlegungen immer wieder vor Augen halten, dass ja die Anlage zu jedem Charisma durch die Innewohnung des Christus in dem wiedergeborenen Menschen vorhanden ist. Bei aller Orientierungshilfe, die in den verschiedenen Gabenkursen angeboten werden, sehe ich jedoch auch eine Gefahr. Die Tests können ja nur eine Einschätzung für die Vergangenheit oder die Gegenwart geben. So legen sich Kursteilnehmer fest in der Auffassung, dass das gegenwärtige Gabenprofil lebenslang so vom Geist Gottes bestimmt sei. Nun wird es sicher eine gewisse Kontinuität in der Gabenzuteilung geben, dennoch ist es auch möglich, dass ein einmal ausgeteiltes Charisma wieder vom Geist Gottes zurückgezogen wird und ein anderes dafür stärker zum Tragen kommt. Wir finden z. B. einen Philippus, der zunächst durch das Charisma der diakonischen Leitung hervortritt, jedoch später, ausgerüstet mit unterschiedlichen Gaben der Kraftwirkungen, einen gewaltigen Dienst als Evangelist tut. Auch in meinem Leben habe ich diese unterschiedlichen Phasen der Begabung erlebt. In der Zeit, als ich Jugendpastor im Regionalverband Niedersachsen unseres Gemeindebundes war, stand eine gewisse evangelistische Begabung im Vordergrund meines Dienstes. Als Gemeindepastor kamen die Gaben der Leitung viel mehr zum Tragen und in einer späteren Phase meines Dienstes waren es die Gaben der Weissagung und Lehre. Es gab Zeiten, in denen ich Erfahrungen mit der Gabe der Kraftwirkungen machen konnte, doch diese Zeit war nur sehr kurz. Der Geist teilt aus, wie er es für nötig erachtet und wie es für das Reich Gottes gut ist.

Eine weitere Beobachtung möchte ich an dieser Stelle noch weitergeben: Die Qualität und Intensität eines Charismas ist auch nicht immer gleich bleibend. Es gibt Zeiten, in denen wir ein Charisma sehr häufig zum Einsatz bringen dürfen, und dann sind es wiederum Zeiten, in denen das Charisma mehr oder weniger ruht. Ich kann mich entsinnen, dass meine prophetische Gabe Aufwind bekam, wenn in einer Gemeindeversammlung der Geist Gottes besonders stark war. Ähnlich geht es mir, wenn ich predige. Da kann ich die gleiche Predigt mit denselben Inhalten und dem gleichen Engagement in unterschiedlichen Situationen halten, und die Wirkung kann sehr unterschiedlich ausfallen. Da, wo wir in einem Klima der demütigen Erwartung sind, kommen die einzelnen Begabungen meist intensiver zum Tragen. In einem Umfeld, das geprägt ist von Lob und Anbetung, von Hingabe und Liebe zu Gott, fließt der Geist Gottes und man hat den Eindruck, dass alles leichter geht. Das Charisma ist zwar von gleicher Qualität, aber die Intensität des Wirkens Gottes wird kräftiger.

7.5 Wirkung und Funktion der Charismen

Gemeinden geben sich häufig einen Namen mit einem biblischen Hintergrund: Bethelgemeinde, Beröagemeinde usw. Ich habe noch keine Gemeinde kennengelernt, die sich Korinthgemeinde nennt, offenbar weil die Briefe des Paulus an die Gemeinde in Korinth vermuten lassen, dass diese Gemeinde viele Probleme hatte: Hochmut und Stolz, Trennungen und Spaltungen, sexuelle Unmoral, Gerichtsprozesse und dergleichen mehr kennzeichnen das Bild dieser Gemeinde. Das macht die Worte des Apostels in 1Kor 1,4–7 umso bemerkenswerter:„Immer wieder danke ich Gott dafür, dass er euch durch Jesus Christus seine unverdiente Güte geschenkt hat. Durch ihn seid ihr in allem reich geworden, er hat euch in reichem Maß befähigt, seine Botschaft zu verkünden und zu verstehen. Die Botschaft von Christus ist der feste Grund eures Glaubens. Darum fehlt bei euch keine der Gaben, die Gottes Geist den

Glaubenden schenkt. So wartet ihr darauf, dass Jesus Christus, unser Herr, für alle sichtbar kommt."[383]

Besonders erstaunlich ist die Feststellung, dass diese Gemeinde keinen Mangel an irgendeiner Gnadengabe hat. Hat Paulus hier wirklich die gleiche Gemeinde vor Augen? Die meisten würden doch einer derartigen Gemeinde kurzerhand alle geistliche Kompetenz absprechen. Doch der Apostel hat hier offenbar eine andere Sicht der Dinge. Er will nicht bestreiten, dass die Gemeinde Geistesgaben hat, er will ihnen jedoch helfen, den Missbrauch der Gaben zu vermeiden. Die Gaben sollen ihren angemessenen Stellenwert haben, indem er ihnen ihre Wirkung und Funktion vor Augen stellt.

a. Die Bedeutung für die Verherrlichung Gottes

„Jeder soll dem anderen mit der Begabung dienen, die ihm Gott gegeben hat. Wenn ihr die vielen Gaben Gottes in dieser Weise gebraucht, setzt ihr sie richtig ein. Bist du dazu berufen, vor der Gemeinde zu reden, dann soll Gott durch dich sprechen. Hat jemand in der Gemeinde die Aufgabe übernommen, anderen Menschen zu helfen, dann arbeite er in der Kraft, die Gott ihm gibt. So ehren wir Gott mit allem, was wir sind und haben. Jesus Christus hat uns dies ermöglicht. Gott gehört alle Ehre und alle Macht für immer und ewig. Amen" (1Petr 4,10f).

Der Einsatz der Gaben soll allen voran zur Verherrlichung Gottes dienen. Nicht der Gabenträger noch der Mensch, der vom Einsatz einer Gabe profitiert, stehen im Zentrum des charismatischen Dienstes, sondern die Ehre, die Gott zukommt. Wenn der Glanz nicht auf Gott

---

383   N. Baumert kommentiert: „Aufgrund solcher ‚Worte und Erkenntnisse' fehlt es euch beim ‚Aufnehmen/Verstehen der Offenbarung' an keinem ‚Geschenk Gottes' (Charisma), d. h., auf der Ebene des Verstehens seiner Offenbarung habt ihr in eurer Mitte durch solche prophetischen Worte viele Hilfen von Gott empfangen (vgl. 1Kor 14,26). Da Paulus diese kognitive Ebene so hervorhebt, könnte man im Hintergrund einen Gedanken vermuten, wie: ob es auf anderen Ebenen auch so ist, z. B. ob ihr an Liebe ebenso überreich seid, sei dahingestellt (vgl. 1Kor 13)." In: Baumert 2007: 15.

zurückfällt, sondern beim Charismatiker oder beim Empfänger eines Dienstes hängen bleibt, hat das Charisma seine Wirkung verfehlt. Damit das geschehen kann, ist die Grundhaltung des Dienens ausschlaggebend. Ein dienender und demütiger Charismatiker braucht sich nicht ständig ins richtige Licht zu rücken; er kann zurückstecken und zurücktreten, er kann warten und sich einordnen, so ist er ein „guter Verwalter der verschiedenen Gnade Gottes".[384]

b. Die Bedeutung für die Auferbauung der Gemeinde

Immer wieder führt Paulus das Stichwort der Auferbauung, des Nutzens an. „Wie auch immer sich die Gaben des Geistes bei jedem Einzelnen von euch zeigen, sie sollen der ganzen Gemeinde nützen" (1Kor 12,7). Der Einsatz der Gaben ist in erster Linie zur Erbauung der Gemeinde gedacht. Der griechische Begriff *oikodome*[385] bezieht sich auf die Architektur, die davon ausgeht, dass die unterschiedlichen Elemente eines Hausbaus zueinander passen müssen. Sie müssen das richtige Maß haben und an der richtigen Stelle eingesetzt werden. Genauso ist es auch mit den Gaben des Geistes zu sehen. Der Stellenwert von Prophetie und Glossolalie wird an diesem Kriterium ausgerichtet (1Kor 14,4). Die Gaben sollen immer im Hinblick auf die Auferbauung der Gemeinde gesehen werden.

Nun darf man das deutsche Wort „Erbauung" nicht missdeuten, indem man es mit einer Harmonie gleichsetzt, die eher den Charakter eines faulen Friedens in sich trägt. Es ist nicht immer die unmittelbare Wirkung und Atmosphäre ausschlaggebend, ob ein eingesetztes Charisma zur Auferbauung einer Gemeinde oder eines anderen Menschen dient. Ein strenges und ermahnendes Wort in der Seelsorge oder Pro-

---

384 P. Zimmerling betont die „doxologische Ausrichtung" der Charismenpraxis. Der Gaben-und Begabtenkult „würde sich in dem Moment erübrigen, wo die doxologische Ausrichtung der Charismenlehre die Verherrlichung Gottes als Zweck des Charismas wie auch des Charismatikers klarer erkennen ließe." In: Zimmerling 2009: 122.

385 Eine gute Synopse der neutestamentlichen Anwendung des Begriffs finden wir bei: Vielhauer 1986.

phetie kann zunächst auch zu einer Erschütterung führen, ja, es kann zur Ablehnung und zum Trotz führen, und es soll dennoch zur Auferbauung beitragen. Hier sind die langfristigen Auswirkungen zu sehen.

Entscheidend wird auch sein, in welcher Gesinnung und mit welcher Motivation ein Charisma zum Einsatz kommt. Wenn ein Gabenträger sich mit seinem Charisma ständig in den Mittelpunkt stellen will, so ist dem Einhalt zu gebieten. Paulus ist auch in Bezug auf prophetische Inspirationen hier äußerst nüchtern, wenn er argumentiert:

> „Was bedeutet das nun für euch, liebe Brüder und Schwestern? Wenn ihr zusammenkommt, hat jeder etwas beizutragen: Einige singen ein Loblied, andere unterweisen die Gemeinde im Glauben. Einige geben weiter, was Gott ihnen offenbart hat, andere reden in unbekannten Sprachen, und wieder andere legen das Gesprochene für alle aus. Wichtig ist, dass alles die Gemeinde aufbaut. Während eines Gottesdienstes sollen höchstens zwei oder drei in unbekannten Sprachen reden, und zwar einer nach dem anderen. Was sie gesagt haben, soll gleich für alle erklärt werden. Wenn dafür niemand da ist, sollen die Betreffenden schweigen. Sie können ja für sich allein beten; Gott wird sie hören. Auch von den Propheten, die Gottes Botschaften empfangen, sollen zwei oder drei sprechen; die anderen sollen das Gesagte deuten und beurteilen. Der Prophet, der eine Botschaft von Gott bekommen hat, soll seine Rede unterbrechen, wenn Gott einem der Anwesenden eine neue Botschaft eingibt. Ihr könnt doch alle der Reihe nach in Gottes Auftrag reden, damit alle lernen und alle ermutigt werden. Wer eine Botschaft von Gott bekommt, hat sich dabei völlig in der Gewalt. Denn Gott will keine Unordnung, er will Frieden" (1Kor 14,26–33).

Kein Charisma und keine Einzelperson sollen in der Gemeindeversammlung dominieren, alle sollen zu Wort kommen und alles soll in Frieden geschehen. Paulus setzt den Frieden hier in Gegensatz zur Unordnung. Es ist nicht gerade ein Kennzeichen eines auferbauenden Gottesdienstes, wenn alles ohne erkennbare Ordnung geschieht. Auferbauung trägt in sich den Charakter des Friedens. Im Frieden Gottes hat alles seinen Platz und seine Zuordnung.[386] Jedes Charisma kommt zur

---

386   N. Baumert kommentiert in Bezug auf den Frieden stiftenden Geist: „Dieser Satz sagt nicht etwa, dass die unmittelbaren Geisteingebungen von einem starken Leiter streng nach einem formalen Schema (z. B. je drei

Anwendung. Trost und Zuspruch sollen Raum haben, die Lehre und das Sprachengebet, aber auch weniger spontan eingegebene Gaben, wie die fest formulierten Psalmen. Man kann in diesen Anweisungen für eine Gemeindeversammlung nicht erkennen, dass das spontane Wirken des Geistes den langfristig angelegten Wirkungsweisen vorzuziehen sei. Beides hat seinen Platz in der Friedensordnung Gottes.

c. Die Bedeutung für die Mission

Die Gaben des Geistes haben auch ihren besonderen Nutzen in der Evangelisation. Der Auferstandene weist bereits in seinen Abschiedsworten darauf hin, wenn er ankündigt, dass den Glaubenden, die in seiner Mission unterwegs sind, zeichenhaft diese Gnadenerweise folgen werden: „Die Glaubenden aber werde ich durch folgende Wunder bestätigen: In meinem Namen werden sie Dämonen austreiben und in unbekannten Sprachen reden. Gefährliche Schlangen und tödliches Gift werden ihnen nicht schaden, und Kranke, denen sie die Hände auflegen, werden gesund" (Mk 16,17f). Die Apostelgeschichte berichtet von dem Einsatz der Gaben in der Evangelisation: Prophetie (Apg 10; Apg 13,1f), Wort der Weisheit (Apg 15,13f), Lehre (Apg 2), Wort der Erkenntnis (Apg 5), Sprachenrede (Apg 2), Diakonie (Apg 6), Mitteilung des Besitzes (Apg 3) oder auch die vielen Berichte von Heilungen und Kraftwirkungen. Selbst in einer Gemeindeversammlung ist die evangelistische Wirkung des Charismas im Blick. „Wenn ihr dagegen alle in verständlichen Worten prophetisch redet und ein Ungläubiger oder Fremder kommt dazu, wird ihn dann nicht alles, was ihr sagt, von seiner Schuld überzeugen und in seinem Gewissen treffen? Was er bis dahin sich selbst nie eingestanden hat, wird ihm jetzt plötzlich klar. Er wird auf die Knie fallen, Gott anbeten und bekennen: ‚Gott ist wirklich mitten unter euch!'" (1Kor 14,24f).

---

und auf keinen Fall mehr) zugeordnet werden – als ob der Heilige Geist nur eine ‚charismatische Unordnung' zustandebringe, die dann durch menschliche Hand ‚geordnet' werden müsse. Die Eingebungen haben ihr Ordnungsprinzip [ ], weil sie ja ‚vom Gott des Friedens' kommen" (Baumert 2007: 261).

Ich habe den Eindruck, dass die Bedeutung der Charismen für die Mission in Evangelisation und Diakonie zunehmend ins Blickfeld kommt. Während in den Anfängen der charismatischen Aufbrüche das Charisma an sich und die Geisterneuerung des Einzelnen im Mittelpunkt standen und sich in der Folgezeit die charismatische Bewegung als eine Gemeindeerneuerungsbewegung definierte, wächst das Interesse an der Bedeutung der Gaben für die Mission. Es wundert mich allerdings schon, dass ganze Evangelisationskongresse stattfinden, die mit keinem Wort die herausragende Bedeutung der Gaben der Heilungen, der Kraftwirkungen oder auch der Prophetie erwähnen.

Daniel Lhermenault, Baptistenpastor in Roubaix (Nordfrankreich), hat mir diesen Akzent der Gaben besonders nahe gebracht. Vor einiger Zeit berichtete er von einer Missionsstation in Frankreich. Eine kleine Gruppe von Christen hatte den Auftrag von Gott vernommen, in einem kleinen Ort mit einer Gemeindearbeit zu beginnen. Die Gruppe bestand aus einigen älteren Frauen und einem jungen Mann. Über viele Wochen trafen sie sich in einem Hinterzimmer einer Gaststätte zum Gebet. Doch lange Zeit geschah nichts. Eines Tages bekam eine der älteren Frauen eine prophetische Weisung. Sie hatte den Eindruck, dass ganz am Ende der Stadt ein älterer Mann dringend die Hilfe Gottes benötige. Aufgrund dieses Impulses sandten sie den jungen Mann aus, um nach einem solchen Mann Ausschau zu halten. Ganz am Ende der langen Straße, die sich durch den Ort zog, traf er auf eine Frau, die weinte. Auf Nachfragen berichtete sie davon, dass ihr Mann erblindet sei und dass er die Freude am Leben verloren habe. Schon seit langem habe er davon geredet, dass er seinem Leben ein Ende machen wolle. Nun sei er aus dem Haus und er habe einen Strick mitgenommen. Sofort machte sich der junge Mann auf die Suche nach dem Blinden. Er fand ihn in einem nahe gelegenen Wald, als er gerade dabei war, sich das Leben zu nehmen. Er befreite ihn aus dieser Situation und brachte ihn zurück zu seiner Frau. Überrascht von diesem ungewöhnlichen Eingreifen, wollten nun beide wissen, wie der junge Mann von ihrer Situation erfahren habe. Er berichtete von dem Gebetsimpuls und davon, dass Gott offenbar Interesse an dem Leben der beiden älteren Menschen habe. In großer Gewissheit und Zuversicht betete er anschließend dafür, dass Gott dem blinden Mann das Augenlicht wieder schenken möge. Sofort konnte er wieder sehen.

Die Nachricht von diesem Eingreifen Gottes führte dazu, dass nicht nur das ältere Ehepaar in die Nachfolge Jesu gerufen wurde, sondern sich in den kommenden Wochen Menschen im Ort für ein Leben mit Jesus entschieden haben.

Dieses ist nur eine von unzähligen Begebenheiten, die deutlich machen, welchen Stellenwert die Gaben des Geistes in der Evangelisation (Martyria) haben können.[387]

d. Die Bedeutung für das persönliche Leben

Die Gaben des Geistes haben auch eine Bedeutung und einen Nutzen für mein persönliches Leben. Ausdrücklich erwähnt Paulus dieses in Bezug auf die Praktizierung der Gabe des Sprachengebetes: „Wer in unbekannten Sprachen redet, stärkt seinen persönlichen Glauben" (1Kor 14,4). Diese Selbstauferbauung (griech. *oikodome*) ist jedoch keinesfalls auf diese eine Gabe beschränkt.[388] Jemand, der erlebt, wie Gott ihn im Dienst gebrauchen kann, wird dadurch froh und dankbar.

Ich weiß, wie beglückend es sein kann, wenn ein Wort der Erkenntnis in das Verborgene des Herzens eines Menschen treffen kann und dieser dadurch im Glauben an Gott gestärkt wird. Als ich kürzlich zu einer Flugreise antrat, bekam ich einen prophetischen Impuls. Gott zeigte mir das Gesicht einer farbigen Stewardess, die mich sehr freundlich anlächelte. „Diese Frau ist in großen familiären Nöten. Sage ihr, dass ich ihr Gebet höre und dass ich sie nicht vergessen habe", so war der Gedanke, in dem ich Gottes Stimme vernahm. Als ich einige Stunden später auf

---

387 Ich verweise auch auf die Beispiele, die D. Scheunemann aus der indonesischen Erweckung im Rahmen seiner Charismenlehre berichtet. In: Schneunemann 1980: 68–147.

388 Die Argumentation J. Stotts, dass Paulus hier wohl eine ironische Nebenbemerkung gemacht habe, ist nicht überzeugend. Er hat den Eindruck, „dass ein wenig Ironie, wenn nicht gar Sarkasmus in Paulus' Stimme mitschwingt, wenn er über die eigene Erbauung dessen spricht, der in Zungen redet. Wir gehen einfach davon aus, dass die Korinther, denen er ja den Zweck der Geistesgaben ausführlich erklärt hat, verstehen, was er meint, ohne dass er es noch extra erklären muss." In: Stott 1972: 108.

der Gangway in das Flugzeug stieg, schaute mich genau diese Frau an, die ich zuvor im Geist gesehen hatte. Da es zu einer Verzögerung des Starts kam, hatte ich die Möglichkeit, diese Frau persönlich anzusprechen. Ich ging zu ihr und fragte, ob sie an Gott glaube. Sie nickte und bejahte meine Frage fröhlich. „Wissen Sie, ich glaube, dass ich Ihnen eine Botschaft von Gott sagen soll", fuhr ich fort und berichtete ihr von meinem Eindruck. Tränen flossen ihr über die Wangen. Sie nahm mich in den Arm und lobte Gott, dass er ihre Situation gesehen und sie durch dieses Wort getröstet hatte. In diesem Moment war nicht nur sie auferbaut, sondern auch ich. Ähnlich wird es immer zugehen, wenn ein Mensch mit den Gaben, die der Geist Gottes in ihm geweckt hat, anderen dient und dadurch Gott verherrlichen kann. Was könnte aufbauender für die eigene Seele sein?

7.6   Praxisfelder der Charismen

Der Geist Gottes teilt die unterschiedlichen Gaben zu, damit sie zur Ehre und zur Verherrlichung Gottes eingesetzt werden. Eine Gabe, die nicht praktiziert wird, verkümmert. Gaben nutzen sich nicht ab, sondern je mehr sie im Leben zur Wirkung kommen, umso reifer wird auch der Umgang mit ihnen und umso segensreicher ist ihre Wirkung.

Zu Beginn meiner Erfahrungen mit den Charismen hatte ich den Eindruck, dass die Gaben des Geistes nur dann wirksam sind, wenn ich in einem Umfeld bin, das vom Geist Gottes stark geprägt ist. So konzentrierte sich meine Erfahrung im Wesentlichen auf das Leben in der Gemeinde, in den Gemeindegruppen und Hauskreisen oder auf die evangelistischen Einsätze. Ich konnte mir gar nicht vorstellen, dass die Gaben für den ganz normalen Alltag in meiner Schule oder meinem Freundeskreis auch eine Bedeutung haben könnten.

Heute kann ich mir hingegen kaum noch vorstellen, warum die Gaben nur für den „frommen Gebrauch" da sein sollten. Der Geist Gottes schenkt die Gaben, damit die Missio Dei vorangetrieben wird. Der Geist Gottes wohnt im Menschen. Wo ein Christ ist, ist auch Christus und da sind auch die Charismen. Die Gaben des Geistes spielen in meinem gesamten Leben eine Rolle: In meiner persönlichen Beziehung zu Gott, im Gemeindeleben, im persönlichen Alltag inklusive aller Verant-

wortungsbereiche, die Gott mir zugeordnet hat. Die Praxisfelder für die
Charismen sind dort, wo ich lebe.

a. Die Charismen in der persönlichen Gottesbeziehung

Wie bereits angedeutet, haben die Gaben ihre primäre Bedeutung im
Dienst für Gott und für andere. Aber sie haben auch eine Rückwirkung
auf meine persönliche Gottesbeziehung.[389] Durch das Gebet stehe ich
mit Gott in einem ständigen Kommunikationsfluss. Wir reden miteinander, weil wir uns lieben. Liebende kommunizieren miteinander und
offenbaren sich einander. Gott spricht zu mir und ich darf mit ihm, dem
Schöpfer des Himmels und der Erde, wie mit dem engsten Vertrauten
reden und ihn als „Abba, lieber Vater!" ansprechen. Jedes Gebet hat im
Wesen etwas Prophetisches. Einige Gaben des Geistes können auch als
Offenbarungsgaben zugeordnet werden: Weissagung, Wort der Erkenntnis, Wort der Weisheit, Auslegung oder auch die Unterscheidung der
Geister. Diese Gaben sind nur möglich, weil ich eine Information „aus
dem Himmel" erhalte. Sie erwachsen aus einer Grundbefähigung des
wiedergeborenen Menschen, die Stimme Jesu Christi hören zu können.
„Sie werden meine Stimme hören", sagt Jesus in der Bildrede vom guten
Hirten und den Schafen (Joh 10,16). Wenn ein Christ Charismen der
Offenbarung empfängt, so verstärkt sich diese in jedem Christen bereits
angelegte Befähigung. Das wird sich im hörenden Beten bemerkbar
machen. Ein prophetisch Begabter wird in seinen Gebetszeiten immer
wieder Offenbarungen empfangen. Aber nicht nur in dem Hören auf
das, was Gott mir mitteilt, spielen die Gaben des Geistes eine Rolle, sondern auch dann, wenn ich im Gebet zu Gott rede und mit ihm kommu-
niziere. Jeder Mensch wird seine Wege finden, wie er am besten mit Gott

---

389   „Geistliches Leben entfaltet und erneuert sich am stärksten in der persön-
      lichen Gottesbeziehung. Das gilt auch für die Gaben des Heiligen Geistes.
      Sie können und sollen zwar in der Gemeinde ausgeübt werden; lebendig
      bleiben sie aber nur dann, wenn sie ihre Kraft aus dem persönlichen Um-
      gang mit Gott und der gelebten Nachfolge Jesu schöpfen." S. Großmann
      in: Großmann 1995.

spricht. Die Bibel gibt hierzu ja nicht nur viele Aufforderungen, sondern auch einige konkrete Anweisungen.

Eine besondere Rolle spielt in diesem Zusammenhang die Gabe der Glossolalie, also die Fähigkeit, mit Gott in einer Sprache zu reden, die ich nicht zuvor gelernt habe, sondern die als eine Sprache des Herzens als Gabe vom Geist verliehen wird. In dieser Sprache kann ich mit Gott von Herz zu Herz reden. Mein Verstand ist dabei nicht ausgeschaltet, aber er kann sich auf die Tatsache konzentrieren, dass ich die Gemeinschaft mit Gott suche und pflege. Mein Geist, das Innerste meiner Person, richtet sich dabei ganz auf Gott aus. Ich muss nicht mühsam nach Formulierungen oder Gedanken suchen, die das zum Ausdruck bringen, was ich Gott sagen möchte. Die Gabe der Glossolalie ist vorrangig dazu gegeben, um mit Gott zu kommunizieren. „Denn wer in einer Sprache redet, redet nicht zu Menschen, sondern zu Gott, denn niemand versteht es, im Geist aber redet er Geheimnisse" (1Kor 14,2; EB).

Diese Gabe kann einen breiten Raum im Leben eines Christen einnehmen und sie ist nicht zu verachten (1Kor 14,5.18.39). Inwiefern Paulus diese Gabe im Blick gehabt hat, als er in Röm 8,26 davon spricht, dass wir durch den Heiligen Geist vor Gott selbst vertreten werden können, lässt sich nicht eindeutig sagen. Der Geist Gottes kann einem Menschen auch in einer anderen Weise zur Hilfe kommen, wenn ihm die Worte ausgehen. Dennoch, durch diese Gabe ist es möglich, dass der Glaubende in einer Weise mit Gott kommuniziert, die außergewöhnlich ist. Ich persönlich setze diese Gabe vorrangig in der Fürbitte und in der Anbetung ein. Oft weiß ich nicht, wie ich für jemanden beten soll. Ich selber fühle mich schwach und bete, dass Gott mein Herz und mein Beten in seinen Willen aufnimmt, wenn ich in Sprachen bete. Aber auch, wenn ich eine tiefe Dankbarkeit und Freude in mir habe und manchmal nach Worten ringe, um mein Lob vor Gott auszudrücken, ist mir diese Gabe ein besonderes Geschenk. Die Wirkung dieser Gabe auf mein persönliches Leben ist grundlegend aufbauend und stärkend. Besonders hilfreich ist es, wenn Gott zusätzlich die Gabe der Auslegung schenkt. Zwar ist es mir im persönlichen Gebet oft gar nicht wichtig, eine Auslegung zu empfangen, manchmal jedoch freue ich mich an den Worten und Gedanken der Interpretation.[390]

Die persönliche Verbindung zu Gott wird nicht nur im Gebet ihren Ausdruck finden, sondern auch dadurch, dass ich in seinem Wort studiere, es in mich aufnehme und mit Gottes Hilfe umsetze. Ohne den Heiligen Geist wird sich das Wort Gottes in meinem Leben nicht ereignen.[391] Die persönlich gehörte Stimme des guten Hirten findet auch immer ihren Widerklang in dem Zeugnis der biblischen Schriften. Jedes persönlich empfangene Wort Gottes muss getränkt sein von dem Geist, den wir in den biblischen Schriften des AT und NT finden. Nicht nur die persönlichen Offenbarungen, sondern mein gesamtes Leben als Christ wird gesteuert durch das Wort Gottes.

So ist es von entscheidender Bedeutung, welche Rolle die Charismen in dem Verständnis der Bibel und ihrer Auslegung finden. Wir gehen davon aus, dass der Geist Gottes in jedem Christenmenschen das Verständnis für die Heiligen Schriften weckt und diese ihm erschlossen werden. Die Worte der Bibel sind vom Geist Gottes inspiriert und sie können auch nur vom Geist Gottes interpretiert werden (2Tim 3,16). In diesem Sinne bekennt Paulus: „Wir haben nicht den Geist dieser Welt bekommen, sondern den Geist Gottes. Und deshalb können wir auch erkennen, was Gott für uns getan hat" (1Kor 2,12). Diese Fähigkeit, die Dinge zu erkennen, die uns Gott geschenkt hat, kann in den Gaben der Lehre, des Wortes der Weisheit oder auch des Wortes der Erkenntnis besonders zum Tragen kommen. Im Charisma der Lehre geht es ja nicht nur um die didaktische Seite, also um die Vermittlung von Erkanntem, sondern auch um das Erkennen der Wahrheit selbst und um die Zuordnung des Erkannten zu der Gesamtoffenbarung Gottes. Diese Fähigkeit der klärenden Zusammensicht kommt im Charisma der Lehre zum Tragen. Jemand, der mit dieser Gabe ausgerüstet ist, gewinnt vielfach schneller Einsichten in das Wort Gottes als andere.

---

390   Zur Gabe der Glossolalie empfehle ich folgende Literatur: Christenson 1963. Bittlinger 1969. Kelsey 1970. Hollenweger 1971: 183–205. Hollenweger 1969: 519ff. Theißen 1983: 306ff. Lindemann 2010. Hempelmann 1994: 26–39. Rust 2006: 295–322. Aschoff; Toaspern 2005: 56–70.

391   Vgl. Großmann 1995: 159–163.

Die Begabung des Geistes der Gnade kann zudem vor einer Selbstüberschätzung oder auch einer Selbstverdammnis bewahren. „Keiner
von euch soll sich etwas anmaßen, was über die Kraft des Glaubens hin-
ausgeht, die Gott ihm geschenkt hat. Unser Körper besteht aus vielen
Teilen, die ganz unterschiedliche Aufgaben haben. Ebenso ist es mit uns
Christen. Gemeinsam bilden wir alle den Leib Christi, und jeder Einzelne ist auf die anderen angewiesen. Gott hat jedem von uns unterschiedliche Gaben geschenkt" (1Kor 12,3–6). Diese vom Geist Gottes
gesetzte Begabung ist auch eine von ihm gesetzte Beschränkung. Sie trägt
dazu bei, dass ich in Demut vor Gott lebe und mich nicht gegenüber
anderen überhebe. Auf der anderen Seite signalisieren mir die Gaben in
meinem Leben eine Botschaft, die ganz dem Evangelium von Christus
entspricht: Ich bin ein begnadeter Mensch.

Viele Christen wissen, dass sie begnadigte Menschen durch die Ret-
tungstat Jesu sind. Die Gnade jedoch ist vielfältig. Jede Gnadengabe sagt
mir: Gott beschenkt mich und würdigt mich, obwohl ich nicht würdig
bin. Die charismatische Begabung eines Christen soll ihn nicht stolz werden lassen, sondern ihm die Botschaft vermitteln „Durch Gottes Gnade
bin ich, was ich bin!" (1Kor 15,10; LU). Diese Gnade Gottes schafft in uns
eine demütige Selbsteinschätzung, die sich nicht aus dem Lob und der
Anerkennung durch andere Menschen nährt, sondern aus der Tatsache,
dass Gott mich wert erachtet, dass er mit mir und durch mich sein Gna-
denwerk voranbringen will.

b.   Die Charismen in der Gemeinde

„Keines der vielen Bücher, die ich zu diesem Thema gelesen habe, setzt
die Gaben des Geistes ausdrücklich in Beziehung zum Gemeindeaufbau.
Die meisten Bücher erklären, wie die Gaben den einzelnen Gläubigen in
ihrem Glaubensleben weiterhelfen, wie sie dazu beitragen, die Gemeinde
lebendiger zu machen, oder welche Bedeutung sie für die christliche
Gemeinschaft haben. Geistesgaben sind nicht als Selbstzweck, sondern
als Mittel zum Zweck gegeben."[392] Mit diesen Worten führte Peter Wag-

---

392   Wagner 1987: 10.

ner 1987 in sein Buch „Die Gaben des Geistes für den Gemeindeaufbau"
ein. Er beschreibt darin die Gaben, wie sie in der Gemeinde zum Einsatz
kommen.

In der Zwischenzeit hat es ein weiteres theologisches Nachdenken
über das Verhältnis von Charisma und Gemeindeaufbau gegeben.[393]
Nun wird jeder wache Christ schon immer davon ausgegangen sein,
dass es ohne bestimmte Begabungen in der Gemeinde nicht geht. Ich
denke an die Fragen, die man mir seinerzeit stellte, als ich mein Theolo-
giestudium aufnahm, um Pastor zu werden. Natürlich erkundigte man
sich auch nach meinen Begabungen und nach der Einschätzung meiner Befähigung zu einem solchen Dienst. Dennoch blieben im alltäglichen Gemeindeaufbau bestimmte Gaben, die wir im NT finden, außen
vor oder sie wurden zumindest nicht thematisiert. Seit den 80er-Jahren
hat sich das gewandelt. Gemeindeaufbau ohne die Gaben des Geistes ist
schlichtweg nicht möglich. Wie soll eine Gemeinde ohne die Gaben der
Leitung, der Erkenntnis, der Lehre oder auch der Diakonie überhaupt
funktionieren? Offenbar gibt es auch heute noch eine ganze Reihe von
Gemeinden, vielleicht sogar die Mehrzahl der in der westlichen Welt
beheimateten Kirchengemeinden, die nur einen bestimmten Ausschnitt
der charismatischen Gaben zum Einsatz bringen. Hier gibt es noch viel
zu lernen.

In einer Gemeinde sollten alle Gaben, die der Geist Gottes schenkt,
gefördert und gewollt sein und auch zur Anwendung gebracht werden.
Das normale Gemeindeleben ist ein charismatisches Gemeindeleben, in
dem jeder mit der Gabe dient, die er empfangen hat (1Petr 4,10).

I. Die gottesdienstliche Versammlung

Ein großer Teil der Gnadengaben kann in der gottesdienstlichen Versammlung eingebracht werden. „Wenn ihr zusammenkommt, hat jeder
etwas beizutragen: Einige singen ein Loblied, andere unterweisen die
Gemeinde im Glauben. Einige geben weiter, was Gott ihnen offenbart
hat, andere reden in unbekannten Sprachen, und wieder andere legen

---

393 Einen guten Überblick über den gegenwärtigen Forschungsstand zum
Thema gibt D. Kellner (Kellner 2011).

das Gesprochene für alle aus. Wichtig ist, dass alles die Gemeinde auf-
baut" (1Kor 14,26).

Vielfach wird dieses Wort des Apostels Paulus zitiert, wenn man von
„charismatischen Gottesdiensten" spricht. Sie haben sich in manchen
Gemeinden zu einer festen Einrichtung etabliert, die zusätzlich zu dem
„normalen Sonntagsgottesdienst" angeboten wird. Meist versammeln
sich hier Menschen, die sich nach mehr Spontaneität in der Versammlung sehnen. Wieder andere freuen sich einfach daran, eine längere Zeit
der Anbetung zu haben, in der sie auch neuere Anbetungslieder singen.

So segensreich diese zusätzlichen Gottesdienste auch sein mögen,
so tragen sie auf Dauer jedoch meist nur dazu bei, dass das normale
gottesdienstliche Leben nur wenig charismatisch geprägt ist. Im Klartext bedeutet das in einigen Gemeinden: „In unseren Hauptgottesdiens-
ten sollten wir möglichst keine langen Anbetungszeiten haben, nicht
in Sprachen beten oder gar singen und auch keine spontanen prophetischen Äußerungen von uns geben, von den Gaben der Kraftwirkungen, der Auslegung und der Krankenheilung ganz zu schweigen." Man
hat sozusagen gewisse Gaben aus dem normalen Gottesdienst verbannt
in eine charismatische Enklave. Meines Erachtens muss es unser Ziel
sein, dass alle Gaben, die im Gottesdienst ihre Anwendung finden können, auch zur Anwendung gebracht werden. Das beinhaltet auch Weissagung, Worte der Erkenntnis oder Weisheit oder Glossolalie und Auslegung. Diesbezüglich gibt es positive Integationsentwicklungen. Auch
in klassischen Gottesdiensten haben neue Formen der charismatischen
Spiritualität Eingang gefunden und in charismatischen Gottesdiensten
gibt es auch ein Erkennen des Wertes von Liturgie und Sakrament.[394]
Sicher wird es immer wieder der Erklärung und Erläuterung bedürfen,
wenn Offenbarungsgaben zum Einsatz kommen. Meine Erfahrung ist
jedoch, dass in einer Gesellschaft, in der Esoterik und Religion ihren

---

394   Ich verweise auf den pfingstlichen kroatischen Theologen M. Volf, der hier
      viele Brücken gebaut hat (Volf 1989).

Platz haben, gerade diese Gaben mehr oder weniger offen angenommen werden.[395]

In den freikirchlichen Gemeinden, in denen ich bislang Gemeindepastor sein durfte, sind große gottesdienstliche Versammlungen mit mehreren Hundert Menschen normal. Immer wieder sind auch Gäste und Freunde der Gemeinde dabei. Wenn jemand einen prophetischen Impuls weitergegeben hat oder wenn ein Sprachengebet im Gottesdienst laut wurde, so habe ich immer einige Sätze der Erläuterung dazu gegeben. Ich halte diese erläuternden Hilfen im Sinne einer Gottesdienstpädagogik für ratsam, und zwar so lange und so oft, bis das Einbringen der Charismen zum normalen „Gottesdienstalltag" gehört. Hier ist allerdings auch ein langer Atem angesagt. Wir müssen die Bedenken und Ängste ernst nehmen, wenn wir dazu einladen, dass alle Gaben in den Gottesdienst eingebracht werden können. Vor allen Dingen muss uns das Ziel vor Augen bleiben: Es geht darum, dass Menschen auferbaut und gestärkt werden im Glauben bzw. dass jene, die nicht an Jesus Christus glauben, zu ihm finden.

Nicht die Charismen sind das Thema in unseren Gottesdiensten, sondern der lebendige Gott selbst. Ein Gottesdienst darf nicht zu sehr überfrachtet sein mit fremden Inhalten und es sollte auch nicht so sein, dass ein Charisma den ganzen Gottesdienst dominiert. Die Lehre nimmt immer noch einen vorrangigen Platz in den protestantischen Gottesdiensten ein. Die Zeiten des gegenseitigen Dienstes mit unterschiedlichen Gaben oder auch die Zeiten der Anbetung werden leider häufig als „Vorprogramm" oder „Nachprogramm" gesehen. Der protestantische Gottesdienst hat meines Erachtens eine Einseitigkeit in der Konzentration auf die Predigt, sodass andere Begabungen – von Gaben der Musikalität einmal abgesehen – so gut wie gar nicht zum Tragen kommen. Ein weites Lernfeld liegt vor uns, wenn wir Gemeinde nach dem Vorbild der urchristlichen Gemeinde bilden wollen![396]

---

395   Gerade in der Postmoderne ist die Offenheit für Charismatisches gewachsen. Vgl. Herbst 2008.

396   Ich verweise auf die sorgfältige Darlegung und kritische Würdigung zum charismatischen Gottesdienstverständnis bei P. Zimmerling (Zimmerling 2009: 123–164).

II. Die Gebets- und Hauskreise

In vielen Gemeinden bilden die kleinen Gesprächs- und Gebetsgruppen, die sich unter der Woche hin und her in den Privathäusern treffen, ein Rückgrat für den Zusammenhalt und die Gemeinschaft. Diese Haus- und Gebetskreise bzw. Zellgruppen können sehr unterschiedlichen Charakter haben; meist kommen darin aber folgende Elemente vor: Austausch und Gemeinschaft, Bibelbetrachtung, Gebet und Lobpreis. Einige Hauskreise haben auch einzelne Projekte, die sie miteinander verantworten.[397] In einem Hauskreis findet sozusagen der „kleine Gottesdienst" einer Gemeinde statt. In einer überschaubaren Gruppe von vertrauten Menschen lassen sich die für das gottesdienstliche Miteinander geeigneten Charismen leichter einbringen.

Ich selber habe meine ersten Erfahrungen mit den Charismen in diesem Praxisfeld eines Hauskreises sammeln können. Manchmal haben wir nach einer Gebetszeit, in der z. B. die Gaben der Glossolalie und Auslegung, Worte der Erkenntnis und Weisheit oder auch prophetische Äußerungen ihren Platz hatten, miteinander ausgetauscht über unsere Empfindungen, Unsicherheiten oder auch die Wirkungen der angewandten Gaben. Ich habe in dieser kleinen Gruppe gelernt, dass das gleiche Charisma sich in unterschiedlichen Personen auch anders darstellt. Ich habe auch mehr und mehr verstanden, dass ein Charisma nie pur auftritt, sondern immer in dem „Gefäß" eines Menschen, und dass es gilt, diese menschliche und natürliche Seite zu würdigen und sie nicht zu verachten als etwas total Ungeistliches. Ein Hauskreis kann so zu einer idealen Lerngruppe werden, wenn es darum geht, im Umgang mit bestimmten Charismen zu reifen. Nicht alle Geistesgaben können in einer gottesdienstlichen Versammlung so stark eingebracht werden. Die Gaben der Diakonie, der Hilfsdienste, der Kraftwirkungen oder auch der Seelsorge haben ihren Einsatzort meist in anderen Dienstgruppen der Gemeinde oder bei missionalen Einsätzen.

---

397   L. Christenson sieht die charismatischen Gebetskreise als Ausgangsbasis für evangelistische Einsätze. Vgl. Christenson 1963: 273.

III. Die Dienstgruppen

Eine lebendige Gemeinde hat meist auch viele Dienstgruppen. Dazu zählen z. B. die Angebote für unterschiedliche Altersgruppen (Kinder-, Jugend- oder auch Seniorenarbeit), die Mitarbeiter- und Leitungskreise oder auch diverse Programme mit diakonischem, evangelistischem oder sozialem Charakter. Weiterhin sind die vielen Dienstgruppen zu sehen, die dazu beitragen, dass das Gemeindeleben in seinen unterschiedlichen Facetten gut gestaltet werden kann: Teams für die Ausrichtung von Gemeindefesten, Techniker, Chöre, Mitarbeiterkreise für Öffentlichkeitsarbeit usw. In manchen Dienstgruppen haben sich auch Menschen zusammen gefunden, die alle mit einem bestimmten Charismenprofil ausgestattet sind. So gibt es Diakoniekreise oder auch Gruppen, die besonders mit der Gabe der Seelsorge dienen. Es ist immer gut, wenn eine Gabe auch zu einer Aufgabe passt.

Aber es gibt auch die andere Seite der Medaille: Unzählige Mitarbeiter werden in Dienstgruppen eingesetzt, für die sie einfach nicht begabt sind. Jemand, der nicht singen kann, sollte nicht im Chor mitwirken; jemand, der nicht die Gabe der Barmherzigkeit hat, sollte kein Besuchs- oder Diakonieteam leiten; jemand, der nicht lehren kann, sollte nicht predigen, und jemand, der nicht leiten kann, sollte auch nicht leiten. Gerade kleine Gemeinden lassen sich oft dazu hinreißen, möglichst alle Gruppen in einer klassischen Weise mit Mitarbeitern zu besetzen, auch wenn die Gaben dazu gar nicht gegeben sind. Wenn es zu wenig gute Sängerinnen und Sänger gibt, gibt es eben keinen Chor, und wenn es zu wenig Menschen mit der Gabe der Diakonie gibt, sollte man sich überlegen, welche anderen Gaben Gott der Gemeinde anvertraut hat. Wir können ja nur mit dem dienen, was Gott uns schenkt. Wenn eine Gemeinde jedoch ein Defizit in einer bestimmten Gabe hat, so ist sie aufgerufen dafür zu beten, dass der Geist Gottes auch diese noch nicht offenbaren Gaben zuteilt.

Vor einigen Jahren gründete die Gemeinde in Hannover, in der ich Pastor war, eine Gemeinde in einem Vorort. Nach kurzer Zeit hatten wir ein hochmotiviertes Team zusammen, in dem alle eine klare Berufung von Gott für einen solchen Dienst bekommen hatten. Nun wollten wir auch gabenorientiert dienen, also nahmen wir uns Zeit, um miteinander über die Gaben zu sprechen, die Gott uns in dieser Mitarbeiterschaft anvertraut hatte. Dabei gab es für uns alle eine Überraschung. Von den 14 Teammitgliedern hatte über die Hälfte eine ausgesprochene Gabe der Leitung! Auch Diakonie und die Gabe der Seelsorge war gut vertreten und viele andere Gaben ebenfalls. Wir hatten jedoch niemanden, der uns musikalisch dienen konnte. So beteten wir inständig, dass Gott unser Team doch mit einem musikalischen Menschen verstärken möge. Gott erhörte schon bald unser Gebet.

Nicht immer werden unsere Bitten so schnell erhört. Manchmal möchte Gott uns auch durch ein bestimmtes Gabenprofil in einer Gemeinde zu einer Konzentration in der Arbeit verhelfen, sodass wir uns in den unterschiedlichen Aufgaben und Diensten nicht verzetteln.

In der Braunschweiger Gemeinde, in der ich zurzeit als Pastor diene, haben wir kürzlich zwei neue Dienstgruppen gebildet. Wir haben alle Gemeindemitglieder gesammelt, die eine stärkere prophetische Gabe haben. Jeden Mittwochabend kommen sie zusammen zum „Hörenden Gebet".[398] In kleinen Teams von drei bis vier „Propheten" sind wir bereit, mit Menschen gemeinsam vor Gott zu kommen, um in der Stille auf Impulse zu achten. Häufig nutzt Gott die prophetische Gabe, um sehr konkret in das Leben oder die Situation einzelner Menschen hineinzusprechen. Dabei ist es uns wichtig, dass wir in dieser Gruppe weissagen und nicht wahrsagen. Das prophetische Charisma ist ja nicht einfach „abzurufen", man kann nicht zum Propheten gehen, um ihn zu befragen. Vielmehr bildet sich hier eine Gruppe, die im hörenden Gebet eins wird, um Gottes Angesicht zu suchen und ihn zu fragen. Wir handhaben es so, dass alles, was an Impulsen gehört wird, aufgenommen wird, damit es anschließend zu Hause oder auch mit einem Seelsorger noch einmal nachgeprüft werden kann. Zudem fordern wie immer wieder dazu auf, dass alle Impulse am biblischen Wort Gottes geprüft werden müssen. Es ist schon sehr erstaunlich, wie stark Gott den prophetischen Dienst ausweitet und nutzt. Innerhalb eines Jahres kommen ca. 400–500 Menschen, um diesen Dienst wahrzunehmen. Die Teammitglieder werden regelmäßig geschult und begleitet von einem Pastor bzw. einem Diakon.

---

398   Vgl. Schmidt 2009.

In ähnlicher Weise haben wir auch die Menschen in Teams gesammelt, die mit der Gabe der Barmherzigkeit und der Krankenheilung beschenkt wurden.[399] Auch sie sind einmal in der Woche im Gemeindehaus, um in kleinen Teams für kranke Menschen zu beten. Die Leute, die zu uns kommen, sind nicht nur aus der Gemeinde. Sowohl zum hörenden Gebet als auch zum heilenden Gebet kommen zunehmend Leute aus der Stadt, aus dem Freundes- und Bekanntenkreis der Gemeinde oder sogar von auswärts. Für viele ist dieses eine erste Begegnung mit dem lebendigen Gott. Wir ermutigen die Menschen, das Gebet so oft in Anspruch zu nehmen, wie sie möchten.

Für den einen oder anderen mag der Gedanke befremdlich sein, dass man um ein bestimmtes Charisma herum eine eigene Dienstgruppe bildet. Denken wir aber nur einmal an Gruppierungen, die uns im traditionellen Gemeindeaufbau vertraut sind: Wir sprechen von der Gemeindeleitung, – einer Gruppe von Menschen, die das Charisma der Leitung haben – oder auch von dem „diakonischen Arbeitskreis", von Christen, die mit der Gabe der Diakonie ausgerüstet sind. Diese um ein bestimmtes Charisma zentrierten Dienstgruppen haben jedoch auch eine Schwäche. Sie sind eben sehr einseitig. Die vielfältige Gnade, von der Paulus in seinen Briefen spricht, kommt ja gerade im Zusammenwirken der unterschiedlichen Gaben zum Vorschein. So ist es wünschenswert, dass in der Seelsorgearbeit einer Gemeinde Christen mit unterschiedlichen Begabungen eingesetzt werden. Auch im Heilungsdienst kommen Gaben der Weissagung, der Barmherzigkeit oder auch der Unterscheidung der Geister zum Einsatz.

IV. Die Seelsorge

Ein großes Praxisfeld für den Einsatz der Gaben tut sich in der Seelsorge einer Gemeinde auf.[400] Ich persönlich habe hierzu einige Erfahrungen

---

399   Inspiriert wurden wir u. a. durch folgende Literatur: Bittner 2007. Großmann 2007. MacNutt 1978. MacNutt 1979. Wagner 1989. Scharfenberg 2005. Aschoff; Noll; Toaspern 2002.

400   Vgl. Zimmerling, Peter: Seelsorgerliches Handeln in charismatischen Bewegungen. In: Zimmerling 2009: 183–211.

im gemeinsamen Dienst mit dem reformierten Theologen und Seelsorger W. v. Dam sammeln können.[401] Der Begriff „Seelsorge" kommt zwar
im NT nicht vor, die Sache jedoch wird klar beschrieben. Seelsorge ist
das Bemühen um den einzelnen Menschen, sie ist Aufbauhilfe am neuen
Menschen. In der Seelsorge wird ermutigt, getröstet, ermahnt, korrigiert,
gebeichtet, gelehrt, gebetet und begleitet. Jeder in der Gemeinde braucht
Seelsorge und jeder ist in irgendeiner Weise auch Seelsorger für andere.
Das beginnt bei einem ermutigenden Wort, einem Telefonat oder einem
Krankenbesuch, und das kann über gezielte Konfliktlösungsangebote
oder über pastorale Seelsorge bis hin zu fachlichen guten Beratungsan-
geboten gehen. Ich bin sehr dankbar, dass das Angebot für die Ausbildung von seelsorgerlich begabten Menschen inzwischen doch recht breit
und gut gegeben ist. Mancher Pastor versteht sich immer noch als der
Alleinseelsorger und übersieht, dass er in seiner Gemeinde viele Mitglieder hat, die für die Seelsorge begabt sind.[402] Hier bedarf es auch eines
Umdenkens. Warum sollte der Pastor oder die Pastorin auch immer die
Hauptaufgabe der Seelsorge übernehmen? Ein verantwortlicher Leiter
kann durchaus auch ein anderes Gabenprofil haben. Eine Gemeinde
kommt jedoch ohne Seelsorge nicht aus.

Vor einigen Jahren gab es noch heiße Debatten über das Verhältnis von Seelsorge und Psychologie bzw. Humanwissenschaften. Ich
kann mich daran erinnern, wie man sich gegenseitig die Ernsthaftig-
keit absprach, und immer wurden die „Scherben" zitiert, die der andere
durch seine angeblich unqualifizierte Beratung oder Seelsorge zerschla-
gen habe. Sicher gibt es auch heute noch viel Einseitigkeiten in der Wahrnehmung. Wenn jemand nur einen Hammer in der Werkzeugkiste hat,
für den wird jedes Problem zum Nagel. Das gilt auch für eine gewisse
Einseitigkeit der Wahrnehmung in der Begleitung von Menschen. Ein
evangelistisch orientierter Seelsorger wird immer den Ansatz einer Kon-
fliktlösung in dem Bekennen von Sünde sehen, während jemand mit

---

401   Vgl. Dam 1986.

402   Das trifft besonders für Kirchen zu, die das Amt betonen. Aus katholischer
       Sicht zeigen Ph. Müller und H. Windisch einige pastoraltheologische An-
       sätze auf. Vgl. Müller 2005. Der Aspekt der „mystagogischen Seelsorge"
       (K. Rahner) wird reflektiert in: Zulehner; Rahner; Heller 2002.

einem Charisma der Heilung den oft langen und mühsamen Weg der therapeutischen Begleitung sieht. Wieder jemand anders, der vielleicht mit der Gabe der Kraftwirkungen ausgerüstet ist, wird auch dort Dämonen auszutreiben versuchen, wo keine sind. Der Seelsorger oder Therapeut tut gut daran, sich seiner eigenen Begabung bewusst zu sein und seine Ergänzungsbedürftigkeit zu sehen.

Seelsorge ist ein sensibler Vorgang. Der Seelsorgende macht sich Menschen vertraut. So ist er zur Verschwiegenheit aufgerufen, aber auch zu einer Zurückhaltung. Gerade psychisch schwache oder kranke Menschen neigen manchmal dazu, die Verantwortung für ihr Leben an den Seelsorger zu delegieren. So mancher Seelsorger fühlt sich dadurch gebraucht und wertgeschätzt. Da hängt sich ein anderer Mensch an einen und man ist eben wichtig. Besonders schwierig ist es, wenn dann noch prophetische Weisungen gegeben werden, die mit göttlichem Anspruch in das Leben eines Menschen fallen, der meist nicht zu einer Prüfung oder distanzierten Beurteilung der Prophetie in der Lage ist. Ich habe es leider immer wieder gehört, wie gerade in stärker charismatisch geprägten Gemeinden diese Art der Unmündigkeit von Menschen durch den unreifen Einsatz von Charismen in der Seelsorge gefördert wurde. Das geht dann sicher schon in den Bereich des Missbrauchs[403] der Gaben, die ja doch dazu dienen sollen, dass Auferbauung geschieht und nicht eine Abhängigkeit von Menschen gefördert wird.

Nicht alle Praxisfelder der Gemeinde sind hier ausdrücklich erläutert. Ich habe mich nur auf einige Brennpunkte konzentriert. Eines jedoch bleibt für die gesamte Gemeindearbeit zu sagen: Sie ist das Feld, auf dem wir einüben können, was es bedeutet, einander mit der Gabe zu dienen, die Gott jedem anvertraut hat.

c. Die Charismen im Alltag

Wenngleich die Charismen eine hohe Bedeutung für mich persönlich oder auch für die Gemeinde haben, so bin ich doch zunehmend davon überzeugt, dass der vorrangige Einsatzort im Alltag liegt. Das ist zunächst

---

403   Vgl. Reithmeier 2006. Tempelmann 2012.

auch verständlich, da wir die meiste Zeit im „Alltag" verbringen. Zwar gibt es viele Christen, die auch eine Menge Zeit in der Gemeinde oder bei Einsätzen der Gemeinde investieren, aber sie sind dennoch – so hoffe ich – mehr in der eigenen Familie oder auch in ihrem Berufsalltag.[404]

Unter Alltag verstehen wir ja die Zeiträume unseres Lebens, die in gewisser Regelmäßigkeit unsere Tage prägen. In diesen Zeiträumen kommen wir mit ungezählten Menschen zusammen: Beim Einkaufen, beim Bummeln durch die Stadt, beim Besuch der Schule oder Universität, in der Firma, auf dem Weg zur Arbeit, in der Freizeitgestaltung, beim Arzt, beim Friseur, im Fitnessstudio, bei der Kfz-Werkstatt, beim Einkaufen, beim Fernsehen, beim Kino- oder Theaterbesuch oder einfach beim Spazierengehen mit dem Hund. Wie viele Begegnungen haben wir am Tag; wie viele Kontakte mit Menschen, die alle ohne Ausnahme von Gott geliebt sind und an denen Gott ein Interesse hat? In wie vielen Situationen möchte Gott selbst zu Wort kommen oder Hand anlegen? Er will dazu seine Leute gebrauchen, diejenigen, denen er sein ewiges Leben schon geschenkt hat. Sie dürfen und sollen sich wie Botschafter der neuen Welt Gottes in diesem Alltag verstehen. Sie sind wie ein Brief, der von jedermann gelesen wird, der wahrgenommen wird (2Kor 3,3–6). Wie sollte es da mit rechten Dingen zugehen, wenn gerade im Alltag der Geist Gottes seine Charismen zurückhalten würde?[405]

Jemand, der die Gabe der verwaltenden Leitung hat, ist doch geradezu ein Gewinn für eine Firma! Eine Krankenschwester, die nicht nur gutes Fachwissen, sondern auch die Gabe der Hilfeleistungen und der Seelsorge oder der Barmherzigkeit hat, wird ihre Aufgabe besonders gut machen. Wir haben es sicher neu nachzubuchstabieren, dass der Geist Gottes sein Wirken nicht nur auf die Frommen beschränkt, son-

---

404   Viele Anregungen hierzu gibt S. Großmann (Großmann 1969).

405   „Allerdings haben die Charismen im Alltag eine andere Erscheinungsweise als im Gottesdienst oder bei außergewöhnlichen Geisterfahrungen. Sie wirken normaler und schlichter, weniger unterschieden von der allgemeinen Lebenserfahrung. Außerdem scheint der Geist Gottes im Alltag ‚leiser' zu wirken als bei besonderen Erlebnissen oder speziellen Gottesdiensten, bei denen man charismatische Erfahrungen erwartet." S. Großmann (a.a.O.: 210).

dern in der gesamten Welt wirksam ist. Dieser Gott will, dass alle Menschen errettet werden und zur Erkenntnis der Wahrheit kommen (vgl. 1Tim 2,4). Aus diesem Grund sendet er nicht nur seinen Sohn, sondern auch alle, die seinem Sohn nachfolgen in diese Welt.

Die Sendung Gottes in diese Welt (Missio Dei) geht weiter in der Kraft des Heiligen Geistes. Durch den Geist, und damit auch durch die vom Geist geschenkten Gaben werden die Nachfolger Jesu zu Zeugen der neuen Welt Gottes, des angebrochenen Reiches Gottes. Mein Leben ist mein Missionsfeld! Es ist das Praxisfeld für den Einsatz der Charismen. Warum sollte ein Mensch mit der Gabe der Heilung nicht auch für seinen Nachbarn um Heilung beten können, wenn dieser noch nicht einmal zu Jesus, geschweige denn zu einer christlichen Gemeinde gehört? Warum sollte ein Mensch, der mit dem Wort der Erkenntnis beschenkt ist, nicht auch mitten im Getümmel einer Stadt das verborgene Herz eines Menschen erkennen?

An dieser Stelle könnte ich nun unzählige Beispiele erzählen, wie die verschiedenen Gnadengaben in Ehe und Familie, Freundeskreis und Berufsalltag zum Einsatz kommen können. Ich möchte mich jedoch auf diese grundsätzliche Sicht konzentrieren und lediglich zwei Beispiele aus meinen persönlichen Erleben weitergeben:

Vor einiger Zeit war ich mit dem Auto unterwegs auf der Autobahn. Kurz bevor ich einen Stopp an einer Raststätte machte, hatte ich den Eindruck, ich solle Gott fragen, ob er mich dort in irgendeiner Weise gebrauchen wolle. Umgehend kam mir ein sehr konkreter Gedanke, den ich als einen prophetischen Impuls wahrnahm. Ich hatte eine Hand vor Augen. Die Fingernägel waren rot lackiert, jedoch etwas abgekaut. Ich sah, wie diese Hand eine Kasse bediente. „Erinnere doch die Frau, der diese Hände gehören, daran, dass sie alle ihre Sorge auf mich werfen soll, weil ich für sie sorgen werde", hörte ich die innere Stimme Gottes reden. In der Raststätte konnte ich es kaum abwarten, mit meinem Tablett zur Kasse zu gelangen. Doch die Dame, die an der Kasse saß, hatte keine lackierten Fingernägel. Gab es noch eine andere Kasse? Ich schaute mich um. Fehlanzeige. In diesem Moment sah ich, wie eine andere Frau zu der Kassiererin kam, um sie vom Dienst abzulösen. Sie hatte genau diese Fingernägel: rot und etwas abgekaut. Ich bezahlte und sagte dann: „Entschuldigen Sie, vielleicht ist diese Frage für Sie etwas ungewöhnlich, aber glauben Sie an Gott?" „Ja, ich glaube wirklich an Gott", erwiderte die Dame freudig, „wie kommen Sie darauf?" „Nun, ich glaube, ich soll Sie an ein Wort des Herrn erinnern, nämlich das Wort: Alle eure Sorge werfet auf ihn, denn er sorgt für euch!", gab ich ihr kurz zur Antwort, denn wir hatten nicht viel Zeit, weil schon die nächsten Kunden an die Kasse kamen. „Danke, danke, danke!", rief sie und ihre Augen wurden feucht. „Gott segne Sie!", fügte ich noch hinzu und setzte mich auf einen Platz, um zu essen. Beim Abschied winkten wir uns kurz zu. Das war es. Eine charismatische Begegnung im Alltag.

Etwas unspektakulärer ist die Tatsache, dass ich im Alltag häufig die Gabe der Glossolalie einsetze und zwar bei Tätigkeiten im Haushalt, im Garten oder beim Sport. So habe ich es mir zur Gewohnheit gemacht, beim Fitnesstraining an den unterschiedlichen Geräten auch jeweils für verschiedene Anliegen oder Menschen zu beten. Dabei bete ich meist in Sprachen, allerdings sehr leise, sodass ich nicht unbedingt auffalle. So werde ich nicht nur körperlich erbaut, sondern auch innerlich.

Diese beiden Beispiele sind aus meinem Gabenprofil genommen. Ich kann mir gut vorstellen, dass jemand mit der Gabe der Unterscheidung der Geister oder der Hilfeleistungen oder der Diakonie von sehr vielen interessanten Erfahrungen im Praxisfeld Alltag berichten kann. Entscheidend bleibt der Gedanke, dass die Gaben überall zum Einsatz kommen sollen, denn der Geist der Gnade will sich austeilen.

8. Der Geist der Hoffnung – Erwartung und Vollendung

Die Sonne schien kräftig an diesem Novembertag. Aber es war recht kühl. Dietlind saß neben mir im Auto. Die sonst so gesprächige und hochgelehrte Frau war durch ihre Erkrankung und die vielen Medikamente gezeichnet. Dietlind litt an einem Tumor, der sich bösartig und sehr schnell in ihrem Kopf ausgebreitet hatte. „Ich werde bald zu Jesus gehen", sagte sie ganz offen, wohlwissend, dass es medizinisch keine Hilfe mehr geben kann. „Ich freue mich so sehr darauf, ganz bei ihm zu sein. Ich kann es kaum erwarten!", fuhr sie fort. Diese Sehnsucht war nicht eine Todessehnsucht, sondern eine Sehnsucht nach der Vollendung. Dietlind hatte als Lehrerin in ihrer impulsiven Art vielen jungen Leuten von Jesus erzählt. Sie hatte eine starke Erfahrung mit dem Heiligen Geist gemacht und war mir so oft ein Vorbild in ihrer brennenden Art und Weise, Jesus zu ehren und ihm nachzufolgen. Ich konnte es kaum ertragen, sie in dieser Gebrechlichkeit zu sehen. Eigentlich hätte ich gern mit ihr gebetet, dass Jesus ein Wunder der Heilung an ihr tun möge. Wir könnten sie in unserer Gemeinde doch noch so gut gebrauchen! Aber irgendwie hatte ich den Eindruck, dass ich nicht um eine solche Heilung beten sollte, denn sie freute sich doch so sehr auf die Vollendung.

So saßen wir eine Weile still nebeneinander bei der Autofahrt. „Weißt du", sagte sie schließlich „es wird immer mehr!" „Was meinst du damit? Werden deine Schmerzen immer mehr, Dietlind?" „Ja, das auch. Aber das meine ich nicht! Ich spreche von der Hoffnung und der Erwartung, die ich habe. Als ich Jesus kennenlernte und er mich in seine Nachfolge rief, da fühlte ich mich zunächst so überfordert. Ich wollte immer alles gut machen, du kennst mich ja! Und als ich schließlich merkte, dass ich das alles aus eigener Kraft nicht schaffe, da hatte ich diese neue, starke Erfüllung mit dem Heiligen Geist. Ich glaube, es war meine persönliche Geistestaufe. Der Geist gab mir viele neue Erkenntnisse, wenn ich in meiner Bibel las. Er war bei mir wie ein guter Lehrer. Der Geist war für mich wie ein ganz großer Zeigefinger, der immer auf Jesus hinwies, auf den Gekreuzigten und Auferstandenen. Gaben des Heiligen Geistes wurden mir geschenkt und ich durfte viele Wunder erleben. Doch weißt du, was eigentümlich ist: Je mehr ich mit Jesus erlebte, umso stärker wurde diese Sehnsucht, immer mehr von ihm zu erkennen, immer mehr in seiner Nähe zu sein. In den letzten Wochen ist diese Sehnsucht so stark geworden! Weißt du, es ist eine Sehnsucht, die mich nicht innerlich erdrückt, sie zieht mich hoch, sie erfüllt mein Inneres, auch wenn mein Kopf nicht mehr so klar ist und schmerzt. Das meine ich, wenn ich sage: Es wird immer mehr." Ich hörte Dietlind sehr aufmerksam zu. Es war für mich befremdlich aufregend, was sie da sagte.

Heute würde ich es so deuten: Durch eine zunehmende präsentische Erfahrung der Nähe Gottes wächst in uns die Freude auf eine vollendete Zukunft bei Gott. Als wir dann wenige Wochen später am Grab von Dietlind standen und miteinander ein Loblied anstimmten, das sie sich vor ihrem Tod gewünscht hatte, da wollte ich sie am liebsten fragen: „Und wie ist es dort, Dietlind?" Aber im gleichen Moment war mir so, als ob Jesus seine Hand auf meine Schulter legte und sagte: „So, und wir beide sind noch hier unterwegs. Komm, folge mir; es gibt noch vieles, was ich dir zeigen will. Mein Reich ist angebrochen!"

Das Nachdenken über die eschatologische Dimension gehört eigentlich nicht ans Ende einer missionalen Pneumatologie, sondern an den Anfang. Die Eschatologie hilft uns, hier und jetzt schon mit beiden Beinen auf der Erde zu stehen und in der Missio Dei unterwegs zu bleiben, unterwegs zur Vollendung. Eigentümlicherweise wird die Eschatologie in den systematisch-theologischen Werken auch vorrangig an das Ende gestellt, vielleicht, weil es um die „Vollendung" geht. Wenn ich mich aber nicht im Hier und Heute verlieren will, wenn der Geist Gottes mich hier und jetzt schon in eine neue „Kairologie"(griech. *kairos* = Zeit) und „Topologie" (griech. *topos* = Ort) hineinzieht, in eine neue Sicht von Zeit und Raum, dann ist es gut, wenn ich eine ganzheitliche Sicht auch hier und jetzt schon habe. Wie soll ich sonst die pneumatische christliche Grunderfahrung deuten? Wie soll ich die „Erstlingsgabe des Geistes" genießen, wenn ich gar nicht weiß, welches die „ganze Ernte" ist; wie soll ich die „Anzahlung" verstehen, wenn ich keine Vorstellung davon habe, welches das gesamte Erbe ist, das Gott ja offenbar für uns bereithält? Wie soll ich es deuten, dass das Reich Gottes zwar angebrochen, aber noch nicht vollendet ist?

In meinen jungen Jahren wurde ich sehr stark durch eine Gemeindetheologie geprägt, welche eher apokalyptische Züge trug. Da war diese Welt zwar schön, aber eigentlich war sie ein „Jammertal". Nur in der Gemeinde Jesu würde man es in dieser abfälligen Weltzeit noch aushalten. In der Gemeinschaft der Christen, da gäbe es schon Ansätze vom Reich Gottes und da wirke der Geist Gottes auch schon. Diese Welt der Sünde hingegen würde untergehen; sie würde beendet werden. Ja, es kam sogar immer wieder die Frage in mir auf, ob es sich überhaupt noch lohnen würde, in diese „untergehende Titanic-Erde" zu investieren. Wenn hier sowieso alles einmal zugrunde geht, warum hat Gott es denn eigentlich angefangen? Diese Frage hat mich als Jugendlicher umgetrieben. Die charismatischen Aufbrüche waren somit lediglich im Sinn einer missionarischen Zurüstung zu sehen, weil das Ende ja sicher bald kommen würde und noch möglichst viele Menschen gerettet werden sollten. Dazu musste der „Karren der Christenheit" charismatisch flott gemacht werden, um es salopp auszudrücken.

Leider verlieren sich bis heute viele Missionare, viele engagierte Christinnen und Christen in einer missionarischen Diesseitigkeit, die nur wenig von dem Ziel der Vollendung weiß; allenfalls wird das Gemeindewachstum noch als Ziel benannt. Der Geist Gottes ist der Geist des Lebens. Er schenkt nicht nur kreatürliches Leben und er wirkt auch nicht nur die neue Kreatur, die neue Schöpfung in einzelnen Menschen, sondern der Geist Gottes ist auch der Vollender. Er hat nicht nur die Gottesgemeinschaft des einzelnen Menschen zum Ziel, sondern er will diese ganze wunderbare und zugleich nach Erlösung und Gerechtigkeit schreiende Welt, den ganzen Kosmos vollenden.

Die Eschatologie kann sich nicht in einer individuellen Zukunftserwartung erschöpfen, die in apokalyptischer Manier den Rückzug aus dieser vorfindlichen Vergänglichkeit ritualisiert. Nur wenn ich eine umfassende Sicht der Eschatologie habe, kann ich auch die Zwischenschritte im angebrochenen Reich Gottes freudig, entschlossen und hoffnungsvoll tun; nur so kann ich auch diese wachsende Sehnsucht deuten, von der mir seinerzeit Dietlind erzählte.

Bevor ich einige Konturen einer solchen pneumatologischen Eschatologie aufzeige, will ich aber auch hier an die sprachliche Ohnmacht und die spiegelhafte Vorläufigkeit des Erkennens (1Kor 13,12) erinnern.

Es geht ja um eine theologische Deutung dieser doppelten Erfahrung: Als vom Geist Gottes neugeborener Mensch erfahre ich hier und jetzt bereits die Gottesnähe, diese hochgradige immanente Transzendenz Gottes in der persönlichen Existenz und auch in der vom Geist Gottes durchwirkten Welt. Ich erkenne überall diese Spuren des Lebens, ich erwarte, erbitte und erfahre Zeichen des angebrochenen Reiches Gottes.

Das ist die eine Seite meiner Erfahrung. Und auf der anderen Seite erlebe ich die Ohnmacht, den Tod, die betäubte ängstliche Seele. Da ist die anscheinend so ungebrochene Macht des Ungeistes, welcher Menschen in die Verzweiflung treibt, der die Triumphe der Unerlöstheit in den nicht enden wollenden Kriegen und der schreienden Kollabierung des alten Planeten zelebriert. Da sind einerseits die vielen Heiligen, die mir vorangegangen sind – ich lese mit großer innerer Anteilnahme von ihrem Zeugnis und der Qualität ihrer Gotteserfahrungen, und es ermutigt mich in meinem Glauben. Andererseits ist da aber auch die beschämende Geschichte einer Kirche, die sich in hierarchischen Machtspielereien und Konfessionalitäten verliert und nur allzu wenig von einer alternativen Gesellschaft des Reiches Gottes ausstrahlt. Wie kann ich diese doppelten Erfahrungen, diese Zwiespältigkeiten der Wirklichkeit deuten und sie eschatologisch werten? Welche Sprache, welche Hermeneutik ist notwendig, um hier zu Begriffen und Formulierungen zu finden, die gleich wegweisenden Leitplanken in die richtige Richtung führen?

K. Rahner hat auf die Notwendigkeit einer spezifischen eschatologischen Hermeneutik hingewiesen, weil die Eschatologie eine Aussage über die zwar angebrochene, aber noch nicht vollendete Zukunft macht.[406] Die eschatologischen Zukunftsaussagen der Bibel erwachsen aus den Glaubenserfahrungen. Sie sind pneumatologisch zu deuten und tragen in sich prophetischen Charakter. So werden wir in der Eschatologie mit der Tatsache eines umfassenderen Verständnisses von Raum und Zeit konfrontiert. Es geht um eine Gleichzeitigkeit in der Wirklichkeit dieser Welt und der Wirklichkeit des angebrochenen Reiches Gottes.

---

406   Vgl. Rahner, Karl: Theologische Prinzipien der Hermeneutik eschatologischer Aussagen. In: Rahner 1966: 401–428.

Christus kam in diese Welt, als die „Zeit" erfüllt war (Gal 4,4). Fällt hier die Ewigkeit in die Zeitlichkeit? Paul Tillich lässt sich in seiner Eschatologie konsequent vom Reich-Gottes-Gedanken leiten. Dieses noch nicht vollendete Reich Gottes manifestiert sich in der Mitte der Geschichte in Jesus Christus. Der Kairos Gottes ist in Christus auf den Punkt gebracht, aber er erweist sich als Doppelpunkt und begründet nun in der Folgezeit der Kirche nach Pfingsten weitere „*Kairoi*",[407] weitere Augenblicke und fragmentarische Manifestationen des Reiches Gottes.

Wir haben es in der Eschatologie also mit einer Ineinanderschiebung von *Zeit*geschichte und *Heils*geschichte zu tun. Es ist jedoch nicht nur das Verständnis von Raum und Zeit, was in einer neuen Wirklichkeit erfahren wird, sondern das Verständnis des Lebens, denn es wird ein neues, vom Geist Gottes gewirktes Leben in der Gestalt der vergänglichen Schöpfung erfahren. Diese neue Wirklichkeit in einer Sprache der Hoffnung und des Glaubens zu beschreiben, ist die Aufgabe der Eschatologie. So wie wir in der trinitarischen Pneumatologie den Begriff der Perichorese aufgenommen haben, um die neue Qualität der Gemeinschaft und Einheit zu beschreiben, so fehlen noch tragende und passende Begriffe, um die eschatologische Wirklichkeit des angebrochenen Reiches Gottes auszumalen. Die Sprache der Bilder und Metaphern ist hier geeigneter als die der gestaltlosen Begriffe. Es ist somit auch nicht von ungefähr, dass Jesus selbst in seiner Redeweise vom angebrochenen Reich Gottes die Gleichnisrede aufnahm. Die bildhafte Rede ist keinesfalls ein Relikt aus einem vergangenen mythologischen Weltverständnis, sondern eine geeignete Form, um von der pneumatologischen Wirklichkeit des Reiches Gottes überhaupt zu reden. Es braucht auch eine Sprache des Geistes, um geistliche Wirklichkeit zu beschreiben. Es muss eine Sprache unserer Zeit sein, die die ewige Zeit beschreiben kann.

Das biblische Zeugnis schildert die sukzessive Offenbarung der Konturen der zukünftigen Vollendung. In den frühen alttestamentlichen Schriften sehen wir das starke Zeugnis einer innerweltlichen Hoff-

---

407 „Kairos-Erlebnisse sind Teil der Geschichte der Kirchen, und der große *kairos*, das Erscheinen der Mitte der Geschichte, wird in relativen *kairoi*, in denen sich das Reich Gottes in einem spezifischen Durchbruch manifestiert, immer wieder neu erlebt." P. Tillich in: Tillich 1966: 421.

nung. Nur ansatzweise finden wir prophetische oder weisheitliche Hinweise auf die zukünftige Welt Gottes, die jedoch nicht im metaphysischen Sinn, sondern als eine neue Shalomzeit hier auf der Erde erwartet wird. Die Auferstehung der Toten wird nur verborgen angedeutet (z. B. Jes 25,8; 26,19). In der späteren Apokalyptik, wie wir sie im Buch Daniel finden, wird hingegen schon deutlich von einem „Aufwachen derer, die im Lande des Staubes schlafen" (Dan 12,2) gesprochen.

Die Apokalyptik geht davon aus, dass die laufende Geschichte eine Geschichte des Unheils ist. Sie ist der alte Äon, der bald zu Ende geht. Alles muss so kommen, wie es im Moment läuft. Gott wird danach einen neuen Äon entstehen lassen. Die Apokalyptik ist somit von einem dualistischen Weltbild geprägt: Die bestehende Welt und die laufende Geschichte sind rettungslos verloren und die Welt der Gerechten hat sich von dieser vergehenden Welt abzuwenden und zu isolieren, wenn sie überleben will. Zum andern bringt die Apokalyptik neue wichtige Hoffnungsinhalte zur Sprache: Die Macht Gottes, Gerechtigkeit selbst über den Tod hinaus und auch die Ausweitung der Heilsperspektive auf die gesamte Menschheit. Im NT findet diese apokalyptische Sichtweise ihren Niederschlag in der Johannesoffenbarung und in den Endzeitreden Jesu (Mk 13par). Neben der Vorstellung eines 1000-jährigen Friedensreiches (*Chiliasmus*),[408] spielt der Gedanke eines Gerichtes über die Welt als letzter und „jüngster Tag" in der Apokalyptik eine wichtige Rolle. Das Gerechtigkeit schaffende Gericht ist „Jahwes Tag". An diesem Tag wird Jahwe sein Volk aus aller Ungerechtigkeit befreien (Jes 2,6–4,1; 13–27; Am 5,16–20). Es ist ein Tag der Rettung. Im NT ist das Gericht ebenso vornehmlich eine Einladung zur Umkehr, es hat eine befreiende Wirkung (Mk 10,28). Jesus wird als der wiederkommende Richter bezeugt, der sein Reich aufrichten wird und aller Ungerechtigkeit ein Ende setzt. So verbindet sich die Gerichtsbotschaft mit der *Parusie*,

---

408 Joachim v. Fiore vertrat die Ansicht, dass es sich um ein Reich handle, in dem der Heilige Geist statt der kirchlichen Hierarchie die Macht habe. Es gab weitere Vorstellungen in Anlehnung an Offb 20, die auch in Freikirchen und charismatischen Kreisen ihre Bedeutung haben. Zur Geschichte des Chiliasmus weise ich auf N. Cohns Veröffentlichungen hin. Vgl. Cohn 1961.

der Erwartung der Ankunft des erhöhten Herrn. Erst die Verzögerung der Parusie hat dazu geführt, dass aus einer Naherwartung eine Stetserwartung wurde. Die konstantinische Wende, durch welche die Christenheit aus der Fremdheit in dieser Welt in einer hiesige Heimat verortet wurde, trug dazu bei, dass sich die eschatologischen Erwartungen der Kirche jahrhundertelang auf die persönliche Eschatologie konzentrierte und keine präsentische Eschatologie für die Schöpfung und den Kosmos entwickelte.[409]

Die Eschatologie bildet dementsprechend auch ein verhältnismäßig junges Traktat in der dogmatischen Theologie.[410] Sicher hat es zu allen Zeiten der Kirchengeschichte schon das Nachdenken über die Vollendung gegeben und ein solches Nachdenken war theologisch primär angesiedelt in der Christologie.[411] Die massiven globalen Krisen der Neuzeit haben vorrangig dazu beigetragen, über die letzten Dinge (griech. *eschata*) nicht nur in Bezug auf individuelle Fragestellungen nachzudenken, sondern neu die kosmologische bzw. universale Eschatologie in Blick zu nehmen. Eschatologie darf demgemäß nicht einfach nur der individualistischen Frage nachgehen, „ob ich in den Himmel komme". Sie darf auch nicht nur einfach futuristisch ausgerichtet sein. Eschatologie hat die Vollendungshoffnung so zu formulieren, dass darin die Gegenwart der Heilserfahrung, ihre missiologische Heilsbedeutung und die aktive Mitgestaltung eingeschlossen und aufgehoben sind. Das Spitzenproblem der Hoffnung auf Vollendung der Welt liegt darin, inwieweit in der eschatologischen Vollendungshoffnung die innerweltliche

---

409 Ich verweise bzgl. der Darstellung der dogmengeschichtlichen Entwicklung auf folgende Literatur hin: Mühling 2007. Nocke 1982.

410 Der Begriff „Eschatologie" wurde erstmals vom lutherischen Theologen Abraham Calov im 17. Jahrhundert verwendet und fand erst seit Friedrich D. E. Schleiermacher größere Verbreitung und schließlich Eingang in die systematische Theologie.

411 Es gilt festzuhalten, dass der zweite christologische Glaubensartikel im Apostolikum in einer eschatologischen Aussage gipfelt: „am dritten Tage auferstanden von den Toten, aufgefahren in den Himmel; er sitzt zur Rechten Gottes, des allmächtigen Vaters; von dort wird er kommen, zu richten die Lebenden und die Toten."

Geschichte schon positiv aufgenommen und bewahrt wird. Was bedeutet es, dass das Reich Gottes schon angebrochen, aber noch nicht vollendet ist? Welche Bedeutung hat der Heilige Geist für diese Hoffnung?

Im 20. Jahrhundert formulierten sich unterschiedliche und teilweise ergänzende eschatologische Theologien. Ich weise auf die bahnbrechende kosmologische Gesamtschau des Jesuiten P. Teilhard de Chardin hin.[412] Ebenso sei an Karl Barths herausfordernden Satz aus seinem Römerbrief-Kommentar erinnert, den er bereits 1922 verfasste: „Christentum, das nicht ganz und gar und restlos Eschatologie ist, hat mit Christus ganz und gar und restlos nichts zu tun."[413] Oscar Cullmann[414] betonte die präsentische kosmische Eschatologie, die sich nicht auf einen neuen Himmel und eine neue Erde vertrösten lassen dürfe. Paul Tillich[415] griff den Reichs-Gottes-Gedanken als leitendes Motiv seiner Eschatologie auf. Karl Rahner[416] sieht die Lösung im Gedanken der „Selbsttranszendenz der innerweltlichen Geschichte" und gelangt so einerseits zu einer positiven Würdigung der innerweltlichen Zukunftsgestaltung bis hin zu einem gesellschaftskritischen Engagement, andererseits kann Theologie und Kirche an der noch ausstehenden Vollendungshoffnung festhalten. Des weiteren sind hier die Vertreter der Befreiungstheologie[417] und der feministischen Theologie[418] anzuführen, die ihre Akzente ebenso im Sinn einer präsentischen Eschatologie verstanden wissen wollen.

Jürgen Moltmann[419] greift den Begriff der Hoffnung als Leitmotiv der Eschatologie auf und sieht im Kreuzes- und Auferstehungsgeschehen ein Kriterium für den Protest gegen innergeschichtliche Gewalt und Ungerechtigkeit. Er markiert zudem am klarsten die pneumatologische Dimension einer Theologie und Ethik der Hoffnung, indem er den

---

412   Chardin 1959.

413   Barth 2005.

414   Cullmann 1946.

415   Tillich 1966.

416   Rahner 1966.

417   Vgl. Sobrino 1995.

418   Vgl. Moltmann-Wendel 1985.

419   Moltmann 2005. Moltmann 2010. Moltmann 1995.

lebendig machenden Geist als Subjekt der Auferstehungshoffnung herausstellt. „Weil der ewige Geist der „*auctor resurrectionis*" Christi ist, […]
werden auch von ihm die Gabe des ewigen Lebens, die Auferweckung
der Toten, die Wiedergeburt alles Lebendigen und die Neuschöpfung
aller Dinge erwartet."[420] Hendrikus Berkhof geht noch weiter in seiner
Aussage, indem er den Heiligen Geist nicht nur als das Subjekt, sondern
auch als Ziel der Vollendung kennzeichnet. Es geht bei der Vollendung
um die „Pneumatisierung der ganzen Schöpfung".[421] Der Leben spen-
dende Geist Gottes bildet letztlich den Grund dafür, dass wir hoffen dürfen. Er, der bereits bei der Schöpfung Leben möglich machte, von dessen
Wirken im alttestamentlichen Gottesvolk berichtet wird, dieser Gottesgeist, der Jesus zeugte, bevollmächtigte und aus den Toten erweckte –
dieser Geist ist auf alles Fleisch ausgegossen und in der immanenten
Transzendenz aufspürbar und wird als Gabe von den Glaubenden empfangen. In seiner Kraft folgen wir Jesus nach und in seiner Kraft sind wir
in die Missio Dei hineingenommen.

Diese Kraft des Geistes führt zugleich ein bruchstückhaftes und ver-
gängliches Leben zur Vollendung. Wenn diese Kraft uns heute schon
trägt und bestimmt, dann weist uns die eschatologische Verkündigung
vom Reich Gottes noch darüber hinaus. Dieser Geist berechtigt uns,
von unserer Hoffnung zu sprechen, mutig gegen allen zerstörerischen
Ungeist, jede Ungerechtigkeit und Unfreiheit die Stimme des Glaubens
zu erheben und in einer Ethik der Hoffnung zu leben. Die Eschatologie ist unlösbar mit der Pneumatologie verflochten. Erst innerhalb einer
pneumatologischen Eschatologie findet die missionale Ekklesiologie
ihren angemessenen Ort.

8.1 Das Angeld des Heiligen Geistes

Mit hochrotem Kopf und mit geöffneter Bibel steht der junge Christ vor
mir. Immer wieder tippt er auf die Stelle in Jesaja 53. „Fürwahr! Fürwahr! – Das bedeutet doch wohl so viel wie: Das ist wirklich wahr! Oder?

---

420   Moltmann 1991: 80.
421   Berkhof 1968: 124.

Unsere Leiden – er hat sie getragen, und unsere Schmerzen, er hat sie auf sich geladen. Durch seine Wunden sind wir geheilt! Stimmt das nun oder stimmt das nicht? Was soll ich denn glauben?" Ich hatte in einem Vortrag bei einer charismatischen Konferenz über den Heilungsauftrag der Kirche gesprochen und dabei betont, dass nicht alle Kranken hier und jetzt schon eine Heilung erfahren; es gäbe schließlich so etwas wie einen eschatologischen Vorbehalt. Nicht hier und jetzt werden alle Tränen schon abgewischt und auch nicht alle Schmerzen genommen. Das ist uns erst für die Vollendung des Reiches Gottes verheißen. „Er wird alle ihre Tränen trocknen, und der Tod wird keine Macht mehr haben. Leid, Klage und Schmerzen wird es nie wieder geben; denn was einmal war, ist für immer vorbei" (Offb 21,4).

Es kam zu einer längeren Aussprache und anhand von weiteren Bibelstellen konnte ich dem jungen Mann deutlich machen, dass das „volle Evangelium", von dem er immer wieder sprach, auch die futurische Eschatologie einschließe und sich nicht auf eine präsentische Erwartung reduzieren lasse. Das käme einer Verkürzung der biblischen Aussagen gleich und würde auch Menschen sehr überfordern. Diese Auslegung des „vollen Evangeliums" wird gerade in charismatisch-pfingstlerischen Gruppierungen nicht so gern gehört. Hier werden die präsentischen Aspekte der Eschatologie viel feuriger betont, vielleicht auch aus dem Empfinden heraus, dass die Verkündigung der Kirche sich zu lange das Noch-nicht im Sinn einer Vertröstung auf das Jenseits auf ihre Fahnen geschrieben hat.

Aber sollen nun die charismatischen Christen auf das Diesseits vertröstet werden? Gibt es da keine erwartungsvolle Zukunftsperspektive mehr? Müssen wir nur das Glaubenspotential kräftig schüren und züchten, damit wir schließlich ein Wunder nach dem anderen ernten? Jeder wache Zeitgenosse weiß, dass hier etwas nicht stimmen kann. Und dennoch ist es verwunderlich, dass Vertreter der sog. „Wort-des-Glaubens-Bewegung" und vergleichbarer Gruppierungen viel Sympathie in Pfingstkirchen und anderen Freikirche finden. Mit ausführlichen Glaubens-Erfolgsmeldungen, mit Wunderberichten wollen die Vertreter der Glaubensbewegung jene Lügen strafen, die ihre Glaubenserwartung eschatologisch anders ausloten.[422] Nicht nur in Bezug auf Heilungen von Krankheiten, sondern auch in Bezug auf das ganze Leben sind uns demnach hier und jetzt schon völlige Heilung und überfließender Wohlstand verheißen. Dabei soll der Glaube ausschlaggebend sein: wenn es einem Christen nicht gut geht, er krank oder arm ist, so ist das dann allenfalls auf fehlenden Glauben zurückzuführen. Bei aller Wertschätzung der neuen Akzentuierung der transformierenden Kraft des Glaubens, welche ohne Zweifel durch die so geprägten charismatisch-pfingstlichen Gruppierungen betont wird, ist die Einseitigkeit auch zugleich irreführend und lehrmäßig wie auch seelsorgerlich unverantwortlich. Das „volle Evangelium" muss auch eine Antwort haben auf das Noch-nicht, auf die vielen glaubensstarken Sterbenden und Kranken, auf die Not der Christen, die in Armut und in einem ungerechten System leben und sterben müssen. Wenn eine eschatologische lehrmäßige Schieflage dann auch noch geistlich autorisiert werden soll durch eine Liste von Wundern oder durch das Aufweisen von beeindruckenden Charismen und „geistlichen Erfolgen", so kann wirklich nicht mehr vom „vollen Evangelium" geredet werden. Auch nicht, wenn man enttäuscht, wütend und irgendwie glaubend zugleich ruft: „Fürwahr! Fürwahr!"

Die eschatologische Wahrheit kennt ein Schon-jetzt und ein Noch-nicht; sie kennt eine diesseitige und eine jenseitige Herrlichkeit; sie kennt die Gottesnähe in der Armut, in Ohnmacht und im Schmerz ebenso wie die herausreißende Wunderkraft des Messias. Das, was wir als Christen hier in dieser Weltzeit erfahren und im Glauben erwarten dürfen, hat immer den Charakter einer Anzahlung, einer Erstlingsgabe oder eines Zeichens. Diese Anzahlung mehrt die Hoffnung und stärkt auch den Glauben. Durch die christliche Grunderfahrung (Initiation) werden wir durch den Geist Gottes in die Gemeinschaft Gottes implantiert, wir wer-

---

422 Die Wort-des-Glaubens-Bewegung (engl: *Word of Faith*) ist eine spezielle Richtung des Christentums, die in manchen Pfingstgemeinden und charismatischen Gemeinden Verbreitung gefunden hat. Sie stammt aus dem angelsächsischen Raum und ist in Deutschland vor allem durch die Bücher des US-Amerikaners Kenneth Hagin bekannt geworden. Vgl. hierzu: Zimmerling 2009: 174–184. Hempelmann 2005: 495ff.

den dem Leib Christi einverleibt und in seine Mission gestellt. Wir werden durch den Geist mit ihm sterben und auferstehen, wie wir es in der Taufe symbolisch bezeugen. Als Geistgetaufte sind wir auch Mitleidende und Miterben Christi. In der Heiligung beginnt die Vollendung. Sie ist ein Vorgeschmack auf das, was Gott noch tun will in seiner transformativen Kraft. Um diesen vorläufigen Sachverhalt auszudrücken, gebraucht Paulus die Begriffe für die „Erstlingsfrucht" (griech. *aparche*) und für die „Anzahlung" (griech. *arrabon*).

Aparche (Röm 8,23; 11,16; 16,5; 1Kor 15,20; 16,15, Jak 1,18; Offb 14,4) erinnert uns an die alttestamentlichen Gesetze über die Erstlingsfrüchte von Ernten, die Gott dargebracht wurden. Das geschah als Zeichen und Bekenntnis, dass alles, was Menschen haben und sind, dem Herrn gehört. Der Gebrauch des Wortes im NT weist einen feinen, aber entscheidenden Unterschied auf. Hier sind die Erstlingsfrüchte nicht etwas, was wir Menschen Gott anbieten, sondern das, was Gott dem Menschen schafft. Sie sind auch nicht etwa symbolisch gegeben, um damit zu zeigen, dass eine weitere menschliche Hingabe überflüssig sei. Vielmehr weisen sie auf das hin, was seiner Verheißung gemäß noch aussteht von seiner Herrlichkeit. Das Wort wird in Beziehung auf Christus, auf den Heiligen Geist und auf die Gemeinde gebraucht. Christus als neuer Mensch und alle, die er erkauft hat durch sein Blut, die er in seine Nachfolge gerufen hat und die durch den Geist eine Neugeburt erfahren haben, werden als Erstlingsfrüchte der neuen Menschheit gesehen. In diesem Zusammenhang ist Röm 8,23 bedeutsam. Paulus bezeichnet da die Gläubigen, welche die „Erstlingsgabe des Geistes" empfangen haben. Die Gabe des Geistes ist der erste Anteil an der kommenden Vollendung.[423]

Noch deutlicher zeigt sich der Gedanke der Vorläufigkeit durch die Verwendung des Begriffes *arrabon* (2Kor 1,22; Eph 1,14). Ein Käufer, der nicht den Preis auf einmal einlegt, gibt eine solche Teilzahlung bzw. Anzahlung. Sie ist wie eine Bürgschaft zu verstehen, nach dem Motto: „Der Rest kommt ganz bestimmt noch!". Auch hier wird auf die Vorläu-

---

423   „Der Genitiv ‚des Geistes' ist hier zweifellos ein explizierender Genitiv, so
        dass man sinngemäß übersetzen kann: ‚Wir, denen der Geist als Erstlings-
        frucht der kommenden Ernte gegeben ist.'" H. Berkhof in: Berkhof 1968:
        122.

figkeit der Erfahrung hingewiesen, die noch keine Erfüllung ist. Betrachten wir die für die Eschatologie prägende Redeweise vom Reich Gottes, so wird deutlich, dass dieses Reich, welches für die Gottesgemeinschaft und die damit verbundene Lebensqualität steht, angebrochen ist, es entwickelt hier schon seine Energien, seine Kräfte; es ist hier schon – in seiner paradoxen Logik der Ewigkeit – aufgerichtet. In der Person Jesu Christi ist es mitten unter den Jüngern (Lk 17,21). Dennoch lehrt Jesus die Jünger das Gebet: „Dein Reich komme [...] wie im Himmel, so auf Erden." Es ist das im Kommen Jesu angebrochene, angekommene Reich, das sich aber immer weiter im Kommen befindet. Die Qualität des Himmels soll immer mehr auf die Erde kommen. Dieses geschieht dort, wo wir die klassischen Anzeichen des angebrochenen messianischen Reiches sehen: Blinde werden sehend, Lahme gehen, Aussätzige werden gereinigt und Taube hören, Tote werden auferweckt und Armen wird die gute Botschaft verkündigt (Mt 11,5; Lk 7,22). Zeichenhaft setzt Jesus die Markierungen dieses neu angebrochenen Reiches durch Wundertaten, Befreiungen, Heilungen und seine Zuwendung zu denen, die ausgestoßen sind. Diese Anzeichen (griech. *semeia*) kennzeichnen die neue angebrochene Qualität des Reiches Gottes. *Semeia* sind Hinweisschilder, die auf einen Ursprung verweisen. Diese Zeichen weisen auf die zukünftige Welt, denn in ihnen werden die „Kräfte der zukünftigen Welt" gekostet (Hebr 6,5). Sie sind Anzeigen der sich in Christus offenbarenden Messianität[424] und haben bestätigenden Charakter. *Semeia* werden auch den Glaubenden folgen, wenn sie in der Missio Dei des Auferstandenen ihren Glauben bezeugen (Mk 16,17). Die Redeweise von der Erstlingsfrucht, des Angeldes oder auch der Zeichen verdeutlicht, dass es eine präsentische und eine futurische Dimension des Reiches Gottes gibt. Beide Aspekte werden in der missionalen eschatologischen Pneumatologie zu berücksichtigen sein.

---

424 Vgl. Zeilinger 2011.

8.2 Das Seufzen des Heiligen Geistes

„Angeld", „Erstlingsgabe", „Zeichen" oder auch „Geburt" – das ist das neutestamentliche Vokabular, mit dem die gegenwärtige Geisterfahrung beschrieben wird. Es weckt in uns Assoziationen an den Aufbruch des Frühlings, an die Saat, die noch aufgehen wird, an das Neugeborene, das sich noch entwickeln wird. Die eschatologische Kraft der Hoffnung ist vorrangig in dieser positiven Gegenwartserfahrung begründet. Diese ist der Grund dafür, warum Christen über die Gegenwart hinaus hoffen. So, wie sie hier schon ansatzweise die Überwindung allen erstarrten Lebens erfahren, wird der lebendig machende Geist in der Vollendung der Neuschöpfung die Toten erwecken und die Gewalt des Todes aus dem Kosmos vertreiben. Er wird die erstarrten Verhältnisse zum Tanzen bringen, damit alles in den Lobgesang der Freude einstimmen kann. Er wird in diesem Sinne alle Geschöpfe sowie ihre Lebensräume in Himmel und Erde „durchgeistigen"[425].

Ein solches Durchgeistigen wird jedoch nicht im Sinne einer Spiritualisierung geschehen, sondern einer Vitalisierung. Wir erwarten die „Erlösung des Leibes" (Röm 8,23) in der Auferstehung des Fleisches und nicht eine endliche Erlösung vom Leib.[426] Doch gerade im Bereich der Körperlichkeit sind auch die Vorläufigkeit und der Angeldcharakter der Neuschöpfung oft schmerzlich erkennbar. Nicht nur am eigenen Körper, sondern auch in der gesamten Schöpfung ist das Schreien nach

---

425 Moltmann 1991: 87.

426 Die tragische Auswirkung einer vom Platonismus und Augustinismus geprägten Leibfeindlichkeit, die einen Dualismus von Körper und Seele voraussetzt, hat bis in die Gegenwart hinein ihre Auswirkungen. Die Seele, die nach gnostischem Verständnis im Körper wie eingekerkert ist, sehnt sich nach einer Befreiung, nach einer körperlosen Existenz. Die zunehmende Akzeptanz buddhistischer Spiritualität in der westlichen Welt könnte als ein Indiz für einen aufkeimenden Neugnostizismus gewertet werden. Christen erwarten jedoch nicht ein Auflösen der Existenz im Nirvana, sondern die Auferstehung allen Fleisches. Dieser Auferstehungskörper wird freilich eine andere Substanz haben als die Körper in diesem Äon, und doch wird die Identität des Menschen nicht verloren gehen (vgl. 1Kor 15). Vgl. Welker, Michael 1995: 241–245.

Erlösung hörbar. Diese negative Erfahrung der Vergänglichkeit wird jedoch von dem Geistgetauften nicht einfach hingenommen. Durch den Geist werden der Widerspruch und auch der Widerstand gegen die Verneinung des Lebens laut. Durch den Geist des Lebens wird das Leiden noch schmerzlicher als ein Noch-nicht erfahren. „Wenn die Freiheit nahe kommt, beginnen die Ketten zu schmerzen."[427] Mit diesen Worten kennzeichnet Jürgen Moltmann treffend die schreiende und seufzende Grunderfahrung derer, die durch die innewohnende Hoffnung das Defizit spüren und auch benennen können. Das Vermisste wird jedoch als Erwartetes erkannt. Das Positive, das Verheißene wird durch die Ablehnung wachgehalten, das Noch-nicht als Endzustand zu betrachten. So beschreibt Johannes in seiner großartigen Sicht vom neuen Himmel und der neuen Erde den Vorgang, dass eben diese negativen körperlich-seelischen Leiden ein Ende haben werden: Tränen werden abgewischt, der Tod wird nicht mehr sein, kein Schreien, kein Leiden, keine Schmerzen mehr (Offb 21,4). In der Erfahrung des schmerzlichen Vermissens ist der Heilige Geist erfahrbar und hörbar. Nicht nur die ganze Schöpfung seufzt und wünscht sich das Offenbarwerden der Kinder Gottes und auch nicht nur diejenigen, die die „Erstlingsgabe des Geistes" schon hier empfangen haben, seufzen, sondern in diesem Klagen, Sehnen und Schreien artikuliert sich der Geist Gottes selbst.

> „Hoffen wir aber auf etwas, das wir noch nicht sehen können, dann warten wir zuversichtlich darauf. Dabei hilft uns der Geist Gottes in all unseren Schwächen und Nöten. Wissen wir doch nicht einmal, wie wir beten sollen, damit es Gott gefällt! Deshalb tritt der Geist Gottes für uns ein, er bittet für uns mit einem Seufzen, wie es sich nicht in Worte fassen lässt. Und Gott, der unsere Herzen ganz genau kennt, weiß, was der Geist für uns betet. Denn der Geist vertritt uns im Gebet, so wie Gott es für alle möchte, die zu ihm gehören" (Röm 8,25–27).

Dieses Seufzen (griech. *stenazein*) ist eine Form der pneumatischen Kommunikation. Ob es sich hierbei um einen Terminus handelt, der auch das Phänomen der Sprachenrede kennzeichnet, sei dahin gestellt.

---

427 Moltmann 1991: 88.

In welcher Form der Geist Gottes uns vor Gott vertritt, ist auch für uns nicht so wichtig. Nicht nur der Geist vertritt uns in dieser Schwachheits- und Ohnmachtserfahrung. Auch der erhöhte Christus, der als Mitleidender uns wie ein Hoherpriester vertritt (Röm 8,34; Hebr 7,25). Das Leiden der Menschheit und dieser Schöpfung löst also ein kommunizierendes Echo in der Trinität selbst aus. Der Schrei nach Gott wird zum Schrei Gottes.

Als Glaubender und als jemand, der selbst auch manche körperlichen Schmerzen und Leiden erfährt, ist mir diese Gewissheit besonders tröstlich. Auch wenn ich, in meiner Ohnmacht und geradezu vom Leiden dieser Welt erdrückt, keine Worte mehr habe, so verstummt doch dieser Schrei des Geistes nicht. Er ist der Schrei der großen Leidenschaft Gottes, der großen Missio Dei. Gott will, dass alle Menschen in die Kraft seiner erlösenden Liebe finden. Indem der Geist Gottes den ohnmächtigen und verzweifelten Menschen hier schon den Schrei nach Gott ermöglicht, eröffnet er damit eine Gottesbegegnung. Der Schrei aus der Tiefe (*de profundis*) ist der Anfang des Weges in die Höhe (Ps 130,1). In diesem Schreien liegt selbst schon eine pneumatologische Erfahrung; die auf Erlösung angewiesene, bettelnde, hoffende Erwartung, dass es mehr gibt, als dieses Schreien, und dass da ein Gott ist, der hört. Die Anrufung des Heiligen Geistes (Epiklese) nimmt dieses Schreien aus der Tiefe auf; ja, es ist der Geist selbst, der sich darin zu Wort meldet in der angeeigneten Kommunikation. Der Geist kennt die Tiefen der Kreatur und die Tiefen der Gottheit und er durchdringt sie (1Kor 2,10–12). Diese pneumatologische Erfahrung bewirkt in dem Hoffenden nicht nur die Gewissheit, dass der Geist uns mit unaussprechlichen Seufzen vertritt, sondern sie schafft eine Sprache des Widerstandes und der Überwindung, eine Sprache der Hoffnung. Siegfried Liebschner schreibt dazu:

> *„Diese Sprache der Hoffnung will der Geist nur zu gern lehren und stärken, weil sie der Logik seines Wesens und Werkes entspricht. Denn er ist ja Anzahlung eben jener kommenden Herrlichkeit der endgültigen Überwindung der Gesetzmäßigkeiten dieses alten Äons. Wir sind gerade in dieser Sprache der Hoffnung sehr sprachlos geworden, zum Teil wegen des Vorwurfes der Weltflucht, aber wohl genauso stark wegen der energischen und verzweifelten Diesseitsforderungen der Gesellschaft, in der wir leben und die auch uns prägt. Nach dieser Forderung soll alles Gute und*

alles Glück hier und jetzt gelingen und sich erfüllen. Müssen auch wir uns von einem zu starken Diesseitsevangelium befreien lassen? Der Geist will uns dann gern neu lehren, dass wir mit 1Petr 1,3 wiedergeboren sind zu einer lebendigen Hoffnung."[428]

8.3   Widerstand und Ergebung im Heiligen Geist

Wie lebe ich als Hoffender, als einer, der die Zukunft im Nacken hat? Nicht, dass sie mir wie etwas Bedrohliches im Nacken sitzt, sondern sie legt sich mir auf meine Schultern, in meine Hände. Die Zukunft will gestaltet werden. Gottes begonnene Missio wird nicht auf das Abstellgleis geschoben, sondern sie vollzieht sich durch die ausgeteilte Barmherzigkeit und Liebe, sie vollzieht sich durch die tragende Geduld und die transformierende Hoffnung. Das sind große Worte, die jedoch in jeder Generation, in jeder Lebensphase, an jedem Tag neue Konkretionen verlangen. Jeder kennt wohl die Ohnmacht, die einen überfallen kann, wenn man nach der Lektüre der Tageszeitung geradezu in einem Gemisch aus Hilflosigkeit und Wut sich selbst fragt: „Was kann ich als Einzelner schon tun?" Es sind ja nicht nur die großen globalen Verschiebungen, die universalen Krisen, die sich mir wie ein dunkles Szenario auf meine Seele legen; es sind auch die vielen kleinen Ungereimtheiten einer Welt, die anscheinend so wenig erfasst ist von dem neu angebrochenen Königreich Gottes. Sicher, ich kann beten, und das meine ich nicht nur im Sinn von Klagen und Seufzen. Das Gebet ist eine Handlung, ein Sein vor Gott, ein Mitreden und Mitgestalten; es ist nicht nur ein Sich-freireden vor Gott, der ja letztlich die ganze Verantwortung für das große Unternehmen seiner Schöpfung hat. Der Geist ist es, der im Beten auch die Taten vorbereitet, die Werke, die er mir anvertrauen will (Eph 2,10). Nicht immer muss ich hier gleich von Berufung reden, – welch ein großes Wort! –, sondern ich kann auch sehen, welche „Last" mir für diesen Tag gegeben wird, dass ich mich von ihr nicht sorgenvoll erdrücken lasse, sondern in der Kraft des Glaubens, der Freude der Hoff-

428   Liebschner 2005: 51–52.

nung und der Kraft der Liebe zum Lebens*gestalter* werde und nicht nur ein Lebens*ertrager* bin.

Der Geist Gottes will alle Gedanken der Trübsinnigkeit lösen, er will mich von der Gefangenschaft der „Angst dieser Welt" befreien, denn er ist ein Geist der Kraft, der Liebe und der Besonnenheit (2Tim 1,7). Die Farbe der Hoffnung ist nicht ein grau oder ein schwarz, sie ist auch nicht das logisch einleuchtende Schwarz-Weiß. Die Hoffnung packt voll in den in der Ewigkeit aufgestellten und in Christus schon offenbarten „Farbtopf" der Herrlichkeit. Hier und jetzt sind diese leuchtenden und lebensfrohen Farben der Liebe, der Gerechtigkeit, der Freiheit schon erkennbar. Hier und jetzt soll die Kraft des begonnenen Reiches Gottes transformierend sein, so wie das Salz, das Kraft in sich trägt. Der aufziehende jüngste Tag ist nicht eine Bedrohung, sondern ein Anreiz zum Glauben, Beten und Handeln. Paul Schütz beschreibt dieses Sein in der Hoffnung mit folgenden Worten: „Die Hoffnung ist eine Seinsart, eine neue Verfassung meines Daseinsgrundes. Sie wird zu einem Atmosphärischen, in dem ich wese, zu einer Art Luft, in der ich atme. Ich weiß nicht, ich bin. Es hofft in mir. Der Geist hofft im Hoffenden."[429] Der Glaubende, der die Erstlingsgabe des Geistes empfangen hat, ist also nicht nur am Seufzen (Röm 8,23), er findet auch zu einer Sprache des Geistes, zu einer Handlung des Geistes, ja, er sieht bei aller Bedrängnis des Lebens immer noch die offene Tür zum neuen Leben.

> „Nachdem wir durch den Glauben von unserer Schuld freigesprochen sind, haben wir Frieden mit Gott durch unseren Herrn Jesus Christus. Wir können ihm vertrauen, er hat uns die Tür zu diesem neuen Leben geöffnet. Im Vertrauen haben wir dieses Geschenk angenommen. Und mehr noch: Wir werden einmal an Gottes Herrlichkeit teilhaben. Diese Hoffnung erfüllt uns mit Freude und Stolz. Doch nicht nur dafür sind wir dankbar. Wir danken Gott auch für die Leiden, die wir wegen unseres Glaubens auf uns nehmen müssen. Denn Leid macht geduldig, Geduld aber vertieft und festigt unseren Glauben, und das wiederum gibt uns Hoffnung. Und diese Hoffnung geht nicht ins Leere. Denn uns ist der Heilige Geist geschenkt, und durch ihn hat Gott unsere Herzen mit seiner Liebe erfüllt" (Röm 5,1–5).

---

429   Schütz 1960: 635.

Eine solche Hoffnung, die „nicht ins Leere geht", oder mit den Worten Luthers gesprochen, die „nicht zuschanden" wird, bewegt sich zwischen geduldigem Warten und mutigem Widerstand. Letztlich verortet sich alle christliche Ethik in eschatologischer Dimension zwischen „Widerstand und Ergebung".[430] Es ist keine Ergebung, die etwas Passives oder Ohnmächtiges hat. Es ist die Kraft des Schweigens und des Vertrauens auf den, der einmal alle Welt richten wird (Röm 12,19). Es ist auch nicht ein Widerstand, der aus einer menschlichen Besserwisserei oder einer menschlichen Hybris erwächst, sondern einer, der durch den Widerspruch des Auferstandenen zu allem Tod und aller Ungerechtigkeit motiviert ist. Der so Hoffende „ist ein Partisan des Zukünftigen"[431].

In ihm ist das Zukünftige schon angekommen. Er verliert sich nicht in den Träumen von einem eschatologischen Jenseits. Das Träumen wird für ihn durch den Heiligen Geist zu einer Möglichkeit, die im Diesseits beginnt. Ein solcher Möglichkeitssinn wird nicht durch die Furcht, sondern durch die Verheißungen Gottes geprägt. Die Hoffnung erweckt in uns einen neuen Realitätssinn. „In der Hoffnung verbinden wir Fernziele mit Nahzielen. Das Letzte gibt dem Vorletzten seinen Sinn."[432]

Eine Ethik der Hoffnung ist durch diese doppelte Wachsamkeit bzw. Achtsamkeit geprägt: Sie erkennt nicht nur die Zeichen der Zeit, sondern sieht auch die Möglichkeiten der in Christus neu angebrochenen messianischen Zeit, die Möglichkeiten des Reiches Gottes. Sie lässt sich nicht dadurch erschüttern, dass die Elemente dieses Kosmos dahinschmelzen, sondern sie „erwartet und beschleunigt" (2Petr 3,12) die Bewegung, die auf den großen Tag des Herrn zuläuft. „Warten und Pressieren" nannte es Christoph Blumhardt.[433] Wie auch immer wir diese doppelte ethische Bewegung der Hoffnung nennen und bezeichnen wollen, so finden wir doch immer diese beiden Momente darin vereinigt. Das Warten, und Sich-ergeben ist geprägt von dieser aktiven Geduld. Sie scheint wie eine Verlegenheit zu sein, aber sie ist eine Verlegenheit großen Stils. Die Hoff-

---

430 Vgl. Bonhoeffer 2002.

431 Schütz, 1960: 636.

432 Moltmann 2010: 20. Vgl. Bonhoeffer; Bethge 1963.

433 Vgl. Esche 2004.

nung hat den Mut, dieser Verlegenheit die Stirn zu bieten, ja sich sogar dieser Verlegenheit zu rühmen, denn in ihr wächst die Kraft der Hoffnung. Es ist ein Warten, welches von widerstandsfähiger Struktur ist und sich in Geduld beweist (Röm 5,4). Dieses Sich-ergeben ist geprägt von einer inneren Standfestigkeit und Wachsamkeit. Es ist kein passives Abwarten, sondern ein aktives Erwarten (vgl. Röm 13,12). Ein solches Ergeben bedeutet nicht, sich aufzugeben oder gar die Hoffnung zu verlieren, sondern ich überlasse mich ganz dem, der mit mir und dieser Welt zum Ziel kommen wird (Phil 1,6). Es ist nicht die Resignation vor der Übermacht des Ungeistes und der eigenen Ohnmacht, sondern ein Sich-ergeben mit „erhobenen Haupt", weil sich die Erlösung naht (Lk 21,28). Es ist dieses starke Warten der unzähligen verfolgten Christen in dieser Welt; es ist diese heilige Resistenz derer, die ihr Leben in die Hand Gottes gaben, aber sich nicht anbetend vor dem Tyrannen beugten.[434] Schließlich ist es diese Ergebung, die im Gekreuzigten gegründet ist. Der Geschlagene wird zum Erhobenen. Dieser Geist des Gekreuzigten[435] ist eben auch derselbe Geist, der mich in meinem Hoffnungshandeln heute prägt. Eine missionale eschatologische Pneumatologie befähigt nicht nur zum Widerstand, sondern auch zu einem transformierenden Leiden und Sich-ergeben, zum wachenden Warten.

Nun darf diese Erkenntnis nicht zu einem Duckmäusertum führen, das sich aus Angst vor den Mächtigen dieser Welt in die Häuser verschließt, seien es nun die privaten Wohnungen oder die Gotteshäuser. Es ist ein Warten, das auch Worte hat, ein Sich-ergeben, das zuweilen durch das Schweigen am lautesten protestiert. Doch es gibt eben auch die andere Seite der Ethik der Hoffnung: Da sprechen wir vom lauten Widerspruch oder vom trotzigen Widerstand, der sich in der konkreten Handlung ausdrückt. Es ist ein „zur Zukunft Eilen", eine Bewegung, die kennzeichnet, dass es hier Schritte und auch Grenzüberschreitungen gibt. Die

---

434 Für den Widerstand im Nazi-Deutschland war der Bekennenden Kirche das Wort aus Jes 26,13 zum Leitwort geworden: „Herr, unser Gott, es herrschen wohl andere Mächte über uns als Du, aber wir gedenken doch allein an Dich und Deinen Namen.". Vgl. Adam; Eckstein; Lichtenberger 2008: 101.

435 Vgl. Schneider 1987: 116–124.

Grenze zwischen der realen bedrückenden Wirklichkeit und der zukünftigen Möglichkeit wird durchbrochen. Wie solche Schritte des Widerstandes aussehen, wird je nach Situation unterschiedlich sein. Es werden Einzelaktionen möglich, aber auch Bewegungen, die friedlich mit Kerzen in der Hand ganze Regime zum Kippen bringen. Das, was wir in Deutschland zur Zeit der Wende (1987–1989) erlebt haben, zeigt an, dass eine Ethik der Hoffnung nicht nur im Schweigen, sondern auch in den manifesten Aktionen des Widerstandes zu sehen ist. Der Widerstand kann sich auch darin ausdrücken, dass ich die mir gegebenen Möglichkeiten nutze und Systeme der Ungerechtigkeit nicht stillschweigend oder aus Bequemlichkeit einfach weiter stütze, die ich eigentlich ablehne. Die Schöpfungsgemeinschaft, in die der Geist mich noch bewusster hineinstellt, soll geprägt sein von gegenseitiger Achtung und Würde. Ich nutze alle Möglichkeiten, um in dieser Schöpfung Zeichen der neu angebrochenen Wirklichkeit des Reiches Gottes zu setzen, in dem Gerechtigkeit und Freiheit als Grundlage des Zusammenlebens dienen.

Ein vom Geist Gottes erfüllter Mensch wird nicht gleichgültig und oberflächlich zusehen oder gar sich daran beteiligen, wenn diese Welt mit allen Mitteln der angeblich ökonomisch gebotenen Regeln weiter ausgenommen und ausgebeutet wird. Er wird sich nicht in seine Lobpreis-Gottesdienste zurückziehen und die Nachrichten über eine zum Himmel schreiende Ungerechtigkeit in dieser Welt anderen überlassen. Die missionale eschatologische Pneumatologie prägt eine ganzheitliche Ethik, die das evangelistische Werben und das diakonische Dienen des Geistes vereint. Sie wird einen Lebensstil der Kenosis prägen, des Teilens und des Anteilgebens, des Loslassens und der Selbstentäußerung. Ich selbst habe in diesem Bereich noch viel zu lernen, aber ich möchte ein solcher Mensch der Hoffnung sein, denn „die Hoffnung lässt nicht zuschanden werden, denn die Liebe Gottes ist ausgegossen in unsere Herzen durch den Heiligen Geist" (Röm 5,5; LU). Dieses Römerwort war für mich ein Schlüsselwort, das mich schließlich dazu geleitet hat, dass ich mich als Sechzehnjähriger hinkniete und um die Taufe im Heiligen Geist gebeten habe. Durch den Empfang der Gabe des Geistes habe ich viele wunderbare Entdeckungen machen können. Ich habe erlebt, wie stark Gott mir hier und jetzt schon Anteil an seiner Herrlichkeit gibt; etwa wenn ich ihn preise und anbete oder auch wenn ich das große

Geschenk der Gemeinschaft der Heiligen genieße. Ich habe auch wahrgenommen, dass Gott mich hineinstellt in die Gemeinschaft derer, die
seine Missio Dei in dieser Welt weitertreiben dürfen. Zuweilen habe ich
jene Glaubensgeschwister nicht verstanden, die sich so vehement für die
Bewahrung der Schöpfung, für Gerechtigkeit und Frieden in dieser Welt
stark machten. Heute wünschte ich mir, dass es zu einer neuen Einheit
der geistlichen Kräfte kommt, dass soziales Engagement und umwelt-
verantwortliches Handeln ebenso zur Missio Dei gehören wie die inten-
siven Gebetserfahrungen und die vom Lob Gottes sprudelnden Gottesdienste. Gott wohnt nicht nur im Lobpreis seiner Kinder, sondern auch
bei denen, die ausgestoßen sind, die niedergetrampelt werden und die
keine Stimme mehr haben in dieser Welt. Er wohnt bei denen, die in
den Krippen dieser Welt ihre Armut teilen. Wo Gott wohnt, da ist mein
Zuhause.

8.4   Die Vollendung und Gottes neue Welt

Die Vollendung des Lebens wird in der Bibel mit zahlreichen Bildern
umschrieben. Ich habe bereits darauf hingewiesen, dass besonders in der
eschatologischen Pneumatologie die Sprache an ihre Grenzen kommt.
Paul Schütz spricht von der schöpferischen Veränderung der Sprache
durch das Pneuma. „Wenn Gott in der Sprache des Menschen spricht,
dann geschieht etwas an der Sprache, dann bleibt sie nicht die, die sie
war."[436] Schütz markiert ebenso wie einst Karl Rahner die Notwendigkeit
einer Hermeneutik der Eschatologie aufgrund der Eigenheit des prophetischen Geschehens. Bilder und Metaphern können ja nur in unserer
Vorstellungswelt konturenhaft beschreiben und andeuten, was in Gottes
ewiger Gegenwart und gegenwärtiger Zukunft geschieht. Da lesen wir
vom Reich Gottes, von einem neuen Himmel und einer neuen Erde, von
der Auferweckung der Toten und von dem Paradies. Da ist von einem
Festmahl die Rede oder auch von der neuen Stadt.

All diese Bilder können nur ansatzweise beschreiben, was wirklich
gemeint ist. Unser Erkennen ist nur begrenzt, aber es löst durch die

---

436   Schütz 1960: 537.

pneumatische Kraft, die in den Bildern liegt, eine unbegrenzte Freude und Bejahung des Lebens aus. Die Redeweise vom „Reich Gottes" nimmt am stärksten die kosmische Vollendung in den Blick, wohingegen die Begrifflichkeit vom „Himmel" und von der „Auferweckung der Toten" die individuelle Eschatologie stärker fokussiert. Himmel beschreibt nicht vorrangig einen Ort im Sinne unserer Vorstellung von Raum und Zeit. Der Begriff kennzeichnet eine Gemeinschaft, einen Zustand, den der Glaube für die Auferweckten erwartet.[437] Himmel ist ein Bild für die göttliche Welt und bezeichnet demnach die menschliche Vollendung bei Gott. Das Glaubensbekenntnis spricht in diesem Zusammenhang vom „ewigen Leben".

Ewigkeit darf nicht als unendliche Zeit nach den Maßstäben dieser Welt betrachtet werden, sondern Ewigkeit bezeichnet die Qualität des Lebens, das bei Gott ist und nicht mehr an Raum und Zeit gebunden ist. Ewiges Leben ist ein Leben in der Fülle (Joh 10,10). Eine solche Fülle kann schon im Diesseits zeichenhaft erfahren werden. Sie ist hier jedoch immer nur wie ein Angeld, eine Erstlingsgabe oder wie ein Fragment der zukünftigen Fülle zu erfassen. Im Himmel werden wir nicht eine völlig andere Qualität des Lebens erfahren, sondern das ganze Erbe dieses Lebens genießen in der Gegenwart Gottes. Diese Hoffnung auf Vollendung des Lebens findet ihre tiefste Begründung in der Pneumatologie: Derselbe Geist, der jetzt schon die Menschen durchwirkt und erfüllt, wirkt auch die Auferweckung und die Vollendung. Ihre eigentliche Brisanz erhält die Pneumatologie mit dieser in der Eschatologie zusammengeführten Verzahnung von dem Werk Christi und dem Werk des Geistes. Durch den Geist kommt Gottes Mission zu ihrem Ziel. So lange sie noch nicht vollendet ist, ruft dieser Geist gemeinsam mit der Braut, der Gemeinde „Komm!" (Offb 22,17). Der Geist wirkt darauf hin, dass Christus am Ende der Missio Dei alles Gott übergeben kann, sodass „Gott alles in allem sein wird" (1Kor 15,28, Eph 4,6). Die christliche Hoffnung auf die Vollendung hat diese universelle Ebene. Es geht um die kosmische Dimension der Gemeinschaft mit Gott. Diese ganzheitliche Hoffnung

---

437   Ebenso beschreibt „Hölle" einen Zustand des Isoliertseins von Gott. Vgl. dazu: Senn 2009: 199–203. Brunner 1964: 464–475.

umschreibt die Offenbarung des Johannes in den ausdrucksstarken Worten, die bis heute unübertroffene Bilder wecken:

> „Und ich sah einen neuen Himmel und eine neue Erde; denn der erste Himmel und die erste Erde waren vergangen, und das Meer ist nicht mehr. Und ich sah die heilige Stadt, das neue Jerusalem, aus dem Himmel von Gott herabkommen, bereitet wie eine für ihren Mann geschmückte Braut. Und ich hörte eine laute Stimme vom Thron her sagen: Siehe, das Zelt Gottes bei den Menschen! Und er wird bei ihnen wohnen, und sie werden sein Volk sein, und Gott selbst wird bei ihnen sein, ihr Gott. Und er wird jede Träne von ihren Augen abwischen, und der Tod wird nicht mehr sein, noch Trauer noch Geschrei noch Schmerz wird mehr sein; denn das Erste ist vergangen" (Offb 21,1–4; EB).

Diese himmlische Gemeinschaft und das „Wohnen" bei Gott finden ihre Bezüge in der alttestamentlichen *Schechina*-Vorstellung.[438] Sie beschreibt keine Eigenschaft Gottes, sondern versucht die Gottesnähe als Gottesgegenwart zu beschreiben. J. Moltmann führt diesen alttestamentlichen Begriff in seiner Pneumatologie an, weil er eine Nähe zur Begrifflichkeit der Ruach Gottes erkennt. Er sieht darin die Einfühlsamkeit (Gottesempathie), den strahlenden Glanz (Herrlichkeit), die Empfindsamkeit und Leidenschaftlichkeit präsentiert, die in der Gemeinschaft mit dem dreieinen Gott erfahrbar werden.[439]

Der neue Himmel und die neue Erde werden diese Wesenszüge der Gemeinschaft des Geistes tragen. Das, was das alttestamentliche Gottesvolk in dieser Zeit schon konturenhaft in den Tempelgottesdiensten erlebte, und das, was sich in der neutestamentlichen Ekklesia als Herrlichkeit Gottes fortsetzte (Joh 17), wird in der ewigen Vollendung in einer unbeschreiblichen Schönheit und Intensität erfahrbar sein. Hier und jetzt schon ist dieser Gott in der Anbetung im Geist und in der Wahrheit nahe, und hier und jetzt schon hat er in der alten Schöpfung das Neue begonnen.

Nicht von ungefähr gerät unsere Sprache an Grenzen, wenn es um diese Vollendungshoffnung geht. Aber diese Hoffnung ist durch die Kraft

---

438 Vgl. Janowski 1987: 165–193.

439 Moltmann 2010: 60–64.

des Heiligen Geistes lebendiger als alle Bilder und alle Worte. Sie lässt mich loben und hier und heute schon das „Halleluja" anstimmen, mitten im Geseufze dieser Zeit und meines Lebens. In der Vollendung werde ich vielleicht klarer erkennen, was sich hinter diesen tragenden Begriffen der *Kenosis*, der *Perichorese* oder der *trinitarischen Einheit* verbirgt. In der Vollendung werde ich die farbige Fülle der Freude, die ganze Größe der Gnade, die Leichtigkeit und Tiefe der Liebe erfassen, dann, wenn ich mit dem Vater, dem Sohn und dem Heiligen Geist in einer unbeschreibbaren Einheit sein darf (2Petr 1,4). Es ist genug zu wissen, dass die Kraft der Auferstehung Christi, welche die Kraft des Geistes ist, unendlich viel mehr bewirken kann, als ich jemals erdenken, glauben oder erbitten mag. Jetzt schon habe ich den Geist, der in mir ruft: „Abba, lieber Vater!"

Aber wie wird es wohl in der Vollendung sein? Was wird das wohl sein, wenn wir mit ihm gleich sein werden, so wie Johannes es beschreibt: „Geliebte, jetzt sind wir Kinder Gottes, und es ist noch nicht offenbar geworden, was wir sein werden; wir wissen, dass wir, wenn es offenbar werden wird, ihm gleich sein werden, denn wir werden ihn sehen, wie er ist" (1Joh 3,2; EB)? Ich ahne, was Dietlind wohl mit dieser Vorfreude meinte, die immer stärker wird. Je mehr die Gegenwart des Geistes hier und jetzt schon erfahren wird, desto größer wird die Hoffnung und Freude auf die Vollendung.

Ausblick: Ein neues Pfingsten –
Aufbruch zur Quelle des Lebens

„Wir brauchen ein neues Pfingsten!" Wie oft wurde dieser Ruf im Lauf
der Geschichte der Gemeinde Jesu laut, und er hat auch in unserer Zeit
seine Aktualität nicht verloren.[440] Was aber erwartet man von einem solchen neuen Pfingsten? Sollte es die Kirche erneuern, sollte es einen Got-
tesstaat hier auf Erden entstehen lassen?[441] Oder richtet sich die Erwartung auf die Erweckung und Erneuerung des Einzelnen? Als Anfang des
20. Jahrhunderts die Pfingstbewegung und ca. 60 Jahre später die innerkirchlichen charismatischen Erneuerungsbewegungen aufbrachen, war
„Pfingsten" in aller Munde. Für die einen eine unwirsche und unbändige
Reformbewegung, die nur zu Spaltungen beitragen würde und nichts
mit dem Geist Gottes gemeinsam habe, für die anderen eine wirkliche,
vom Geist Gottes angezündete Erweckung der Ekklesia.[442]

Was verbinde ich mich der Bitte an den Heiligen Geist, dass uns
ein neues Pfingsten beschert werden möge, eine neue Ausgießung des
Heiligen Geistes? Es kann dabei nicht um ein zweites heilsgeschichtli-
ches Pfingsten gehen, um eine Wiederholung oder gar ein völlig anderes Ereignis als das, was wir als das historische Pfingsten ansehen: Die
schon im Alten Bund und sich in der messianischen Erwartung konzen-
trierende Ausgießung des Heiligen Geistes in die Herzen der Menschheit;
das Ausgießen des Heiligen Geistes auf „alles Fleisch", in dessen Folge
eine neue Gottesunmittelbarkeit ermöglicht wird (Apg 2). Seit diesem
heilshistorischen Ereignis des Pfingstfestes und der damit gegründeten
Gemeinde derer, die „zu einem Leib getauft" sind (1Kor 12,13), ist die
Kirche, die Ekklesia, unterwegs. Das nächste große heilsgeschichtliche

---

440 Vgl. Zulehner 2008.

441 Augustinus prägte den Begriff der Civitate Dei. Vgl. Horn 1997.

442 Pentekostale Theologen deuten den Aufbruch der Pfingstbewegung häufig
als ein neues Pfingsten. Ebenso finden wir diese Redeweise in den charismatischen Erneuerungsbewegungen. Vgl. Reimer 1987. Mansfield 1993.

Ereignis, was wir von der biblischen Verheißung her erwarten dürfen, ist die Parusie, die Wiederkunft Jesu Christi. Wenn wir also heute von einem „neuen" Pfingsten sprechen, so kann es sich nur um einen neuen Aufbruch dieses bereits vorhandenen und geschenkten Geistes handeln.

Wir hatten bereits Überlegungen dazu angestellt, in welcher Weise der Geist wirkt. Wir haben gesehen, dass er nicht nur in der Heilsgeschichte, sondern auch in der Schöpfungsgeschichte und der Geschichte eines jeden Lebewesens die entscheidende Größe ist, wenn es um eine Verbindung und Einheit mit Gott geht. Ohne den Geist Gottes ist kein Leben in, mit und für Gott möglich. Der Geist Gottes ist der Lebendigmacher. Wir haben herausstellen können und müssen, dass dieser Geist Gottes sein Werk niemals losgelöst von einer trinitarischen und damit auch christologischen Begründung tut. Die Komplexität der Verwobenheit theologischer Aussagen hat uns immer wieder an sprachliche Grenzen geführt und nachbuchstabieren lassen, was Paulus wohl mit der bruchstückhaften Erkenntnis (1Kor 13,10–12) meint. Nicht nur das Erkennen, sondern auch die daraus folgende Ethik trägt diesen Charakter des Vorläufigen und Fragmentarischen. Umso wichtiger ist es, dass das Wirken des Geistes nicht nur im Diesseits seine Ziellinie hat, sondern in der ewigen Vollendung, von der wir als Geistgetaufte hier und jetzt schon einen Vorgeschmack, eine Anzahlung erhalten. Der Geist Gottes wirkt in der Schöpfung in einer „immanenten Transzendenz"(J. Moltmann) und begegnet uns in der Menschwerdung Christi in einer transzendenten Immanenz.

Die Verbundenheit mit dem Geist Gottes wird in sehr unterschiedlicher Weise im Zeugnis der biblischen Schriften beschrieben: Der Geist ruht auf einzelnen Menschen; sie werden im Geist getauft, sie leben im Geist. Sie kommunizieren mit dem Geist und der Geist ermöglicht ihnen eine neue Form der Kommunikation. Es gibt eine konstante Seite dieser Zuwendung, die aufgrund der Pfingstverheißung für alles Leben gilt, und es gibt eine dynamische, beziehungsorientierte Dimension der Verbundenheit mit dem Geist Gottes, die sich an der Hingabe des Menschen, an der von Gott gegebenen Berufung und an der Dringlichkeit der Missio Dei orientiert. Es gibt Wirkungen des Geistes, die wie Energien erfahren werden, die an die „Kräfte der zukünftigen Welt" erinnern, die wir also hier nicht gewohnt sind; die auch nicht mit naturwissenschaftlicher Sorgfalt erforscht werden können. Und es gibt die Kräfte des Geistes, die uns vertrauter sind, denn sie liegen in der Schöpfung, sie sind „inkarnierter Geist" in der Schöpfung.

Ein neues Pfingsten kann in diesem Sinn nicht einen totalen Bruch mit dem markieren wollen, was der Geist Gottes schon angelegt und begonnen hat in einem Menschen, in der Gemeinschaft der Heiligen und in diesem schon angebrochenen Reich Gottes, das sich in dieser Welt ausbreitet. Ein neues Pfingsten wird sich auch nicht nur auf die Erneuerung des Einzelnen beschränken, nicht nur die Erneuerung der Kirche oder die Einheit des Gottesvolkes zum Ziel haben. Es geht um das Reich Gottes. Ein neues Pfingsten wird immer auch die ganze Schöpfung, „alles Fleisch" meinen. Es zeigt sich nicht nur in der stärkeren Intensität des Geisteswirkens, nicht nur in seiner manifesten Qualität der im historischen Pfingstereignis begonnenen neuen Einheit und Bewegung der Liebe und Gerechtigkeit. Ein neues Pfingsten sprengt auch die ihm in der Vergangenheit oftmals zugewiesene und einschränkende Topologie. Der Raum, der Ort des neuen Pfingsten ist nicht nur der Einzelne, nicht nur die Christenheit in ihrer vielfältigen ekklesiologischen Zusammensetzung, sondern es geht um die Nationen, es geht um die Menschheit, ja, es geht um alles Geschaffene. Ein neues Pfingsten hat kosmologische Dimensionen. Der Geist Gottes wirkt nicht nur an einzelnen Orten, in einzelnen Gruppen und Kirchen, in einzelnen Regionen oder Herzen von Menschen. Seine Lebendigkeit ist fließend und ziehend, sie ist einladend und reißt die hohen Mauern der religiös institutionalisierten Spiritualität nieder. Sie verbindet die Gottsuchenden und die von Gott Gefundenen, sie schafft Neues, ohne dem Alten die Daseinsberechtigung zu nehmen.

Wenn ich diese Lehre über den Heiligen Geist als „missional" kennzeichne, so meine ich damit die umfassende Mission des Geistes Gottes, welche im Einklang mit der Missio Dei, der leidenschaftlichen Sendung des trinitarischen Gottes in diese Welt erfolgt. Missional ist der Geist, weil er nicht nur die Evangelisierung der Menschen zum Ziel hat, sondern die Einheit mit Gott. Missional ist er, weil er seine Wirksamkeit, seine charismatische Qualität nicht nur auf die Ekklesia beschränkt, sondern sie an allen Orten und zu allen Zeiten des Lebens schenkt. Die Missionalität des Geistes führt weg von einer soteriologischen und ekklesiologischen Verengung der Pneumatologie. Sie ermutigt, befähigt und beruft dazu, das Leben hier im Sinne des Reiches Gottes zu erwarten und zu gestalten, und zwar in allen Lebensbereichen und Lebensphasen, in Kirche, Gesellschaft und Politik, in Wirtschaft, Kunst und Kultur. Der Geist Gottes knüpft an bei seinem Wirken in der Zeit, im Kairos, und führt weiter zu einem ewigkeitsrelevanten Leben.[443] Er verbindet die verlorene Weltlichkeit mit einer suchenden Göttlichkeit und die suchende Welt mit einem ihr verloren gegangenen Schöpfer und Neuschöpfer.

Durch eine Konzentration der Pneumatologie auf Fragen der Soteriologie und Ekklesiologie (z. B. Frage nach dem Geistempfang oder auch der Heiligung) sind wichtige Momente der Lehre vom Heiligen Geist zu kurz gekommen. Das Wirken des Geistes in der Schöpfung und Vollendung findet in den Bewegungen der charismatischen Erneuerung bislang nur wenig Beachtung. Gerade darin mag ein Grund dafür zu sehen sein, warum der anfängliche Schwung dieser Bewegungen sich heute in einer ekklesiologisch eingeebneten Bravheit zu verlieren droht. Auch die starken Akzente des 2. Vatikanischen Konzils[444] sind schnell übertönt durch eine Überbetonung der institutionellen Ekklesiologie, in der alles Leben des Geistes geradezu wie in einem „theologischen TÜV" überwacht und kontrolliert werden soll. Ebenso bin ich eher skeptisch, wenn ich die theologisch grobstichigen und zuweilen arrogant wirkenden Appelle einer missionalen Stimme vernehme, welche sich die Transformation der Gesellschaft auf ihre Fahnen schreibt und mit scharfer Zunge für einen Neuanfang der Ekklesia plädiert, aber dabei nicht berücksichtigt, dass diese Gesellschaft eine Geschichte hat und gleichfalls eine transformative Größe ist.

Es ist mein Wunsch, dass eine missionale Pneumatologie wie ein Weitwinkel in der theologischen Diskussion ist. Meine Ausführungen verstehe ich lediglich als Gedankenanstöße für den weiteren Dialog.

---

443   Vgl. hierzu die Ausführungen zum Verhältnis von Kairos und Kyrios bei
      P. Zulehner in: Zulehner 2008: 23–31.

444   Einige Zeit vor dem Konzil wurde Papst Johannes XXIII. gefragt, was er
      für Hoffnungen mit dem Konzil verbinde. Seine Antwort war: „Ich erwarte mir ein neues Pfingsten." Ebenso bezeichnete Papst Benedikt XVI. den
      Weltjugendtag als ein „neues Pfingsten". Zitiert bei: a.a.O.: 12.

Wenn ich diesen Ausblick am Ende des Buches mit den Worten „Aufbruch zur Quelle des Lebens" überschreibe, so will ich damit keineswegs andeuten, dass die eigentliche Bewegung eines neuen Pfingsten von einer Christenheit ausgeht, die sich in einer Mischung aus Frustration und Neugier, aus Sehnsucht und Hoffnung aufmacht, diese Quelle neu zu entdecken und daraus zu trinken. Die Bewegung nimmt nach meiner Einschätzung nicht bei uns Menschen ihren Anfang, sondern bei der Quelle selbst. Sie wird sich ihren eigenen Weg suchen, sie wird unter den Türschwellen der Kirchen und Institutionen, über die sozialen Geländer und die Höhen und Tiefen des menschlichen Lebens fließen. Wieder verbinde ich diese Sicht eines neuen Pfingsten mit der großartigen Vision des Propheten Hesekiel (Hes 47,1–12). Dieser Fluss des Geistes Gottes wird uns den Boden unter den Füßen nehmen, die tragenden Sicherheiten rauben; aber wir tun gut daran, uns von diesem Lebensstrom mitnehmen zu lassen. An seinen Ufern werden wir neue Früchte wahrnehmen und genießen, neue Gestalten des Lebens, der Gemeinschaft, der Liebe und Gerechtigkeit. An seinen Ufern wird Leben aufblühen, neues Leben von der Qualität der Ewigkeit.

Literatur

Adam, Jens; **Eckstein**, Hans-Joachim; **Lichtenberger**, Hermann 2008. *Dienst in Freiheit. E. Käsemann zum 100. Geburtstag.* Neukirchen: Neukirchener.

Albergio, Giuseppe; **Congar**, Yves; **Pottmeyer**, Hermann Josef (Hrsg.) 1982. *Kirche im Wandel. Eine kritische Zwischenbilanz nach dem Zweiten Vatikanum.* Düsseldorf: Patmos.

Amougou,Atangana 1974. *Ein Sakrament des Geistempfangs? Zum Verhältnis von Taufe und Firmung.* Freiburg: Herder.

Arnold, Matthieu; **Hamm**, Berndt (Hrsg.) 2003. *Martin Bucer zwischen Luther und Zwingli.* Tübingen: Mohr Siebeck.

Aschoff, Friedrich; **Noll**, Christopher; **Toaspern**, Paul 2002[4]. *Heilung.* Hamburg: Geistliche Gemeinde-Erneuerung.

Aschoff, Friedrich; **Toaspern**, Paul 2005. *Die Gaben des Heiligen Geistes. Prophetie. Sprachengebet. Heilung.* Hamburg: Geistliche Gemeinde-Erneuerung.

Avila, Theresa; **Vogelsang**, Fritz 2006. *Die innere Burg.* Zürich: Diogenes.

Balthasar, Hans Urs von 1967. *Spiritus Creator. Skizzen zur Theologie 3.* Einsiedeln.

Barna, George 2005: *Revolution.* Wheaton: George Barna (Editor).

Barrett, David B. 1982. *World Christian Encyclopedia. A Comparative Survey of Churches and Religions in the Modern World. A. D. 1900–2000.* Oxford: Oxford University Press.

Barrett, David B. 1988. The Twentieth-Century Pentecostal/Charismatic Renewal in the Holy Spirit, with Its Goal of World Evangelization. In: *A. D. 2000 Together. NARSC. Band 2.* Richmond.

Barth, Karl 1930. *Zur Lehre vom Heiligen Geist.* München: Chr. Kaiser.

Barth, Karl 1932. *Kirchliche Dogmatik.* München: Chr. Kaiser.

Barth, Karl 1968. *Nachwort zu: Schleiermacher-Auswahl.* Hamburg/München: Bolli/ Siebenstern.

Barth, Karl [17]2005. *Der Römerbrief. Zweite Fassung, 1922.* Zürich: TVZ.

Basham, Don 1974. *Ihr werdet Kraft empfangen.* Erzhausen: Leuchter.

Baumann, Zygmunt 1995. *Postmoderne Ethik.* Hamburg: Hamburger Edition.

Baumann, Zygmunt 2009: *Gemeinschaft: Auf der Suche nach Sicherheit in einer bedrohlichen Welt.* Berlin: Edition Suhrkamp.

Baumert, Manfred 2011. *Natürlich-übernatürlich. Charismen entdecken und weiterentwickeln.* Frankfurt: Peter Lang.

Baumert, Norbert 1987. *Jesus ist der Herr. Kirchliche Texte zur katholischen charismatischen Erneuerung.* Münsterschwarzach: Vier Türme.

Baumert, Norbert 2001. *Charisma – Taufe – Geistestaufe. Bd 1: Entflechtung einer semantischen Verwirrung; Band 2: Normativität und persönliche Berufung.* Würzburg: Echter.

Baumert, Norbert 2007. *Sorgen des Seelsorgers. Übersetzung und Auslegung des ersten Korintherbriefes.* Würzburg: Echter.

Bennett, Dennis und Rita 1973. *Der Heilige Geist und Du.* Erzhausen: Leuchter.

Berger, Klaus 1988. *Hermeneutik des Neuen Testaments.* Gütersloh: Mohn.

Berger, Klaus 2001. *Wozu ist der Teufel da?* Gütersloh: Gütersloher.

Berkhof, Hendrikus 1968. *Theologie des Heiligen Geistes.* Neukirchen-Vluyn: Neukirchener.

Bernhardt, Reinhold; Stosch, Klaus von (Hrsg.) 2009. Komparative Theologie. Interreligiöse Vergleiche als Weg der Religionstheologie. In: *Beiträge zu einer Theologie der Religionen, Band 7.* Zürich: TVZ.

Bially, Gerhard 1999. Die Pensacola-Erweckung. In: *Ich will dich segnen. Einblicke in den charismatischen Aufbruch der letzten Jahrzehnte.* Düsseldorf: Charisma, S. 206–212.

Bibra, Otto Siegfried von 2002. *Der Name Jesus. Vollmacht, Kraft und Wirkung.* Holzgerlingen: Hänssler.

Bittner, Wolfgang J. [4]2007. *Heilung – Zeichen der Herrschaft Gottes.* Schwarzenfeld: Neufeld.

Bittlinger, Arnold 1964. *Der frühchristliche Gottesdienst und seine Wiederbelebung innerhalb der reformatorischen Kirchen der Gegenwart. Oekumenische Texte und Studien. Band 30.* Marburg: Edel.

Bittlinger, Arnold [3]1969. *Glossolalia. Wert und Problematik des Sprachenredens, eine Materialsammlung.* Wetzhausen: Kühne.

Bohren, Rudolf 1981. *Vom Heiligen Geist. 5 Betrachtungen.* München: Chr. Kaiser.

Bonhoeffer, Dietrich; **Bethge**, Eberhard [6]1963. *Ethik.* München: Chr. Kaiser.

Bonhoeffer, Dietrich [16]1979. *Gemeinsames Leben.* München: Chr. Kaiser.

Bonhoeffer, Dietrich [17]2002. *Widerstand und Ergebung. Briefe aus der Haft.* Gütersloh: Gütersloher.

Bosch, David J. 1991. *Transforming Mission. Paradigm Shift in Theology of Mission.* Maryknoll N. Y.: Orbis Books.

Brecht, Martin (Hrsg.) 1993–2004. *Geschichte des Pietismus, Band 1–4.* Göttingen: Vandenhoeck & Ruprecht.

Brockhaus, Ulrich 1987. *Charisma und Amt.* Witten: R. Brockhaus.

Brunner, Emil [2]1964. *Die Lehre von der Kirche, vom Glauben und von der Vollendung. Dogmatik III.* Zürich: Zwingli.

Bruteau, Beatrice 2007. *Radikaler Optimismus. Praktische Spiritualität in einer unsicheren Welt.* Bielefeld: Aurum.

Buber, Martin 1950. *Zwei Glaubensweisen*. Zürich: Manesse.

Chardin, P. Teilhard de 1959. *Der Mensch im Kosmos*. München: Beck.

Chevreau, Guy 1995. *Der Toronto-Segen*. Wiesbaden: Projektion J.

Cho, David Yonggi 2001. *Gebet, Schlüssel der Erweckung*. Asslar: Gerth.

Christenson, Larry 1963. *Die Gnadengabe der Sprachen und ihre Bedeutung für die Kirche*. Marburg: Edel.

Christenson, Larry 1989. *Komm Heiliger Geist! Informationen, Leitlinien, Perspektiven zur Geistlichen Gemeinde-Erneuerung*. Neukirchen-Vluyn: Neukirchener.

Coates, Gerald 1995. *Die Vision. Der Weg aus der postcharismatischen Depression*. Fürth: Hassmann.

Cochlovius, Joachim 1982. Evangelische Allianz. In: *Theologische Realenzyklopädie*. Band 10. Berlin: Walter de Gruyter, S. 650–656.

Cohn, Norman 1961. *Das Ringen um das Tausendjährige Reich. Revolutionärer Messianismus im Mittelalter und sein Fortleben in den modernen totalitären Bewegungen*. Bern: Francke.

Congar, Yves 1982. *Der Heilige Geist*. Freiburg: Herder.

Cramer, Wolfgang 1979. *Der Geist Gottes und des Menschen in frühsyrischer Theologie*. Münster: Winkler.

Cremer, Ernst 1907. *Rechtfertigung und Wiedergeburt*. Gütersloh: Bertelsmann.

Cullmann, Oscar 1946. *Christus und die Zeit. Die urchristliche Zeit- und Geschichtsauffassung*. Zürich: Evangelischer Verlag.

Dabney, Lyle 1997. *Die Kenosis des Geistes. Kontinuität zwischen Schöpfung und Erlösung im Werk des Heiligen Geistes*. Neukirchen-Vluyn: Neukirchener. Dam, Willam C. v. 1986². *Seelsorge in der Kraft des Geistes*. Metzingen: Ernst Franz.

Dantine, Wilhelm; Lüthi, Kurt 1968. *Theologie zwischen Gestern und Morgen. Interpretationen und Anfragen zum Werk Karl Barths*. München: Chr. Kaiser.

Dillschneider, Otto A. 1978. *Der Geist als Vollender des Glaubens*. Gütersloh: Mohn.

Driller, Elke 2008. *Burnout in helfenden Berufen*. Berlin: Lit-Verlag.

Duin, Julia 2008. *Quitting Church. Why the Faithful Are fleeing and What to Do about it*. Grand Rapids: Baker Books.

Ebertshäuser, Rudolf 1995. *Die Charismatische Bewegung im Licht der Bibel*. Bielefeld: Christliche Literatur-Verbreitung.

Ebertshäuser, Rudolf 2012. *Die Pfingst- und Charismatische Bewegung – Eine biblische Orientierung*. Steffisburg: Edition Nehemia.

Eisenlöffel, Ludwig 1979. *Bis alle eins werden. Siebzig Jahre Berliner Erklärung und ihre Folgen*. Erzhausen: Leuchter.

Ellacuria, Ignacio; Sobrino, Jon (Hrsg.) 1995. *Mysterium Liberationis. Grundbegriffe der Theologie der Befreiung*. Band 1. Luzern: Edition Exodus.

Englisch, Andreas 2008. *Die Wunder in der katholischen Kirche*. München: Goldmann.

Esche, Albrecht (Hrsg.) 2004. *Warten und Pressieren. Blumhardt in Bad Boll.* Loccum: Ev. Akademie-Verlag.

Ewert, David 1998. *Der Heilige Geist. Sein Wesen und Wirken.* Bornheim: Puls.

Faix, Tobias; **Weißenborn**, Thomas (Hrsg.) 2007. *Zeitgeist. Kultur und Evangelium in der Postmoderne.* Marburg: Verlag der Francke-Buchhandlung.

Faix, Tobias; **Reimer**, Johannes; **Brecht**, Volker (Hrsg) 2009. *Die Welt verändern. Grundfragen einer Theologie der Transformation.* Marburg: Verlag der Francke-Buchhandlung.

Foster, Richard 2012. *Der Weg zu Gott führt nach innen. Ein Einstieg ins meditative Gebet.* Neukirchen-Vluyn: Aussaat.

Frieling, Reinhard 1992. *Der Weg des ökumenischen Gedankens. Zugänge zur Kirchengeschichte. Band 10.* Göttingen: Vandenhoeck & Ruprecht.

Frost, Michael 2006. *Exiles: Living Missionally in a Post-Christian Culture.* Peabody Mass.: Hendrickson Publishers.

Frost, Michael; **Hirsch**, Alan 2008. *Die Zukunft gestalten. Innovation und Evangelisation in der Kirche des 21. Jahrhunderts.* Glashütten: C & P.

Gabel, Helmut 2011. *Inspiriert und inspirierend – Die Bibel.* Würzburg: Echter.

Geldbach, Erich 2004. Die Dialoge des Baptistischen Weltbundes mit anderen Weltweiten Christlichen Gemeinschaften. In: *Zeitschrift für Theologie und Glaube 9.* Hamburg: GfTG-Verlag.

Geldbach, Erich ²2005. *Freikirchen-Erbe, Gestalt und Wirkung. Bensheimer Hefte.* Göttingen.

Gensichen, Hans-Werner 1983. Missionskonferenzen. In: *Ökumene Lexikon*, hrsg. von Hanfried Krüger. Frankfurt am Main, Sp. 820–825.

Gerstenberger, Erhard S. 1998. Bibel und Befreiung. Von den Wurzeln und der Wirkung lateinamerikanischer Befreiungstheologie. In: *Der Text im Kontext: Die Bibel mit anderen Augen lesen. Weltmission heute*, hrsg. von Brunhild von Local, Klaus Schäfer. Hamburg: Evangelisches Missionswerk in Deutschland, S. 67–86.

Gibbs, Eddie 2006. *Emerging Churches. Creating Christian Community in Postmodern Cultures.* Grand Rapids: Baker Academic.

Giebel, Astrid 2000. *Glaube, der in der Liebe tätig ist. Diakonie im deutschen Baptismus von den Anfängen bis 1957. Baptismus-Studien, Band 1.* Kassel: Oncken.

Giese, Ernst ³1988. *Und flicken die Netze. Dokumente zur Erweckungsgeschichte des 20. Jahrhunderts.* Metzingen: Ernst Franz.

Gitt, Werner 2005. *Wunder und Wunderbares.* Bielefeld: Christliche Literatur-Verbreitung.

Goppelt, Leonhard 1962. Die apostolische und nachapostolische Zeit. In: *Die Kirche in ihrer Geschichte I. Band 1.* Göttingen: Vandenhoeck & Ruprecht.

Greshake, Giesbert 2001. *Der dreieine Gott.* Freiburg.

Groß, Walter 1989. YHWH und die Religionen der Nicht-Israeliten. In: *Theologische Quartalschriften. 169.* Ostfildern: Schwaben.

Großmann, Siegfried ²1969. *Wirkungen.* Kassel: Rolf-Kühne-Verlag.

Großmann, Siegfried 1977. *Haushalter der Gnade Gottes. Von der charismatischen Bewegung zur charismatischen Erneuerung der Gemeinde.* Kassel: Oncken.

Großmann, Siegfried 1995. *Der Geist ist Leben. Hoffnung und Wagnis der charismatischen Erneuerung.* Wuppertal/Kassel: Oncken.

Großmann, Siegfried 2007. *Ich bitte Dich, dass Du mich heilst.* Gießen: Brunnen.

Gurardini, Romano ⁹2010. *Die Lebensalter. Ihre geistliche und pädagogische Bedeutung.* Kevelar: Topus Plus.

Hahn, Eberhard 1999. *Ich glaube … an die Vergebung der Sünden; Studien zur Wahrnehmung der Vollmacht zur Sündenvergebung durch die Kirche Jesu Christi. Forschungen zur systematischen und oekumenischen Theologie.* Göttingen: Vandenhoeck & Ruprecht.

Hasenhüttel, Gotthold 1969. *Charisma. Ordnungsprinzip der Kirche.* Freiburg: Herder.

Hardmeier, Roland ²2020. *Kirche ist Mission. Auf dem Weg zu einem ganzheitlichen Missionsverständnis.* Cuxhaven: Neufeld.

Hartenstein, Karl 1935. *Das letzte Zeichen und das letzte Ziel.* Stuttgart: Evangelischer Missionsverlag.

Haufe, Günter 1976. *Taufe und Heiliger Geist im Urchristentum.* ThLZ 101. Leipzig: Evangelische Verlagsanstalt.

Hawkins, Greg L.; Parkinson, Cally 2010. *Wachsen. Praktische Folgen der Reveal-Studie.* Asslar: Gerth.

Heidegger, Martin 1953. *Einführung in die Metaphysik.* Tübingen: Niemeyer.

Heidenreich, Walter 1997. *Erweckung in Pensacola.* Wiesbaden: Projektion J.

Heitmann, Claus; **Mühlen**, Heribert (Hrsg.) 1974. *Erfahrung und Theologie des Heiligen Geistes.* Hamburg/Köln: Agentur des Rauhen Hauses/Kösel.

Hempelmann, Reinhard 1994. Glossolalie in den Pfingstbewegungen. In: *Orientierungen und Berichte der EZW Nr. 20/V.* Hannover/Berlin: EKD-Verlag.

Hempelmann, Reinhard (Hrsg.) 2005. *Panorama der neuen Religiosität. Sinnsuche und Heilsversprechen zu Beginn des 21. Jahrhunderts.* Gütersloh: Gütersloher. Herbst, Michael 2008. *Kirche in der Postmoderne.* Neukirchen-Vluyn: Neukirchener.

Hermann, Ingo 1961. *Kyrios und Pneuma. Studien zur Christologie der Paulinischen Hauptbriefe.* München: Kösel.

Hiebert, Paul 1995. *Incarnational Ministry.* Grand Rapids: Baker.

Hildemann, Klaus D. 2008. *Kirche der Freiheit – Diakonie der Knechtschaft? Wie Diakonie und Kirche voneinander profitieren können.* Berlin: Evangelische Verlagsanstalt.

Hirsch, Alan 2011. *Vergessene Wege. Die Wiederentdeckung der missionalen Kraft der Kirche.* Schwarzenfeld: Neufeld.

Hoppe, Christine 2008. *Martin Bucers und Johannes Calvins Auffassungen vom Abendmahl im Vergleich.* München: Grin.

Hollenweger, Walter J. 1969: *Enthusiastisches Christentum. Die Pfingstbewegung in Geschichte und Gegenwart.* Wuppertal/Zürich: Theologischer Verlag Brockhaus.

Hollenweger, Walter J. 1971. *Die Pfingstkirchen. Selbstdarstellungen, Dokumente, Kommentare. Die Kirchen der Welt. Reihe A. Band 7.* Stuttgart: Evangelisches Verlagswerk.

Hollenweger, Walter J. 1979. Erfahrungen der Leiblichkeit. In: *Interkulturelle Theologie 1.* München: Chr. Kaiser.

Horn, Christoph 1997. *Augustinus. De Civitate Dei. Klassische Auslegung Band 11.* Berlin: Akademischer Verlag.

Hutten, Kurt [15]1997. *Seher, Grübler, Enthusiasten.* Stuttgart: Quell.

Hurrelmann, Klaus; **Albert**, Matthias 2006. *Jugend 2006. Eine paradigmatische Generation unter Druck.* Frankfurt: Fischer.

Hybels, Bill 2009. *Die Kunst des Führens. Meine Führungsprinzipien auf den Punkt gebracht.* Asslar: Gerth.

Hybels, Bill 2011. *Gottes leise Stimme hören.* Asslar: Gerth.

Hybels, Bill [3]2003. *Mutig führen.* Asslar: Gerth.

Hybels, Bill; **Bugbee**, Bruce; **Cousins**, Don [8]2008. *D.I.E.N.S.T. Entdecke dein Potenzial.* Asslar: Gerth.

Imhof, Paul; **Saroyan**, Eduard 2005. *Leben im Geist. Perspektiven der Spiritualität.* Scheidegg: Via Verbis.

Janowski, Bernd 1987. Ich will in Eurer Mitte wohnen. Struktur und Genese der exilischen Schechina-Theologie. In: *Jahrbuch für Biblische Theologie 2.* Neukirchen-Vluyn: Neukirchener.

Joest, Wilfried 1984. *Dogmatik I: Die Wirklichkeit Gottes.* Göttingen: Vandenhoeck & Ruprecht.

Jüngel, Eberhard [6]1969. *Gott als Geheimnis der Welt. Zur Begründung der Theologie des Gekreuzigten im Streit zwischen Theismus und Atheismus.* Tübingen: Mohr-Siebeck.

Jüngel, Eberhard 1983. Zur Lehre vom heiligen Geist. In: *Die Mitte des Neuen Testaments*, Hrsg. von Ulrich Luz, Hans Weder. Göttingen: Vandenhoeck & Ruprecht.

Kant, Immanuel 1986. *Grundlegung der Sitten.* Stuttgart: Reclam.

Käsemann, Ernst 1957. Geist und Geistesgaben im NT. In: *RGG3. Band II,.* Hrsg. von Kurt Gallig. Stuttgart/Tübingen: UTB/Mohr.

Käsemann, Ernst 1960. Amt und Charisma im Neuen Testament. In: *Exegetische Versuche und Besinnungen I.* Göttingen: Vandenhoeck & Ruprecht.

Käsemann, Ernst 1982. Die Heilung der Besessenen. In: *Kirchliche Konflikte. Bd 1*. Göttingen: Vandenhoeck & Ruprecht.

Käsemann, Ernst 1986. Die Anfänge christlicher Theologie. In: *Exegetische Versuche und Besinnungen*. Göttingen: Vandenhoeck & Ruprecht.

Kasper, Walter; **Sauter**, Gerhard 1976. *Kirche, Ort des Geistes*. Freiburg/Basel/Wien: Herder.

Kasper, Walter; **Kothgasser**, Alois; **Biesinger**, Albert (Hrsg.) ²2008. *Neue Wege der Initiation in Gemeinden. Weil Sakramente Zukunft haben*. Ostfildern: Grünewald.

Kasper, Walter 2011: *Katholische Kirche: Wesen, Wirklichkeit, Sendung*. Freiburg: Herder.

Kellner, Dirk 2011. *Charisma als Grundbegriff der praktischen Theologie. Die Bedeutung der Charismenlehre für die Pastoraltheologie und die Lehre vom Gemeindeaufbau*. Zürich: Theologischer Verlag Zürich.

Kelsey, Morton T. 1970. *Zungenreden*. Konstanz: Christliche Verlagsanstalt.

Kern, Udo 2001. *Liebe als Erkenntnis und Konstruktion von Wirklichkeit*. Berlin: Walter de Gruyter.

Kierkegaard, Sören 1969. *Die Krankheit zum Tode*. Reinbek: Rowohlt.

Kimball, Dan 2005. *Emerging Church. Die postmoderne Kirche. Spiritualität und Gemeinde für neue Generationen*. Asslar: Gerth.

Knoch, Otto 1975/2012. *Der Geist Gottes und der neue Mensch. Der Heilige Geist als Grundkraft und Norm des christlichen Lebens in Kirche und Welt nach dem Zeugnis des Apostels Paulus*. Stuttgart/Martinrohda: Katholisches Bibelwerk.

Koch, Kurt ²³1978. *Seelsorge und Okkultismus*. Basel: Brunnen.

Köberle, Adolf 2000. Heilsordnung. In: *RGG Band 3*. Tübingen: Mohr/Siebeck.

Kopfermann, Wolfram ²1983. Charismatische Gemeindeerneuerung. Eine Zwischenbilanz. In: *Charisma und Kirche. Heft 7/8*. Hochheim: Projektion J.

Kopfermann, Wolfram 1994. *Macht ohne Auftrag. Warum ich mich nicht an der „geistlichen Kampfführung" beteilige*. Emmelsbüll: C & P.

Kopfermann, Wolfram 2002. *Wir brauchen Erweckung*. Witten: SCM R. Brockhaus.

Kopfermann, Wolfram 2008. *Teilhabe an der neuen Schöpfung. Biblische Grundlegung und Einübung*. Gießen: Brunnen.

Kraft, Charles 2008. *Ich gebe euch Vollmacht*. Lüdenscheid: Asaph.

Kraus, Hans-Joachim 1983. *Systematische Theologie im Kontext biblischer Geschichte und Eschatologie*. Neukirchen-Vluyn: Neukirchener.

Kreider, Larry 2004. *Von Haus zu Haus. Zellgruppen-Gemeinde. Das Erfolgsmodell der Ur-Gemeinde*. Fuchstal: Teamwork.

Krusche, Werner 1957. *Das Wirken des Heiligen Geistes nach Calvin*. Göttingen: Vandenhoeck & Ruprecht.

Krust, Christian Hugo (Hrsg.) 1980. *Was wir glauben, lehren und bekennen.* Altdorf bei Nürnberg: Verlag Mülheimer Verband.

Küng, Hans 1967. *Die Kirche.* München: Piper.

Küng, Hans 1998. *Unfehlbar? Eine unerledigte Anfrage.* München: Piper.

Küstenmacher, Werner Tiki und Marion; **Haberer,** Tilmann ⁴2010. *Gott 9.0. Wohin unsere Gesellschaft spirituell wachsen wird.* Gütersloh: Gütersloher.

LaHaye, Tim 1975. *Geisterfülltes Temperament.* Erzhausen: Leuchter.

Leman, Kevin; Pentak, William 2010. *Das Hirtenprinzip. Sieben Erfolgsrezepte guter Menschenführung.* München: Goldmann.

Lewis, Clive S. 1978. *Dienstanweisung für einen Unterteufel.* Freiburg: Herder.

Lewis, Clive S. 1986. *Wunder: Möglich –Wahrscheinlich – Undenkbar?* Gießen: Brunnen.

Liebschner, Siegfried 2005. *Heiliger Geist. Dem Heiligen Geist Raum geben.* Kassel: Oncken.

Lindemann, Wolfgang B. 2010. *Sprachenreden oder Zungenreden: Eine Untersuchung eines weitverbreiteten charismatischen Phänomens.* Zürich: Hochschulverlag.

Lohfink, Gerhard 1982. *Wie hat Jesus Gemeinde gewollt?* Freiburg: Herder.

MacNutt, Francis 1978. *Die Kraft zu heilen.* Graz: Styria Premium.

MacNutt, Francis 1979. *Beauftragt zu heilen.* Graz: Styria Premium.

Mansfield, Patti Gallagher 1993. *... wie ein neues Pfingsten.* Münsterschwarzach: Vier Türme.

Margies, Wolfhard 1979. *Geistestaufe.* Urbach: Stiwa.

McDonald, William 1992. *Kommentar zum Neuen Testament. Band I.* Bielefeld: Christliche Literatur-Verbreitung.

Menzies, William und Robert 2001. *Pfingsten und die Geistesgaben. Eine theologischer Brückenschlag zwischen Pfingstbewegung und Evangelikalen. .* Metzingen/Erzhausen: Ernst Franz/Leuchter.

Meyer, Dietrich 2009. *Zinzendorf und die Herrnhuter Brüdergemeine.* Göttingen: Vandenhoeck & Ruprecht.

Miranda, Juan P. 1977. *Die Sendung Jesu im vierten Evangelium. Religions- und traditionsgeschichtliche Untersuchungen zu den Sendungsformeln.* Stuttgarter Bibelstudien 87. Stuttgart: KBW.

Mirbach, Sabine 1998. *Ihr aber seid Leib Christi. Zur Aktualität des Leib-Christi-Begriffs.* Regensburg: Pustet.

Moltmann, Jürgen 1979. *Gotteserfahrungen. Hoffnung – Angst – Mystik.* München: Chr. Kaiser.

Moltmann, Jürgen ²1989. *Kirche in der Kraft des Heiligen Geistes. Ein Beitrag zur messianischen Ekklesiologie.* München: Chr. Kaiser.

Moltmann, Jürgen 1991. *Der Geist des Lebens. Eine ganzheitliche Pneumatologie.* München: Chr. Kaiser.

Moltmann, Jürgen 1991b. *In der Geschichte des dreieinigen Gottes.* München: Chr. Kaiser.

Moltmann, Jürgen ⁴1993. *Gott in der Schöpfung. Ökologische Schöpfungslehre.* Gütersloh: Gütersloher.

Moltmann, Jürgen ³1994. *Trinität und Reich Gottes. Zur Gotteslehre.* Gütersloh: Gütersloher.

Moltmann, Jürgen 1995. *Das Kommen Gottes.* Gütersloh: Gütersloher.

Moltmann, Jürgen 1999. *Erfahrungen theologischen Denkens. Wege und Formen christlicher Theologie.* Gütersloh: Gütersloher.

Moltmann, Jürgen ¹⁴2005. *Theologie der Hoffnung. Untersuchungen zur Begründung und zu den Konsequenzen einer christlichen Eschatologie.* Gütersloh: Gütersloher.

Moltmann, Jürgen 2010. *Ethik der Hoffnung.* Gütersloh: Gütersloher.

Moltmann-Wendel, Elisabeth 1985. *Das Land, wo Milch und Honig fließt. Perspektiven einer feministischen Theologie.* Gütersloh: Mohn.

Mühlen, Heribert 1974: *Die Erneuerung des christlichen Glaubens. Charisma, Geist, Befreiung.* München: Don Bosco.

Mühling, Markus 2007. *Grundinformation Eschatologie: Systematische Theologie aus der Perspektive der Hoffnung.* Göttingen: Vandenhoeck & Ruprecht.

Müller, Dieter 1980. *Geisterfahrung und Totenauferweckung: Untersuchung zur Totenauferweckung bei Paulus in den von ihm vorgegebenen Überlieferungen.* Dr. theol. Dissertation. Kiel: Christian-Albrechts-Universität.

Müller, Philipp; **Windisch**, Bubert 2005. *Seelsorge in der Kraft des Heiligen Geistes. Festschrift für Weihbischof Paul Wehrle.* Freiburg: Herder.

Munteanu, Daniel 2003. *Der tröstende Geist der Liebe. Zu einer ökumenischen Lehre vom Heiligen Geist über die trinitarischen Theologien J. Moltmanns und D. Staniloaes.* Neukirchen-Vluyn: Neukirchener.

Newbigin, Lesslie 1989. *The Gospel in a Pluralist Society.* Grand Rapids: Eerdmans.

Nietsche, Bernhard (Hrsg) 2003. *Atem des sprechenden Gottes. Einführung in die Lehre vom Heiligen Geist.* Regensburg: Pustet.

Nissiotis, Nikos 1968. *Die Theologie der Ostkirche im ökumenischen Dialog.* Stuttgart: Evangelisches Verlagswerk.

Nocke, Franz-Josef 1982. *Eschatologie.* Leitfaden Theologie 6. Düsseldorf: Patmos.

Obenauer, Andreas; **Obenauer**, Silke 2011. *Ich bin dabei. Gaben entdecken. Akzente setzen. Welt gestalten.* Asslar: Gerth.

Pawson, David 1991. *Wiedergeburt. Start in ein gesundes Leben als Christ.* Hochheim: Projektion J.

Pesch, Rudolf 1986. Die Apostelgeschichte 1–12. In: *Evangelisch Katholischer Kommentar (EKK) V/1*. Zürich/Einsiedeln/Köln/Neukirchen-Vluyn: Benziger/Neukirchener.

Pichler, Josef; **Heil**, Christoph (Hrsg.) 2007. *Heilungen und Wunder. Theologische, historische und medizinische Zugänge*. Darmstadt: Wissenschaftliche Buchgesellschaft.

Prenter, Regin 1958. *Schöpfung und Erlösung. Dogmatik, Band I: Prolegomena. Die Lehre von der Schöpfung*. Göttingen: Vandenhoeck & Ruprecht.

Rahner, Karl [3]1960. *Visionen und Prophezeiungen*. Basel/Freiburg/Wien: Herder.

Rahner, Karl 1966. Theologische Prinzipien der Hermeneutik eschatologischer Aussagen. In: *Schriften zur Theologie. Band 4*. Einsiedeln: Benziger.

Rahner, Karl 1966b. *Schriften zur Theologie. Band 7–8*. Einsiedeln: Benziger.

Ratzinger, Joseph; Benedikt XVI. 2012. *Über den Heiligen Geist*. Augsburg: Sankt Ulrich.

Reimer, Hans-Diether 1987. *Wenn der Geist in der Kirche wirken soll. Ein Vierteljahrhundert charismatische Bewegung*. Stuttgart: Quell.

Reimer, Johannes [2]2011. *Gott in der Welt feiern. Auf dem Weg zum missionalen Gottesdienst*. Schwarzenfeld: Neufeld.

Reithmeier, Lorenz 2006. *Religiöser Missbrauch*. Hamburg: GGE.

Ritter, Werner H.; **Albrecht**, Michaela (Hrsg.) 2007. *Zeichen und Wunder: Interdisziplinäre Zugänge*. Göttingen: Vandenhoeck & Ruprecht.

Rohr, Richard 2010. *Pure Präsenz*. München: Claudius.

Roxburgh, Alan J. 1997. *The Missionary Congregation, Leadership & Liminality*. Harrisburg PA.: Trinity Press.

Rust, Heinrich Christian 1999. *Gemeinde lieben – Gemeinde leiten*. Kassel/Wuppertal: Oncken.

Rust, Heinrich Christian 2004. *Wie unser Christsein neu werden kann. Der 5x5-Kurs*. Kassel: Oncken.

Rust, Heinrich Christian 2006. *Charismatisch dienen. Gabenorientiert leben*. Kassel: Oncken.

Rust, Heinrich Christian [4]2019. *Und wenn die Welt voll Teufel wär. Christen in der Auseinandersetzung mit dunklen Mächten*. Cuxhaven: Neufeld.

Rust, Heinrich Christian [2]2010. *Relevante Gemeinde. Die Gemeinde von morgen beginnt heute*. Kassel: Oncken.

Samuel, Vinay; **Sugden**, Chris [7]2003. *Mission as Transformation. A Theology of the Whole Gospel*. Oxford: Regnum.

Scharfenberg, Rudolf 2005: *Wenn Gott nicht heilt*. Nürnberg: Verlag für Theologie und Religionswissenschaft.

Scheunemann, Detmar 1980. *Und führte mich hinaus ins Weite*. Wuppertal: R. Brockhaus.

Schleske, Martin 2010. *Der Klang. Vom unerhörten Sinn des Lebens*. München: Kösel.

Schmid, Urs 1987. *Leben in der Kraft des Heiligen Geistes*. Basel/Gießen: Brunnen.

Schmidt, Ursula und Manfred 2009. *Hörendes Gebet. Grundlagen. Praxis. Wachstum*. Hamburg: Geistliche Gemeinde-Erneuerung.

Schmidgall, Paul 2012: *Hundert Jahre Deutsche Pfingstbewegung 1907–2007*. Nordhausen: Bautz.

Schneider, Dieter 1987. *Der Geist des Gekreuzigten. Zur paulinischen Theologie des Heiligen Geistes*. Neukirchen-Vluyn: Aussaat.

Schneider, Dieter 2012. *Heiliger Geist und Mission. Karl Barth weitergedacht. Eine Anleitung für kirchliche Praktiker*. Barntrup: Selbstverlag.

Schneider, Michael ²1987. *Unterscheidung der Geister. Die ignatianischen Exerzitien in der Deutung von E. Przywara, K. Rahner und G. Fessard*. Innsbrucker Studien 11. Innsbruck/Wien: Tyrolia.

Schniewind, Julius 1988. *Die Vollmacht der Kirche Jesu Christi nach dem Neuen Testament*. Lüdenscheid: Edel.

Schütz, Christian 1987. *Hüter der Hoffnung. Vom Wirken des Geistes*. Düsseldorf: Patmos.

Schütz, Paul 1960. *Parusia, Hoffnung und Prophetie*. Heidelberg: Lambert Schneider.

Schumacher, Thomas 2009. *Die Feier der Eucharistie. Liturgische Abläufe – geschichtliche Entwicklungen – theologische Bedeutung*. München: Patmos.

Schwarz, Christian A. 2001. *Die 3 Farben deiner Gaben*. Emmelsbüll: C & P.

Schweitzer, Albert ⁶1991. *Die Ehrfurcht vor dem Leben. Grundtexte aus fünf Jahrzehnten*. München: C. H. Beck.

Schweizer, Eduard 1978. *Heiliger Geist*. Stuttgart: Kreuz.

Senn, Felix 2009. *Der Geist, die Hoffnung und die Kirche. Pneumatologie, Eschatologie, Ekklesiologie*. Zürich: Theologischer Verlag Zürich.

Sherills, John L 1967. *Sie sprechen in anderen Zungen*. Schorndorf: Fix.

Snyder, Howard 1978. *Neues Leben! Alte Formen? Gemeindeaufbau in unserer Zeit*. Witten: Bundes-Verlag.

Sobrino, Jon 1995. Die zentrale Stellung des Reiches Gotttes in der Theologie der Befreiung. In: *Mysterium Liberationis. Grundbegriffe der Theologie der Befreiung. Band 1. Exodus*, Hrsg. von Ignacio Ellacuria; Jon Sobrino. Luzern: Edition.

Spincke, Reinhard; **Kannwischer**, Bernd (Hrsg.) 2012. *Große Gemeinden. Das Geheimnis ihres Wachstums*. Witten: SCM R. Brockhaus.

Steck, Odil Hannes ²1981. *Der Schöpfungsbericht der Priesterschrift*. Göttingen.

Stetzer, Ed; **Putman**, David 2006. *Breaking the Missional Code*. Nashville TN: Broadman & Holman.

Stockmann, Johannes 2003. *Gemeinschaft. Zwischen Traum und Wirklichkeit. Wenn eine Vision zerbricht*. Lüdenscheid: Exodus.

Stott, John 1972. *Ich glaube an den Heiligen Geist*. Gladbeck: Schriftenmissionsverlag.

Sudbrack, Joseph (Hrsg.) [2]1993. *Entzünde in uns das Feuer deiner Liebe. Gebete zum Heiligen Geist*. München: Neue Stadt.

Sullivan, Francis A. [2]1986. *Die Charismatische Erneuerung. Die biblischen und theologischen Grundlagen*. Graz/Wien/Köln: Styria Premium.

Swarat, Uwe (Hrsg.) 2010. *Wer glaubt und getauft wird … Texte zum Taufverständnis im deutschen Baptismus*. Kassel: Oncken.

Tempelmann, Inge [3]2012. *Geistlicher Missbrauch. Auswege aus frommer Gewalt*. Wuppertal: R. Brockhaus.

Theißen, Gerd 1983. *Psychologische Aspekte paulinischer Theologie.Forschungen und Religion und Literatur des Alten und Neuen Testaments. Heft 131*. Göttingen: Vandenhoeck & Ruprecht.

Thielicke, Helmut 1955. Was ist Wahrheit? In: *Theologische Quartalsschrift 135*. Tübingen: Schwaben.

Tillich, Paul 1966. *Systematische Theologie. Band 3. Das Leben und der Geist. Die Geschichte und das Reich Gottes*. Stuttgart: Ev. Verlagsanstalt.

Ulonska, Reinhold [3]1993. *Geistesgaben in Lehre und Praxis*. Erzhausen: Leuchter.

Vicedom, Georg F. 1958. *Missio Dei. Einführung in eine Theologie der Mission*. München: Chr. Kaiser.

Vicedom, Georg F. 1975. *Actio Dei. Mission und Reich Gottes*. München: Chr. Kaiser.

Vielhauer, Philipp 1986. *Oikodome. Aufsätze zum NT. Band 2*. München: Chr. Kaiser.

Volf, Miroslav 1989. Kirche als Gemeinschaft. Ekklesiologische Überlegungen aus freikirchlicher Perspektive. In: *Evangelische Theologie 49*. Gütersloh: Gütersloher.

Wagner, C. Peter 1987. *Die Gaben des Heiligen Geistes für den Gemeindeaufbau. Wie Sie Ihre Gaben entdecken und einsetzen können*. Neukirchen-Vluyn: Schriftenmissions-Verlag.

Wagner, C. Peter 1988. *The Third Wave of the Holy Spirit. Encountering the Power of Sings and Wonders today*. Ann Arbor: Servant.

Wagner, C. Peter 1991. *Territoriale Mächte. Ebenen der strategischen Kampfführung*. Solingen: Gottfried Bernard.

Wagner, C. Peter 1992. *Der gesunde Aufbruch. Wie Sie in Ihrer Gemeinde für Kranke beten können und trotzdem gesund bleiben*. Lörrach: Wolfgang Simson.

Warren, Rick 1998. *Kirche mit Vision. Gemeinde, die den Auftrag Gottes lebt*. Asslar: Projektion J.

Warrington, Keith 2011. *Das Reich Gottes. Die Vision wiedergewinnen*. Lüdenscheid: Asaph.

Weber, Otto 1962. *Grundlagen der Dogmatik. Band 2.* Neukirchen-Vluyn: Neukirchener.

Weizsäcker, Carl F. von 1948. *Die Geschichte der Natur.* Göttingen: Vandenhoeck & Ruprecht.

Weizsäcker, Viktor von 1986. *Natur und Geist. Begegnungen und Entscheidungen. Gesammelte Schriften. Band 1.* Frankfurt am Main: Suhrkamp.

Welker, Michael 1992. *Gottes Geist. Theologie des Heiligen Geistes.* Neukirchen-Vluyn: Neukirchener.

Welker, Michael 1995. *Kirche im Pluralismus.* Gütersloh: Gütersloher.

Westermann, Claus 1981. Geist im Alten Testament. In: *Zeitschrift Evangelische Theologie Band 41.* Gütersloh: Gütersloher.

Wieske, Günter [2]1977. *Betrifft: Gemeindebibelschule. Ein Weg zum gesunden Gemeindewachstum.* Kassel/Witten: Oncken/Bundes-Verlag.

Wilber, Ken 2007. *Integrale Spiritualität.* München: Kösel.

Willard, Dallas 2004. *Die eine, sanfte Stimme. Gott hören lernen in einer lauten Welt.* Holzgerlingen: SCM Hänssler.

Wimber, John; **Springer**, Kevin 1982. *Vollmächtige Evangelisation. Zeichen und Wunder heute.* Hochheim: Projektion J.

Wimber, John; **Springer**, Kevin (Hrsg.) 1988. *Die Dritte Welle des Heiligen Geistes. Was kommt nach der Erneuerung?* Hochheim: Projektion J.

Wisse, Stephan 1987. Das Geistwirken in nichtchristlichen Religionen. In: *Theologische Berichte Band 16.* Zürich: Benziger.

Zeilinger, Franz 2011. *Die sieben Zeichenhandlungen Jesu im Johannesevangelium.* Stuttgart: Kohlhammer.

Zimmerling, Peter [3]2009. *Charismatische Bewegungen.* Göttingen: Vandenhoeck & Ruprecht.

Zulehner, Paul; **Rahner**, Karl; **Heller**, Andreas 2002. *Denn du kommst unserem Tun mit Deiner Gnade zuvor.* Ostfildern: Schwaben.

Zulehner, Paul 2008. *Ein neues Pfingsten. Ermutigung zu einem Weg der Hoffnung.* Ostfildern: Schwaben.

im BEFG

Die Gemeinde Jesu braucht die immerwährenden Impulse geistlicher Erneuerung.
Dieser kirchengeschichtlichen Grundüberzeugung folgt auch die Initiative der Geistlichen Gemeinde Erneuerung im Bund Evangelisch-Freikirchlicher Gemeinden.

„Was können wir dazu beitragen, dass eine geistliche Erneuerung in den Kirchengemeinden unserer Konfessionsfamilie und darüber hinaus in unserem Land gefördert wird?" – so lautete die Ausgangsfrage. Sehr bald wurde deutlich, dass die geistliche Erneuerung ein breiteres Anliegen verfolgt und sich nicht nur auf die charismatische Erneuerung konzentrieren kann.

Darüber hinaus ist es der GGE ein Anliegen, dass sich die Impulse für eine geistliche Erneuerung nicht nur auf den Gemeindealltag beschränken, sondern dass die Ausbreitung des Reiches Gottes in allen Lebensbezügen im Blick behalten wird. Die GGE versteht sich als eine Initiative die auch mit zahlreichen anderen geistlichen Werken und Initiativen in einer engen Verbindung steht. Sie hat zum Ziel, dass sich das Reich Gottes in unserem Land über alle Konfessionsgrenzen hinweg in allen Facetten ausbreitet. Aus diesem Grund arbeitet sie mit Arbeitskreisen anderer Kirchen und Bewegungen zusammen, welche das gleiche Anliegen fördern.

Die Zielsetzung der Initiative Geistliche Gemeindeerneuerung im BEFG ist in **fünf Kernanliegen** zusammengefasst:

→ Erneuerung durch das Wort Gottes

→ Erneuerung durch den Geist Gottes

→ Erneuerung durch geheiligte Nachfolge

→ Erneuerung durch Evangelisation

→ Erneuerung durch erneuerte Führungskräfte

Heinrich Christian Rust hat eines der Kernanliegen Erneuerung durch den Geist Gottes in seinem vorliegenden Buch herausragend und wegweisend aufgegriffen.

Wir freuen uns, dass hier eine längst überfällige Pneumatologie vorliegt, die uns einen vertieften und ganzheitlicher biblisch-theologischen Einblick über Wesen und Wirken des Heiligen Geistes gibt.

Stefan Vatter
Pastor in Kempten/Allgäu , Vorstand der GGE im BEFG
Informationen unter: www.gemeindeerneuerung.de

Mit uns gibt
eins und eins drei.

Ausbildung mit Mehrwert. Praxisrelevant,
freie Zeiteinteilung und die Welt, die dir dann
offen steht. Vom Seminar bis zum Studium.
Präsenz und Fern.

Mehr Wissen mit dem nächsten Schritt:
Via Telefon 044 272 48 08 oder im Web
auf igw.edu.

Theologie für die Praxis. **www.igw.edu**

stiftung : **bildung & forschung**

Die Stiftung Bildung & Forschung unterstützt Forschungsprojekte und die
Edition IGW finanziell.

Edition IGW

Die Edition IGW macht Forschungsergebnisse von Studierenden und Dozierenden bei IGW International in Form von Büchern einer breiten
Leserschaft zugänglich. IGW will mit der Publikation relevanter Ergebnisse
wissenschaftlich-theologischer Forschung einen Beitrag zur aktuellen mis-
sionarisch-gemeindebaulichen Herausforderung in Europa leisten.

Stiftung Bildung und Forschung (SBF)

Die Stiftung wurde 2005 in Zürich gegründet und ist in der Schweiz aktiv.
Sie ist überzeugt, dass christliche Grundwerte entscheidend sind, um
die heutigen und zukünftigen Herausforderungen Europas bewältigen
zu können. Diese Werte müssen beim Bau an einer gerechten, freien und
menschenwürdigen Welt massgeblich beteiligt sein.
Die Stiftung fördert akademische Bildung und angewandte Forschung,
wobei der Fokus der geförderten Lehre, Erforschung, Entwicklung
und Anwendung der christlichen Werte in den Bereichen Gesellschaft,
Wirtschaft und Theologie liegt.
Die Stiftung untersteht der zivilrechtlichen Aufsicht des Eidgenössischen
Departements des Innern EDI. Gemäss Verfügung vom 15. Juni 2007 wird
anerkannt, dass sie in uneigennütziger Weise akademische Bildung und
angewandte Forschung fördert. Sie verfolgt gemeinnützige Zwecke und ist
von der Steuerpflicht befreit.

Für eine Zukunft mit christlichen Werten

Stiftung Bildung & Forschung   Tel. +41 44 272 48 08
Dr. theol. Fritz Peyer-Müller   Fax +41 44 271 63 60
(Stiftungsratspräsident)   info@stiftungbf.ch
Josefstrasse 206   www.stiftungbf.ch
CH-8005 Zürich

 **www.igw.edu**

NEUFELD VERLAG

n^(v)

Die Edition IGW

Heinrich Christian Rust
im Neufeld Verlag

Heinrich Christian Rust
Zuhause in der Schöpfungsgemeinschaft
Dimensionen einer ökologischen Spiritualität
ISBN 978-3-86256-176-6, 2021

Wie geht es mit dieser Erde weiter? Und woher nehmen wir die Hoffnung für unsere Zukunft? Heinrich C. Rust zeigt, wie wir uns vom Geist Gottes hineinnehmen lassen in Gottes Leidenschaft für diese Welt. Er entfaltet die Hoffnungsperspektive der Bibel und lädt ein, Schöpfung und Erlösung umfassend zu begreifen. So werden wir mutige Wegbereiter eines alternativen Lebens in der Nachfolge Jesu.

Heinrich Christian Rust
Heilen, trösten, begleiten
Die Heilungskompetenz der christlichen Gemeinde
ISBN 978-3-86256-151-3, 2019

Sie suchen aus persönlicher Betroffenheit nach Orientierung zum Thema Heilung? Sie sind Seelsorger, Therapeutin oder Arzt und wünschen sich einen ganzheitlichen Blick darauf? Ihre Gemeinde möchte die eigene Heilungskompetenz erkennen und entfalten? Dann ist dieses Buch genau das Richtige für Sie.

Heilen, trösten, begleiten ist ein gut lesbares Buch mit vielen Erfahrungsberichten und Praxisbezügen. Und es liefert Ihnen zugleich eine solide biblisch-theologische Grundlage.

Heinrich Christian Rust
Und wenn die Welt voll Teufel wär ...
Christen in der Auseinandersetzung mit dunklen Mächten
ISBN 978-3-937896-55-7, 4. Auflage 2019

In den letzten Jahren erwachte ein neues Bewusstsein für die Existenz des
Bösen. In diesem Buch zeichnet Heinrich Christian Rust ein Bild dieses realen
Kampfes zwischen Gut und Böse.
Indem er die Aussagen der Bibel zur unsichtbaren Wirklichkeit wahr- und
ernst nimmt, gelingt ihm eine nüchterne Bestandsaufnahme. Zwischen
fundamentalistischer Schwarz-Weiß-Malerei, rationalistischer Leugnung und
charismatischer Erfahrungs-Theologie findet Rust zu einer biblisch begründeten Position.

Heinrich Christian Rust
Beten – *7 Gründe, warum ich es tue*
ISBN 978-3-937896-31-1, 3. Auflage 2020

„Ich habe noch keinen Menschen getroffen, der diese Frage verneint. Als
Christ bete ich zum lebendigen Gott der Bibel. Dabei kommt es nicht auf die
richtigen Worte oder die Form an, sondern auf unsere Einstellung. Man muss
nicht perfekt sein, um zu Gott zu beten.
Das Gebet ist unsere mächtigste Kraft. In diesem Buch beschreibe ich, warum
ich bete. Beten Sie mit mir? Sie werden dabei Erstaunliches erleben."
Heinrich Christian Rust

Michael Bendorf (Herausgeber)
Wo der Geist weht
Beiträge zur Reich-Gottes-Theologie und Gemeindepraxis
Festschrift für Heinrich Christian Rust
ISBN 978-3-86256-099-8, 2019

Wo der Geist Gottes weht, bleibt letztlich ein Geheimnis. Dass er wehen und
wirken will, liegt bereits in seinem Wesen begründet. Als Schöpfergeist durchdringt er alles und drängt auf die Vollendung der Neuschöpfung hin. Ihn treibt
die Liebe zu seiner Schöpfung.
Wie kann man sich aber dieses Wehen und Wirken des Geistes vorstellen?
Welche Bedeutung haben darin das Reich Gottes und die Neuschöpfung? Was
dürfen wir von diesem Geist Gottes erwarten: für uns persönlich, für unsere
Kirchen und Gemeinden und nicht zuletzt für die ganze Schöpfung?

Der **NEUFELD VERLAG** ist
ein unabhängiger, inhabergeführter Verlag
mit einem ambitionierten Programm.

Bei Gott sind Sie willkommen! Und zwar so, wie Sie sind.

Uns liegt am Herzen, dass Menschen erfahren:

- Ⓥ Der christliche Glaube ist keine Religion,
  sondern lebt von Beziehung.
- Ⓥ Es gibt nichts Besseres, als mit Jesus zu leben.
- Ⓥ Es lohnt sich, die Bibel für das
  eigene Leben zu lesen.
- Ⓥ Die Gemeinschaft mit anderen Christen
  fordert uns heraus und hilft uns.

Menschen mit Behinderung bereichern!

Sie haben etwas zu sagen und zu geben, zum Beispiel:

- Ⓥ Sie erinnern daran, dass jeder Mensch einzigartig ist.
- Ⓥ Sie zeigen, dass der Wert eines Menschen nichts
  mit seiner Leistungsfähigkeit zu tun hat.
- Ⓥ Sie bremsen uns immer wieder aus und halten
  uns vor Augen, was im Leben wesentlich ist.
- Ⓥ Sie lassen erkennen, dass das Leben erfüllt
  sein kann – auch wenn es manchmal
  anders kommt als geplant.

Stellen Sie sich eine Welt vor,
in der jeder willkommen ist!　　neufeld-verlag.de